Das Nadelöhr der Freiheit

Harro Lucht

Das Nadelöhr der Freiheit

Unzensierte Erinnerungen eines ostdeutschen Studentenpfarrers

Lukas Verlag

Mit freundlicher Unterstützung durch

**Die Landesbeauftragte
für Mecklenburg-Vorpommern
für die Aufarbeitung der SED-Diktatur**

Erstausgabe, 1. Auflage 2022
2., durchgesehene Auflage 2023

Lukas Verlag für Kunst- und Geistesgeschichte
Kollwitzstraße 57
D 10405 Berlin
www.lukasverlag.com

Lektorat, Umschlag, Layout, Reprographie und Satz: Lukas Verlag
Druck: Westermann Druck Zwickau GmbH

Printed in Germany
ISBN 978-3-86732-404-5

Inhalt

Kapitel 1

Heute Morgen im Radio ...

Heute Morgen im Radio: Schon wieder wurde irgendwo ein DDR-Museum eröffnet. Der Moderator, selbst im Osten aufgewachsen, gerät ins Schwärmen. Er ergötzt sich an einem »Hubtisch« und dessen – wie er meint – allgemein bekannter Abkürzung. Er findet, Blümchentapeten seien für damals und dort typisch gewesen. Jetzt, denke ich, muss er nur noch mit »Bückware« und »Datscha« kommen. Oder mit »Jahresendflügelfiguren«.

Dies, so meinen ja viele seit 1989, seien gängige Bezeichnungen gewesen. Zugegeben, das Wortungetüm, das die Engel ersetzen sollte, habe ich in der späten DDR – ein einziges Mal – in einem Buchladen mit Befremden gelesen. Und »Bückware« und »Datscha«? In den dreiunddreißig Jahren meines DDR-Lebens habe ich so etwas nie gehört. Gewiss, man freute sich, etwas »von unter dem Ladentisch« bekommen zu können, vielleicht ist mir das ein- oder zweimal passiert. Aber das Wort »Bückware« ist dabei nie an meine Ohren gedrungen. Und man wusste, dass es Leute gab, Genossen ebenso wie Nichtgenossen, die ein Wochenendgrundstück mit bescheidenem Häuschen besaßen und das ganze »Datsche« nannten. Aber so russifiziert waren wir DDR-Deutsche nicht, dass wir – höchstens in ironischer Anspielung – dazu auch noch »Datscha« gesagt hätten.

Was und wie also war die DDR? Der eine hat sie so, der andere anders erlebt. Und selbst die, die sie gar nicht erlebt haben, glauben oftmals das gültige Bild zu haben.

Gemessen an dem, was meistens über sie seit ihrem Ende 1989/90 gesagt wurde: die DDR sei drollig, ein Stoff für nostalgische Komödien oder gar verlorene Lebenszeit gewesen, habe ich sie anders erlebt. Und davon will ich erzählen.

Ich berichte nicht als Historiker, aber wie man heute gern sagt: als Zeitzeuge. »Ein Zeitzeuge ist der geborene Feind des Historikers«, hörte ich einmal auf einer Tagung Ulrike Poppe sagen. Mit einem gewissen Recht: weil der Zeitzeuge Augen- und Ohrenzeuge war, und wenn er etwas vom Hörensagen kannte, dann konnte er die erzählende Person und ihre Glaubwürdigkeit genauer einschätzen. Besser jedenfalls als solche Historiker, die es auch geben soll, die meinen, das damalige Leben nur aus SED- und Stasiakten rekonstruieren zu können.

Ich habe von 1950 bis 1957 in der DDR gelebt, dann noch einmal von 1963 bis 1989. Danach und dazwischen war ich Bundesdeutscher. Ich bin also kein reiner Ossi, kein richtiger Wessi, ich bin ein Ossi-Wessi-Ossi-Wessi. Ich habe beide Deutschlands kennengelernt, bin hüben und drüben zur Schule gegangen, bin – verrückt genug – im dreizehnten Lebensjahr von West nach Ost gegangen, 1963, als und obwohl die Mauer schon stand.

Was ich erzählen kann, ist rein subjektiv gefärbt. Ich weiß nicht, wie die DDR war, ich weiß nur: So habe ich sie erlebt.

Den Satz der DDR-Nostalgiker: Es war nicht alles schlecht, beziehe ich auf mein, unser Leben, derer, die versuchten, dort zu leben, ohne ihre Seele zu verkaufen. Wir lebten, herausgefordert durch eine Gesellschaftsordnung, die unser ganzes Leben regeln wollte. Wir konnten uns nicht vor ihr verkriechen, aber wir wollten – soweit es irgend ging – unsere eigene Handschrift in dieses Leben eintragen.

Kapitel 2

Mein Vater, der marxistische Abweichler und »Staatsverräter«

In der hebräischen Bibel, im sogenannten Alten Testament, heißt es an einer Stelle »Mein Vater war ein umherziehender Amoriter...« Und so beginnen viele Lebensbeschreibungen, vor allem die von Männern, mit der Geschichte des Vaters. Mein Vater, 1921 in Hamburg geboren, war der Sohn bildungsbürgerlicher Eltern, mein Vater war als junger Mann im Zweiten Weltkrieg an der Ostfront, mein Vater hatte das Glück, als Funker nicht schießen zu müssen. Im Hinterland der Front lernte er russische Menschen kennen, verliebte sich in deren Sprache. Er kehrte nach Kriegsende zurück, hatte viele Gespräche mit einem pazifistischen Schriftsteller, ging dann seinen eigenen Weg, trat in die KPD ein, trat aus der Kirche aus, ging wegen der Möglichkeit, Slawistik zu studieren Ende der vierziger Jahre von Hamburg nach Halle an der Saale, machte an der Martin-Luther-Universität Halle-Wittenberg seinen Doktor in Slawistik, lernte meine Mutter kennen, heiratete, wurde 1949 und 1950 der Vater zweier Söhne (ich, als Zweitgeborener, erhielt denselben Vornamen wie mein Vater), hätte – obwohl er das nie im Sinn hatte – Karriere machen können.

Mein etwa ein Jahr älterer Bruder Roland und ich wuchsen also mit Eltern auf, die in der Partei, in der SED, der »Sozialistischen Einheitspartei Deutschlands« waren. Aber das fiel uns kaum auf. Die Eltern trugen kein Parteiabzeichen, kein »Bonbon« wie die politischen Funktionäre, die man dadurch schon von Weitem erkennen konnte. Dennoch müssen sie anfangs gläubige Kommunisten gewesen sein. Im Ehebett – so die Familienerzählung – haben sie, frisch von der Kreisparteischule zurückgekehrt, gemeinsam gesungen: »Die Partei, die Partei, die hat immer recht...« Oder mein Vater pfiff bei seiner Heimkehr, um diese anzuzeigen, vor dem Küchenfenster »Brüder, seht die rote Fahne«. Nur eine einzige eigene Kindheitserinnerung bestätigt mir diese Überzeugung der Eltern. Mit meiner Mutter bespannten wir einen Karton mit rotem Samt, darauf drapierten wir in golden Buchstaben »1. Mai«. Und das stellten wir dann mit der Ansichtsseite nach außen ins Küchenfenster.

Die langsam einsetzende Distanzierung meines Vaters vom Ulbricht-Regime lässt sich an einer anderen Episode der Familienerzählung erkennen. Wenn es hieß: »Heraus zum 1. Mai!«, musste mein Vater mit seinen Uni-

Kollegen gemeinsam marschieren, vorbei an der Tribüne, wo sich die Machthaber feiern ließen. Dann nahm mein Vater einen seiner kleinen Söhne, meinen Bruder oder mich, auf seine Schultern, um nicht winken zu müssen, er musste ja die Beinchen des Kindes festhalten.

Und dann, am 17. Juni 1957, auf den Tag genau vier Jahre nach dem Volksaufstand in der DDR: der Blitzeinschlag, der das Leben unserer Familie in einem einzigen Moment veränderte. Ich weiß noch, wie ich, gerade sieben Jahre alt, auf dem Weg nach Hause gesehen habe, dass etwa hundert Meter vor unserer Wohnung, unten am Rathenauplatz, an der Ringstraße, die um die Pauluskirche herumlief, ein grauer, geschlossener Kastenwagen stand. Hochrädrig, nicht schön, nicht besonders auffällig. Später meinte ich, es wäre ein preußisch-deutscher Gefangenentransporter, die »grüne Minna«, die aber in der DDR grau war, die meinen Vater abholte. Und in der muss er schon gesteckt haben! Mein Vater erinnert sich allerdings anders. Er sei zu einem PKW geführt worden. Der stand ungefähr hundert Meter entfernt. Vorm Haus wollten sie nicht verhaften. Vermutlich wollten sie spontane Reaktionen von Nachbarn vermeiden. Die waren durchaus denkbar und sind in einem anderen Fall bezeugt. Als studentische Freunde von mir in den Achtzigern in Greifswald verhaftet und rabiat zum Auto geleitet wurden, rief eine alte Nachbarin aus dem Fenster: »Das geht hier ja zu wie bei den Faschisten!«

Zuhause angekommen die herzzerreißend weinende Mutter. Sie weinte, sie weinte ohne Unterbrechung. Sie weinte in der Wohnung, sie weinte noch lauter im Keller, in den sie sich flüchtete. Auch für meinen Bruder und mich waren die Fundamente weggebrochen. Die Mutter, die zur Vernehmung einbestellt wurde, gab uns ab bei einer uns fremden Frau in einer Wohnung am Reileck. Wie lange waren wir dort, ein Tag, ein Tag und eine Nacht? Ich sah das Leben wie durch eine Milchglasscheibe. Keine Aussicht, kein Weg.

In den Tagen danach ging ich mit meiner Mutter zu einem Gerichtsgebäude. Wir schlichen uns im Treppenhaus ganz nach oben. Da war ein kleines, verschmutztes Fenster, aus dem man auf einen Gefängnishof sehen konnte. »Da ist Dein Vater, da steht er, da geht er!« Ich hatte wohl stehende, sich langsam bewegende Personen in blauem Drillich gesehen, aber ich weiß nicht, ob ich meinen Vater erkannt habe.

Auf dem Weg dahin: »Guck mal, da auf der anderen Straßenseite der Staatsanwalt!« Ich sah ein gekrümmtes Männchen. »Der wollte Deinen Vater zum Tode verurteilen!« Der Siebenjährige, der ich war, verschloss sich der ganzen Tragweite dieser Aussage, auch wenn sich die allergrößte Gefahr – wie sich bald zeigen würde – nicht eingestellt hatte.

Wir sind diesen Weg öfter gegangen. Mindestens einmal wurden wir verfolgt. Jetzt wurde es sogar ein bisschen spannend. Meine Mutter kannte einen Trick, solche Leute abzuhängen. Wir gingen in ein Haus. Sie wusste, was die Stasileute nicht wussten, die auf der Straße warteten, bis wir das Haus wieder verlassen würden: Im Hof hinter dem Haus war die Mauer kaputt, sodass man ohne große Schwierigkeiten in den gegenüberliegenden Hof, von dort in das andere Haus und dann in eine andere Straße entkommen konnte.

Mein Vater Dr. Harro Lucht, geb. 1921

Was war passiert? Warum sind in Halle ein halbes Dutzend Personen: mein Vater, vier weitere Männer und eine Frau, Charlotte Kossuth mit Namen, verhaftet worden? Die Sowjetunion erlebte im Februar 1956 durch den 20. Parteitag der KPdSU ihre größte Erschütterung. Drei Jahre nach Stalins Tod wurde erstmals mit dem Stalinismus abgerechnet. Chruschtschow, der neue Parteiführer, einst selbst stalinistischer Vollstrecker, klagte in einer vierstündigen Rede Stalin als Verbrecher und Massenmörder an. Als millionenfachen Mörder vor allem an seinen kommunistischen Genossen. Die DDR wollte sich von dieser Kritik nicht infizieren lassen. Statt vom Zusammenbruch der marxistischen Idee, ihrer Widerlegung durch die Realität, zumindest von einem Systemversagen zu sprechen, wurden die sichtbar gewordenen menschenfeindlichen Strukturen und deren Opfer weitgehend übergangen. In den offiziellen Verlautbarungen der DDR wurde allein über die »Vernachlässigung der Leninschen Normen des Parteilebens« und den sogenannten »Personenkult« geredet – und mit dem habe man ja selbstverständlich nichts zu schaffen (obwohl man Stalin in der DDR genauso wie in der Sowjetunion bis eben noch in Bild und Schrift wie einen Gott verehrt hatte).

Mein Vater und andere Slawisten an der Uni wussten mehr, sie lasen ja die sowjetischen Zeitungen von »Iswestija« bis »Literaturnaja Gaseta«, erfuhren genauere Einzelheiten aus der sogenannten Geheimrede Chruschtschows, die in der DDR nur in Bruchstücken vorgestellt, aber nicht veröffentlicht wurde. Sie debattierten im kleinen Zirkel. Ich erinnere mich: Einmal war eine solche Gruppe bei uns zuhause. Ob es sechs, sieben oder acht Männer und Frauen waren, kann ich nicht mehr genau sagen. Als sechsjähriges Kind stand ich zwischen den Besuchern im Wohnzimmer Die Gemüter waren angenehm erregt, und die Worte flogen hin und her. Man war sich einig: Auch die DDR muss entstalinisiert, muss demokratisiert werden! Sie litten unter den halbherzigen Reformversprechungen und forderten, wie schon die Arbeiter am 17. Juni 1953: Ulbricht, der »Spitzbart«, muss weg!

Walter Ulbricht, das muss man hier vielleicht für die Nachgeborenen sagen, war bis zur Machtübernahme durch Honecker 1971 der gefürchtete Herrscher im Osten Deutschlands, der vor keiner brutalen Verfolgung, auch der eigenen kommunistischen Genossen, zurückschreckte. Der unscheinbare Mann mit der sächselnden Fistelstimme schaltete schon in der Anfangszeit seiner Herrschaft aus, wer ihm im Wege stand, beispielsweise das ehemalige Politbüromitglied Paul Merker, den ND-Chefredakteur Rudolf Herrnstadt, alte Spanienkämpfer wie Franz Dahlem, die beiden Stasi-Chefs Wilhelm Zaisser und Erich Wollweber. Der KPD-Führer war bereits einige Tage vor der Kapitulation 1945 aus sowjetischer Emigration mit der nach ihm benannten »Gruppe Ulbricht« in Berlin eingetroffen. Wolfgang Leonhard, der zu dieser Gruppe gehörte, berichtet von Ulbrichts Absicht: »Es muss alles demokratisch aussehen, aber wir müssen die Fäden in der Hand haben!« Mein Schulfreund Axel Noack, später Bischof und (noch später) Professor für neuere Kirchengeschichte, kannte auch den anderen Spruch Ulbrichts aus dieser Anfangszeit, der sich vor allem wohl auf die Kirche bezog: »Wir werden ihnen den Schnorchel schon umdrehen!«

Ulbricht nutzte nun das Unruhejahr 1956 – wie schon 1953 in der DDR war es jetzt auch in Ungarn und Polen zu Aufständen und deren Niederwerfung durch die Macht der Panzer gekommen – als Gelegenheit aufzuräumen. In Berlin wurden verhaftet zunächst der Philosoph Wolfgang Harich, dann Walter Janka, Leiter des größten DDR-Verlages »Aufbau«, und (neben einigen anderen) die Redakteure der kulturpolitischen Wochenzeitung »Sonntag« Gustav Just und Heinz Zöger. In Leipzig (neben anderen) der Slawist Ralf Schröder und der bekannte Schriftsteller Erich Loest. In Halle die Handvoll Slawisten, darunter mein Vater, der schnell zum Anführer der Halleschen Gruppe erklärt wurde.

Am ausführlichsten hat darüber wohl Erich Loest in seinen Büchern (z. B. »Durch die Erde ein Riss« oder »Prozesskosten«) berichtet. Loest schreibt in Übereinstimmung mit der Erzählung meines Vaters, dass er meinen Vater erstmals beim Prozess zu sehen bekam. Die Anklage aber konstruierte ein Komplott, eine Verschwörung zwischen der Leipziger Gruppe und der aus Halle, erfand eine »Schröder-Lucht-Gruppe«, die im Dezember 1958 dann wegen »Staatsverrat«, »staatsfeindlicher Hetze« und »Bildung einer partei- und staatsfeindlichen Gruppe« verurteilt wird, mit Höchststrafen für Schröder, Lucht, Loest zwischen zehn und siebeneinhalb Jahren Zuchthaus.

Am 25. September 1964 gehen mein Bruder und ich auf den Bahnhof in Halle, um meinen Vater – von meiner Mutter in Bautzen abgeholt und begleitet – nach mehr als sieben Jahren Haft wieder zu Hause willkommen zu heißen. Da tritt uns ein fremder Mann mit Brille und blasser Gesichtshaut entgegen, wie ein Kriegsheimkehrer mit einem viel zu langen rötlichgelben Kamelhaarmantel, einem sieben Jahre zu langen Mantel, einem Mantel, den er bei der Verhaftung mitnehmen musste und der ihm jetzt wieder ausgehändigt worden war. Vielleicht um die Fremdheit zu überspielen, verständigen wir uns, erst einmal in die Mitropa zu gehen, um etwas zu trinken. Dort stelle ich fest, dass die Brillenbügel meines Vaters lauter knorpelhafte Verdickungen haben, eine neben der anderen. Er erklärt: das kommt vom Volleyballspielen auf dem Gefängnishof. Da ist der Ball dagegen geknallt und die Brille musste mit »Duosan«, dem »Uhu« der DDR, immer wieder geklebt werden. Und als wir Limonade in Flaschen serviert bekommen, in denen Strohhalme stecken, da weiß er nichts mit diesen Dingern anzufangen. Er hat sie noch nie in seinem Leben gesehen.

Kapitel 3

Umgeleitete Kindheit. Hamburg

Nach der Verhaftung meines Vaters war es für meine Mutter notwendig geworden, außer Haus arbeiten zu gehen. Wohin mit den beiden Jungs? Es gab ein Gerücht, wir könnten als Kinder eines Staatsfeindes nach Schulpforta bei Naumburg verbracht werden, in ein staatliches Internat mit schillerndem Ruf, eine Eliteschule, in der Nazizeit »Napola«, in der DDR eine FDJ-Kaderschmiede. In Jahrhunderten zuvor war die Schule an diesem Ort aus anderem Grund einmal sehr berühmt gewesen: Klopstock und Nietzsche zählten zu ihren Schülern.

Ich erinnere mich, dass wir vor den Ferien unsere Guppys in das Aquarium im Kindergarten brachten und erklärten: »Wir fahren jetzt drei Wochen zu Tante und Großeltern.« Aus den drei Wochen sind dann etwa sechs Jahre geworden.

Tante Hilde, die aus Hamburg kam, um uns abzuholen, hat bei der Rückfahrt von Halle nach Hamburg am innerdeutschen Grenzübergang Oebisfelde ihren sonst üblichen Redefluss unterbrochen. Ich merkte, dass sie wie alle Mitreisenden ganz still wurde. Die damals dort noch mögliche Ost-West-Passage mit einer schnaufenden schwarzen Dampflok zwischen notdürftigen Grenzanlagen ist mir wohl deshalb im Gedächtnis geblieben.

Dann der erste Tag in Hamburg Othmarschen (offiziell: Hamburg Groß-flottbek). Meine Großeltern bewohnten eine schöne Doppelhaushälfte in der Lenbachstraße. In dieser Straße gab es in den kommenden sechs Jahren nur drei Autobesitzer, sodass wir dort tagsüber wunderbar und gefahrlos spielen konnten. Am ersten Abend um 18 Uhr, zeitlich zusammenfallend mit dem Läuten der Kirchenglocken, trat mein Großvater, ein pensionierter Lehrer, groß und würdevoll auf den Treppenabsatz und klatschte laut und lange in die Hände. Das fanden wir lustig, hatte er uns doch noch nicht erklärt, dass dies das Signal für uns bedeuten sollte, zum Abendbrot nach Hause zu kommen.

Die Großeltern waren gut zu uns in ihrer kühlen norddeutschen Art. Der Großmutter beim Backen und Kochen in der Küche zu helfen, vor allem beim Zubereiten von Brotpudding oder »Armer Ritter«, war eine besondere Freude. Der Großvater liebte seinen Garten, teilte uns Beete zu, beriet uns bei der Anpflanzung und Pflege bestimmter Blumen. Der Stolz auf meinem Beet war eine kleine Kastanie, die ich aus einem fremden Vorgarten entwendet hatte; da waren wegen liegengebliebener Kastanien gleich ein ganzes Dutzend Bäumchen empor gesprossen. Die immer mal wieder auf Besuch einkehrende Tante Hilde, sie war Lehrerin und die ältere Schwester meines Vaters, rauchte Kette und beeindruckte uns mit dem Schauspiel, Ringe im ausgestoßenen Zigarettenrauch entstehen zu lassen. Sie war zwar strenger als die Großeltern, aber das konnte sie ausgleichen, indem sie mehr erzählte aus der Welt da draußen.

Die ersten vier Schuljahre verbrachte ich in der Grundschule Osdorfer Weg 24a. Die modernen einstöckigen Pavillonbauten, die flexible Klassenstruktur, der freundliche Umgangston beeindruckten mich. Unbewusst konnte ich den Unterschied zur eher autoritären Ansprache im Halleschen Kindergarten wahrnehmen.

Auf dem Gymnasium später gab es eine Schülermitverwaltung, SMV, in der ich erste Erfahrungen in demokratischer Mitgestaltung machen konnte. Einer meiner Mitschüler war Andreas de Maizière. Sein Vater Ulrich de Maizière wurde wenige Jahre später sehr bekannt und fast täglich in den Nachrichten erwähnt als Generalinspekteur der Bundeswehr. Als wir bei Andreas im Keller Tischtennis spielten, kam ein anderer Junge dazu. Das ist sein Bruder Thomas gewesen. Er sprach nach meiner Erinnerung kein einziges Wort. Sein kantiges Gesicht, eine zusätzlich das Gesicht verbergende Brille haben sich mir eingeprägt. Schön, dass ich ein halbes Jahrhundert später mit ihm sprechen konnte, jedenfalls mit seinem auf dem Fernsehschirm auftauchenden Bild, dem Gesicht meines, unseres gesamtdeutschen Innenministers. Ein Gesicht, wie ich fand, das – mehr als bei Politikern üblich – Freude und Angst und alle dazwischenliegenden Gefühle zum Ausdruck brachte.

Nach der Schule und an den Wochenenden spielten wir mit Nachbarskindern in unserer Straße und der näheren Umgebung. Wir spielten das von Hamburger Kindern von Generation zu Generation weitergegebene »Kippel-Kappel« (dabei schlug man ein etwa zehn Zentimeter großes zurechtgeschnitztes Holzstück, das einem in der Luft entgegen geschossen wurde, mit einem Knüppel soweit man konnte, leider manchmal auch in ein Fenster der Nachbarshäuser), Fußball (mit derselben zerstörerischen Wirkung), Seifenkistenrennen (mit auf Kinderwagenuntergestellen festgebundenen Apfelsinenkisten), Radrennen (manchmal mit Vollgummireifen, hart aber reparaturresistent), wir bastelten riesengroße Drachen und ließen sie steigen. Mit Bettlaken bekleidet fochten wir als Ritter mit unseren Holzschwertern. Wir bildeten zwei Gruppen, versteckten einen auffällig glitzernden Stein, unseren »Schatz«, in irgendeinem Nachbargarten, die andere Gruppe musste ihn finden, uns abjagen. Im Winter gossen wir Wasser auf die Straße, es entstand Eis, auf dem wir Schlittschuh liefen. Wir sammelten Fußballbilder und Matchboxautos, beide westlich bunt und verführerisch schön, tauschten sie untereinander.

Wenn die Großeltern ihren verdienten Mittagsschlaf hielten, sollten wir unbedingt im Garten bleiben, veranstalteten dort dann ein Hürdenrennen, später nutzten wir unerlaubt die circa zwei Stunden, um ins Freibad im Hamburger Volkspark zu fahren. Dort lernte ich mit Hilfe meiner zu Besuch gekommenen Mutter schwimmen. Beim Volkspark waren auch das Fußballstadion und die Trabrennbahn. Wir fanden Löcher in den Zäunen, ergötzten uns an den Spektakeln der Erwachsenen, sahen Uwe Seeler einköpfen, staunten ehrfürchtig über die berittene Polizei, die nach dem Spiel Ordnung in die heimziehenden Menschenmassen brachte.

Bei unseren Spielen auf der Straße passierte es zweimal, dass jeweils ein erwachsener Mann zufällig vorbeikam und sich an uns wandte. Der eine betrachtete uns von oben nach unten – wir hatten unsere Spieljacken und -hosen an, mit denen wir toben und uns auch schmutzig machen konnten – und bemerkte süffisant: »Ostzonal!« Das beleidigte uns nicht. Wir fanden es nur lustig und mussten lachen.

Ein anderer war ein Polizist. Wir rannten gerade hintereinander her und schrien dabei. Er fragte was wir denn machten. Wir sagten; »Wir spielen Kriegen.« Da wurde er sehr ernst und hat uns erklärt, dass das kein so geeignetes Wort sei, denn Krieg sei etwas ganz Furchtbares. Seine ruhige und freundliche Art hat uns beeindruckt. Seitdem spielten wir »Haschen«.

In der Grundschule verliebte ich mich in meine Klassenlehrerin. Da ich ihr unbedingt etwas schenken wollte, gab mir mein Großvater eine riesengroße Birne aus seinem Garten mit. Im letzten Augenblick verließ mich der Mut, ich gab sie meinem Mitschüler Dietrich Hildebrandt, der sie dann als sein Geschenk überreichte. Mit Monika Knorr teilte ich mir unschuldig die Buntstifte. Überhaupt fielen uns in diesen ersten vier Schuljahren erstmals die Mädchen auf. Mit einem tauschte ich den ersten Kuss meines Lebens. Auch die Nachbarstochter Angelika stand abends noch kurz im Nachthemd im ersten Stock auf ihrem Gartenbalkon, mein Bruder und ich in gleicher Höhe auf dem unseren, während ihre Eltern und unsere Großeltern unten Fernsehen guckten. Da geschah es einmal und ich entdeckte während unseres Gesprächs in der Abenddämmerung ihre zarte Verletzlichkeit, ihre Weiblichkeit. Das war aufregend und machte zugleich hilflos und stumm.

In diese Hamburger Jahre fiel auch 1961 der Mauerbau. Nun konnte unsere Mutter uns nicht mehr besuchen, die etwa einmal im Jahr von West-Berlin aus mit dem Flugzeug gekommen war. Von der ganz Deutschland, ganz Europa betreffenden Bedeutung des Mauerbaus hätten wir kaum etwas mitbekommen, wäre ich nicht in der Schule – inzwischen war ich auf der Ernst-Schlee-Schule, einem Realgymnasium für Jungen – in eine Ausstellung geraten. Das bekannte Foto mit dem bewaffneten, uniformierten Grenzwächter, der über die gerade entstehende, noch nicht ganz hochgezogene Mauer mit einem Sprung in den Westteil Berlins desertiert. Die Großeltern wollten uns anscheinend schützen, über Politik wurde nicht geredet. Sie hatten uns noch nicht einmal mitgeteilt, dass nun im Dezember 1958 das Urteil über meinen Vater, eineinhalb Jahre nach seiner Verhaftung, ergangen war. Ein Tag vor Weihnachten kamen die Großeltern betreten aus dem Wohnzimmer, sagten nichts. Ich schaute nach, da lag die Tageszeitung, und ich entdeckte den Namen meines Vaters neben denen von Schröder und Loest. Dr. Ralf Schröder zehn Jahre, Dr. Harro Lucht achteinhalb Jahre, Erich Loest siebeneinhalb Jahre.

Obwohl mein Großvater seine politische Gesinnung vor uns Enkeln nicht zeigte, habe ich mitbekommen, wie wichtig es für ihn war, jedes Jahr wiederkehrend, im Radio aufmerksam das Hörspiel »Draußen vor der Tür« von Wolfgang Borchert zu verfolgen. Ich saß still im Nebenzimmer und hörte durch die nicht einmal halb geöffnete Schiebetür mit.

Überhaupt schien nicht nur mein Großvater sich in politischen Dingen zurückzuhalten. Auch in der Schule ist seitens der Lehrer nie ein böses Wort, aber auch kein anerkennendes, noch nicht einmal ein zur Kenntnis nehmendes (!) über die DDR gefallen. Der Mauerbau hatte sie wohl sprachlos gemacht.

Mein Großvater war, ohne dass ich das damals gewusst habe, eine große Stütze für uns elternlose Kinder, meinen Bruder und mich. Beim Schulaufgaben erledigen saß er geduldig neben mir, fragte jedes Mal: »Was willst Du schreiben?«, dann korrigierte oder bestätigte er meine Absicht, dann konnte ich schreiben, ohne durchstreichen und nochmals verbessern zu müssen.

Als unsere Rückkehr in die DDR absehbar war, wollte er mir Schwierigkeiten ersparen und mich ein wenig auf das andere politische System vorbereiten, brachte mir beispielsweise bei: »Was heißt UdSSR?«

Nach sechs Schuljahren im Westen hieß es jetzt, 1963: »Zurück nach Halle!« Die Gründe: Die Großeltern waren über siebzig und nicht mehr ganz fit für die Zähmung zweier Pubertierender. Und: Der Vater war noch im Gefängnis, aber sicherlich, so lautete eine Spekulation, käme er eher frei, wenn die Kinder wieder in die DDR zurückgekehrt sein würden.

Ich heulte auf der Straße, nachdem ich den Spielgefährten von der bevorstehenden Abreise erzählte.

Kapitel 4

Gegenwind in Halle. POS

1963, die innerdeutsche Mauer stand schon in ihrem zweiten Jahr, kehrten mein Bruder und ich nach Halle zurück. Mein Vater war noch im Knast. Meine Mutter hatte in Halle die Stellung gehalten, in einem Großbetrieb war sie als Sachbearbeiterin untergekommen. Sie hatte ihren Mann alle sechs Monate im Gefängnis in Bautzen besucht: eine halbhohe Glasscheibe trennte die beiden, Berührungen und Küsse waren nicht erlaubt.

Die Frage, wie wir beiden Neuankömmlinge hier leben könnten, in diesem Land, in dem der Vater im Gefängnis saß, mag wohl in unserem Hinterkopf rumort haben. Aber wir stellten sie uns damals nicht. Das Leben regelte das. Es schob uns nach vorn. Wir lebten. Irgendwie.

»Na, in Hamburg hattet ihr auf der Schule noch nicht die Fächer Chemie und Physik! Und kein Russisch gehabt!« Der Direktor der Polytechnischen Oberschule (POS) in Halle, in die wir jetzt gehen sollten, verbarg den leichten Anflug von Überheblichkeit gar nicht erst. »Macht Ihr beiden eben noch einmal die 6. Klasse!«

Wenig später trug der Lehrer uns ins Klassenbuch ein und fragte: »Beruf des Vaters?« Als Antwort kam mir spontan über die Lippen: »Politischer Gefangener«. Das hatte mir mein Großvater also nicht beigebracht, dass man das so nicht hätte sagen dürfen. Gab es doch nur Kriminelle in den Gefängnissen. Der Lehrer, der mehr oder weniger genau informiert gewesen sein dürfte, hat dann irgendwas anderes eingetragen, wahrscheinlich »Übersetzer«. In der Pause kam einer der neuen Mitschüler zu mir und fragte: »Dein Vater – sitzt der bei den Bonner Ultras?« Ich antwortete: »Nein, in Ulbrichts Kerkern«. War gut, dass kein Erwachsener in der Nähe war und mithörte.

Als ich wieder einmal zu spät zum Unterricht erschien, tippte ich mit dem Zeigefinger auf meine Armbanduhr: »Aber die Kirchturmuhr hat auch diese Zeit angezeigt!« Worauf der Lehrer ausrastete: »Die Kirche hat hier überhaupt nichts zu sagen, das wirst Du auch noch begreifen!« Ein anderes Mal fragte ich arglos nach irgendetwas, was ich nicht verstanden hatte. Vielleicht war es derselbe Lehrer, der antwortete: »Willst Du mich provozieren?« Ich hatte weder diese Absicht noch kannte ich bis dahin dieses Wort.

Überhaupt verwunderte es uns sehr, dass die Lehrer immer mal wieder ein misstrauisches Verhältnis gegenüber den Schülern zeigten. So hieß es manchmal plötzlich: »Ranzenkontrolle!« Nun hatte man den ganzen Inhalt der Schultasche auf der Bank auszuschütten und der strengen Prüfung des Lehrers anheimzugeben. Wer westliche Bildchen oder Reklametüten dabeihatte, wurde vor der Klasse abgekanzelt. Manchmal fragten Lehrer auch danach, wie die Fernsehuhr aussieht. Dann konnten sie Rückschlüsse ziehen, ob zu Hause West- oder Ostfernsehen geguckt wurde. Aber selten ging mal ein Schüler in diese Falle. Obwohl von den Fernsehbesitzern sicherlich über 90% Westfernsehen guckten, wussten sie, dass man sich dazu lieber nicht äußern sollte.

Im Sportunterricht brachten die Mitschüler meinem Bruder und mir gegenüber staunend zum Ausdruck: »Ihr seid ja sportlich!« Wahrscheinlich hatten sie sehr oft gehört, dass die DDR-Bürger den Westlern auf diesem Gebiet mehr als überlegen waren. Einmal nahmen wir an einem Tischtennisturnier der Schule teil. Wir lagen sogar auf den vorderen Plätzen, waren vielleicht dritter und vierter geworden. Beim wöchentlichen Appell allerdings übereichte man uns feierlich Urkunden mit dem Emblem der »Jungen Pioniere«: 1. und 2. Platz. Das war natürlich gelogen, mehrfach gelogen. Kurz darauf eine Mitschülerin vor der Klasse zum Lehrer: »Können nicht Roland und Harro auch Mitglieder in der Pionierorganisation werden?« Es war klar, dass sie nicht aus eigenem Antrieb, sondern in höherem Auftrag fragte. Wir sind nicht eingetreten, auch später nicht in die FDJ, und auf die Jugendweihe haben wir auch verzichtet.

Stattdessen hat dann eine andere Frage eines anderen Mädchens, sie war die Klügste und Warmherzigste der Klasse, eine lebensentscheidende Wendung gebracht. Durch sie haben wir den Weg in die Evangelische Kirche gefunden. Und zwar so: Plötzlich stand sie vor uns – neben ihr eine Sympathisantin – und fragte, ob wir nicht mitkommen wollten zum Konfirmandenunterricht. »Konfirmation? Was ist das?«, war wahrscheinlich unsere erste Reaktion. Und dann – unter wohlwollender Billigung unserer Mutter – gingen wir mit. Man könnte jetzt sagen: diese Mädchen hätten uns dahin gelockt und die geschilderte Atmosphäre in der Schule hat ihr Übriges getan und uns dahin getrieben. Aber das ist nur die halbe Wahrheit. Die kirchlichen Menschen, mit denen wir es bald zu tun bekamen, waren eben einfach glaubwürdiger. Zu ihnen konnte man Vertrauen entwickeln. Auch wenn es später nicht ganz ohne Enttäuschungen mit Vertretern dieser Institution abging, das Grundvertrauen ist nie erschüttert worden.

Am Sonntag Exaudi 1964 wurden mein Bruder und ich, die wir ja in einer atheistischen Familie aufgewachsen und nicht getauft waren, in Begleitung meiner Mutter und zweier Taufpaten im Konfirmationsgottesdienst in der Pauluskirche in ein und demselben Gottesdienst getauft und anschließend mit der Gruppe konfirmiert. Und damit gehörten wir zur Gemeinde, zunächst der Jungen Gemeinde. Und fanden damit ein Stück Heimat, einen Raum, in dem man frei atmen und reden konnte. Eine Gemeinschaft, wo Pflichten und Freuden geteilt wurden.

Unser sich nach wie vor marxistisch verstehender Vater war während unserer doppelten, Taufe und Konfirmation verbindenden, Feier noch in Bautzen. Während er knapp zwei Jahrzehnte zuvor als junger Kommunist aus der Kirche ausgetreten war, waren mein Bruder und ich jetzt in sie eingetreten. Als er dann ein halbes Jahr nach unserer Konfirmation zu Hause angekommen war und hörte, dass ich möglicherweise Theologie studieren wollte, konnte er gut damit umgehen. Für ihn war es so etwas wie eine Variante des Philosophiestudiums. Und dass wir in kirchlichen Jugendgruppen bald eine Heimat gefunden haben, hat er nie infrage gestellt, sondern gebilligt.

Noch viel später habe ich meinen Vater dann einmal gefragt, was er von Gott hält. Er antwortete mit einem Wort Voltaires, der gesagt habe: Wir grüßen uns, aber wir sprechen nicht miteinander.

Kapitel 5

Der fremde Vater, zurück aus dem »Gelben Elend«

Über die erste Begegnung mit unserem Vater nach seiner Haftentlassung, auf dem Bahnhof in Halle, habe ich schon berichtet. Nun war er wieder zu Hause. Ich sehe ihn noch dasitzen. Wer war dieser Mensch? Hatte er einen Platz in unserer Familie? Bevor meine Mutter loszog nach Bautzen, um ihn abzuholen, hat sie noch einmal tiefschluchzend geweint, hat Briefumschläge und Fotos zerrissen, hat wohl den Schmerz gespürt, den die siebenjährige Trennung von Mann und Kindern in ihr hinterlassen hatte. Ich war verwirrt. Hätte sie sich nicht eindeutiger freuen müssen? Aber ich selbst wusste ja zunächst auch nichts mit einem Vater anzufangen, war dessen Rolle doch lange Jahre unbesetzt geblieben.

Was hatte er inzwischen erlebt, im Gefängnis durchmachen müssen? Von Hamburg aus hatten wir nur einen sehr formalen Austausch mit ihm pflegen können, durften wir – sowohl seine Eltern als auch seine Söhne –, ihm in bestimmten Abständen schreiben, auf vorgefertigtem Papier des DDR-Strafvollzugs; uns Söhnen standen jeweils zehn tabellenartig eingerahmte Zeilen zur Verfügung. Aber was hätten wir schon anderes schreiben sollen, als dass es uns gut ging. Ebenso der Vater. Natürlich hatte es ihm gut zu gehen in Bautzen, im »Gelben Elend«.

Und vielleicht ging es ihm sogar erträglich. Bei einem Besuch in Bautzen nach 1989 erfuhr ich, dass die ersten fünf Jahre nach 1945 unter den Sowjets sowie die darauffolgenden fünf unter der »Kasernierten Volkspolizei« für die Häftlinge schrecklich gewesen sein müssen. Hunger, Prügel, Folter. Jede Nacht wurden die Leichen herausgekarrt und auf dem neben dem Gefängnis liegenden »Karnickelberg« mit Erde durch Bulldozer notdürftig zugedeckt. Eine Kapelle, gleichzeitig Mahnstätte, erinnert mit Tausenden Namen heute daran. Gemessen an diesen Gräueln ging es nach 1955, also zur Zeit der Haft meines Vaters, eher leidlich zu. Das berichtete er nun selbst, ganz anschaulich. Er ist mehrfach von Familienmitgliedern gefragt worden, ob er so etwas wie Folter erleben musste. Nein, war seine Antwort, aber in der U-Haft habe man ihn eine ganze Nacht in einer besonderen Zelle im Keller, einer Zelle ohne Kübel und ohne Sitz- oder Liegemöglichkeit, stehend verbringen lassen, damit er sich von Anfang an, schon vor den Vernehmungen, keine Illusionen über die hier geltenden Machtverhältnisse machte. Und er hatte von den Spezialzellen gehört, in denen man im Wasser stehen musste.

Überhaupt, so mein Vater, hatten seine Genossen und er, die nach 1956 den antistalinistischen Aufbruch wagten, Glück gehabt, dass es hier nicht zu einem Todesurteil am Ende eines politischen Prozesses kam. So wurden etwa 1955 – das lese ich zufällig heute in dem Buch »Ulbricht als Richter und Henker« von Eberhard Wendel –von Ulbricht in mehreren Fällen geplante Todesurteile gebilligt (Benkowitz) oder langjährige Haftstrafen in Todesurteile umgewandelt (Kogel, Wiebach). In der damaligen DDR beschränkte man sich in der Regel darauf – und konnte damit von der eigenen Geschichte ablenken – die durch Schauprozesse vorbereiteten Hinrichtungen von László Rajk in Ungarn 1949 und von Rudolf Slánský und mindestens zehn weiteren Mitangeklagten 1952 in der Tschechoslowakei zuzugeben. Aber auch in Albanien, Bulgarien, Rumänien und Polen gab es Ende der 40er, Anfang der 50er Jahre stalinistische Säuberungen, die oft mit einem Todesurteil endeten.

Aber lieber erzählte unser Vater von vergnüglichen Erlebnissen. Beispielsweise von dem einen Mitgefangenen, einem Hochstapler und notorischen Lügner, der jedes Mal, wenn ein prominenter Name genannt wurde, in gleicher Weise reagierte. Zum Beispiel »Rabindranath Tagore« – »Den kenn ich, der hat bei mir gewohnt!«

Vielleicht war es derselbe, vielleicht ein anderer Gefangener, der vorgab, dass ihn eine persönliche Freundschaft mit Stalin verbände. Als er als ehemaliger Betriebsleiter händeringend bestimmte Ersatzteile, u.a. Rohre, benötigte, habe er kurzerhand ins »Vaterland aller Werktätigen«, an »Väterchen Stalin« geschrieben. Der soll umgehend mit einem Telegramm geantwortet haben: »Rohre kommen! Dein Josef!«

Erheiternd fand ich auch die Erzählung über den Kinobesuch. Da das »Gelbe Elend« in der Kaiserzeit entstanden war, hatte es auch eine Kirche, die man auf Fotos sehr deutlich sieht, wie sie sich über die Gefängnismauern erhebt. Dort wurden zur Haftzeit meines Vaters auch Filme gezeigt. Vor der Filmvorführung musste aber ein Jesusbild verdeckt werden. Während dieses Vorgangs rief ein Gefangener dem Wärter zu: »Deck ihn zu, er friert!«

Oder – das war noch in der Untersuchungshaft im »Roten Ochsen« in Halle – als ein anderer Wärter einem Gefangenen die SED-Bezirkszeitung »Freiheit« ankündigte und ihm durch das kleine Fenster in der Zellentür reichen wollte, da rief ein anderer Gefangener: »Ich will meine Freiheit, aber nicht die für fünfzehn Pfennige!«

Die Gefangenen lebten von der Hoffnung auf Amnestie, also vorzeitiger Entlassung. Viele hangelten sich von einem zu erwartenden Ereignis zum nächsten: Geburtstag des Staatspräsidenten Wilhelm Pieck, der nächste SED-Parteitag, Republikgeburtstag. Zogen die Termine vorüber, ohne dass sich etwas tat, wurden neue gefunden, an denen sich die Hoffnung festmachte.

Harro Lucht (Sohn) und Harro Lucht (Vater) nach der Haftentlassung, 1964

Nach der Haftentlassung hat es noch einige Jahre gedauert, ehe mein Vater einer geregelten Arbeit als Übersetzer nachgehen konnte, es war die Fortsetzung des »Elends« mit anderen Mitteln. Ich weiß noch, wie wir zu den Chemischen Werken nach »Buna« fuhren, damit er dort einen Auftrag erhielt. Und wie meine Mutter und ich am Tor des Hauptgebäudes meinen mit hängenden Schultern zurückkehrenden Vater in Empfang nahmen. Anscheinend wollte man ihn nochmals bestrafen. Aber dann kamen einzelne Übersetzungen für die Zeitschrift »Kunst und Literatur«, später auch einige Bücher für den Henschel-Verlag. Das Arbeitszimmer mit den hohen Bücherregalen, in dem mein Bruder und ich bisher nur schliefen – wir hatten in der Drei-Zimmer-Wohnung kein Kinderzimmer – belebte sich jetzt mit der Schreibtischtätigkeit meines Vaters. Da ich mich für seine Arbeit interessierte, kamen wir uns sehr nahe. Wir wurden ein gutes Team. Ich saß ihm am Schreibtisch gegenüber, half ihm, indem ich ihm seine handschriftlich notierten Übersetzungen vorlas, mit der Zeit immer perfekter, zum Beispiel indem ich das nächste Komma mitlas, sodass Komma und Leertaste in einem Atem geschrieben wurden. Und er hämmerte den Text in die Schreibmaschine.

Ich interessierte mich auch für seine umfänglichen Karteikästen. Darin war ein ganzer Schatz von Zitaten und Bildern, vor allem von Schriftstellern, Künstlern, Philosophen aus allen Jahrhunderten aufbewahrt, der immer

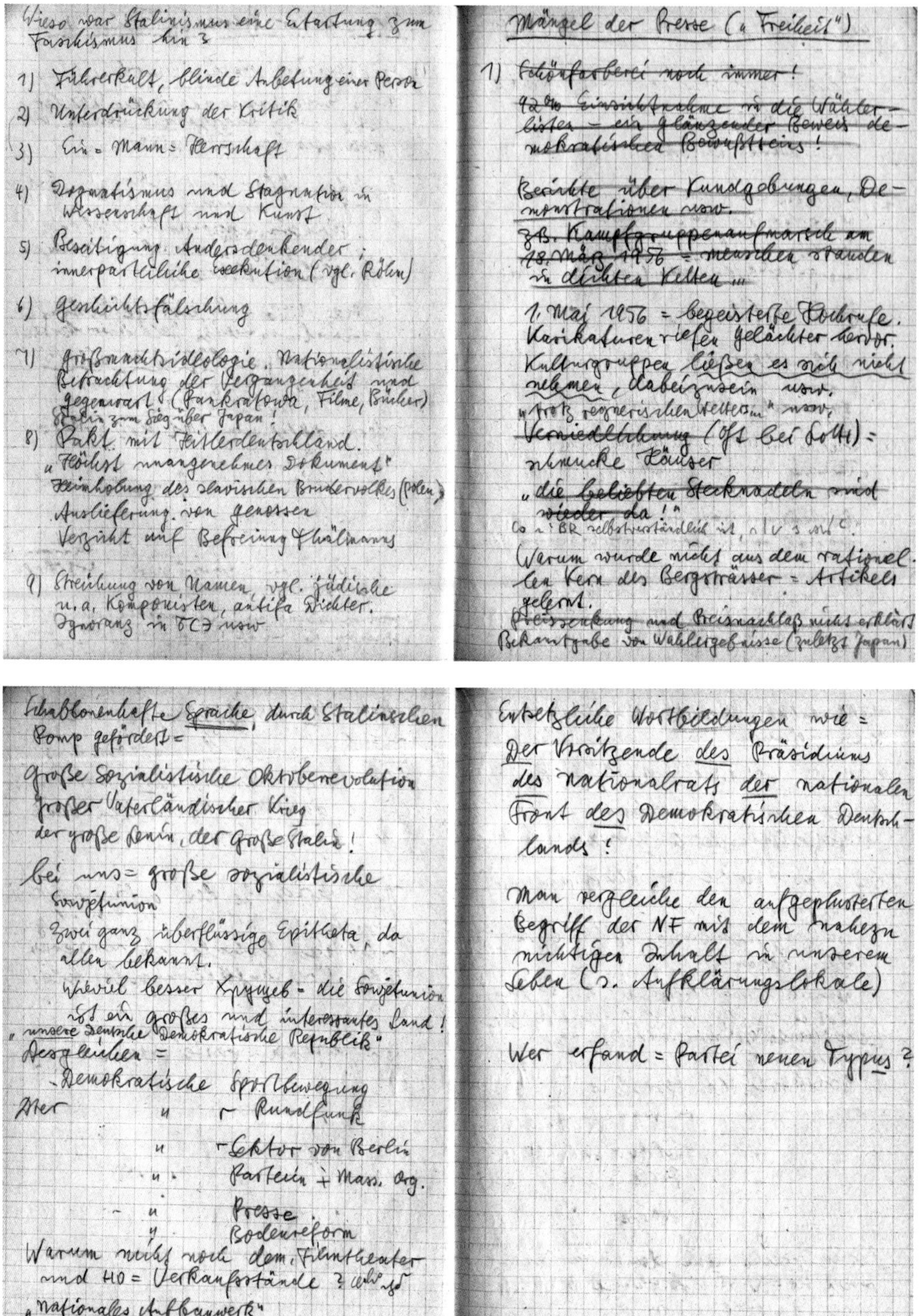
Wieso war Stalinismus eine Entartung zum Faschismus hin?

1) Führerkult, blinde Anbetung einer Person
2) Unterdrückung der Kritik
3) Ein-Mann-Herrschaft
4) Dogmatismus und Stagnation in Wissenschaft und Kunst
5) Beseitigung Andersdenkender; innerparteiliche Exekution (vgl. Rajk)
6) Geschichtsfälschung
7) Großmachtsideologie, Nationalistische Betrachtung der Vergangenheit und Gegenwart (Pankratowa, Filme, Bücher) Stalin zum Sieg über Japan!
8) Pakt mit Hitlerdeutschland. „Höchst unangenehmes Dokument“ Heimholung des slavischen Brudervolkes (Polen) Auslieferung von Genossen Verzicht auf Befreiung Thälmanns
9) Streichung von Namen, vgl. jüdische u.a. Komponisten, antifa Dichter. Ignoranz in BSE usw

Mängel der Presse („Freiheit“)

1) ~~Schönfärberei noch immer!~~
~~42% Einsichtnahme in die Wählerlisten – ein glänzender Beweis demokratischen Bewußtseins!~~
~~Berichte über Kundgebungen, Demonstrationen usw.~~
~~zB. Kampfgruppenaufmarsch am 18. März 1956 = Menschen standen in dichten Ketten...~~
1. Mai 1956 = begeisterte Hochrufe. Karikaturen riefen Gelächter hervor. Kulturgruppen ließen es sich nicht nehmen, dabeizusein usw.
„trotz regnerischen Wetters“ usw.
~~Verniedlichung~~ (oft bei Lotti) = schmucke Häuser
„~~die beliebten Stecknadeln sind wieder~~ da!“
Warum wurde nicht aus dem rationellen Kern des Bergsträsser-Artikels gelernt.
~~Preissenkung und Preisnachlaß nicht erklärt~~
Bekanntgabe von Wahlergebnisse (zuletzt Japan)

Schablonenhafte Sprache, durch Stalinschen Pomp gefördert =
große Sozialistische Oktoberrevolution
großer Vaterländischer Krieg
der große Lenin, der große Stalin!
bei uns = große sozialistische Sowjetunion
Zwei ganz überflüssige Epitheta, da allen bekannt.
Wieviel besser – die Sowjetunion ist ein großes und interessantes Land!
„unsere Deutsche Demokratische Republik“
Desgleichen =
„Demokratische Sportbewegung
Aber " " Rundfunk
" " Sektor von Berlin
" Parteien + Mass. Org.
" Presse
" Bodenreform
Warum nicht noch dem. Filmtheater und HO = Verkaufsstände?
„Nationales Aufbauwerk“

Entsetzliche Wortbildungen wie = Der Vorsitzende des Präsidiums des Nationalrats der Nationalen Front des Demokratischen Deutschlands!

Man vergleiche den aufgeplusterten Begriff der NF mit dem nahezu nichtigen Inhalt in unserem Leben (s. Aufklärungslokale)

Wer erfand = Partei neuen Typus?

»Meine Kritik des ›Realen Sozialismus‹« – Notizen des Vaters (Auszüge)

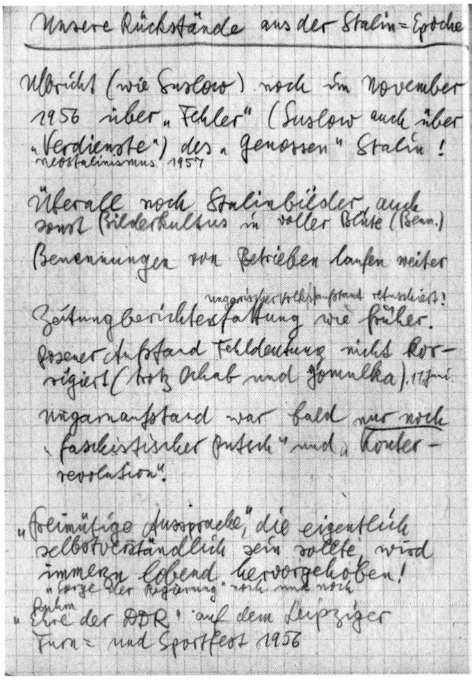

Unsere Rückstände aus der Stalin=Epoche

Ulbricht (wie Suslow) noch im November 1956 über „Fehler" (Suslow auch über „Verdienste") des „Genossen" Stalin!
Neostalinismus 1957

Überall noch Stalinbilder, auch sonst Bilderkultus in voller Blüte (Benn.)

Benennungen von Betrieben laufen weiter

ungarischer Volksaufstand verschwiegen!
Zeitungberichterstattung wie früher.
Posener Aufstand Fehldeutung nicht korrigiert (trotz Ochab und Gomulka). 17. Juni.

Ungarnaufstand war bald nur noch „faschistischer Putsch" und „Konterrevolution".

„Freimütige Aussprache", die eigentlich selbstverständlich sein sollte, wird immer lobend hervorgehoben!
„Sorge der Regierung" noch und noch
Ruhm
„Ehre der DDR" auf dem Leipziger Turn= und Sportfest 1956

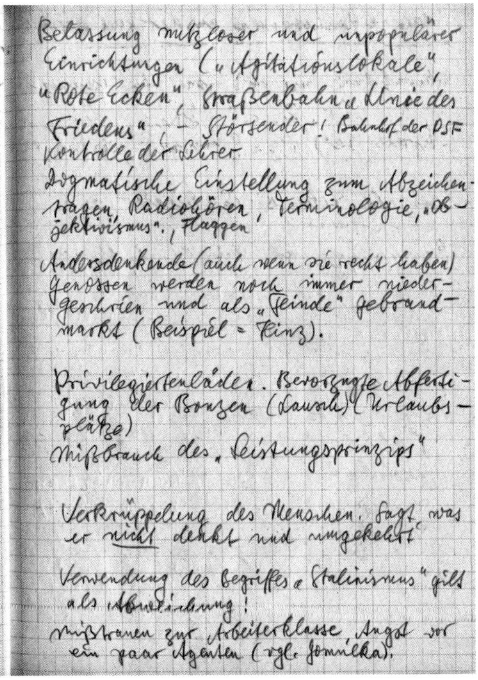

Belassung nutzloser und unpopulärer Einrichtungen („Agitationslokale", „Rote Ecken", Straßenbahn „Linie des Friedens" – Störsender! Bahnhof der DSF
Kontrolle der Lehrer
Dogmatische Einstellung zum Abzeichentragen, Radiohören, Terminologie, „Objektivismus", Flaggen

Andersdenkende (auch wenn sie recht haben) Genossen werden noch immer niedergeschrien und als „Feinde" gebrandmarkt (Beispiel = Kinz).

Privilegiertenläden. Bevorzugte Abfertigung der Bonzen (Laurin) (Urlaubsplätze)
Mißbrauch des „Leistungsprinzips"

Verkrüppelung des Menschen. Sagt, was er nicht denkt und umgekehrt

Verwendung des Begriffes „Stalinismus" gilt als Abweichung!
Mißtrauen zur Arbeiterklasse, Angst vor ein paar Agenten (vgl. Gomulka).

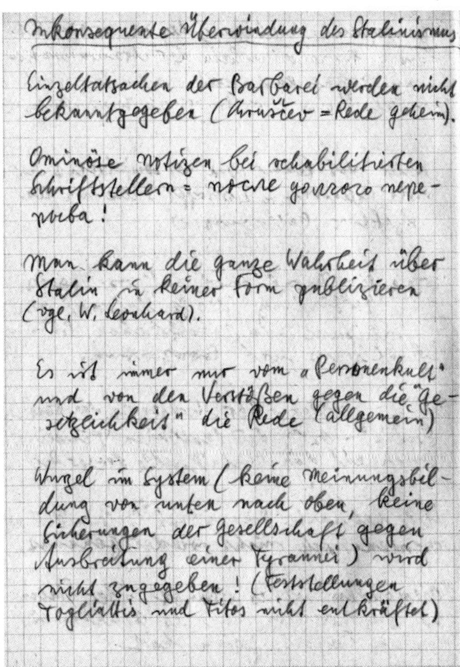

Inkonsequente Überwindung des Stalinismus

Einzeltatsachen der Barbarei werden nicht bekanntgegeben (Chruščev = Rede geheim).

Ominöse Notizen bei rehabilitierten Schriftstellern = посмертно [illegible]

Man kann die ganze Wahrheit über Stalin in keiner Form publizieren (vgl. W. Leonhard).

Es ist immer nur vom „Personenkult" und von den Verstößen gegen die „Gesetzlichkeit" die Rede (allgemein)

Wurzel im System (keine Meinungsbildung von unten nach oben, keine Sicherungen der Gesellschaft gegen Ausbreitung einer Tyrannei) wird nicht zugegeben! (Feststellungen Togliattis und Titos nicht entkräftet)

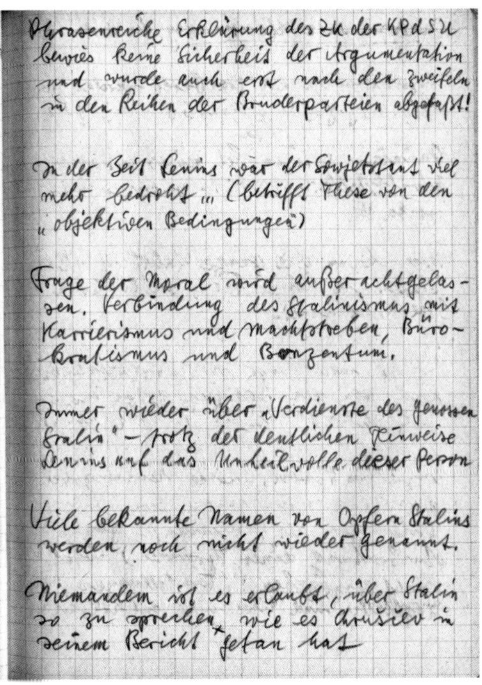

Phrasenreiche Erklärung des ZK der KPdSU bewies keine Sicherheit der Argumentation und wurde auch erst nach den Zweifeln in den Reihen der Bruderparteien abgefaßt!

In der Zeit Lenins war der Sowjetstaat viel mehr bedroht ... (betrifft These von den „objektiven Bedingungen")

Frage der Moral wird außer acht gelassen. Verbindung des Stalinismus mit Karrierismus und Machtstreben, Bürokratismus und Bonzentum.

Immer wieder über „Verdienste des Genossen Stalin" – trotz der deutlichen Hinweise Lenins auf das Unheilvolle dieser Person

Viele bekannte Namen von Opfern Stalins werden noch nicht wieder genannt.

Niemandem ist es erlaubt, über Stalin so zu sprechen, wie es Chruščev in seinem Bericht getan hat noch weiter anwuchs. Brauchte ich für einen Hausaufsatz ein Zitat, fand ich es dort. Natürlich überwogen dort Stimmen, die sich kritisch mit der dogmatischen Erstarrung des Marxismus und der Arbeiterbewegung auseinandersetzten. Ich stieß auf den jungen Marx, den alten Engels, Bakunin und Kropotkin, Kautsky und Radek, auf Rosa Luxemburg, auf Feuchtwanger und Brecht, Pasternak, Majakowski und Jessenin.

Und dann waren da Bücher, die auf der »Schwarzen Liste« standen. Etwa das Buch von Wolfgang Leonhard »Die Revolution entlässt ihre Kinder«. Das am meisten staatsgefährdende Buch, das es in der DDR gab, hieß »1984« und stammte von George Orwell. Die Stasileute, die nach der Verhaftung meines Vaters säckeweise Zettel und Bücher als mögliches Beweismaterial aus der Wohnung schleppten, an diese Szene kann ich mich noch heute erinnern, hatten dieses Buch übersehen. Wenn sie es entdeckt hätten, wäre das Urteil für meinen Vater sicherlich noch höher ausgefallen.

Ein oder zwei Mal kam Heinz Sachs zu Besuch. Er war Leiter des Mitteldeutschen Verlags, ein Verlag, der hin und wieder einiges versuchte, später auch ein schwieriges Buch von Erich Loest herausbrachte. Heinz Sachs kannte meinen Vater noch aus der Zeit vor seiner Verhaftung, wohnte gleich um die Ecke, nur ungefähr hundert Meter entfernt. Ob er im Auftrag kam, meinem Vater auf den Zahn zu fühlen, oder ob er ihm seine Sympathie ausdrücken wollte, bleibt ein Geheimnis. Ich weiß aber noch, wie er sagte: »Für die Dogmatiker bin ich ein Revisionist, für die Revisionisten ein Dogmatiker.« Das klang harmloser als es war. Revisionismus oder Renegatentum waren gleichbedeutend mit Staatsverrat, und wer so bezeichnet wurde, sollte flugs in Deckung gehen oder Selbstkritik üben, wenn er nicht doch lieber bei Nacht und Nebel über die Grenze gehen wollte, was ja nach 1961 ohne Garantie fürs Gelingen und nur unter Lebensgefahr möglich war. Das Wort »Dissident« übrigens gab es damals noch nicht, jedenfalls nicht in unserem DDR-Umfeld.

Nun bat mich mein Vater auch um einen besonderen Hilfsdienst, der sich für mich in geistiger Hinsicht sehr bezahlt gemacht hat. Er brauchte für Zitate ausländischer Autoren, die in sowjetischen Texten vorkamen und schon einmal in der Bundesrepublik ins Deutsche übersetzt waren, die entsprechende Stelle aus der Westausgabe, z. B. des Suhrkamp- oder Fischer-Verlags. Bücher, die man dem gemeinen DDR-Bürger vorenthielt. Um aber den wissenschaftlichen Kriterien genügen zu können, gab es für den Übersetzer – oder für seinen Vertreter, in diesem Fall also für mich – eine Genehmigung, in einer Präsenzbibliothek das entsprechende Buch einzusehen. Man musste die interessierenden Stellen also vor Ort, in einem geschlossenen Lesesaal, heraussuchen, durfte den Band nicht aus der Bibliothek mit nach Hause nehmen.

So verbrachte ich Tage damit, beispielsweise ein Buch von Erich Fromm »Der moderne Mensch und seine Zukunft« nach einem bestimmten Zitat abzusuchen, und lernte so die Gedankenwelt eines Denkers kennen, der offiziell in der DDR verpönt war – weil er Sigmund Freud ebenso wichtig nahm wie Karl Marx, weil er zwar ein Humanist war, aber kein atheistischer, allenfalls ein non-theistischer. In diesem Buch stieß ich beispielsweise auf Gustav Landauer, den Anarchisten der Münchner Räterepublik, der sinngemäß meinte: Der Sozialismus ist mit den unrechten Menschen an keinem Ort und zu keiner Zeit aufzubauen, mit den rechten dagegen ist es jederzeit und überall möglich. Dies widersprach nun allem, was uns die Staatsbürgerkundelehrer in der Schule beizubringen versuchten, dass sich die Triebkräfte der Geschichte auch ohne die besonderen Taten besonderer einzelner Menschen Geltung verschaffen, dass sich der Sozialismus im Ablauf der Geschichte in eherner Gesetzmäßigkeit durchsetzt.

Ebenso bedenkenswert fand ich eine andere Bemerkung Erich Fromms. In der Schule hörten wir immer wieder das Zitat aus dem Kommunistischen Manifest: »Die Proletarier haben nichts zu verlieren als ihre Ketten.« Der erfahrene Psychologe wusste mehr: »Die Proletarier haben ihre Bedürfnisse zu verlieren, die sich beim Tragen der Ketten herausgebildet haben.« Wie oft musste ich später bei der Arbeit mit Abhängigen daran denken. Es ist eben doch naiv, einem Alkoholiker, einem psychisch Belasteten, einem gesellschaftlich Eingeschränkten nur zu sagen: »Na, wenn Dich der Mist ärgert, den Du immer wieder produzierst, dann lass es doch einfach. Wenn Dich das Saufen kaputtmacht, dann hör doch einfach auf zu saufen!« Also nicht nur die Krankheitsursachen sind in den Blick zu nehmen, auch die Vorteile und Annehmlichkeiten, die sich aus der Krankheit, der Abhängigkeit, der Unterordnung unter ein krankmachendes System ergeben.

So eröffnete die Gemeinschaft, das Gespräch mit meinem Vater mir neue geistige Welten. Die eine geistige Welt, in die ich eingetreten war, das war die Bibel, der christliche Glaube. Ich las täglich im Alten oder Neuen Testament bestimmte Stellen mit einer Auslegung und betete für mich und andere. Das machte mich froh und ließ mich befreiter ausatmen. Die andere geistige Welt, die meines Vaters, kam mir sehr verwandt vor. Auch hier ging es um Freiheit und Befreiung, um die eigene Entscheidung, die ich höher bewertete als das Mitlaufen mit der Masse.

Mein Vater wurde also eine wichtige Orientierungsfigur für mich, Ein Therapeut hat später einmal zu mir gesagt: Ein Vater, der (wegen seines Einsatzes für Freiheit und Demokratie) im Gefängnis gesessen hat, den kann man nur idealisieren. Deshalb war es eine Verunsicherung für mich, als ich bei der späteren Lektüre der Stasiakte (unter dem 3.3.1987) eine Notiz über meinen Vater entdeckte, es gebe einen archivierten IM-Vorgang. Dazu hat mir mein Vater erklärt, dass er in seiner stalinistischen Phase tatsächlich als GI (Gesellschaftlicher Informant, Vorgängerbezeichnung der späteren IM), als Gesprächspartner von SED-Genossen, die er nicht immer als Stasileute identifizierte, gedient hat und dass dies »auf der Minusseite seines Lebens steht«. Er habe in einigen wenigen Fällen auch über andere berichtet, dabei aber keine egoistischen Motive verfolgt und nachweislich niemanden ins Gefängnis gebracht, sondern »in Zugehörigkeit zu einer falschen Glaubensgemeinschaft«, der damaligen kommunistischen Bewegung, gehandelt. Im »Sachstandsbericht« der Stasi-Bezirksverwaltung Halle heißt es am 10.1.1957 dazu zusammenfassend:

»Am 16.9.1953 wurde er als GI angeworben. Auf Grund seiner guten gesellschaftlichen Arbeit und seiner Arbeit als GI, war ein Vertrauen zu Lucht vorhanden. In der weiteren Zusammenarbeit zeigte sich jedoch, dass seine ihm gestellten Aufgaben allgemeiner Natur waren und keine positiven Erfolge zu verzeichnen waren.« Im Weiteren werden meinem Vater Vorwürfe gemacht, die dann sicherlich bei der Anklage eine Rolle gespielt haben dürften. Am 7.1.1957, also drei Tage vor diesem Bericht, hätte mein Vater einem Studenten gegenüber, der ebenfalls ein GI war, sich folgendermaßen verhalten:

»Lucht [...] beschimpfte die Parteiführung als Ulbricht-Clique, verglich sie mit Rákosi und brachte gleichzeitig zum Ausdruck, dass Genosse W. Ulbricht nur mit einer kleinen Verbrecherclique sich an der Macht hält, mit scharfem Terror; obwohl er in der Bevölkerung kein Vertrauen besitzt. [...] Er brachte zum Ausdruck, dass bei der erstbesten Gelegenheit von selbst dem Treiben der Ulbricht-Clique ein Ende bereitet wird, die von oben bis unten mit dem Blut der eigenen Genossen befleckt ist. [...] Es ist anzunehmen, dass Lucht der führende Kopf einer Gruppe feindlich gesinnter Lektoren ist, welche versuchen, die Partei zu zersetzen, um den Sturz der Parteiführung herbeizuführen.«

Einen solcherart kritischen Marxisten, wie ihn die Stasi hier beschrieb, lernte ich nach seiner Haftentlassung in meinem Vater kennen. Und durch die Medien, zumeist westliche Fernseh- und Rundfunksender, erfuhren wir, dass es im östlichen Machtbereich noch mehr dieser kritischen Geister gab, die sich ihren eigenen Verstand nicht verbieten lassen wollten. So schrieb ich während einer Sendung des Deutschlandfunks über sogenannte »Revisionisten« die Namen und Gedanken mit von Georg Lukács, Adam Schaff, Leszek Kolakowski, aber auch die mir aus dem deutschen Sprachraum vertrauteren Ernst Bloch, Wolfgang Harich, Robert Havemann und Ernst Fischer.

In ganz Europa, im Osten wie im Westen des Kontinents, flackerten unerhörte, bisher ungehörte Gedanken auf, Kritik an der Erstarrung des östlichen Systems, darunter auch erstaunliche Annäherungen zwischen Christentum und Marxismus, jedenfalls in der jeweils undogmatischen und lebendigen Ausprägung dieser Geisteshaltungen. In einer der seltenen Spiegel-Ausgaben, die mir in die Hand fielen, konnte ich von Dialogversuchen einer »Paulus-Gesellschaft« lesen, in der sich Christen, in diesem Fall vor allem katholische, und Marxisten an einen Tisch setzten. Dieser Zusammenklang glänzte, leuchtete, gab meinem, unserem Leben, dem Leben mancher jungen Christen einen Sinn. Nicht allen, aber so vielen, dass sie – jedenfalls in unseren Generationskreisen – nicht übersehen werden konnten.

Kapitel 6

Schutzraum und Ort für das Leben. Junge Gemeinde

Am Ende des Konfirmandenunterrichts wurde für die an die Konfirmation anschließende »Junge Gemeinde« geworben. Uns war klar: Da gehen wir hin! Wöchentlich trafen wir uns in einem Gruppenraum des Gemeindehauses. Der Kantor, Organist und Leiter des Posaunenchores Carl Gustav Naumann und die Gemeindehelferin Sigrid Stade leiteten diese Zusammenkunft. Wir sprachen über den Glauben im Sinne der »Nachfolge Jesu« (Nachfolge, nicht Nachahmung), lasen gemeinsam in der Bibel, zum Beispiel den ganzen Philipperbrief, versuchten uns der Bergpredigt anzunähern, hörten von den evangelischen Märtyrern Pfarrer Paul Schneider und Dietrich Bonhoeffer, die im KZ umgekommen waren und den Glaubenszeugen Martin Niemöller und Kurt Scharf, die die Nazi-Zeit überlebt hatten. Gerade von Letzterem sprach die Gemeindehelferin sehr respektvoll. »Er hatte immer den Mut, zu den Mächtigen zu gehen und seine Wahrheit zu vertreten. Das war vor 1945 so, ebenso danach – in der DDR.«

Die beiden, die die Junge Gemeinde anführten, hatten elf, zwölf Jahre zuvor die Bedrückung, ja Verfolgung junger Christen miterlebt. Wer sich 1953 nicht von der angeblichen CIA-Agenten-Organisation »Junge Gemeinde« trennen wollte, hatte schwere Nachteile in Kauf zu nehmen. Diese unsere Vorgängergeneration war entschlossen, keine falschen Lippenbekenntnisse abzugeben, sich nicht dem allfälligen Druck zu beugen. In der Wohnung des Kantors sah ich dann später einmal ein großes Bild, das auf die Erzählung des Propheten Daniel Bezug nahm: die »drei Männer im Feuerofen«, die bereit waren, lieber Unterdrückungsqualen zu erleiden als ihre Überzeugung zu verraten.

Diese Frage des Glaubensgehorsams spielte in vielen Gesprächen eine Rolle. Wieweit war man verpflichtet, den vielfältigen staatlichen Forderungen und Erwartungen nachzukommen? Hatten nicht auch Kommunisten nach 1945 erklärt: »Nie wieder eine Waffe in die Hand!« Und jetzt wollten die Regierenden, dass wir junge Menschen den Wehrdienst ableisteten, Massenorganisationen beiträten, die Kandidaten der Nationalen Front wählten. Eigentlich war es die zentrale Frage des Christseins in der DDR, die in vielen Gesprächen erörtert wurde: Erlaubt oder verbietet das Bekenntnis zu Jesus Christus, dies oder jenes mitzumachen? Die Antworten fielen verschieden aus. Je nachdem, wie man, entweder grundsätzlich oder in einer bestimmten Lebensphase, zum sozialistischen Gesellschaftsexperiment stand: in kritischer Distanz oder kritischer Solidarität. Als von staatlicher Seite die Christen als »sozialistische Staatsbürger christlichen Glaubens« beschrieben und vereinnahmt werden sollten, wetterte der Cottbuser Generalsuperintendent Günter Jacob: »Ich lasse meinen Glauben nicht in einen Genitiv verbannen, egal ob Genitiv erster, zweiter oder dritter Ordnung!«

Dreimal sind wir in den Sommerferien jeweils mehrere Wochen mit der Jungen Gemeinde unterwegs gewesen. In besonderer Erinnerung bleibt, wie wir, nur eine kleinere Gruppe Jungen, mit Paddelbooten und Zelten uns von Rheinsberg aus über die Seen bis zur Müritz über drei weitere Seen bis nach Plau durchschlugen.

Die beiden Male zuvor nahmen etwa zwanzig Jungen und Mädchen ihr Fahrrad, im Gepäck Schlafsack und Luftmatratze. Wir fuhren einmal eine große Runde im Süden der DDR (mit Naumburg, Bautzen, dem katholischen Diaspora-Ort Schirgiswalde, wo wir einer beeindruckenden Messe mit tausend Gläubigen beiwohnten), beim andern Mal eher nördlich bis über Berlin hinaus (mit einem Besuch in der KZ-Gedenkstätte Sachsenhausen, woraufhin ich mich anschließend übergeben musste). Täglich etwa dreißig Kilometer. Abends schliefen wir auf dem Fußboden eines Gemeindehauses, eben mit Luftmatratze und Schlafsack. Und vorher führten wir in der gastgebenden Gemeinde ein Verkündigungsspiel auf.

Das Beste aber geschah, wie so oft, unterwegs. Wenn wir in ein Dorf kamen, ging der Kantor in das Pfarrhaus, holte den Schlüssel für die Kirche und die Orgel. Und während wir mit dem Fuß den Blasebalg betätigten, spielte er uns auf der Orgel vor, zog alle Register bis hin zu Zimbeln und Morgenstern. Und wir haben gesungen in den Kirchen! Spätestens bei »Dona nobis pacem« verschmolzen wir mit dem eben noch fremden Raum zu einer Einheit.

Immer auch haben wir uns vor dem Altar versammelt. Einmal sagte die Gemeindehelferin Sigrid Stade unerwartet zu mir, dem Vierzehnjährigen: »Harro, Du machst morgen die Andacht!« Nach der Andacht war auch immer noch Zeit für kunstgeschichtliche Betrachtungen. Was spricht im Raum dieser Kirche für Gotik, Barock, Klassizismus? Wir erkannten bald die verschiedenen Heiligen an ihren Attributen. Moses mit den Gesetzestafeln, Petrus mit dem Schlüssel, Paulus mit dem Schwert. Für die vier Evangelisten Matthäus, Markus, Lukas, Johannes das Merkwort ELSA, also die Attribute Engel, Löwe, Stier, Adler. Und »Barbara mit dem Turm, Margarete mit dem Wurm, Katharina mit dem Radl, das sind die heiligen drei Madl«. (Wobei Margaretes Wurm einen Drachen bezeichnete.) Die gemalten oder geschnitzten Heiligen in den Kirchen kamen mir seither wie eine große Schar von Freunden vor.

Eine andere Unternehmung mit der Jungen Gemeinde geschah ebenfalls mit dem Fahrrad. Dann fuhren wir häufig auf den zehn, zwölf Kilometer nördlich von Halle gelegenen Petersberg, den eine riesengroße Kirche, eine ehemalige Klosterkirche, krönte. An jedem Himmelfahrtstag versammelten sich dort hunderte junge Männer und feierten Gottesdienst, bei gutem Wetter auf einer grünen Wiese im Freien. Wir sangen »Ein Schiff, das sich Gemeinde nennt« und zum Abschluss, uns an den Händen haltend, »Herr, wir stehen Hand in Hand«. Einmal, als dunkle Wolken aufzogen und wir für gutes Wetter beteten, höhnten irgendwelche Krakeeler, wir hielten sie für bestellte FDJler, von außen über die Mauern des Geländes. »Ha, ha, um Wetter beten!« Das Wetter wendete sich danach zum Besseren.

Freiheitlich fühlten sich auch unsere Ausflüge nach Mansfeld am Rande des Ostharzes an. Mansfeld, das war der Ort, wo Martin Luthers Elternhaus und seine Schule standen, und es war das sich über dem Tal erhebende Schloss Mansfeld, geteilt in Vorderort, Mittelort und Hinterort, zum größeren Teil ruinös, aber im erhaltenen Teil ein kirchliches Rüstzeitheim, für 99 Jahre vom Staat gemietet oder gepachtet. Albrecht Dürer, der an den Befestigungsanlagen mit geplant hatte, hielt die Anlage »für eines Kaisers würdig«. Es ging die Sage von einem vierzehn Kilometer langen unterirdischen Gang von hier bis Eisleben, so breit, dass sich in ihm zwei Kutschen hätten begegnen können.

In diesem Schloss Mansfeld hielt die Kirche vor allem für junge Menschen »Bibelrüstzeiten« ab. Das war die offiziell mit dem Staat so vereinbarte Bezeichnung. Tage vor dem Volksaufstand am 17. Juni 1953 war es zunächst zum Kesseltreiben gegen die »Junge Gemeinde« der Evangelischen Kirche gekommen. Sie wurde, wie schon erwähnt, in den offiziellen Verlautbarungen als »Agenten-Organisation der CIA« bezeichnet, Tausende ihrer Mitglieder – falls sie sich nicht von der Jungen Gemeinde distanzierten – wurden von den Oberschulen entfernt. Doch dann kam es überraschend – wie man heute weiß, auf sowjetischen Einspruch hin – zur Rücknahme der EOS-Ausschlüsse und zu folgender »Einigung« zwischen Staat und Kirche: Die Freizeitaktivitäten für die Jugend sollten allein von der FDJ durchgeführt werden. Die Glieder der Jungen Gemeinde hingegen durften sich nur versammeln, um in der Bibel lesen, zu beten und gemeinsam Gesangbuchlieder zu singen. Noch Ende der siebziger Jahre erklärte mir der staatliche Kirchenvertreter für Cottbus, dass es in unseren kirchlichen Zusammenkünften untersagt sei, Tee zu trinken, Tischtennis zu spielen oder Fasching zu feiern. Und als ich in Anwesenheit von kirchlichen Jugendlichen Bischof Albrecht Schönherr davon berichtete, stellte er – für uns ernüchternd – fest, er könne uns nicht mehr schützen, falls wir gegen diese Regel verstoßen sollten.

Es war klar, was von staatlicher Seite mit solcher Rollenaufteilung beabsichtigt war: nämlich die Attraktivität der FDJ zu steigern, die der Jungen Gemeinde zu mindern. Nur ging diese Rechnung nicht auf. Jedenfalls nicht bei uns. Auf Schloss Mansfeld ging jeder von uns mit einem Bibeltext in ein Zimmer und las und meditierte ihn eine Stunde lang. Damals erlebte ich erstmals existentiell, was ich mit dem Text, was der Text mit mir machen kann. Zunächst habe ich den Text befragt, aber dann fing er an mich zu befragen. Aus »Soll, will und muss ich so leben, wie dieser Jesus es von mir erwartet?«, wurde »Willst Du zu mir gehören und Dein Leben nach mir ausrichten?« Nach der Stunde kamen wir zusammen und besprachen alles. Es waren glückliche Zeiten. In den Gesprächen über die Bibel erfuhren wir uns als Gemeinschaft, als Fragende und Erkennende, als Bedürftige und Beschenkte.

Durch Mansfeld ist mir Luther sehr nahegekommen. In der Stadt kann man seinen Schulweg vom Elternhaus bis zum Schulgebäude heute noch nachgehen. Man kann den Lutherbrunnen bestaunen, auf dem drei Reliefbilder Höhepunkte dieses Lebens darstellen. Im ersten Bild bricht der dreizehnjährige Luther mit Bündel und Wanderstab auf, verlässt Mansfeld, strebt hin zu anderen Bildungsstätten, nach Magdeburg, Eisenach, Erfurt: »Hinaus in die Welt!« Die zweite Tafel zeigt den Reformator mit dem Hammer: »Hinein in den Kampf!« Und im dritten Bild ruhen Luthers Fingerspitzen auf der aufgeschlagenen Bibel: »Hindurch zum Sieg!«

Das sind – frei nach C. G. Jung – typische Stationen eines Heldenlebens: hinaus in die Welt, um den wahren Vater zu suchen, hinein in den Kampf, und sei es der Kampf mit der eigenen Mutter Kirche, die mir den Weg verstellt, so und nur so hindurch zum Sieg. So haben vergangene Generationen Luther als Helden gesehen, geliebt und verehrt. Und sicherlich oft, bis zum »hercules germanicus«, überhöht und verzeichnet. 500 Jahre nach seinem Thesenanschlag, im Jahr 2017, schien man, auch in der evangelischen Kirche, mehr Gefallen daran zu finden, seine vermeintlichen wie tatsächlichen Fehler und Schwachstellen aufzuzeigen: Bauern, Juden, Ketzer. Und manche fanden, das sei nicht genug, und ergänzten eifrig: Kinder, Frauen. Man fand und zitierte abschätzige Worte. An den von der Veste Coburg aus 1530 geschriebenen liebevollen Brief an den Sohn wollte man sich nicht erinnern. Oder an seine dankbare Erkenntnis: Es gibt nichts Schöneres auf Erden als Frauenlieb, wem sie kann werden!

Und so blieb es damals – so verschiedenen – katholischen Autoren wie Willi Winkler und Udo di Fabio und nichtkirchlichen Autoren vorbehalten, die Befreiungstat Luthers, die Mündigkeit jedes einzelnen Menschen in Verantwortung vor Gott, nicht vor den Institutionen, ja die Weltbedeutung der Reformation als Geburtsstunde der Neuzeit hervorzuheben.

Den heutigen Lutherkritikern fehlt es meist an der historischen Einordnung (Lutherforscher Heinz Schilling: »die Zeit ist im Mann, der Mann in der Zeit«) und der nicht immer aufgebrachten Differenzierung: Luther schrieb jeweils zwei Schriften mit unterschiedlichem, entgegengesetztem, bejahendem wie ablehnendem Inhalt sowohl über die Bauern als auch über die Juden! (Leider und unseligerweise das die Vernichtung herbeirufende Wort jeweils als zweites!) Luther, der kleine, einzelne Mensch, der es gewagt hatte, den beiden mächtigsten Herrschern seiner Zeit, Papst und Kaiser, zu widerstehen, der in den Vorurteilen seiner Zeit ebenso befangen war wie er zu ihrer Überwindung beitrug, diesen Menschen versteht nur, wer das Ganze dieser widersprüchlichen Persönlichkeit in den Blick nimmt. Luther war Grobian und diffiziler Sprachkünstler, demütiger Bettler und stolzer König. Den Freund Melanchthon, der sich einmal vor der Überfahrt nach Wittenberg über die vom Sturm aufgewühlte Elbe fürchtete, tröstete er: »Domini sumus!« Wir sind des Herrn, darum sind wir selbst freie Herren!

Im Schloss Mansfeld ging ich einmal mit dem Verwalter auf die Bastion zu, wo man so herrlich weit über den sich ausdehnenden Ostharz blicken kann, wo sich manchmal Sonne und Regen wie auf alten Stichen zeigen: Durch die Wolken hindurch, aus den Wolken herab fallen sie, die Sonnenstrahlen, die Regengüsse, wie gemalte, gezeichnete Striche. Der Verwalter war wohl ein ehemaliges SED-Mitglied. Das hatte ich gerüchteweise gehört. Er hatte mit dem DDR-System gebrochen, war nun bei der Kirche untergeschlüpft. Da wir zu zweit waren, sprach er mich auf die Haft meines Vaters an. Da war echtes Bedauern, das mich zugleich verwirrte, da solches zur Kenntnisnehmen so gut wie nie vorkam, aber es tröstete auch. Und dann sagte er: »Dieser steinerne runde Tisch hier links, an diesem Tisch hat Martin Luther seine zweite Bauernkriegsschrift geschrieben.« Seitdem war ich ein Lutheranhänger, beobachtete, wie die DDR ihn mal als Fürstenknecht, mal als Identifikationsfigur (Anführer der frühbürgerlichen Revolution in Deutschland) apostrophierte. Höhepunkt dieser Annäherung war (da waren die eigenen Helden von Thomas Müntzer bis Karl Liebknecht schon verwelkt) das Jahr 1983. Nicht der hundertste Todestag von Karl Marx stand im Vordergrund, stattdessen wurde zum 500. Geburtstag Martin Luthers mit staatlichen Geldern der goldene Schriftzug am Turm der Wittenberger Schlosskirche erneuert: »Ein feste Burg ist unser Gott!«.

Kapitel 7

Lehrer im Widerstand gegen Kirche und den Geist des Prager Frühlings. EOS

Als ich 1966 auf die Erweiterte Oberschule (EOS), also das Gymnasium in der DDR, kam, musste ich vorher in diese meine künftige Schule, die August-Hermann-Francke-Oberschule gehen, um dort Bücher zu besorgen. Da stand ich nun unerwartet Martin Kühnel, meinem künftigen Klassenlehrer gegenüber, den wir später als bürgerlich-humanistisch gesinnten, klugen und kritischen, dennoch ausgleichenden Lehrer kennen und schätzten lernten. An meinem Revers prangte – nicht einmal einen Zentimeter groß – das silberne Zeichen der Jungen Gemeinde, ein Kreuz auf der Weltkugel. 1953 waren die Schüler, die sich mit diesem Zeichen zu ihrer Kirchlichkeit bekannten, reihenweise von der Oberschule geflogen. Ich sah die leichte Irritation im Gesicht des Lehrers. Ungefähr ein Jahr später hat er mich dann einmal auf dem Schulflur beiseite genommen. Ohne auf mein Bekenntniszeichen, das ich immer noch trug, direkt bezugzunehmen, sagte er: »Sie kennen doch die Bibel. Jesus hat nicht nur gesagt: Seid ohne falsch wie die Tauben...«, und nach einem verlegenen Räuspern fuhr er fort: »sondern auch: seid klug wie die Schlangen.« Das war ein gutgemeinter Ratschlag, eine Bitte, eine Warnung, durch die Blume gesprochen. Das Jesuswort stellte uns auf gemeinsamen Boden, es erging von Bibelleser zu Bibelleser, von Christenmensch zu Christenmensch. Aber wem wollte er mehr helfen, mir oder sich selbst? Damals wussten wir nicht, dass die SED-Genossen im Lehrkörper ihm das Leben schwer machten, ihn später aus der Schule hinausgraulten. Er wurde abgeschoben in eine Bibliothek, ein Archiv. Zum Glück ging es ihm dort gut, und er konnte später sagen: »Mir ist es wie Joseph mit seinen Brüdern – die ihn nach Ägypten verkauften – ergangen. Sie hatten es böse gemeint. Aber Gott hat es für mich zum Guten gewendet.«

Ein weiterer Lehrer, der mich auf ganz andere Art zu beeinflussen suchte, war einer der beiden stellvertretenden Direktoren. Zählt man den eigentlichen Direktor mit, der immer auffällig blass blieb, war er der klügste unter den dreien. Der andere stellvertretende Direktor – von dem auch gleich noch die Rede sein wird – fiel auffällig aus dem Rahmen, ein bulliger, wenig gebildeter Stasi-Typ. Doch dieser erstgenannte, ich glaube er war ein Doktor der Naturwissenschaften, konnte trotz Parteiabzeichen mit einer gewissen Ausstrahlung aufwarten: schwarzes glattes Haar, schlank. Vor allem funkelte seine Intelligenz. Wir hatten fast nie Unterricht bei ihm, jetzt befanden wir beide uns zufällig allein in einem Klassenraum, da sagte er zu mir, mit klarer und bestechender Stimme: »Sie könnten was werden in dieser Gesellschaft. Aber was soll das mit der Kirche? Was soll ein Rennpferd vor einem Milchwagen?« Eine Sekunde lang spürte ich die Verführung. Wie wäre es, wenn ich mich unter seine Fittiche begäbe? Anscheinend wollte er mich »adoptieren«, mir Wege für eine Karriere bahnen. Meinte er es gut mit mir? Oder rechnete er es sich als Triumph aus, wenn er mich, einen der wahrscheinlich nur drei Schüler der Schule, die nicht in der FDJ waren, auf seine Seite ziehen konnte? Aber genau daran war ich nicht interessiert. Die Schmeichelei hörte ich wohl, aber sie konnte mich nicht locken. Wer war dieser Mensch, den ich dann letztlich doch für einen zynischen Karrieristen hielt, im Vergleich mit den mir bekannten glaubwürdigeren kirchlichen Gesprächspartnern?

Noch belastender war der zweite stellvertretende Direktor. Er gab bei uns »Staatsbürgerkunde«. Bei ihm allerdings dachte man bei »Stabü« immer zuerst an »Stasi«. Ein massiger, unförmiger Mann, seine Argumentation war meist so grobschlächtig wie sein Äußeres. Bei einer von mir geschriebenen Arbeit, in der meine Auffassung von seiner abwich, schrieb er mir an den Rand: »Unklare, versteckte Aussprüche«. Er repräsentierte für mich die weithin nicht sichtbare Rückseite des Systems: unberechenbar und nicht geheuer. Von ihm habe ich mehrfach gehört: »Wer nicht unserer wissenschaftlichen Weltanschauung folgt, landet auf dem Misthaufen der Geschichte.« Die Selbstverständlichkeit seines Machtanspruchs drückte sich auch darin aus, dass er meist auf den obligatorischen FDJ-Freundschafts-Gruß zu Beginn der Stunde verzichtete, der inzwischen, seit der Jugendweihe, den Wechselgruß der Jungen Pioniere »Seid bereit!« – »Immer bereit!« abgelöst hatte. In der Regel ging es so zu: Der Lehrer rief »Freundschaft!«, die Schüler, stehend, manche die Hände an der Hosennaht, antworteten »Freundschaft!«

Manchmal zog er den Vorhang weg, ließ uns Einblick nehmen in eine der Öffentlichkeit völlig verborgene Welt, in seine vorherige Tätigkeit, zu der wohl auch die »Betreuung« von Prostituierten gehörte. Es war sein Spezialwissen, mit dem er jetzt konkurrenzlos auftrumpfen konnte. Gewisse Frauen, so erklärte er uns, nähmen »Belladonna«, um ihre Augen zum Glänzen zu bringen. Und in den Ausweisen solcher Personen stünde »HWG«, damit die Polizei bei einer Kontrolle wüsste, dass sie »häufig wechselnden Geschlechtsverkehr« betrieben.

Zweimal sagte er etwas Überraschendes, ich empfand es als ebenso originell wie dummdreist. Jedenfalls den drei, vier Mädchen und mir gegenüber, die wir uns zur Kirche hielten, war es mehr als eine Geschmacklosigkeit. Wie alle Parteigenossen hielt er nichts von der Kirche, hoffte auf die Verheißung von Marx, dass sie ebenso wie der Staat in der künftigen kommunistischen Gesellschaft überflüssig sein, absterben werde. Vom Überflüssigwerden des Staates – von dessen krebsgeschwürartig wachsender Gegenwart waren wir täglich umgeben – sprachen die Genossen lieber nicht. Stattdessen bestimmte dieser Lehrer sein Verhältnis zu den christlichen Mitbürgern so: »Gut füttern und absterben lassen!«

Die andere Attacke dieses Lehrers ging so: »Gegen den lieben Gott habe ich ja nichts. Aber gegen sein Bodenpersonal. Die Christen sagen: Du sollst deinen Nächsten mehr lieben als dich selbst!« Abgesehen davon, dass jedes Kind merkt, dass er hier Jesus das Wort im Munde umzudrehen versuchte und dass es heißen muss: »Du sollst deinen Nächsten lieben wie dich selbst!«, war es interessant, dass er anscheinend dem Egoismus den Vorzug gab vor jeglichem Altruismus. Das passte aber zum praktizierten Menschenbild der DDR, in der ständig davon geredet wurde, dass man den »materiellen Hebel« ansetzen müsse, um die Menschen dazu zu bringen, dies oder jenes zu tun. Prämien für Wohlverhalten! Dass Menschen freiwillig Gutes tun, dass sie gern aufeinander achten, wie ich es in der christlichen Gemeinde erlebte, davon wussten sie anscheinend nichts mehr. Übrigens hat einer meiner Lieblingspsychologen, Erich Fromm, herausgestellt, »dass das Gebot ›Liebe deinen Nächsten wie dich selbst‹ die wichtigste Lebensnorm ist und seine Verletzung die Grundursache von Unglücklichsein und Geisteskrankheit« darstellt.

Mit diesem und den anderen beiden Direktoren hatte ich noch eine weitere Begegnung. Im Sommer 1968 – zwei, drei Wochen vor dem Einmarsch der Warschauer-Pakt-Staaten – waren mein Bruder und ich nach Prag gefahren. Wir hatten ein Glück, das nicht allen Menschen in ihrer Lebenszeit vergönnt ist, denn wir nahmen teil an einer Freiheitsbewegung, am sogenannten »Prager Frühling«, der für uns überwiegend auf der Straße stattfand. Der tschechoslowakische Parteiführer Alexander Dubček wollte einen »Sozialismus mit menschlichem Antlitz« errichten. Frohgestimmte Menschen, von niemandem außer ihrem guten Willen dirigiert, füllten die Gassen, Straßen und Plätze. Die Straßensänger Hutka und Kallandra, das politische Manifest »Zweitausend Worte«, das ich bei Radio Prag in einer deutschen Übersetzung erhielt. (Einige Tage später, während des Einmarschs, sind bei der Verteidigung des Senders ein Dutzend Leute erschossen worden.) Demonstrationen für den reformkommunistischen Parteiführer Alexander Dubček, Gespräche mit einem persischen Studenten aus West-Berlin im Internationalen Studentenwohnheim (»Helmut Gollwitzer ist Marxist.« – »Nein«, entgegnete ich: »Theologe!«), westdeutsche Gesprächspartner an einer Straßenkreuzung: »Wir müssen Europa zusammenfuhren«. Diese

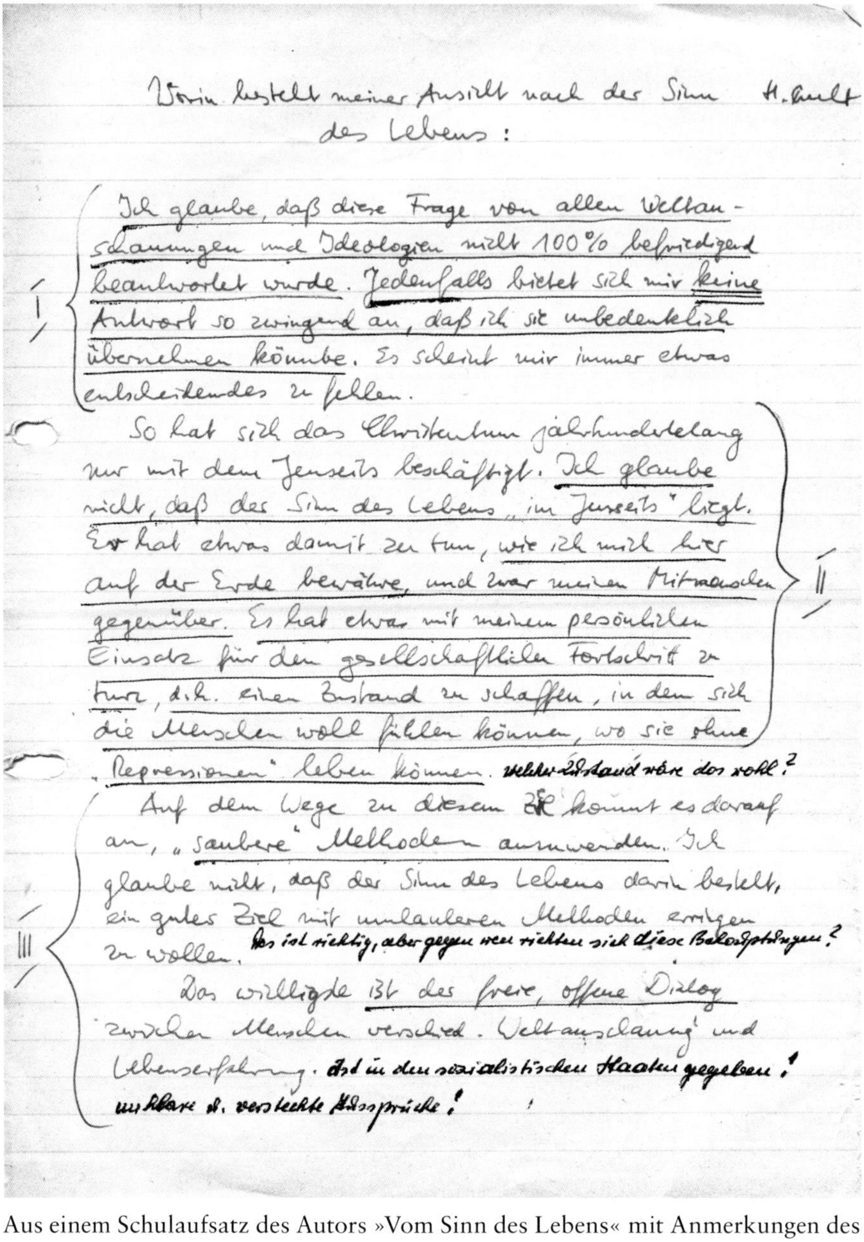

Worin besteht meiner Ansicht nach der Sinn des Lebens:

Ich glaube, daß diese Frage von allen Weltanschauungen und Ideologien nicht 100% befriedigend beantwortet wurde. Jedenfalls bietet sich mir keine Antwort so zwingend an, daß ich sie unbedenklich übernehmen könnte. Es scheint mir immer etwas entscheidendes zu fehlen.

So hat sich das Christentum jahrhundertelang nur mit dem Jenseits beschäftigt. Ich glaube nicht, daß der Sinn des Lebens „im Jenseits" liegt. Er hat etwas damit zu tun, wie ich mich hier auf der Erde bewähre, und zwar meinen Mitmenschen gegenüber. Es hat etwas mit meinem persönlichen Einsatz für den gesellschaftlichen Fortschritt zu tun, d. h. einen Zustand zu schaffen, in dem sich die Menschen wohl fühlen können, wo sie ohne „Repressionen" leben können. Welcher Zustand wäre das wohl?

Auf dem Wege zu diesem Ziel kommt es darauf an, „saubere" Methoden anzuwenden. Ich glaube nicht, daß der Sinn des Lebens darin besteht, ein gutes Ziel mit unlauteren Methoden erringen zu wollen. Das ist richtig, aber gegen wen richten sich diese Behauptungen?

Das wichtigste ist der freie, offene Dialog zwischen Menschen verschied. Weltanschauung und Lebenserfahrung. Ist in den sozialistischen Staaten gegeben!

unklare u. versteckte Widersprüche!

Aus einem Schulaufsatz des Autors »Vom Sinn des Lebens« mit Anmerkungen des Staatsbürgerkundelehrers

Gespräche, dieser lebendige Aufbruch machte ungeheuren Mut. Glücklich fuhren Roland und ich zurück nach Halle. Und dann, einige Tage später, wurde dieser Aufbruch am 21. August durch die Panzer mehrerer Warschauer-Pakt-Staaten unter sowjetischer Führung erstickt. Wie schon 1953 in der DDR, wie schon 1956 in Ungarn wurde diesmal die Bevölkerung der Tschechoslowakei an ihrer freien Entfaltung gehindert. Und die vielleicht größte Chance vertan, den Sozialismus doch noch mit dem Hoffen und Sehnen der Mehrheit der Menschen in Einklang zu bringen.

Nun zurück zu den Direktoren. Wenige Tage später nach diesem einschneidenden historischen Ereignis, am 1. September 1968, dem Weltfriedenstag, begann wie immer das Schuljahr mit einem Appell. Auf dem Weg in die Aula rief mir im allgemeinen Gewühl eine Mitschülerin entgegen: »Harro, ich habe Dich in Prag auf dem Wenzelsplatz bei einer Demonstration gesehen!« Oben saßen wir dann alle in Reih und Glied, nach den üblichen Reden sollten wir uns erheben und gemeinsam die Nationalhymne singen. Da ich wegen des Einmarschs in Prag wenige Tage zuvor immer noch voller Groll war, blieb ich sitzen. Während die anderen Schüler stehend sangen, kamen plötzlich die drei Direktoren von hinten um mich herum geschossen. Aufgeregt betrachteten sie mein Gesicht, einer deutete mit dem Zeigefinger auf meinen Mund und rief: »Er bewegt die Lippen nicht!«

Ich wusste sofort: Das gibt ein Nachspiel! Ich wurde ins Direktorenzimmer beordert, sollte mich rechtfertigen. Ich hatte übrigens keine Angst! In der Jungen Gemeinde hatten wir gelernt, dass in jeder schwierigen Situation, in die wir auch immer geraten konnten, Jesus, unser Bruder, bei uns sein würde. Und das glaubte ich fest und klar.

Wieder waren die drei sehr aufgeregt; ich hatte den Eindruck, sie mussten etwas unternehmen, überwachten auch gegenseitig ihre Prinzipientreue, wollten aber auch nicht unnötig Unruhe nach außen dringen lassen.

Diese Schwäche ihrerseits kam meinem inzwischen gesunkenen Mut, hier Bekenntnis ablegen zu müssen, entgegen. Spontan kam mir die Idee: »Ich bin ja erst seit einigen Jahren in der DDR, ich kenne die Nationalhymne, ihren Text ja gar nicht.« Das war die Lösung. Mir wurde aufgetragen, den Text zu lernen und dem Musiklehrer vorzusingen. Das haben wir dann gemacht. Der Musiklehrer fand den tschechoslowakischen Aufbruchsversuch auch sehr sympathisch, ohne dies in konkrete Worte zu fassen. Er spielte uns in diesen Wochen immer wieder, eigentlich einige Male zu viel, »Die Moldau« von Bedřich Smetana vor, immer mit der Bemerkung, dass unser südöstliches Nachbarvolk (das wir damals nur im Doppelpack – Tschechen und Slowaken, als Bewohner der Tschechoslowakei – kannten) sehr freiheitsliebend sei. Es war wohl seine Art, seine Trauer zu bewältigen.

Es gab noch den einen oder anderen Versuch zu rebellieren. Mit Jürgen, meinem besten Freund und Klassenkameraden, und »Fetzer Volker Henze« (Selbstbezeichnung), Schüler in einer Parallelklasse, gestalteten wir zu dritt eine Wandzeitung im Foyer der Schule mit Bildern von Karl Liebknecht und Rosa Luxemburg. Aber nicht die zu erwartende, in der DDR in diesem Zusammenhang üblicherweise gebrauchte Losung »Krieg dem Kriege!« setzten wir darüber, sondern »Krieg der Unmenschlichkeit!« Sehr heikel war, dass Volker, der von uns dreien die größte künstlerische Begabung hatte, (er wurde später Professor an der West-Berliner Hochschule der Künste) ein DDR-Emblem entwarf, dessen Farben verschwammen. Er fand wohl, »das fetzte!« – der damals übliche Ausdruck, wenn man etwas großartig fand. Daraus machte man uns dann den Vorwurf, wir hätten es brennend, verbrennend darstellen wollen. Die Wandzeitung wurde sehr schnell entfernt, die Lehrer schimpften auch über die »Unmenschlichkeit«, also die Losung, die die im Lande herrschende Ungerechtigkeit anprangerte: »Wir wissen schon, was Sie meinen!« Aber keiner von uns wurde der Schule verwiesen. Stattdessen erregte sich ein Vater und alter Genosse auf einem Elternabend in hysterisch gesteigertem Ton: »Der Klassenfeind lauert vor der Tür! Äußerste Wachsamkeit ist geboten!«

Kapitel 8

Reich-Ranicki und Christa Wolf, Schweine und Parteiabzeichen

In der Polytechnischen Oberschule hatten wir regelmäßig einen Unterrichtstag in der Produktion (UTP). Wir gingen in Betriebe, meist feilten wir unter Anleitung von fachkundigen Arbeitern Bleche, aus denen später die Zahlboxen in den Halleschen Straßenbahnen entstanden. Wenn wir diese Selbstbedienungsautomaten dann in ihrer alltäglichen Funktion sahen oder sie selbst benutzten, waren wir ein wenig stolz, an ihrer Entstehung mitgearbeitet zu haben.

Auf der EOS, der Erweiterten Oberschule, also von der 9. bis zur 12. Klasse, wurde das Ganze ausgeweitet. Nun ging es um den Erwerb eines Facharbeiterbriefes. Ein künftiger Angehöriger der »Intelligenz« sollte auch einen »richtigen« Beruf gelernt haben. Man hatte dann den Abschluss »Abitur mit Facharbeiter«; andere, vor allem die, die nicht zur EOS zugelassen wurden – häufig aus politischen Gründen oder wegen Kirchenzugehörigkeit – versuchten dann auf der Volkshochschule den Abschluss »Facharbeiter mit Abitur« zu erlangen, um sich so die Chance auf ein Studium zu erhalten. Und so wurden alle Abiturienten auch Facharbeiter, wurden Maschinist für Dampferzeugung oder Handelskaufmann, andere, ich zum Beispiel, Schweinezüchter. Das war bei dieser Entscheidung mit Latein als Schulfach gekoppelt, und das würde ich in jedem Fall brauchen können, sollte ich nun Tiermedizin oder Theologie studieren.

Neben theoretischem Unterricht hatten wir immer wieder für eine Woche in ein Dorf zu fahren. Dort war ein Volkseigenes Gut (VEG), in dem wir schliefen und arbeiteten.

Wir lernten früh aufzustehen und auf nüchternen Magen, mit der Mistforke in der Hand, die nach Ammoniak stinkenden Schweineställe auszumisten, lernten Schweine einzufangen, um sie zu waschen oder zu kastrieren. Wir machten auch Abstecher in die anderen Ställe, zu den Schafen, den Rindern und den verschiedenen Geflügelarten.

Im Schweinestall waren neben den großen Gehegen für Sauen, Ferkel und Läufer zwei besondere Buchten. Hier waren zwei riesige Zuchteber untergebracht, der ältere »Feldherr« und der große, kräftige »Kronprinz«. Da durfte man nur zu zweit rein. Meistens gingen mein Freund Jürgen und ich. Einer von uns hielt den Eber mit dem Besen in Schach, denn seine spitzen Hauer blitzten, während der andere ausmistete oder das alte Futter aus dem Trog entfernte.

Das Schweinefutter bestand zu großen Teilen aus gedämpften Kartoffeln. Neben dem Kartoffeldämpfer, einem Riesengerät aus grauem Metall, lag außerdem Grünzeug, gehäckselt und ungehäckselt. Einmal schickte mich die Schweinemeisterin los: »Hol mal 'ne Hand voll Grünes!« Ich ging zu den Haufen, dachte »Eine Handvoll ist ein bisschen wenig« und nahm vom Gehäckselten zwei Hände voll und brachte sie mit stolz vorgestreckten Armen zurück. Da hatte ich aber nicht mit ihrer Reaktion gerechnet. Sie schimpfte wegen meiner Begriffsstutzigkeit, sie hatte ein riesiges Bündel ungehäckseltes Grün gemeint, so groß, dass man es mit beiden Armen hätte umschlingen müssen.

An einem anderen Tag fuhr man mich zum Schweinhüten auf einen umgepflügten Acker. Dort fraß eine kleine Schweineherde. Vielleicht zehn, zwölf Tiere wühlten mit ihren Schnauzen nach irgendwelchen Ernteresten. Nun ließ man mich allein, ich sollte aufpassen, dass kein Schwein wegläuft. Der Acker hatte keine Begrenzung. Was also tun, wenn sich ein Schwein von der Herde entfernte? Da ich nicht wie ein Hütehund die Herde ständig umkreisen wollte, löste ich das Problem so: Wenn sich ein Tier selbständig zu machen versuchte, nahm ich einen Riesenbatzen Ackererde und warf ihn über den Abtrünnigen hinaus. Da, wo er hinstrebte, platzte eine Bombe aus Sand und Staub auf. Flugs kehrte das Tier zur Herde zurück.

Ein anderes Mal waren Jürgen und ich in einer ähnlichen Situation, draußen bei den Schweinen, wieder ohne weitere Beaufsichtigung. Wir hatten ein Buch eingesteckt, aus dem wir uns, im Straßengraben liegend, gegenseitig vorlasen: »Nachdenken über Christa T.« von Christa Wolf. Das Zentralorgan der SED »Neues Deutschland« (ND) hatte uns mit seinen kritischen Bemerkungen auf dieses Buch neugierig gemacht. Der in Westdeutschland lebende Literaturkritiker Marcel Reich-Ranicki, den wir bis dahin überhaupt nicht kannten, hatte – so das ND – süffisant über dieses Buch bemerkt: »Christa T. stirbt an Leukämie, aber sie leidet an der DDR«. Das »Christa T.-Buch« war ein guter Einstieg in andere Texte dieser nachdenklichen, zum Nachdenken anregenden Autorin, und so lasen wir auch später manches von ihr: über Karoline von Günderode, über Heinrich von Kleist in »Kein Ort. Nirgends« (wobei der Punkt im Titel so gut vorführt, was Utopie, jedenfalls im negativen Verständnis, heißt: kein Raum, kein Ort) bis hin zu »Kassandra«, einschließlich der Poetikvorlesung in Frankfurt am Main. In einigen dieser Bücher hatte Christa Wolf im Druck der Ostausgabe Auslassungspunkte an den Stellen durchgesetzt, die der DDR-Zensur nicht genehm waren. Einige wenige von uns, die vollständige Westexemplare hatten, schrieben die fehlenden Stellen mit Schreibmaschine ab, verteilten die Durchschläge, die die Besitzer der Ostausgaben dann in ihre Bücher einlegten.

So lernten wir bei dieser Tierzuchtausbildung den nicht immer günstigen Umständen Gutes abzugewinnen. Ein Plus war auch, dass wir sehr bald die Traktorprüfung machten, die uns zusätzlich das Fahren von Mopeds erlaubte.

Einmal sollten ein Landarbeiter und ich mit Trecker und Anhänger Material nach Halle, der Bezirkshauptstadt, fahren. Ich hatte keine Ahnung, wohin es genau ging, bis ich begriff: Wir luden alles in einem katholischen Gemeindezentrum am Stadtrand ab. Also hatte jemand schlitzohrig Baumaterialien des Volkseigenen Gutes abgezweigt, und da es nicht herauskommen sollte, war ich – anscheinend hatte ich mich als angehender Theologiestudent geoutet – als Begleitperson ausgesucht worden. Wer alles wusste von der Aktion, auch die Betriebsleitung? Das bleibt ein Geheimnis.

Zweimal sollten wir unbedingt nachts aufstehen. Zur amerikanischen Mondlandung im Sommer 1969 durften wir beim Schweinemeister in seinen privaten Räumen fernsehen. Sicherlich im Westfernsehen. Der Schweinemeister war SED-Parteimitglied, wovon er aber kein Aufhebens machte. Die andere Nachtaktion war für mich noch beeindruckender. Es war, als ob uns Gott besuchte. Wir erlebten die Geburt von zehn oder zwölf Ferkeln. Die kleinen Geschöpfe mit der rosafarbenen Haut wurden von uns mit trockenem Stroh vom Geburtsschleim befreit, die Nabelschnur großzügig abgekniffen. Die vom Ferkel herunterhängende Restnabelschnur wurde, das Ferkel in der einen Hand, in eine Flasche mit teerfarbenem Sud, diese Flasche in der anderen Hand, zur Desinfektion eingetunkt, später würde die Nabelschnur abfallen. Und dann das Gequieke und Gedränge, um an die Zitzen der Mutter zu gelangen. Alle fanden einen Platz, manche nur in der oberen Etage auf dem Rücken der Geschwister, das wärmende Rotlicht überstrahlte die ganze Szene. Die Mutter grunzte zufrieden.

Einmal drangen nachts unbekannte junge Männer aus dem Dorf, offensichtlich betrunken, in unsere Baracke, in unser abgeschlossenes Zimmer ein, versuchten uns im Schlaf Bier einzuflößen. Meinen Schlafsack konnte ich danach wegwerfen. Nach dieser Erfahrung wuchteten wir vor dem Schlafengehen immer von innen den Kleiderschrank vor die Tür.

Oder das Erschrecken, dass der lustigste Mitarbeiter des Gutes – er war wenig älter als wir – im Schweinestall eines Morgens erhängt innen an der Tür aufgefunden wurde. Das Gerücht erklärte es so: Er habe in der Disco am Abend zuvor eine Abfuhr erhalten.

Anderes war seltsam-komisch. Als ich einmal zufällig in den leeren Festsaal geriet, hing da doch tatsächlich noch ein Erntekranz mit der Losung

»Ohne Gott und Sonnenschein bringen wir die Ernte ein«. Da war er offensichtlich seit dem Vorjahr vergessen worden.

Etwas verschroben fand ich auch den Parteisekretär, der irgendwann auftauchte. In dem kurzen Gespräch, das ich mit ihm hatte, verwendete er mehrfach die Floskel: »... und wenn ich mit Lenin diskutieren müsste«. Er wusste wohl nicht, und ich wusste es damals auch nicht, dass es nicht nur bei Stalin, sondern schon bei Lenin und Trotzki sehr gefährlich sein konnte, eine abweichende Meinung zu äußern. (Das jedenfalls bezeugte die russische Revolutionärin, Frauenrechtlerin und erste Diplomatin der Welt, Alexandra Kollontai noch zu Lebzeiten der beiden vermeintlichen Vorbildsozialisten, also Anfang der zwanziger Jahre, dem italienischen Kommunisten und Christen Ignazio Silone in Moskau.)

Eine der schönsten Erinnerungen aus der Zeit mit den Schweinen war ein Ausflug nach Köthen. Ungefähr dreißig Ferkel hatten wir über die Ladeplanke auf einen Lastwagen getrieben. Während das Auto fuhr, hatte ich bei den kleinen Gesellen hinten aufzupassen. Ich stand in der Mitte, sie bedrängten mich neugierig von allen Seiten, beäugten mich – wie mir schien – freundschaftlich, kauten und lutschten an meinen Gummistiefeln. In Köthen angekommen hatten wir nun einen Auftritt bei einer sogenannten »Körung«: Schweine aus den verschiedensten Betrieben stellten sich einer Jury vor und wurden benotet. Als »meine« Ferkel dran waren, sollte ich sie nun im Oval vor mir hertreiben und mit ihnen einen guten Eindruck machen. Allerdings hatte ich nicht mit einem raffinierten Trick meines Schweinemeisters gerechnet. In dem Moment, als es losgehen sollte, sagte er »Halt, warte mal!« und warf mir locker seine Jacke, wie ich gleich darauf begriff: mit dem Parteiabzeichen, über. So hatte er sich für die Bewertung wohl einige Punkte zusätzlich, vor oder hinter dem Komma, erhofft.

Kapitel 9

Bekanntschaft mit Christen, die gegen den Strom schwimmen. Die Müllerin. Das Jahr 1968

Es war wohl Hanna, meine erste Freundin, die mich auf die »Müllerin« aufmerksam machte. Die Müllerin war die Pastorin Renate Müller, die für alle interessierten EOSler in Halle eine »Oberschul-Christenlehre« anbot. Der sperrige Titel dieser Veranstaltung, der von uns nicht verwendet wurde, war wohl ähnlich wie das Wort »Bibelrüstzeit« den schon erwähnten Absprachen mit dem Staat über die Aufteilung der Jugendarbeit geschuldet. In Halle hatten wir drei Erweiterte Oberschulen. Sie trugen die Namen ehrenwerter Männer, die in Halle gewirkt hatten: Thomas Müntzer, August Hermann Francke und Adolf Reichwein. Aus diesen Schulen fanden sich an jedem, tatsächlich jedem Wochentag abends jeweils bis zu zwanzig Schüler und Schülerinnen, die meisten evangelisch, einige kirchlich ungebunden, bei der Müllerin im Wohnzimmer zusammen.

Die Müllerin war beliebt, ja geliebt, nicht nur wegen des intellektuellen Programms, sondern vor allem wegen ihrer persönlichen Ausstrahlung. Wenn man an ihrer Tür geklingelt hatte – es war eine Glastür mit Gardine – sah man sie bereits durch die Türgardine hindurch heraneilen. Mit Schwung öffnete sie, breitete die Arme aus und empfing einen mit dem freundlichsten Gesicht, nannte, ja rief fast, den Namen des Ankömmlings. Es tat so gut, derartig wahrgenommen zu werden!

Wenn wir im Kreis saßen, konnte die Müllerin das griechische Neue Testament aufschlagen, übersetzte für uns, manchmal etwas genauer als Luther, und wir versuchten gemeinsam, die biblische Botschaft für unsere Zeit zu verstehen.

Wir beschäftigten uns auch mit politischen und theologischen Entwürfen. Ich erinnere mich, dass die Müllerin uns das Buch von Dietrich von Oppen »Das personale Zeitalter« vorstellte, Jugendfreund Christoph Prüfer das Werk von Herbert Braun, einem damals so genannten »modernen Theologen«. Und ich soll, ich hatte es schon vergessen, als mich ein Freund darauf aufmerksam machte, die Gruppe mit Christa Wolfs »Nachdenken über Christa T.« und Herbert Marcuses »Der eindimensionale Mensch« bekannt gemacht haben.

Besonders fesselten uns Mahatma Gandhi und Martin Luther King. Dessen Schriften, soweit in der DDR veröffentlicht, vor allem »Warum wir

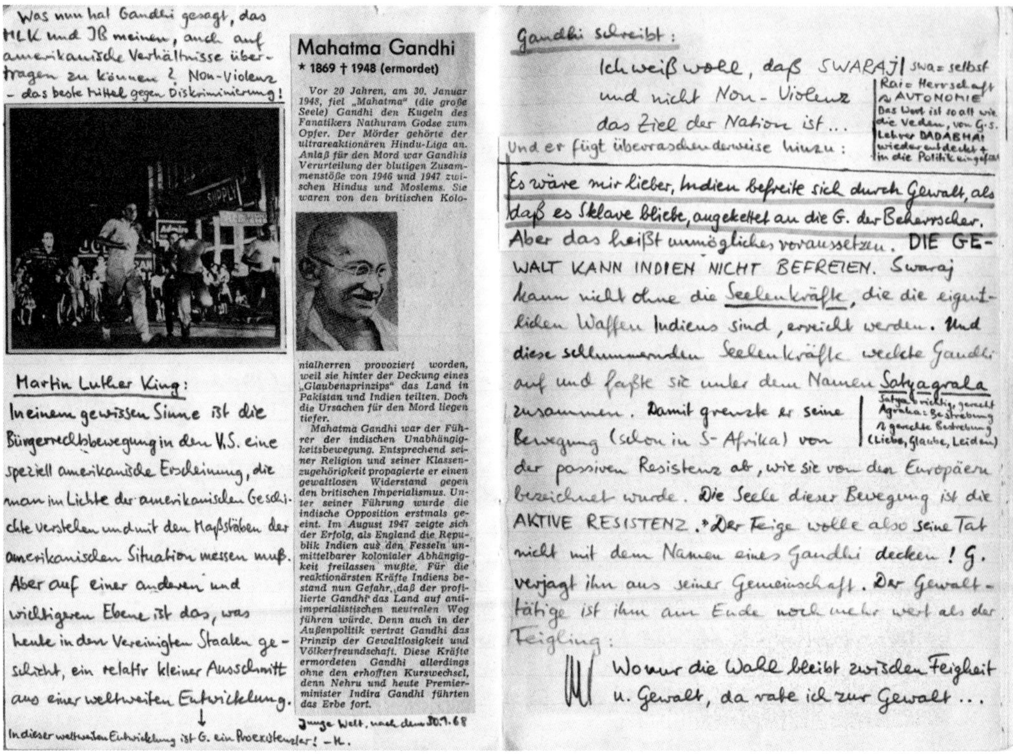

Was nun hat Gandhi gesagt, das MLK und JB meinen, auch auf amerikanische Verhältnisse übertragen zu können? Non-Violenz – das beste Mittel gegen Diskriminierung!

Mahatma Gandhi
★ 1869 † 1948 (ermordet)

Vor 20 Jahren, am 30. Januar 1948, fiel „Mahatma" (die große Seele) Gandhi den Kugeln des Fanatikers Nathuram Godse zum Opfer. Der Mörder gehörte der ultrareaktionären Hindu-Liga an. Anlaß für den Mord war Gandhis Verurteilung der blutigen Zusammenstöße von 1946 und 1947 zwischen Hindus und Moslems. Sie waren von den britischen Kolonialherren provoziert worden, weil sie hinter der Deckung eines „Glaubensprinzips" das Land in Pakistan und Indien teilten. Doch die Ursachen für den Mord liegen tiefer.

Mahatma Gandhi war der Führer der indischen Unabhängigkeitsbewegung. Entsprechend seiner Religion und seiner Klassenzugehörigkeit propagierte er einen gewaltlosen Widerstand gegen den britischen Imperialismus. Unter seiner Führung wurde die indische Opposition erstmals geeint. Im August 1947 zeigte sich der Erfolg, als England die Republik Indien aus den Fesseln unmittelbarer kolonialer Abhängigkeit freilassen mußte. Für die reaktionärsten Kräfte Indiens bestand nun Gefahr, daß der profilierte Gandhi das Land auf antiimperialistischen neutralen Weg führen würde. Denn auch in der Außenpolitik vertrat Gandhi das Prinzip der Gewaltlosigkeit und Völkerfreundschaft. Diese Kräfte ermordeten Gandhi allerdings ohne den erhofften Kurswechsel, denn Nehru und heute Premierminister Indira Gandhi führten das Erbe fort.

Junge Welt, nach dem 30.1.68

Martin Luther King:
In einem gewissen Sinne ist die Bürgerrechtsbewegung in den V.S. eine speziell amerikanische Erscheinung, die man im Lichte der amerikanischen Geschichte verstehen und mit den Maßstäben der amerikanischen Situation messen muß. Aber auf einer anderen und wichtigeren Ebene ist das, was heute in den Vereinigten Staaten geschieht, ein relativ kleiner Ausschnitt aus einer weltweiten Entwicklung.

In dieser weltweiten Entwicklung ist G. ein Proexistenzler! – H.

Gandhi schreibt:
Ich weiß wohl, daß SWARAJ und nicht Non-Violenz das Ziel der Nation ist …
Und er fügt überraschenderweise hinzu:
Es wäre mir lieber, Indien befreite sich durch Gewalt, als daß es Sklave bliebe, angekettet an die G. der Beherrscher. Aber das heißt unmögliches voraussetzen. DIE GEWALT KANN INDIEN NICHT BEFREIEN. Swaraj kann nicht ohne die Seelenkräfte, die die eigentlichen Waffen Indiens sind, erreicht werden. Und diese schlummernden Seelenkräfte weckte Gandhi auf und faßte sie unter dem Namen Satyagraha zusammen. Damit grenzte er seine Bewegung (schon in S-Afrika) von der passiven Resistenz ab, wie sie von den Europäern bezeichnet wurde. Die Seele dieser Bewegung ist die AKTIVE RESISTENZ. Der Feige wolle also seine Tat nicht mit dem Namen eines Gandhi decken! G. verjagt ihn aus seiner Gemeinschaft. Der Gewalttätige ist ihm am Ende noch mehr wert als der Feigling:
Wo nur die Wahl bleibt zwischen Feigheit u. Gewalt, da rate ich zur Gewalt …

swa = selbst, Raj = Herrschaft = AUTONOMIE. Das Wort ist so alt wie die Veden, von G.s Lehrer DADABHAI wieder entdeckt + in die Politik eingeführt

Satya = richtig, gerecht, Agraha: Bestrebung = gerechte Bestrebung (Liebe, Glaube, Leiden)

Aufzeichnungen des Autors zu Mahatma Gandhi, um 1968

nicht warten können!« und seine Friedensnobelpreisrede von 1964, beeindruckten uns sehr. Wenn es der Menschheit gelingen sollte, die großen Übel der Zeit – Rassismus, Armut und Krieg – abzuschütteln, bedürfte es einer enormen moralischen Kraftanstrengung. In der kleiner gewordenen Welt, so King, leben »Schwarze und Weiße, Menschen aus dem Osten und dem Westen, Heiden und Juden, Katholiken und Protestanten, Moslems und Hindus«. Sie würden nur dann lernen zusammenzuleben, wenn sie aufhörten, die eigenen Maßstäbe über die der anderen zu stellen. Und dies gelinge nur in der Liebe. »Diese oft missverstandene und missgedeutete Idee, die von den Nietzsches der Welt so bereitwillig als Ausdruck der Schwäche und Feigheit verworfen wird, ist zu einer unbedingten Notwendigkeit für den Fortbestand der Menschheit geworden. […] Die Liebe ist der Schlüssel zur Lösung des Weltproblems.«

Von Martin Luther King lernten wir, dass Extremismus kein Schimpfwort sein muss, denn Jesus war ein Extremist, ein Extremist der Liebe. King machte erneut deutlich, dass der Einsatz für den Frieden die eigene

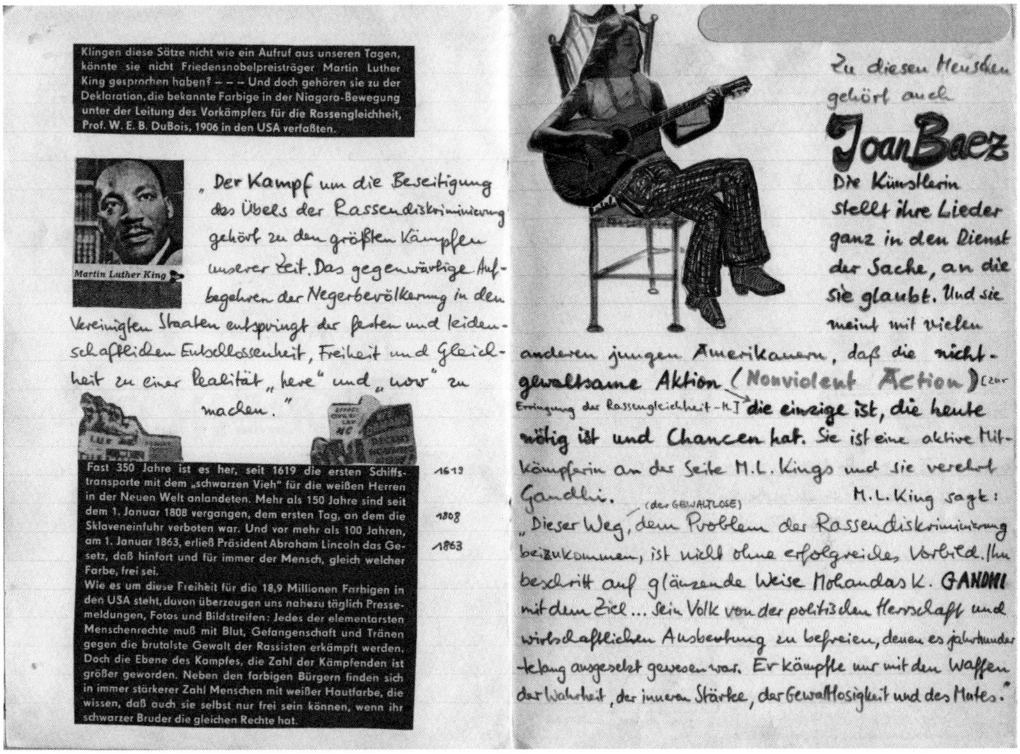

Klingen diese Sätze nicht wie ein Aufruf aus unseren Tagen, könnte sie nicht Friedensnobelpreisträger Martin Luther King gesprochen haben? – – – Und doch gehören sie zu der Deklaration, die bekannte Farbige in der Niagara-Bewegung unter der Leitung des Vorkämpfers für die Rassengleichheit, Prof. W. E. B. DuBois, 1906 in den USA verfaßten.

Martin Luther King

„Der Kampf um die Beseitigung des Übels der Rassendiskriminierung gehört zu den größten Kämpfen unserer Zeit. Das gegenwärtige Aufbegehren der Negerbevölkerung in den Vereinigten Staaten entspringt der festen und leidenschaftlichen Entschlossenheit, Freiheit und Gleichheit zu einer Realität „here" und „now" zu machen."

Fast 350 Jahre ist es her, seit 1619 die ersten Schiffstransporte mit dem „schwarzen Vieh" für die weißen Herren in der Neuen Welt anlandeten. Mehr als 150 Jahre sind seit dem 1. Januar 1808 vergangen, dem ersten Tag, an dem die Sklaveneinfuhr verboten war. Und vor mehr als 100 Jahren, am 1. Januar 1863, erließ Präsident Abraham Lincoln das Gesetz, daß hinfort und für immer der Mensch, gleich welcher Farbe, frei sei.
Wie es um diese Freiheit für die 18,9 Millionen Farbigen in den USA steht, davon überzeugen uns nahezu täglich Pressemeldungen, Fotos und Bildstreifen: Jedes der elementarsten Menschenrechte muß mit Blut, Gefangenschaft und Tränen gegen die brutalste Gewalt der Rassisten erkämpft werden. Doch die Ebene des Kampfes, die Zahl der Kämpfenden ist größer geworden. Neben den farbigen Bürgern finden sich in immer stärkerer Zahl Menschen mit weißer Hautfarbe, die wissen, daß auch sie selbst nur frei sein können, wenn ihr schwarzer Bruder die gleichen Rechte hat.

1619
1808
1863

Zu diesen Menschen gehört auch

Joan Baez

Die Künstlerin stellt ihre Lieder ganz in den Dienst der Sache, an die sie glaubt. Und sie meint mit vielen anderen jungen Amerikanern, daß die nichtgewaltsame Aktion (Nonviolent Action) [zur Erringung der Rassengleichheit – M.] die einzige ist, die heute nötig ist und Chancen hat. Sie ist eine aktive Mitkämpferin an der Seite M.L. Kings und sie verehrt Gandhi.

M.L. King sagt: „Dieser Weg, (der GEWALTLOSE) dem Problem der Rassendiskriminierung beizukommen, ist nicht ohne erfolgreiches Vorbild. Ihn beschritt auf glänzende Weise Mohandas K. GANDHI mit dem Ziel … sein Volk von der politischen Herrschaft und wirtschaftlichen Ausbeutung zu befreien, denen es jahrhundertelang ausgesetzt gewesen war. Er kämpfte nur mit den Waffen der Wahrheit, der inneren Stärke, der Gewaltlosigkeit und des Mutes."

Aufzeichnungen des Autors zu Martin Luther King und Joan Baez, um 1968

Opferbereitschaft miteinschließt. In einem Gottesdienst in der Marktkirche verlasen wir die Regeln der amerikanischen Bürgerrechtsbewegung für Teilnehmer an gewaltlosen Demonstrationen, zu einer Zeit, als an Demonstrationen, jedenfalls in der DDR, noch gar nicht zu denken war. Uns überzeugte die ethische Haltung, dass es eine erwünschte Veränderung der gesellschaftlichen Verhältnisse nicht zum Nulltarif geben würde.

Durch die Beschäftigung mit Jesus, Gandhi und King erwarben wir die Fähigkeit, zwischen faulem und echtem Frieden zu unterscheiden, die Gewaltlosigkeit nicht als passives Hinnehmen von Unrecht zu verstehen, sondern als gewaltfreie, direkte Aktion und wir erkannten, dass Feindesliebe die Selbstachtung nicht ausschließt.

Einmal saß plötzlich Martin Niemöller im Wohnzimmer der Müllerin. Ein ehemaliger Mitgefangener aus dem KZ Dachau, ein alter ehrwürdiger Pfarrer, Walter Gabriel, hatte ihn wohl nach Halle zu einer Vortragsreihe in der Marktkirche gelockt. Da hatte Niemöller vor vollem Haus in seiner eindringlichen, klaren Sprache u.a. gesagt: »Wer nicht für den Frieden ist,

Niemöller gegen USA-Aggression

Frankfurt/M. (ADN). Eine Delegation der westdeutschen „Hilfsaktion Vietnam“ unter Leitung von Weltkirchenratspräsident Martin Niemöller kehrte am Freitag nach mehrtägigem Aufenthalt in der Demokratischen Republik Vietnam nach Frankfurt/M. zurück. In Hanoi und Umgebung hätten die verschiedenen Gesprächspartner aus allen Schichten der Bevölkerung der westdeutschen Delegation gegenüber immer wieder die Hoffnung zum Ausdruck gebracht, daß Bonn keine Hindernisse auf dem Weg zum Frieden in Vietnam errichten möge. Das berichtete Weltkirchenratspräsident Niemöller vor Journalisten.

In der Demokratischen Republik Vietnam sei man für jede finanzielle Hilfe dankbar, sagte Niemöller weiter. „Aber wenn Sie uns noch mehr helfen wollen, dann wenden Sie sich gegen die amerikanische Aggression“, habe man der Delegation erklärt. Präsident Ho Chi Minh habe gegenüber der Delegation die Auffassung vertreten, daß der Krieg erst dann sein Ende finden werde, wenn die Amerikaner das Land verlassen. Am stärksten habe ihn, berichtete Niemöller weiter, die Einmütigkeit der nordvietnamesischen Bevölkerung beeindruckt, den Kampf so lange fortzuführen, wie die USA sie dazu zwinge. Bei einer Vortragsreise, die ihn in den nächsten Tagen in die USA führt, will sich der Weltkirchenratspräsident vor allem für die Einstellung der US-Bombardierungen einsetzen.

Zwischen Predigt und Polemik

Zum 75. Geburtstag Martin Niemöllers / Von LUDWIG HARMS

In Deutschland hat er viele Freunde und viele Gegner, in der christlichen Ökumene jedoch scheint er nur Freunde zu haben. Wer Einblick nimmt in die Glückwünsche, die schon vorzeitig zum heutigen 75. Geburtstag Martin Niemöllers, des früheren Kirchenpräsidenten von Hessen-Nassau, eintrafen, muß sich selbst wieder einmal Rechenschaft geben über diesen ungewöhnlichen, so schwer einzuordnenden Mann.

Kein Zweifel, mit diesen Glückwünschen schlägt Niemöller — heute noch einer der sechs Präsidenten des Weltkirchenrates — aus den Konfessionen, Völkern und Rassen eine Welle der Zuneigung, Verehrung, ja der Liebe entgegen, die den deutschen Beobachter nachdenklich stimmt. Kein Zweifel auch, diese einmütigen Beweise des Dankes gelten demselben Mann, der in seiner Heimat ob so vieler schroffer, oft unbedachter und auch ungerechter Äußerungen vielen, allzu vielen zum Stein des Anstoßes, zum Ärgernis geworden ist.

Widersprüchlichkeiten und Extreme kennzeichnen Niemöllers ganzen Lebensweg. Der Sohn eines kaisertreuen evangelischen Pfarrers wird nach dem Abitur Seeoffizier, weil „ein guter Christ auch ein guter Soldat ist“. Als U-Boot-Kommandant, dem es im ersten Weltkrieg an Tapferkeit und Ritterlichkeit nicht mangelt, nimmt Niemöller 1919 seinen Abschied. Um sich dem ungeliebten neuen Staat möglichst zu entziehen, möchte er Landwirt werden, beginnt dann aber, da das Vermögen zum Erwerb eines Bauernhofes nicht reicht, mit dem Studium der Theologie („weil der Beruf eines evangelischen Pfarrers der freieste in der Welt ist“, wie er sich von seinem Vater sagen läßt). Während des Studiums ist der angehende Theologe häufig dort zu finden, wo es kommunistische Aufstände niederzuwerfen gilt.

Niemöller
Foto: AP

Als Pfarrer in Berlin-Dahlem gerät Niemöller rasch mit den Nationalsozialisten in Konflikt und wird als Vorsitzender des von ihm gegründeten Pfarrernotbundes „die Speerspitze des deutschen Protestantismus gegen den totalitären Zwangsstaat“ (Gerstenmaier). Während der acht Jahre dauernden Haft in den Konzentrationslagern Sachsenhausen und Dachau will er aus Enttäuschung an der eigenen Kirche konvertieren, läßt den Gedanken schließlich aber fallen, weil er festzustellen meint, daß „die Katholiken auch keine besseren Christen“ sind.

Nach Kriegsende ist Niemöller als „Symbol des anderen Deutschlands“ der erste Deutsche, der es wagen darf, in Dänemark öffentlich aufzutreten, ist er der erste Deutsche, dessen Werben in Amerika einen Strom von Paketen nach Deutschland fließen läßt, ist er der erste Deutsche, dem auch die Türen der russisch-orthodoxen Kirche geöffnet werden. Seither gehört Niemöller zu den führenden Männern des Weltkirchenrates, einen wesentlichen Teil seiner Lebensarbeit hat er darauf verwendet, die Christen in aller Welt zusammenzuführen. Mit seiner unorthodoxen, dabei bescheidenen brüderlichen, nie den Bischof herauskehrenden Art hat er für „frische Luft in der Ökumene“ gesorgt.

Und in Deutschland? Voller Leidenschaft für die Wiedervereinigung eintretend, ist Niemöller über den Möglichkeiten, wie sie zu erreichen ist, schon früh in Gegensatz zur Regierungspolitik geraten. 1954 wandelt sich Niemöller, der noch 1935 die allgemeine Wehrpflicht freudig begrüßt hatte, nach einem Gespräch mit Professor Otto Hahn über die Atombombe in einen entschiedenen Pazifisten — sein gutes Recht. In zahllosen Reden, Aufsätzen, und immer wieder in Diskussionen auf Synoden hat Niemöller fortan jedoch Andersdenkende allzu oft durch schroffe, überspitzte, ja auch böse und beleidigende Äußerungen gekränkt. Er selbst meint dazu: „Mir liegt bei derartigen Ausdrücken daran, daß die Menschen aufpassen und sich überlegen müssen, was will der Kerl eigentlich.“ Aber er gibt zu, daß er sich auch irren kann.

Und Niemöller hat häufig in seinem Leben geirrt — zumeist dann, wenn er sich als Theologe auf das Feld der Politik begibt. Besonders gefährlich ist seine Vision von der für ihn möglichen Koexistenz zwischen Christentum und Kommunismus. Auf dem Hintergrund seiner Erfahrungen mit dem Nationalsozialismus gehören Vorstellungen dieser Art zu den verwirrendsten, für Niemöller aber typischen Sinneswandlungen. Gleich zahlreichen anderen evangelischen Geistlichen ist auch er nicht gegen die Versuchung gefeit, die unerläßliche Grenze zwischen Theologie und Politik immer wieder zugunsten einer politisierenden Theologie zu verwischen.

Dort aber, wo Niemöller nur Pastor ist — etwa im sonntäglichen Gottesdienst —, ist es kaum möglich, sich der Faszination dieses großen Predigers zu entziehen. Kein anderer als der Berliner Altbischof Otto Dibelius, häufig genug Antipode Niemöllers, sagt von ihm: „Man kann über Niemöllers politische Ansichten denken, was man will, wer einmal unter seiner Kanzel gesessen hat, weiß, daß er das Evangelium verkündigt und nichts weiter will, als das Evangelium verkündigen.“

Weltkirchenratspräsident D. Martin Niemöller:

Hohe Ehrung für D. Niemöller

Wiesbaden (ADN). Eine Delegation des Weltfriedensrates unter Leitung von Generalsekretär Romesh Chandra hat Weltkirchenratspräsident D. Martin Niemöller zu seinem 75. Geburtstag in Anerkennung seiner Verdienste um Frieden und Völkerverständigung die „Joliot-Curie-Friedensmedaille“ überreicht. Auch eine Delegation des Friedensrates der DDR und ein Vertreter des sowjetischen Botschafters in der Bundesrepublik überbrachten dem Jubilar die herzlichsten Glückwünsche.

Bonn hetzt Spitzel auf Niemöller

Bonn (ADN). Weltkirchenratspräsident Martin Niemöller wird von Beamten des Bonner Verfassungsschutzes bespitzelt. Diese aufsehenerregende Tatsache wurde jetzt aus Bonn bekannt. Wie der „Evangelische Pressedienst“ meldet, ist die Reise Niemöllers in die DRV „Gegenstand von Ermittlungen des Bundesamtes für Verfassungsschutz“. Ein Sprecher des Bonner Innenministeriums sagte, Niemöller müsse es „sich gefallen lassen“, daß die Bundesregierung von der Reise eines führenden Kirchenvertreters in ein solches Land „Kenntnis“ nehme.

„Freiheit“ à la Bonn

Niemöller in Vietnam – diese Schlagzeile füllte die Spalten der Weltpresse. Niemöller sah das Ausmaß der USA-Verbrechen in Vietnam und forderte sofortige, bedingungslose Einstellung der USA-Bombardements und Anerkennung der FNL als Verhandlungspartner.
Doch da war Bonn sauer. Das ging ihnen gegen den Strich! Schließlich unterstützt man den USA-Bündnispartner in Vietnam, um Atombomben zu erhalten. Was hatte sich da so ein Kirchenmann, noch dazu ein ziviler, einzumischen?
Wie immer bei solch „peinlichen“ Vorfällen schickte man die sogenannten Verfassungshüter vor. Sehr heimlich und leise, versteht sich, denn immerhin sieht das Ausland in Niemöller den Weltkirchenratspräsidenten. Aber die Spitzel waren ungeschickt; die Bombe platzte, als der „Evangelische Pressedienst“ die aufsehenerregende Tatsache mitteilte, daß Niemöller und die anderen westdeutschen Augenzeugen der Verbrechen der USA-Aggressoren in Vietnam von Bonn bespitzelt werden.
Bonn mußte Farbe bekennen. Und so erklärte ein Sprecher des Bonner Innenministeriums kaltschnäuzig, das müsse sich Niemöller schon gefallen lassen. Die Bundesregierung „interessiere“ sich eben dafür, wenn ein führender Kirchenvertreter in ein solches Land reise.
Da hört für Bonn eben der Spaß auf. Soweit geht dort die Freiheit eben nicht, daß jemand einfach Frieden für Vietnam fordert, wenn Regierung und Monopole Völkermord und Profit wollen. M. H.

Niemöller: Bonner Ansprüche sinnlos

Frankfurt/M. (ADN). Bonn erwecke den Eindruck, „als wollte die Bundesrepublik einen neuen Krieg, weil ihre Ansprüche auf Alleinvertretung Deutschlands und auf die Grenzen von 1937 nicht anders zu realisieren sind“. Das schreibt Weltkirchenratspräsident Martin Niemöller in der Zeitschrift „Stimme der Gemeinde“. Niemöller stellt fest: „Hier rüstet man auf wie in keinem anderen westlichen Staat; hier macht man Notstandsgesetze, wie kein anderes Volk sie hat; hier fordert man Verfügungsgewalt über atomare Waffen, als ob es sich noch nicht herumgesprochen hätte, daß heute jeder Krieg zur Erreichung politischer Ziele und Ansprüche sinnlos und unmöglich ist.“

Er betont weiter: „Niemand kann doch glauben, daß die Industriebevölkerung Sachsens sich mit einer privatwirtschaftlichen ‚Restauration‘ oder die Landbevölkerung des alten Preußens mit der Wiedereinführung von Rittergütern zufriedengeben würden.“

Demokratie nur noch dem Namen nach

Wir leben zwar in unserer Bundesrepublik, wie man uns glauben machen will, in einer Demokratie; aber diese Demokratie hat mit dem, was man früher darunter verstand, nur noch den Namen gemein.

Das Volk wählt alle vier Jahre eine Partei, und die Parteien sind sich längst darüber einig, daß das Volk keine andere als ihre Meinung zu wählen imstande sein darf . . . Im Wahlkampf werden politische Probleme niemals nach vorn oder zur Kenntnis der Wähler gebracht. Sie werden nicht gefragt, ob Frieden

Vom Autor gesammelte Zeitungsausschnitte über Martin Niemöller, um 1968 gehört ins Irrenhaus!« Und das war anders gemeint als der Satz von SED-Kommunisten: »Wer nicht für den Frieden ist, ist unser Feind und gehört geächtet – oder gar ins Gefängnis«. Er sagte auch zu uns, in der Müllerin-Runde, manch wahren Satz. Beispielsweise: »Ich kann mir den Menschen nur als Ellipse mit zwei Brennpunkten vorstellen, einem sozialen und einem individuellen.« Das war klar ein Hieb gegen die jeweilige westliche wie östliche Vereinseitigung des Menschenbildes. Oder er verglich Luther mit unserer heutigen Zeit: »Damals fragte Luther nach einem gnädigen Gott, die Menschen unserer Zeit fragen: Wo ist mein gnädiger Nächster?«

Aber am meisten beeindruckte an diesem Besuch, dass dieser Mann, der gegen die von den Nazis geforderte Einführung des Arierparagraphen in der Evangelischen Kirche aufgestanden war und die »Bekennende Kirche« begründet hatte und später als »der persönliche Gefangene des Führers« viele Jahre, von 1938 bis 1945, in den Konzentrationslagern Sachsenhausen und Dachau einsaß, dass dieser Mann wie selbstverständlich unser Gast war.

Ein anderer Gast war der Studentenpfarrer Dr. Rudolf Schulze. Er stellte uns die Schrift von Karl Marx vor: »Einleitung. Zur Kritik der Hegelschen Rechtsphilosophie«. In ihr ist die Religionskritik von Marx enthalten: Es komme nicht darauf an, die Blume zu brechen, sondern die Kette, die durch die verzierende Blume verdeckt wird. Er machte uns mit der Klugheit der Gedanken und der Schönheit der Sprache dieses Denkers vertraut. Seitdem waren Worte und Zitate des Karl Marx für mich nicht nur Totschlagargumente, mit denen Lehrer oder SED-Funktionäre ein Gespräch beendeten, sondern interessante und ernstzunehmende Beiträge, das Leben, vor allem das Leben in der Gesellschaft, zu verstehen. Und was wir sowieso fühlten, war nochmals klar unterstrichen: Der Glaube an Jesus Christus konnte uns nicht dazu dienen, ungerechte Herrschaftsverhältnisse zu verklären, sondern er ermutigte, sie zu entlarven und zu bekämpfen.

Um diesem lebendigen Glauben Ausdruck zu verleihen, luden wir zu »Gottesdiensten – einmal anders« ein. Wir verteilten die Aufgaben, fragten während des Gottesdienstes die Gottesdienstteilnehmer nach ihren Auffassungen, versuchten miteinander ins Gespräch zu kommen, einer von uns Schülern predigte, eine Band spielte. Einmal luden wir die in der Zeitung verächtlich gemachten »Gammler« zu einem Gottesdienst ein. Das ging eher daneben. Wir hätten vorher mit ihnen sprechen sollen. Wir wollten das damals geflügelte, fast zu oft strapazierte Wort Bonhoeffers »Dasein für andere« umsetzen. Aber, so mussten wir lernen, dem »Dasein für andere« muss häufig erst einmal ein »Mitsein mit anderen« vorausgehen.

Ähnlich unsensibel, jedenfalls aus heutiger Sicht, waren wir am Heiligabend. Wir fielen in die Gottesdienste der normalen Gemeinden ein, stellten uns in den Altarraum, zählten eine lange Reihe von Sekunden »eins, zwei, drei…« usw. – bis »17, 18, 19, 20!« und verkündeten dann: »Jede Sekunde stirbt ein Mensch am Hunger!« Wir wollten – in unserem der Jugend angemessenen Eifer – die unserer Meinung nach verspießerten Gemeinden aufscheuchen. Heute würde ich sagen: Wir waren selbstherrlich, wir waren ein bisschen dumm. Wie kann man jemanden zum Verbündeten gewinnen, wenn man ihn vorher gekränkt hat? Heute bin ich empfindlich, wenn jemand einen anderen angreift, ohne zu prüfen, ob der wirklich der Verursacher des vermeintlichen Übels ist.

Die Müllerin bat uns auch zu Arbeitseinsätzen. Wir entrümpelten den Keller des Martha-Hauses, eines christlichen Hospizes; wir pflegten Gräber auf einem jüdischen Friedhof und weihten dort einen Gedenkstein ein; wir fuhren auf den Petersberg und halfen den ganzen Tag lang dem Pfarrer Günther Loske, das alte Gestühl aus der Kirche zu reißen.

Bei dieser Gelegenheit besuchte uns der Landwirtschaftsprofessor Dr. Erich Hoffmann, der seinen Lehrstuhl an der Uni verloren hatte, weil er Ulbrichts Plänen widersprach, die sowjetische Gepflogenheit der »Rinderoffenställe« in der DDR einzuführen. Unsere Rinder, hatte er eingewendet, vertragen es nicht, Tag und Nacht, im Sommer und im Winter, in halboffenen Ställen zu stehen. Nach seiner Entlassung musste Dr. Hoffmann nun in der Nähe des Petersberges Schafe züchten. Als er zu uns sprach, streifte er auch theologische Themen. Christoph Prüfer, unser Fachmann für »moderne Theologie«, fragte nach dem Kreuz Christi. »Wozu braucht es das Kreuz?«, und der Christ und Nicht-Theologe fragte lebenserfahren und ernsthaft zurück: »Können Sie sich wirklich Christus ohne Kreuz vorstellen?« Wir spürten bei diesem Mann, das war nicht nur irgendeine Meinung, sondern er hatte diese Wahrheit gelebt und in der Nachfolge Jesu Christi in seinem Leben bewährt.

Und so hatten wir das Glück bei der Müllerin und in der Jungen Gemeinde, glaubwürdige Gesprächspartner kennenzulernen, die für ihre Überzeugung einstanden und bewiesen hatten, dass sie bereit waren, dafür auch Nachteile in Kauf zu nehmen.

In der zweiten Hälfte der sechziger Jahre, unserer EOS- und Müllerin-Zeit, kämpften die Schwarzen in den USA zusammen mit Martin Luther King gewaltlos für ihre Gleichberechtigung, und in Großbritannien und der Bundesrepublik gab es die Ostermarschbewegung. Nun, etwa ab 1967, gingen die Studenten auch noch auf die Straßen. In Berkeley, Paris, West-Berlin, weltweit. Vieles von dieser Aufbruchsbewegung faszinierte uns, wir sogen alle Nachrichten auf, die wir zufällig bekommen konnten. Der eine hatte einen Durchschlag von einer Dutschke-Rede (»Genossen, Antiautoritäre, Menschen!« – so die uns beeindruckende Anrede an die Zuhörer), ein anderer kannte einen Fritz-Teufel-Text aus dem West-Berliner

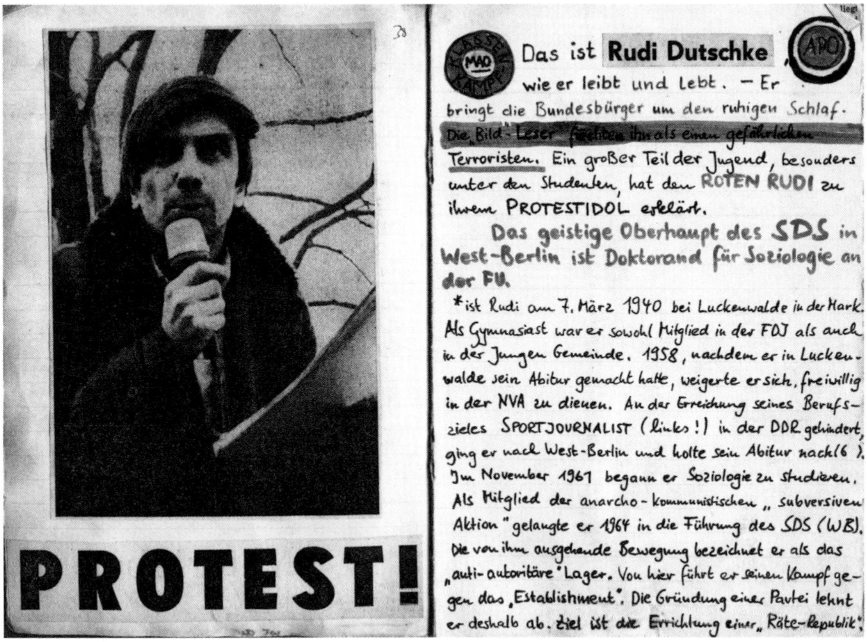

PROTEST!

KLASSEN-KAMPF MAO

Das ist **Rudi Dutschke**, wie er leibt und lebt. – Er bringt die Bundesbürger um den ruhigen Schlaf. Die „Bild"-Leser fürchten ihn als einen gefährlichen Terroristen. Ein großer Teil der Jugend, besonders unter den Studenten, hat den ROTEN RUDI zu ihrem PROTESTIDOL erklärt.

APO

Das geistige Oberhaupt des SDS in West-Berlin ist Doktorand für Soziologie an der FU.

*ist Rudi am 7. März 1940 bei Luckenwalde in der Mark. Als Gymnasiast war er sowohl Mitglied in der FDJ als auch in der Jungen Gemeinde. 1958, nachdem er in Luckenwalde sein Abitur gemacht hatte, weigerte er sich, freiwillig in der NVA zu dienen. An der Erreichung seines Berufszieles SPORTJOURNALIST (links!) in der DDR gehindert, ging er nach West-Berlin und holte sein Abitur nach (6). Im November 1961 begann er Soziologie zu studieren. Als Mitglied der anarcho-kommunistischen „subversiven Aktion" gelangte er 1964 in die Führung des SDS (WB). Die von ihm ausgehende Bewegung bezeichnet er als das „anti-autoritäre" Lager. Von hier führt er seinen Kampf gegen das „Establishment". Die Gründung einer Partei lehnt er deshalb ab. Ziel ist die Errichtung einer „Räte-Republik".

Die der chinesischen Kulturrevolution sehr kritisch gegenüberstehende „Literatur-Zeitung" schrieb unter der Spalte „i-Punkt":

IM NAMEN MAO TSE TUNGS:

Auf den angeführten Fotos (6+7) seht ihr Szenen, die sich dieser Tage auf den Straßen WBs abgespielt haben. Helden dieser Szenen sind „deklassierte Elemente" (Hooligans), an deren Spitze

ДОПОЛНИТЕЛЬНЫЙ ШТРИХ

С ИМЕНЕМ МАО

На приведенных фотографиях вы видите сцены, разыгравшиеся на днях на улицах Западного Берлина. Героями этих сцен стали люмпены во главе с неким Фрицем Тойфелем, объявившим себя «последователем Мао Цзэ-дуна». Группка организовала «коммуну» и начала словом и делом пропагандировать идеи Мао, а заодно... и откровенную порнографию: «политическое» кредо Тойфеля изложено в манифесте, красноречиво озаглавленном «Функции оргазма». В ряд мерзких непристойностей вылилась и демонстрация этих западноберлинских хулиганов. В дело была вынуждена вмешаться даже видавшая виды здешняя полиция...

ein gewisser FRITZ TEUFEL steht, der sich als „Nachfolger für MAO TSE-TUNG" bezeichnet hat. Die Gruppe organisierte eine KOMMUNE und begann in Wort und Tat die Ideen Maos zu propagieren. Dies ist gleichzeitig mit offener Pornografie verbunden. Das „politische" Credo Teufels ist in einem Manifest niedergelegt, das die prächtige Überschrift trägt: „Funktionen des Orgasmus".

Eine Folge von scheußlichen Unflätigkeiten war auch die Demonstration dieser West-Berliner Gammler.

Sogar die dortige Polizei, der es nicht an Erfahrung fehlt, sah sich genötigt einzugreifen.

MAN HÖRT IMMER NUR, WANN ER „REINGEHT" →

Bei einer Demonstration gegen die entspannungsfeindliche Politik des Westberliner Regierenden Bürgermeisters Schütz hat die Polizei am Sonnabendabend acht Personen, darunter den Studenten Fritz Teufel, festgenommen. Zu der Demonstration vor dem Palais am Funkturm hatte der SDS aufgerufen. Als die Demonstranten Flugblätter verteilten, ging die Polizei mit einem – wie der Westberliner „Tagesspiegel" formuliert – „Schlagstockeinsatz" gegen sie vor.

UM IHM ZU HELFEN, KANN MAN GELD AUF DAS „REPUBLIKANISCHE CLUB GESELLSCHAFT mBH, SONDERKONTO TEUFEL" schicken, oder ihm eine Postkarte ins Untersuchungsgefängnis: Fritz Teufel, Untersuchungshaftanstalt Moabit, 1 BERLIN, Alt Moabit 12 a.

Von der „Welt" wurde behauptet, Fritz Teufel habe zu Brandstiftung in Kaufhäusern aufgerufen. In Wirklichkeit hat er ein Flugblatt verfaßt, wo er eine Vision von einem brennenden Warenhaus hat. Das Flugblatt endet mit den (nicht wörtlichen) mahnenden Worten: Und jede Stunde geht in Vietnam ein Haus in Flammen auf!"

BIII 5850702

INSPECTED

REPUBLIC OF CHINA · BUREAU OF COMMODITY INSPECTION & QUARANTINE · PROVINCE OF TAIWAN

Dieses China ist von Fritz Teufel längst abgeschrieben

Aufzeichnungen des Autors zu Rudi Dutschke und Mao Tse Tung, um 1968

AUCH DIE LIEBE POLIZEI IST BEIM OSTERMARSCH DABEI!

„Notstandsgesetz – Kriegsrecht in Friedenszeiten" stand auf einem Transparent zu lesen, das Teilnehmer einer Demonstration, die in Vorbereitung auf die Ostermärsche in Köln stattfand, mit sich trugen. Foto: ZB

Ostermärsche 1966

Ostermarsch in Westdeutschland

Unsere Grafik zeigt die Route für die Ostermärsche 1966 in der Bundesrepublik. Auch aus England, den skandinavischen Ländern, Frankreich, Holland, Belgien und Italien werden Atomwaffengegner kommen, um bei diesem Protestmarsch dabeizusein (siehe auch Seite 2).

Unten: Christus zerbricht das Gewehr und sagt:
LIEBET EURE FEINDE / TUT WOHL DENEN, DIE EUCH HASSEN!
ODER:
ES SOLL NICHT DURCH HEER ODER KRAFT, SONDERN DURCH MEINEN GEIST GESCHEHEN!
FAST ZWEITAUSEND JAHRE SPÄTER wiederholt es JOAN BAEZ, Pazifistin, Folkloresängerin und aktive Kämpferin für Rassengleichheit an der Seite M. L. mit ihren Worten: DIE NICHTGEWALTSAME AKTION – IST DIE EINZIGE, DIE HEUTE NÖTIG IST UND CHANCEN HAT.

↑ IDK (Vorsitzender: Dr. Martin Niemöller)

Einmischung

Die Amerikanerin Mrs. Smith verbringt ihre Ferien in Paris. Dort wird sie von einem Verleger ausgefragt:
„Sind Sie verheiratet?"
„Ja."
„Haben Sie Kinder?"
„Ja, drei."
„Haben Sie die nicht mitgebracht?"
„Nein. John ist bei der Garnison in Berlin, David ist in Santo Domingo, und Bert ist in Vietnam."
„Und Ihr Mann?"
„Der konnte leider auch nicht mitkommen, er ist gerade auf einer Vortragsreise."
„Worüber spricht er denn?"
„Über die russische Einmischung im Ausland."

Aus: „Libre Belgique"

Otto Pankok — Christus zerbricht das Gewehr

Die Wiedergabe wurde uns freundlicherweise von Professor Pankok gestattet.)

6

Vom Autor gesammelte Zeitungsausschnitte und Notizen zur Ostermarschbewegung

Gefängnis, dessen Ende gereimt war: »Still schäm' ich mich in meiner Zelle, Fritz Teufel, Ausgeburt der Hölle!«. In der »Literaturnaja Gaseta« meines Vaters fand ich einen Text »S imenem Mao«, also »Im Namen Maos« überschrieben, über die Kommunarden in West-Berlin, Fotos (übrigens immer ganz schlechter Qualität) zeigten die Verhaftung Fritz Teufels in einer Art Nachthemd auf dem Kudamm, das Ganze (Mao, der Teufel, die Polizei) als übelste Dekadenz abqualifiziert. In der Studentenzeitung »Forum« eiferte ein Harald Wessel gegen den Neo-Marxisten Herbert Marcuse und seine kritische Haltung gegenüber dem sowjetisch geprägten (Marcuse sagte »poststalinistischen«) Gesellschaftssystem. Marcuse, neben Horkheimer und Adorno einer der wichtigsten Vertreter der »Frankfurter Schule«, inzwischen Professor in Kalifornien, war ja von den westlichen Studenten als eine Art geistiger Vater ihrer Bewegung adoptiert worden. Und dass Marcuse in seinen neueren Veröffentlichungen der Arbeiterklasse absprach, noch ein revolutionäres Potential zu besitzen, war natürlich für dogmatische Marxisten die reinste Häresie.

All dies war nun doppelt interessant. Es war da eine jugendliche Aufbruchsbewegung, und sie wurde von östlich-offizieller Seite diskreditiert. Im Kleinen haben wir manches den westlichen Studenten nachzumachen versucht. Die langen Haare und die »Meinungsknöpfe«. Aus Marmeladenglas-Deckeln bastelten wir uns mit Farben, Bildern, Sicherheitsnadeln und Tesafilm runde kulturelle oder politische Bekenntnisse. Ich wurde mehrfach von der Polizei aufgefordert, mein selbstgebasteltes Ostermarschzeichen, das ich an der Jacke trug, abzunehmen. Einmal ging ich damit ins Rathaus und wollte eine Reise in den verbotenen Westen, zur Teilnahme am Ostermarsch, beantragen. Zwei Funktionäre als Gesprächspartner. Sie kannten nicht den Unterschied zwischen der Todes- oder Lebensrune, dem Signet der Ostermarschbewegung einerseits und dem Symbol der Luxus-Automarke, dem Mercedes-Stern, andererseits. Trotz meiner Erklärungen brabbelten sie immer wieder: »Was will er mit Mercedes?«

Die DDR war unsicher, wie sie mit den westlichen Protesten umgehen sollte. Man grenzte sich ab von ihnen, diffamierte sie oder versuchte sie über die eigenen Mühlen zu leiten. Dafür ein Beispiel: Einmal ging ich zu einer Veranstaltung mit Werner Sellhorn in das große Kulturhaus in Halle. Sellhorn schrieb die meisten und besten Erläuterungen – bei Büchern würde man sagen »Klappentexte« –, die auf den Rückseiten von Schallplattenhüllen abgedruckt wurden. Vor allem für zeitgemäße Musik, für Jazz, immer auch für Manfred Krug. (Dem er Jahre später vor einem Konzert in der Greifswalder Aula, das ich besuchte, übrigens einmal die Hand halten und ihn trösten musste, bevor der Verzagte – kann man sich Krug verzagt vorstellen?! – sich hinaus auf die Bühne traute.)

Die in der Zeitung annoncierte Veranstaltung in Halle, zu der ich ging, hieß nun »Proteste im Beatrhythmus«. Da ich schon von Pete Seeger, Joan Baez und Bob Dylan begeistert war – von den ersten beiden gab es Platten in der DDR – war ich neugierig, mehr über westliche Protestmusik zu hören. Als ich ihn, Werner Sellhorn, persönlich ansprach und zum Titel seiner Veranstaltung befragte, reagierte er verärgert. Die »Proteste« hatten sie, die Kulturfunktionäre, ihm »reingedrückt«, nur so schien es ihnen möglich, über die »Beatmusik« (für Walter Ulbricht stupides westliches »Yeah-yeah«) referieren zu lassen. (Das lässt übrigens einen interessanten Schluss auf die Ängste der Ideologiewächter zu: Proteste, auch musikalische, im Westen, gegen den Westen, sind gut. Jugendliches Aufbegehren, lange Haare und Beat allein sind gefährlich.)

Mit Werner Sellhorn, der, was wir damals nicht wussten, als Schwiegersohn zur Verwandtschaft des eigenständig denkenden marxistischen Philosophen Wolfgang Harich gehörte, bin ich dann in späteren DDR-Jahren noch einige Male zusammengetroffen, so bei einer Tauffeier in Berlin oder in Cottbus bei einer Veranstaltung, in der die Liedermacherin Bettina Wegner ihr Lied – fast ein Jahrhundert-Lied – »Sind so kleine Hände…« sang und Werner Sellhorn – das machte er gern – Kurt-Tucholsky-Texte vortrug.

Am liebsten erinnere ich mich an eine Veranstaltung im Greifswalder Jazz-Club in meiner Studentenzeit. Der Jazz-Club fand regelmäßig im CdU (das hieß in diesem Fall »Clubhaus der Universität«) in der oberen Etage statt. Ich war kein Jazz-Fan, wollte aber die Veranstaltung mit Werner Sellhorn nicht versäumen. Da ich gerade das »Zentralorgan der Sozialistischen Einheitspartei Deutschlands«, das ND, abonniert hatte, um immer auf dem Laufenden zu sein, was für den Leser einen gedanklichen »Stresstest« einschloss, ich aber mit dem Lesen nicht hinterhergekommen war, nahm ich einen ganzen Packen der großformatigen Zeitungen mit, um sie während des Musikvortrags »abzuarbeiten«. Plötzlich kam der von mir verehrte Referent auf mich, der ich nichts Böses im Schilde führte, zugeschossen: »Willst Du mich provozieren?« Das war von solcher Wucht, da schien reale Angst auf, gegenüber einem vermeintlichen Stasi-Agenten, und Angriffslust, ja Wut, mit der diese Angst überwunden werden sollte.

Zurück nach Halle in die sechziger Jahre. Der westliche gesellschaftliche und politische Aufbruch ließ uns nicht unberührt. Beim Tanz hörten wir sehnsuchtsvoll »If you're going to San Francisco…« Ein Student für Amerikanistik, den meine Freundin Hanna und ich bei solcher Gelegenheit kennenlernten, erzählte begeistert von seinem kommunistischen Professor aus den USA, der an der Uni in Halle lehrte. Von dem hatte er einen »Meinungsknopf« geschenkt bekommen, den er, der Student, jetzt trug: »Virginity is a state of mind«. Also »Jungfräulichkeit ist eine Geisteshaltung«. Das kam uns zunächst recht fremd vor. Unsere Welt war doch eher schwarz-weiß aufgestellt. Es ging uns doch um die gute Entscheidung, für das Gute und Wahre, gegen das Böse und Falsche. Musste man dafür denn immer wieder neu nachdenken, immer wieder bei Null anfangen? Mit diesem Studenten diskutierte ich über Gandhi. Er meinte, die Gewaltlosigkeit könne nur Erfolg haben, wenn sie beim Gegner auf »response« trifft, also moralisch ein Echo erzeugt. Das sei zwischen Gandhi-Indien und dem britischen Weltreich so gelaufen, klappe aber nicht im Falle völlig brutalisierter Gegner.

Wie brutal die Hoffnungen in West und Ost erschüttert wurden, mussten wir dann im Jahr 1968 auch noch erleben. Nachdem 1963 schon der amerikanische Präsident John F. Kennedy sowie am 2. Juni 1967 in West-Berlin der Student Benno Ohnesorg erschossen worden waren, trafen die tödlichen Kugeln jetzt, am 4. April 1968, Martin Luther King. Eine Woche später wurde auf dem West-Berliner Kudamm Rudi Dutschke niedergeschossen. Und als dann noch am 6. Juni Robert Kennedy tödlich getroffen wurde, lag ich allein mit meinem Weltschmerz im Freibad in Halle-Trotha rücklings auf dem Rasen und verstand die Welt nicht mehr. Noch war Hoffnung in Prag, der Versuch von Alexander Dubček, dem Sozialismus ein »menschliches Antlitz« zu geben. Bis die Panzer der Warschauer-Pakt-Staaten diesen Versuch am 21. August erstickten.

Am Tag nach Martin Luther Kings Ermordung zog ich mir – anders als sonst – einen schwarzen Rollkragenpullover und ein Jackett an, um so in die Schule zu gehen. Meine Mutter entdeckte das, hatte Angst, ich könnte in der Schule Anstoß erregen, verbot mir die Kleidung. Zähneknirschend zog ich mich um. Nachdem ich einige Meter gegangen war, kehrte ich leise in die Wohnung zurück, legte wiederum Trauerkleidung an. In der Schule schaute der Musiklehrer in meine Seele, verstand alles, erzählte einfühlsam vom Führer der schwarzen Befreiungsbewegung.

Axel Noack, EOSler aus der Reichweinschule, durch die Müllerin mit mir verbunden, erzählte mir, dass er Coretta Scott King ein Beileidstelegramm geschrieben hatte. Das war mutig. Eine eigenständige Bekundung, egal in welche politische Richtung sie zielte, konnte unvorhersehbare Folgen nach sich ziehen.

Axel und ich sind in einem Sommer für mehrere Wochen nach Lobetal gefahren. Lobetal in der Nähe von Bernau, nördlich von Berlin, war eine kirchlich-diakonische Wohnstätte für geistig behinderte junge Menschen. Wir teilten Essen und Medikamente aus, lebten mit den jungen Männern, teilten ihre Sorgen und Freuden. Wir machten Fotos von unserem freiwilligen Dienst, die wir dann in Halle bei Gemeindeabenden zeigten, dazu legte ich Platten mit Liedern von Pete Seeger und John Baez auf, wir sammelten

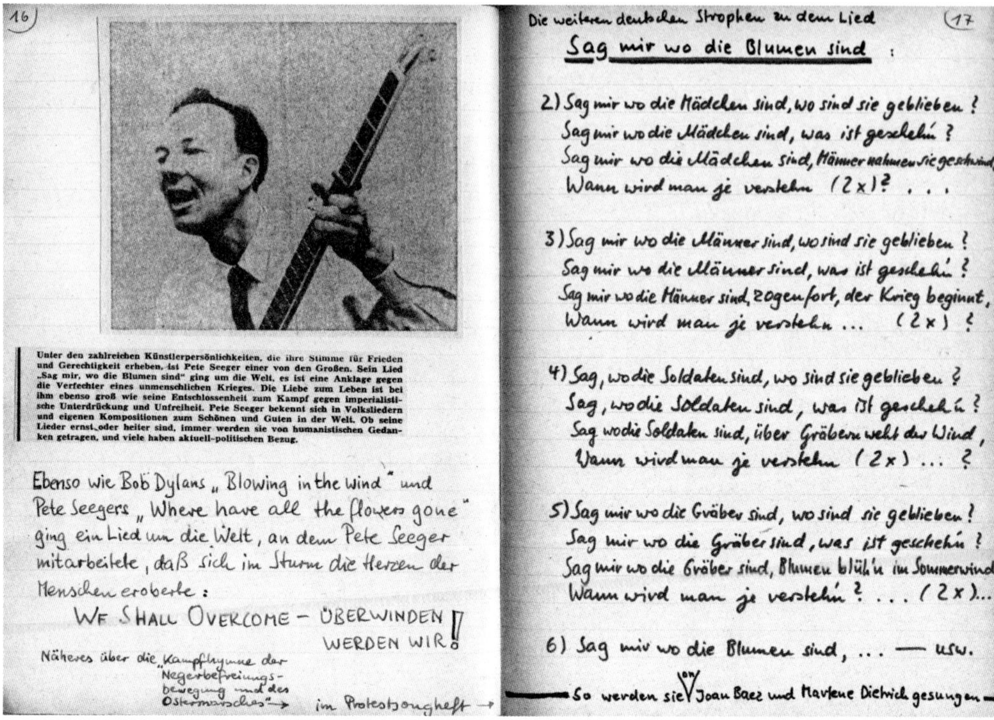

16

Unter den zahlreichen Künstlerpersönlichkeiten, die ihre Stimme für Frieden und Gerechtigkeit erheben, ist Pete Seeger einer von den Großen. Sein Lied „Sag mir, wo die Blumen sind" ging um die Welt, es ist eine Anklage gegen die Verfechter eines unmenschlichen Krieges. Die Liebe zum Leben ist bei ihm ebenso groß wie seine Entschlossenheit zum Kampf gegen imperialistische Unterdrückung und Unfreiheit. Pete Seeger bekennt sich in Volksliedern und eigenen Kompositionen zum Schönen und Guten in der Welt. Ob seine Lieder ernst oder heiter sind, immer werden sie von humanistischen Gedanken getragen, und viele haben aktuell-politischen Bezug.

Ebenso wie Bob Dylans „Blowing in the wind" und Pete Seegers „Where have all the flowers gone" ging ein Lied um die Welt, an dem Pete Seeger mitarbeitete, daß sich im Sturm die Herzen der Menschen eroberte:

WE SHALL OVERCOME – ÜBERWINDEN WERDEN WIR!

Näheres über die „Kampfhymne der Negerbefreiungsbewegung und des Ostermarsches" → im Protestsongheft →

17

Die weiteren deutschen Strophen zu dem Lied

Sag mir wo die Blumen sind:

2) Sag mir wo die Mädchen sind, wo sind sie geblieben?
Sag mir wo die Mädchen sind, was ist gescheh'n?
Sag mir wo die Mädchen sind, Männer nahmen sie geschwind,
Wann wird man je verstehn (2x)? ...

3) Sag mir wo die Männer sind, wo sind sie geblieben?
Sag mir wo die Männer sind, was ist gescheh'n?
Sag mir wo die Männer sind, zogen fort, der Krieg beginnt,
Wann wird man je verstehn ... (2x)?

4) Sag, wo die Soldaten sind, wo sind sie geblieben?
Sag, wo die Soldaten sind, was ist gescheh'n?
Sag wo die Soldaten sind, über Gräbern weht der Wind,
Wann wird man je verstehn (2x) ...?

5) Sag mir wo die Gräber sind, wo sind sie geblieben?
Sag mir wo die Gräber sind, was ist geschehn?
Sag mir wo die Gräber sind, Blumen blüh'n im Sommerwind,
Wann wird man je verstehn? ... (2x)...

6) Sag mir wo die Blumen sind, ... — usw.

So werden sie von Joan Baez und Marlene Dietrich gesungen

Aufzeichnungen des Autors zu Pete Seeger, um 1968

Geld, kauften einen Plattenspieler, den wir »unseren Jungs« beim nächsten Besuch in Lobetal schenkten.

Später sind Axel und ich uns wieder auf der Studentenpfarrer-Konferenz begegnet. Er war Studentenpfarrer in Merseburg, ich in Greifswald. Axel ist wohl der letzte Studentenpfarrer der DDR, der dann Bischof wurde. Das war in den Jahrzehnten zuvor eine häufige, fast schon automatische Ämterabfolge, so beispielsweise bei Johannes Hempel, Albrecht Schönherr, Gottfried Forck.

Die erwähnte schreckliche Kette der Attentate J.F.Kennedy 1963, Benno Ohnesorg 1967, M.L.King, Rudi Dutschke, Robert Kennedy 1968 fanden nicht nur ihren traurigen Abschluss in der Erstickung des Prager Frühlings am 21. August 1968. Als ob das Ganze nicht schon entmutigend genug war, nahm sich der tschechische Student Jan Palach aus Protest gegen den Einmarsch im Januar 1969 durch Selbstverbrennung das Leben, auf dem Wenzelsplatz in Prag. Später hat es auch noch in der DDR Selbstverbrennungen von Pfarrern gegeben, am berühmtesten die in Zeitz durch Oskar Brüsewitz 1976, aber nie hat solch eine Handlung eine Mut machende,

Aufzeichnungen des Autors zu Joan Baez, um 1968

zum Aufbruch führende Wirkung gehabt. Ich war nach der Tat des Jan Palach nur wieder einmal traurig gestimmt, meinte aber irgendetwas tun zu müssen. Das, so meinte ich, sei ich dem schuldig, der sich da geopfert hatte. So formte ich mit den Tritten meiner Schuhsohlen den Namenszug des tschechischen Märtyrers in den Schnee. Und eines Nachts schrieb ich in einer mir fremden Straße mit Kreide »Jan Palach« an die Wand eines Wohnhauses, malte daneben Flammen. Der Übeltäter kehrt ja bekanntlich an den Ort seines Vergehens zurück, und als ich am nächsten Tag den Tatort inspizierte, sah ich, dass er direkt gegenüber einem Volkspolizeikreisamt lag.

Kapitel 10

Auf der Suche nach dem richtigen Leben im falschen. Unterwegs auf jüdisch-christlich-marxistischen Pfaden

Wer war ich im Alter von achtzehn, neunzehn, zwanzig Jahren, am Ende der Schule, zu Beginn des Studiums? In welcher geistigen Landschaft lebte ich, und in welcher realen?

Der Vorsänger des staatlich gelenkten Oktoberklubs hieß Hartmut König. Seinem bekanntesten und in allen Radiosendern dauernd gespielten Lied »Sag mir, wo du stehst, sag mir, wo du stehst ... und welchen Weg du gehst!« entkam man nicht! Das Lied ließ mich aufhorchen, und es nervte ein wenig. Wo stand und ging ich eigentlich?

Der eingängige Politsong war selbstverständlich die Aufforderung, sich vorbehaltlos zum Weg der Partei zu bekennen. Aber nur selten, etwa bei einem zu unterzeichnenden Friedensappell, wurde einem unvorhergesehen die Pistole auf die Brust gesetzt: »Bekenne Dich – oder willst Du zu den Friedensfeinden gehören!« Wir jungen Leute konnten uns in der Regel ziemlich weit auf einer großen Spielwiese bewegen, ohne eine Reaktion staatlicher Vertreter befürchten zu müssen. Die blieben meistens gern in ihrer Deckung, denn wer sich hervorwagte, selbst beim Einfordern einer »sozialistischen Parteilichkeit«, konnte sich am nächsten Tag als vorschneller »subjektivistischer Aktivist« oder »Voluntarist« an den Pranger gestellt sehen. In der Partei, so ließ der Schriftsteller Jurek Becker einmal einen seiner Protagonisten fragen, war unklar geworden: »Wie heißt das eigentlich? Revolutionäre Ungeduld oder revolutionäre Geduld?«

Also die Frage nach dem eigenen Standpunkt berührte mich schon manchmal, aber sie konnte getrost auch eine ganze Weile offengehalten werden.

Von heute her gesehen war ich mit meiner Persönlichkeitsausstattung damals kein in sich geschlossenes System, sondern eher eine Straßenkreuzung, in der Einflüsse von links und rechts, von vorne und hinten auf mich eindrangen.

Diese Einflüsse könnten am ehesten so beschrieben werden: Hier war der Staat mit seiner Macht und seinem Anspruch, und da war die jahrhundertealte Kirche mit ihren immer noch wirksamen Traditionen. Und hier war ein unabhängig vom Staat sich immer neu formulierender Marxismus einzelner Intellektueller, und da war ein lebendig verstandenes Christentum, ein lebendiger Glaube, der Mut machte zu einem Leben in Freiheit und Gemeinschaft.

Manchmal verstand ich mich als »Halbmarxist«, überwiegend jedoch als Christ. So wurde ich auch von anderen wahrgenommen. Auf der EOS ist es mir einmal passiert, dass eine Gruppe von Mädchen, darunter die schönsten der Schule, in der Hofpause zu mir kamen, einen Kreis vor mir bildeten und baten: »Erzähl uns doch mal von Jesus!« Und so erzählte ich von unseren Gesprächen bei der Müllerin, vom »Schalom« der hebräischen Bibel, der ganz ähnlich wie das von Jesus verkündete »Reich Gottes« Frieden im umfassenden Sinne verhieß, Frieden mit Gott, mir selbst, der Natur und dem Nächsten. Und das hatte ich auch selbstbewusst als Schüler von der Kanzel verkündigen dürfen in unseren »Gottesdiensten – einmal anders«, die wir mit der Müllerin veranstalteten.

Darüber hinaus war ich durch meinen kritisch-marxistischen Vater auch neugierig geworden und auf die Spur von eigenständig denkenden Linken geraten: Anarchisten, Kommunisten, Nicht-mehr-Kommunisten. Zusätzlich attraktiv erschienen mir Herbert Marcuse, Rudi Dutschke und die Lieder Wolf Biermanns, die uns nach und nach durch privat-illegale Vervielfältigungen (Schreibmaschinendurchschläge und Tonbänder) bekannt wurden. Gab es vielleicht eine Verbindung zwischen lebendigem Christentum und lebendigem Marxismus? Bücher marxistischer Philosophen aus der Tschechoslowakei, natürlich nur im Westen veröffentlicht, machten die Runde: Milan Machovec und Vítezslav Gardavský sprachen über »Jesus für Atheisten« und »Gott ist nicht ganz tot«.

Diese nicht durch Macht und Institutionen korrumpierte, sondern offen-lebendige jüdisch-christlich-marxistische Melange sprach viele – »viele« natürlich nicht im Sinne einer Mehrheit – direkt und spontan an, sie war die Idee, von der wir und mit der wir lebten. Und sie wurde wie selbstverständlich von uns gegen die Wirklichkeit des DDR-Staates in Anschlag gebracht. Das mag ungerecht gewesen sein, denn die reine Idee hat es immer einfacher als die Wirklichkeit.

Doch die Verteidiger der herrschenden Zustände machten es sich auch zu einfach. Ihnen kam ein Wort gelegen, das möglicherweise auf den französischen Philosophen Jean-Paul Sartre zurückging, das sinngemäß lautete: »Der Sozialismus der sozialistischen Länder mag nicht ideal sein, aber er hat den Vorteil, dass er real ist.« Damit konnten nun alle Fehler und jegliche Repression gerechtfertigt werden. Und der »real existierende Sozialismus« wurde seit Anfang der Siebziger häufig im Munde geführt, überwiegend von den Erbauern und Nutznießern des Systems natürlich.

Aber es gab nicht nur diese klare Gegenüberstellung: hier reine Idee, da schmutzige Wirklichkeit. Es gab immer wieder den Versuch, das eine mit dem anderen zu verbinden, also der Idee die Chance zu geben, die Realität zu verändern.

Dafür standen viele DDR-Schriftsteller. Bei jedem neuen Buch von Stefan Heym oder Jurek Becker, selbst von »Staatsschriftstellern« wie Christa Wolf oder Erwin Strittmatter, munkelte man, dass in ihm Konterbande, also ein eigener Gedanke als Schmuggelware, versteckt sein könnte. Nun hieß es auch, dass man bei Bertolt Brecht in diesem Sinne fündig werden könnte. Brecht war für uns kein Zeitgenosse mehr, er war Mitte der 50er Jahre gestorben. Bei manchem Deutschlehrer ahnte man noch eine bereits verglühte Begeisterung, wenn Brechts Name genannt wurde. Aber dass diese Lehrer den Bert Brecht einmal vielleicht für einen Oppositionellen, einen erfolgreichen womöglich, gehalten hatten, und warum, das wollten oder konnten sie nicht vermitteln.

Anders erging es mir mit dem neuen Deutschlehrer in der EOS, der unseren beliebten Lehrer ersetzen musste, den man aus der Schule hinauskomplimentiert hatte. Er hieß Dr. Sommerlatte, ließ vage durchblicken, dass er über das Schicksal meines Vaters informiert war. Er trug das SED-Parteiabzeichen, wirkte aber sehr gutmütig. Er war also weder ein Funktionär und damit Repräsentant der Staatsmacht noch ein mitlaufender Angepasster, der sich von der Mitgliedschaft persönliche Vorteile versprach. Er war anscheinend ein Gutwilliger, der die Idee hochhalten wollte, der meinte: »Da geht noch was!«, der das Parteiabzeichen als Erinnerung an den geistigen Ursprung der marxistischen Bewegung und selbstverständlich auch als Schutzschild trug.

Als wir Brechts »Galilei« behandelten, gab er mir den Auftrag ein Referat zu halten. Bei einem anderen Lehrer wäre das sehr einfach gewesen. Man wusste, was die Lehrer hören wollten. Vor allem die Formel von der »Verantwortung des Wissenschaftlers«. Das schien mir, aber wohl auch ihm, zu mühelos. Ich recherchierte im nicht jedermann zugänglichen Teil der Universitätsbibliothek, zu dem ich ja durch die Übersetzertätigkeit meines Vaters Zugang gefunden hatte, fand eine Schrift des nach dem Westen abgehauenen Literaturkritikers Hans Mayer. (Das Wort »abgehauen« stand für jede illegale Art, die DDR zu verlassen: geflohen, oder wie es wahrscheinlich bei Hans Mayer war: von einer Dienstreise nicht zurückgekehrt.)

Dort begriff ich, dass Brecht sein Stück, das den Jahrhundertwiderspruch von Macht und Geist, Moral und Politik behandelte, mehrfach umgeschrieben, auch die Pointe verändert hatte.

Vereinfacht läuft es auf zwei Verständnismöglichkeiten hinaus. Zunächst wurde Galileis Kniefall vor der Macht der Kirche entschuldigt, sein

Widerruf war nur eine List, um durchzukommen und weiter zu forschen. So hatten auch meistens die Theaterzuschauer das Ganze verstehen wollen, bis hin zur Ost-Berliner Aufführung Mitte der 50er Jahre mit Ernst Busch als Galilei, obwohl Brecht das Stück da schon gegen den ursprünglichen Strich gebürstet hatte. Diese ethisch weniger anspruchsvolle Interpretation war ja für die Mehrheit der Zuschauer auch eine gute Rechtfertigung des eigenen Verhaltens, jeden Schwenk der Parteilinie mitzumachen, sich zu schonen und lieber Lippenbekenntnisse abzugeben als sich zu exponieren. Galilei als Vertreter eines taktischen Opportunismus, der aber leicht, was gern übersehen wurde, in einen dauerhaften Opportunismus hinübergleiten konnte.

Brecht meinte aber spätestens seit dem Atombombenabwurf auf Hiroshima, dass Albert Einstein und amerikanische Atomphysiker versagt hatten. Sie hätten vorher ein entschiedenes »Nein!« rufen müssen. Der Physiker, der Intellektuelle Galilei hätte sich nicht unterwerfen dürfen, sondern Widerstand leisten müssen. Beide Lesarten stoßen in zwei vielbeachteten Sätzen im 13. Akt aufeinander. Der von Galileis Widerruf, seinem Einknicken enttäuschte, inzwischen erwachsene Schüler Andrea sagt: »Unglücklich das Land, das keine Helden hat!« Und Galilei antwortet: »Unglücklich das Land, das Helden nötig hat!« Dies ist und bleibt das unlösbare Dilemma: Gibt es eine Pflicht zum Widerstand – und wenn ja, unter welchen Bedingungen und wer will sie einfordern?

Brecht selbst geriet dann in der Realität unfreiwillig selbst in die Rolle Galileis, in die Rolle des hilflosen Angeklagten, sollte Farbe bekennen vor dem »Ausschuss zur Untersuchung unamerikanischer Betätigung«. Und auf die Frage, ob er je Mitglied in einer kommunistischen Partei gewesen sei, antwortete er »Never, never, never!« Formal richtig, die Parteimitgliedschaft hatte er seiner Frau Helene Weigel überlassen, aber dass er viele Loblieder auf die Partei und Stalin gesungen hatte, hat er da unterschlagen. Soll man Brecht Feigheit vorwerfen oder ihn dafür bewundern, dass er listig seine Haut gerettet hat?

Einige dieser Gedankengänge hatte ich in meinem Referat dargestellt, und da ich keine Lust verspürte, als Zusammenfassung die obligatorische Leerformel von der »Verantwortung des Wissenschaftlers« zu verwenden, die alle offengebliebenen Widersprüche des Stückes verdeckte, schloss ich mit der Bemerkung: »Eine Gesellschaft, die die Verantwortung des Wissenschaftlers braucht, ist eine kranke Gesellschaft. Eine gesunde, freie und demokratische Gesellschaft muss die Regularien und Strukturen besitzen, die ein Unglück, das die ganze Menschheit betrifft, verhindern können.« Und zitierte auch noch eine von Dürrenmatts Thesen zu seinem Stück »Die Physiker«: »Was alle angeht, können nur alle lösen!«

Bei einem anderen Lehrer hätte ich mir mit diesem Verstoß gegen die ungeschriebenen Regeln möglicherweise eine »Fünf«, mindestens eine Zurechtweisung eingefangen, dieser Lehrer gab mir eine »Eins«!

Dies sei hier berichtet als seltenes Beispiel, das Mut und Hoffnung machte, es könne noch ein gutes Ende nehmen mit dem Staat DDR. Wenn es mehr solche Lehrer und Gesprächspartner, meinetwegen mit Parteiabzeichen, gegeben hätte, wäre die Jugend vielleicht für diesen Staat zu gewinnen gewesen. Aber stattdessen langweilten uns die Lehrer mit den Ergebnissen der soundsovielten Parteikonferenz der KPD, ohne auf die wirklich spannenden Macht- und Richtungskämpfe einzugehen, die es in der Geschichte dieser Partei gegeben hatte, oder sie wiederholten bis zum Erbrechen das Philosophenwort »Freiheit ist Einsicht in die Notwendigkeit« und forderten damit nur Anpassung und Gleichschaltung.

Wir jungen Menschen reagierten in zweierlei Weise. Wir sogen auf, teilten uns gegenseitig mit, wenn wir wieder einmal auf abweichende Aussagen, manchmal sogar im Neuen Deutschland, eher in der Literaturzeitschrift »Sinn und Form« stießen, Äußerungen zum Beispiel von Stephan Hermlin, Günter Kunert, Wolfgang Harich, denen man gar nicht immer im vollen Umfang zustimmen wollte, die aber Atemluft verschafften. Einmal schrieb im »Sonntag«, der kulturpolitischen Wochenzeitung, ein Wissenschaftler den Satz: »Unsere geschichtlichen Vorbilder sind die, die sich nicht anpassten.« Und hin und wieder durfte ich mich auch an Brecht freuen. In einem in der DDR erschienenen Gedichtband fand ich die Zeilen: »Ich bin der Glücksgott, sammelnd um mich Ketzer / Auf Glück bedacht in diesem Jammertal. / Ein Agitator, Schmutzaufwirbler, Hetzer / Und hiemit – macht die Tür zu – illegal.«

Das andere Ventil bestand im Ausbrechen aus dem üblichen Gebaren und Benehmen, bestand im unangepassten Verhalten. So führte ich anders als gefordert grundsätzlich keinen Personalausweis mit, wenn ich mich in der Stadt bewegte. Da ich wegen meines äußeren Aufzugs, zu dem lange Haare und Bart gehörten, oft von Polizisten nach meinem Ausweis gefragt wurde, landete ich regelmäßig im Volkspolizei-Kreisamt, hatte dort eine halbe Stunde zu warten, bis man mich wieder entließ. Einmal hatte ich eine mit Schreibmaschine geschriebene Zusammenfassung einer Schrift des tschechischen Reformkommunisten Gardavský mit dem Titel »Hoffnung aus der Skepsis« dabei. Die Polizisten rätselten lange, ob es sich bei diesem geistreichen Text um gefährliches Material handeln könnte, zum Glück gaben sie irgendwann verständnislos auf.

Als ich zehn Jahre später Studentenpfarrer in Greifswald war, beobachtete ich das unangepasste Betragen von Jugendgruppen. Schüler, wir nannten sie »Jungstiere«, rollten und trollten sich durch die Stadt, getrieben von einer Art »hormonellem Irresein«. Und das erinnerte mich, wie auch wir als Studenten durch die Wohnheime zogen, uns unangemeldet bei uns unbekannten Studentinnen zum Tee einluden. Die Jungstiere hatten allerdings etwas sehr Originelles zustande gebracht. Im »Knopfkino« – es wurde in unseren Kreisen so genannt, weil es in der Knopfstraße lag – hatten sie bei einem Musikfilm den Schneid, vorne im leeren Raum zwischen der ersten Stuhlreihe und der Bühne zu den Beatrhythmen gemeinsam zu tanzen. So ergab sich aus einem unbewusst oder bewusst unangepassten Verhalten ein stiller Stolz, mit dem man sich absetzte vom unbewusst angepassten Verhalten der Ängstlichen und dem bewusst angepassten der Streber und Karrieristen.

Kapitel 11

Studienbeginn mit einem überraschenden marxistisch-christlichem Dialogversuch. Leben mit Kommilitonen in der Wohnbaracke

Bevor ich im September 1969 das Studium der evangelischen Theologie an der Greifswalder Uni antreten konnte, gab es ein Vorgespräch, eine Art ungezwungener Eignungsprüfung. Dies war angeblich vor allem für diejenigen meiner künftigen Kommilitonen gedacht, die kein staatliches Abitur vorweisen konnten. Einer aus dieser Gruppe, wir nannten ihn später »Krambambuli«, war beispielweise zuvor Verkaufsstellenleiter gewesen. Die anderen, davon gab es mehrere, waren nicht zur EOS zugelassen worden und hatten die kirchliche Schule auf der Potsdamer Insel Hermannswerder, so etwas wie ein evangelisches »Ersatzgymnasium«, besucht. Auch wir anderen mit dem EOS-Abi mussten, vielleicht aus Gerechtigkeitsgründen, vielleicht zur allgemeinen »Durchleuchtung«, zu diesem Gespräch antreten.

Ich erinnere mich, hier zum ersten Mal Professor Hellmut Bandt, verantwortlich für Systematische Theologie (in früheren Zeiten: Dogmatik), begegnet zu sein. Ein anderer »Prüfer« war Dr. Winter, ein Gesellschaftswissenschaftler, der erstaunlicherweise über den evangelischen Theologen Paul Tillich promoviert hatte. Beide zusammen haben später interdisziplinäre Ringvorlesungen abgehalten, zu denen dann auch ein skandinavischer Theologe eingeladen wurde, sodass im schlichten Vorlesungssaal unserer Sektion Theologie zu einem bestimmten Thema westliche und östliche, christliche und marxistische Anschauungen nebeneinander zu Gehör gebracht wurden.

Bandt und Winter, so verstand ich das, waren keine Dogmatiker. Wollten sie das jeweilig Verkrustete in beiden Denktraditionen aufbrechen? Ob sie ein Risiko dazu eingingen, kann ich nur schwer beurteilen. Bandt – so schien mir – bemühte sich, Josef Hromádka die Treue zu halten, der 1958 in Prag die »Christliche Friedenskonferenz« (CFK) begründet hatte und nun, zehn Jahre später, nach dem Einmarsch in die Tschechoslowakei, sein Lebenswerk für gescheitert hielt und aus der »Friedenskonferenz« wieder austrat. Und Winter war der einzige Dozent für »Gesellschaftswissenschaften« (GeWi), den wir einigermaßen ernstnahmen, weil man ihm ohne Vergewaltigung des Geistes zuhören konnte. Die anderen Dozenten für Marxismus-Leninismus (ML) gehörten möglicherweise einer anderen (minderen?) Kategorie an. Sie zeichneten sich vor allem durch zweierlei aus. Einmal humpelten sie alle, wofür sie selbstverständlich nichts konnten; zum anderen, und das war schlimm, bestand ihr Vortrag aus der gedankenlosen Aneinanderreihung von Phrasen. Eigentlich waren sie bedauernswert, wurden anscheinend von den eigenen Leuten auf den ungeliebten Posten abgeschoben, uns, den evangelischen Theologiestudenten, etwas über den Marxismus zu erzählen.

Zehn Jahre später traf ich einen von ihnen wieder. Ich schob mich gerade durch das Menschengewühl der F-Straße (»Straße der Freundschaft«, gemeint war damit wohl »Straße der Deutsch-Sowjetischen Freundschaft«, manche ergänzten aber im Scherz: »Straße der Freundschaft und der Liebe«), da begegnete ich am Fischmarkt einem dieser ehemaligen Lehrer. Wir begrüßten uns freundlich, blieben stehen, bis er fragte: »Was machen Sie denn jetzt hier in Greifswald?« Und als ich antwortete: »Ich bin der neue Studentenpfarrer!«, lief er erschrocken rot an, als wäre er gerade dem Leibhaftigen begegnet.

Auf dieser F-Straße übrigens – nochmals zehn Jahre zurück, ich war gerade als Student in Greifswald angekommen – machte ich die unerwartete Erfahrung, dass ich jemandem wichtig war, ohne allerdings die Person vorher schon mal gesehen zu haben. Plötzlich langte jemand von hinten auf meine Schulter. Als ich mich umdrehte, sah ich einen schlanken Mann mit langen Haaren, er wirkte auf mich wie ein Künstler, tatsächlich stellte er sich als Fotograf vor. »Sie sind doch der Student Harro Lucht. Sie sind ein interessanter Typ. Ich würde Sie gern fotografieren.« Die Schmeichelei funktionierte, ich ließ mich abbilden, habe so immerhin mein Konterfei aus jener Zeit. Als ich nach 1989 einer ehemaligen Kommilitonin davon erzählte, sagte sie: »Das ist mir genauso gegangen!« Wir stutzten – und konnten das Lachen nicht mehr zurückhalten!

Das Studium begann, wir wurden immatrikuliert. Unser Studienjahr, das zeigte sich jetzt, bestand aus siebzehn Personen: fünf junge Frauen, zwölf junge Männer. So viele hatte es in einem Jahrgang nach 1945 an der Fakultät, die jetzt nach einer Hochschulreform »Sektion« hieß, schon lange nicht mehr gegeben.

Die Mädchen teilten wir in zwei Kategorien ein. In die beiden Lisbeths, die schwarze und die kleine. Und die übrigen nannten wir »die drei Kraniche«, weil rank und hochgewachsen. Eines der Mädchen fragte mich gleich in den ersten Tagen, ob ich im Besitz eines Sparbuches wäre. Als ich das Krambambuli erzählte, sagte er: »Genau das hat sie mich auch gefragt.« Die Mädchen durften in ein großes festes Haus, das Heim für Studentinnen in der Saarlandstraße ziehen, wir zwölf Jungs mussten etwa einen Kilometer entfernt am Ende derselben Straße, und damit fast schon am Ende der Stadt, in eine einfache Baracke ziehen, jeweils zu viert in ein Zimmer.

Wie die personelle Zusammensetzung in den Zimmern zustande kam, weiß ich nicht mehr. Aber sie passte. Vorne am Eingang der Baracke im ersten Zimmer die eher pietistisch-frommen, im einen oder anderen Fall auch die, die sich nur dafür hielten. (Mindestens einer kollaborierte mit der Stasi.) Gedanklich und räumlich am anderen Ende, also im dritten Zimmer, wir, die wir uns – gar nicht schüchtern – als aufgeklärte, philosophisch interessierte Theologen ansahen. Der enttäuschte Spruch eines westdeutschen Theologieprofessors jener Zeit über die damalige Theologiestudentengeneration hätte auf uns, jedenfalls auf Eckart Reinmuth und mich, einigermaßen gepasst: »Sie lesen H. Marcuse, E. Bloch und allenfalls D. Sölle.« Was ja wohl heißen sollte: »Sie sind nicht mehr richtig für Barth und Bultmann zu begeistern.« Und was ja wiederum nicht hieß, dass wir uns nicht auch für anderes interessierten. Ich zum Beispiel las damals aus eigenem Antrieb über die drei genannten Marcuse-Bloch-Sölle hinaus Sigmund Freuds »Unbehagen in der Kultur«, das Freud-Buch des anderen Marcuse, also des Ludwig Marcuse (»Was die Politik anbelangt, so glaube ich [...] ans Beispiel. Offizielle Pazifisten, die private Wutpinkel sind, arbeiten am Krieg!«) und David Riesmans »Die einsame Masse«.

Gerade Riesmans Charakterisierung der Menschen- und Gesellschaftstypen, seine Abfolge der Zeitalter: »traditionsgelenkte Gesellschaft« (Mittelalter), »innengeleitete Gesellschaft« (bürgerliche Gesellschaft, beginnend mit der Reformation) und die in neuerer Zeit mächtiger und mächtiger werdende »außengeleitete Gesellschaft« überzeugte mich und überzeugt mich bis heute. Gerade der bürgerlich-protestantisch geprägte Mensch, der innerlich einen »Kreiselkompass« besitzt, kann der sich nicht, so immer noch meine Hoffnung, am ehesten freimachen von knechtenden Autoritäten und Institutionen (Luther in Worms: Päpste und Konzile können irren!) sowie von der zwar jeweils besonderen, stets aber allesverschlingenden Gleichmacherei der verschiedenen diktatorischen, ja selbst der demokratisch verfassten Gesellschaften des 20. wie 21. Jahrhunderts?

Als ich einmal Bandt vor versammelter Mannschaft zu seinem Urteil über Riesman fragte, knurrte er etwas unwillig: »Ich habe auch Karl Marx gelesen.«

Das dritte, von »Pietisten« und »Aufklärern« umschlossene, in der Mitte liegende Zimmer gehörte ehemaligen »Hermannswerderanern«, die waren ebenso kirchlich geprägt wie im Widerstand gegen Kirchlichkeit geübt, darunter, mir innerlich am nächsten, zwei Pastorensöhne.

Andreas Schorlemmer, jüngerer Bruder des später landesweit bekannten Friedrich Schorlemmer, kam einige Wochen nach Studienbeginn zu uns, da er erst seine Zeit beim Militär beenden musste. Er hatte, ungewöhnlich für einen jungen Mann in dem evangelischen Milieu, in dem ich bisher verkehrte, seinen Wehrdienst als Waffendienst abgeleistet. Sein Lächeln, das typische Schorlemmer-Kinn, sein explosiv-kraftvolles Auftreten nahmen mich für ihn ein. Später war das von ihm bewohnte gastliche Pfarrhaus in der Nähe von Greifswald für mich und andere Kommilitonen noch oft ein wichtiger Ort des Gesprächs und des Austauschs.

Michael Klappenbach war der andere. Sein Vater war Pfarrer und Superintendent in Lindow gewesen. »Lindow ist so reizend wie sein Name«, hatte Theodor Fontane in seinen Wanderungen durch die Mark Brandenburg diesen Ort gekennzeichnet. Wenn man durch diese kleine Stadt zwischen Neuruppin und Rheinsberg fährt, kann man sich an einem schönen barocken Kirchturm erfreuen, der aus dem Süden Deutschlands zu stammen scheint. Und Lindow ist von drei Seen umgeben.

Von dieser Harmonie war aber wenig in die Seele meines Freundes gedrungen. Er war oft ironisch, konnte sogar verletzend sein. Und er liebte das hochstapelnde Schauspielern! Beim Kartoffeleinsatz, den wir in den Anfangsjahren noch im September zu leisten hatten, streckte er der LPG-Verantwortlichen so überzeugend die Hand zum Gruß entgegen, dass ihn alle für den Chef persönlich hielten.

Beide, »Schorli« und »Klappi«, mochten Außenstehenden in ihrer Sprunghaftigkeit manchmal unverständlich erscheinen. Ich aber spürte wohl hinter der äußeren Fassade eine uneingestandene Unsicherheit, die mit meiner eigenen, mir damals ebenso wenig bewussten Unsicherheit korrespondierte. Wir suchten noch, irrend und wirrend, den Weg in unser Leben.

Dieses erste Jahr in der Baracke war herrlich chaotisch, wir lernten uns kennen und lernten voneinander. Konservative und progressive, mehr fromme und mehr politisch interessierte, ältere und jüngere diskussionsfreudige Burschen maßen sich im Gespräch.

Der älteste in unserem Zimmer, bisher Verkaufsstellenleiter in Eibenstock im Erzgebirge, hatte seinen Glauben schon weitgehend und eigenständig theologisch reflektiert. Da er seine Bedürfnislosigkeit vor uns mit dem Spruch begründete: »Sauf Wasser wie das liebe Vieh, und denk, es sei Krambambuli!«, hatte er seinen Spitznamen schnell weg. Für die Necknamen der übrigen beiden in unserem Viererzimmer war ich verantwortlich. Walter Hykel wurde zu »Hühner-Hykel« veredelt, weil mir Zeilen Ingo Insterburgs eingefallen waren: »Draußen ist es bitterkalt, wer kommt da aus dem Wienerwald, seht Hühner-Hugo, den Segensreichen, er trägt einen Sack voll Hühnerleichen!« Und Eckart, in seinem späteren Leben dann Professor für Neues Testament, las so begierig in meinem Ernst-Bloch-Band »Atheismus im Christentum«, dass ich ihm in Anlehnung an den in Greifswald geborenen Hans Fallada und dessen Romantitel »Wer einmal aus dem Blechnapf frisst« den Spitznamen »Blochnapf« verpasste. Mit ihm trampte ich einmal nach Berlin zu einer Tagung der Evangelischen Akademie, bei der, wie wir wussten, Dorothee Sölle auftreten würde. An der Straßenbahnhaltestelle in Weißensee kamen wir nach der Veranstaltung mit ihr, der Theologin, die von konservativen kirchlichen Kreisen als »Störenfried« wahrgenommen wurde, ins Gespräch. Aus dem Kragen ihres Kleides lugte ein Stecknadelknopf, dessen orangene Farbe ein Bekenntnis zur eben gegründeten sozial-liberalen Koalition unter dem Kanzler Brandt war. Sie erklärte uns den Gleichklang von politischer und theologischer Radikalität. Wenig später schickte sie uns in unsere Greifswalder Wohnbaracke einige ihrer Bücher, für die wir dankbar waren, zumal wir kaum glauben wollten, dass sie uns erreichen würden.

Wenn wir vier in unserem Zimmer nachts vor dem Einschlafen auf dem Rücken lagen (außer Eckart: der hing meistens in seiner selbstgebauten Hängematte, die er schräg über seinem Schreibtisch befestigt hatte), ging das Gespräch weiter, Krambambuli erklärte uns die Schwachstellen von Bultmanns Entmythologisierungsprogramm, und ich beeindruckte oder nervte die anderen mit freudianisch-herbertmarcuseschen Formeln wie »Lustprinzip« und »Realitätsprinzip«. Das erschien mir wie die aktualisierte, nun auch ins Sinnliche hineinreichende Erweiterung des Gegensatzpaars bei Marx »Reich der Freiheit« und »Reich der Notwendigkeit«. Und dieses Gegensatzpaar konnte sich wiederum auf Luthers Zwei-Reiche-Lehre berufen. Und die hatte ihre Vorläufer bei Augustin, ja selbst bei Jesus, der vom Hereinbrechen des Reiches Gottes in diese Welt gesprochen hatte: »Erneuert Euch, die Königsherrschaft der Himmel, die Königsherrschaft Gottes ist nahe herbeigekommen!«

Auch das Gespräch mit den so anderen Barackennachbarn hat sich gelohnt. Der erzkonservative Norbert Rauer, Zimmer 1, war ein nachdenklicher Typ, der seine Ansichten indikativisch vortrug, also nicht: »Du hast diese Meinung, ich habe eine etwas andere.« Sondern »mit dieser oder jener Sache verhält es sich folgendermaßen…« Dennoch hörte ich ihm gern zu, so erfuhr ich einiges über katholisches Denken und Leben, über die Geschichte Polens. Er wirkte in vielem so katholisch auf uns, dass wir ihn spaßeshalber einen »Kryptokatholiken« nannten.

Christhardt Fritsch, Zimmer 2, das wird er gar nicht wissen, schärfte in einem Gespräch mein Verständnis der Bergpredigt, deren allgemeine Bedeutung in der gesellschaftlichen Diskussion mit ihrem dem Konfliktpartner entgegenkommenden Haltung immer wichtiger zu werden schien. Seitdem war sie für mich nicht mehr eine den Erfolg garantierende Handlungsanweisung, was ich bezweifelt hatte, sondern ihr Gewicht lag in der Entscheidung, in der Nachfolge so und nicht anders zu handeln, unabhängig von der Handlungsweise des Gesprächs- oder Konfliktpartners.

Irgendwann hatten wir vier in unserem Zimmer nur noch drei Türschlüssel. Wir behalfen uns so: An die Tür nagelten wir außen eine leere Konservendose, in die kam einer der Schlüssel, darüber als Aufpasser ein Leninbild. So konnte der, der zuerst ins Wohnheim zurückkehrte, das Zimmer für sich aufschließen. Der Schlüssel ist nie weggekommen. Wir hatten auch keine Angst, weder vor Diebstahl noch vor Schnüffelleien.

Dennoch wurde bei der Universitätsleitung ruchbar, wie ich die Wand über meinem Bett ausgeschmückt hatte. In Riesenlettern hatte ich mit schwarzer Farbe geschrieben: »Wann, wenn nicht jetzt?« Daneben ein großes Foto von Rudi Dutschke. Das war maßstabgerecht das Titelfoto der westdeutschen linken Studentenzeitschrift »konkret«, die jemand in die DDR geschmuggelt hatte. Da kamen sie dann, um zu inspizieren, eine mehrköpfige Kommission, darunter der FDJ-Chef der Uni, und standen davor und glotzten. Und glotzten, bis sie wieder entschwanden.

Derselbe FDJ-Funktionär sprach mich einmal draußen vor der Baracke an: »Was liest Du da?« Der Schreck fuhr mir in die Glieder. Ich hielt in der Hand »Die neue Klasse« von Milovan Djilas. Der war als Vizepräsident Jugoslawiens ein Vertrauter Titos und wurde wegen seiner Kritik an der Bürokratie 1956 für mehrere Jahre ins Gefängnis geworfen. Dort entstand seine »Analyse des kommunistischen Systems«, das Manuskript wurde in den Westen geschmuggelt und als Buch veröffentlicht. Dafür gab es dann noch einmal sieben Jahre Haft obendrauf. Ich hatte mein Exemplar, eben dieses missliebige Buch, mit Zeitungspapier eingeschlagen. Meine ausweichende Antwort hat der Genosse, der mich duzte, obwohl ich nicht sein Genosse und kein FDJ-Mitglied war, zum Glück akzeptiert, sonst wäre mein Studium, kaum, dass es begonnen hatte, schon zu Ende gewesen.

Kapitel 12

Unsere Lehrer an der Sektion Theologie. Wie zwei GeWi-Dozenten eine Prüfung nutzten, mir auf den Zahn zu fühlen. Das zerfetzte Fernsehturmplakat

Wenn wir uns von unserer Wohnbaracke aus in Richtung Uni bewegten, überquerten wir irgendwann den Wall, der die herrliche Altstadt umschloss. Über ihr thronten drei gotische Backsteinkirchen: der »große Nikolaus«, also der Dom mit dem hohen schönen Barockturm; die »dicke Marie« in der Nähe des Marktplatzes; der »kleine Jakob« gegenüber dem Stasi-Gebäude.

Greifswald hatte 1945 rechtzeitig kapituliert und war so dem zerstörerischen Beschuss durch die Rote Armee entgangen. Leider verfiel dann die Stadt in den 70er und 80er Jahren rasant, sodass viel alte Bausubstanz nicht mehr gerettet werden konnte. In Greifswald, so schien es, verging die Zeit langsamer, die abseitige Lage im äußersten Nordosten der DDR machte es ähnlich wie das südöstliche Dresden, jedenfalls was den westlichen Fernsehempfang anging, zu einem »Tal der Ahnungslosen«. Aber vielleicht gerade deshalb war es als Studienort angenehm. Hier fehlten die Losungen in weißer Schrift auf roten Bannern, die ich in Halle noch an den Hausfassaden oder über den Straßenzügen hängen gesehen hatte und die den Einzelnen an seinen einzunehmenden »Standpunkt« und seine staatsbürgerlichen Pflichten erinnern sollten – Losungen wie »Die DDR ist das Vaterland aller guten Deutschen« oder »Wählt die Kandidaten der Nationalen Front!«. Manchmal dachte ich nach meiner Ankunft, ich sei hier in Dänemark gelandet, das ich ja von den Sommerurlauben mit meinen Großeltern her kannte. In Greifswald konnte ich mich erst einmal wohlfühlen.

Die Sektion Theologie lag im ersten Stock des Uni-Hauptgebäudes in der Domstraße. Die Schweden, welche Vorpommern (auf jeden Fall dessen nördlichen Teil) nach dem Dreißigjährigen Krieg etwa anderthalb Jahrhunderte lang regierten, hatten das repräsentative barocke Gebäude hinterlassen. In ihm befand sich auch der feierliche Versammlungsraum, den Hermann Kant mit seinem Buchtitel »Die Aula« bekannt gemacht hatte.

Wir hörten Vorlesungen, übten Latein, Griechisch, Hebräisch, besuchten Seminare und Proseminare.

Neben Bandt und seinem Assistenten Fred Mahlburg sprachen mich – erstaunlich, da ich mich so für Kirchengeschichte bisher gar nicht interessiert hatte – vor allem die Kirchengeschichtler an.

Da war einmal Professor Ernst Kähler, ein Enkel des im 19. Jahrhundert theologiegeschichtlich bedeutenden Martin Kähler und Verwandter des DDR-Schriftstellers Ludwig Renn, eigentlich Arnold Vieth von Golßenau, der von der Aristokratie zum Kommunismus konvertiert war, im Spanischen Bürgerkrieg gekämpft und sich dann ins mexikanische Exil gerettet hatte. Kähler war, wie fast alle Historiker, konservativ, sein Auftreten wirkte bürgerlich, fast aristokratisch. Einmal stand ich im Dom zufällig neben ihm und wir lauschten den herrlichen Klängen des Domchores. Da entfuhr es mir spontan: »Ist das nicht die abgeschriebene, als überwunden geltende bürgerliche Klasse, die da singt?« Hat er genickt – oder nur durch Schweigen sein Einverständnis zum Ausdruck gebracht?

Kähler erzählte mir bei einer dieser ersten Begegnungen, dass er nur einige Jahre zuvor, also nachdem die Mauer schon stand, zum achtzigsten Geburtstag von Karl Barth, dem »Kirchenvater des 20. Jahrhunderts«, in die Schweiz fahren durfte. Er berichtete stolz, der Einzige der geladenen Gäste gewesen zu sein, der seine Laudatio auf den Jubilar in lateinischer Sprache vorgetragen hatte.

Auf dem Weg nach Basel allerdings hatten die DDR-Mächtigen ihm noch einmal gezeigt, »wo der Hammer hängt«. War es in Anklam oder Pasewalk, der Zug wurde gestoppt, der »Herr Professor« wurde über Lautsprecher aufgefordert, den Zug zu verlassen, und wurde auf dem Bahnhof befragt, ständig in der Angst, die Bahn könnte ohne ihn weiterfahren und er die Gratulationsveranstaltung nicht mehr erreichen.

Kähler sprach mich auch auf meinen Vater an. Er wusste von der Verhaftung. So wie der Verwalter von Schloss Mansfeld hat er auf diese Weise sehr dezent sein Mitgefühl zum Ausdruck gebracht.

Dann sagte er zu mir: »Wenn Sie einmal ein Buch brauchen, das im Giftschrank der Universitätsbibliothek steht, dann kommen Sie zu mir. Ich gebe Ihnen eine Genehmigung.« Das war eine tolle Geste und hat mich – trotz aller Unterschiedlichkeit der Lebensstile – mit ihm verbunden. Ich habe von diesem Angebot allerdings nie Gebrauch gemacht. Stattdessen saß ich in der UB und las in den blauen Bänden der Marx-Engels-Werke (MEW), fand immer wieder Stellen, die andere Leser mit Bleistift vorsichtig markiert hatten. Etwa die, dass man den versteinerten Verhältnissen ihre eigene Melodie vorspielen muss, um sie zum Tanzen zu bringen. Im Übrigen vermisste ich als Dutschke- und Marcuse-Anhänger, wie wenig ein kritischer Marxismus in die Theologie eingedrungen war. Der Existentialismus Heideggers war über Rudolf Bultmann und seine

»existentiale Interpretation« biblischer Texte ohne weiteres Hinterfragen in Exegese und Hermeneutik übernommen worden. Einmal, aber wegen mangelnder Resonanz nur einmal, machte ich im systematischen Seminar den Vorschlag, theologische Texte marxistisch-kritisch zu interpretieren. Im kirchengeschichtlichen Seminar immerhin konnte ich meine Überlegungen zur Thematik »Das Individuum und die Revolution« vortragen, in denen ich munter Jesus, Freud und den fröhlichen Anarchismus des jüngeren Karl Marx (»heute dies, morgen jenes zu tun, morgens zu jagen, nachmittags zu fischen, abends Viehzucht zu treiben, nach dem Essen zu kritisieren, wie ich gerade Lust habe«) gegen die Betrachtung des älteren Marx stellte, Geschichte entstehe durch den gesetzmäßigen Ablauf sozial-ökonomischer Sachzwänge. Noch deutlicher konnte ich mich abgrenzen gegen Stalins Auffassung, die Persönlichkeit sei nichts, die Masse sei alles, die Entwicklung des gesellschaftlichen Lebens werde »restlos« durch die Entwicklung der Produktivkräfte bestimmt

Auf meinen Vorschlag hin lasen wir bei den sogenannten »Studententagen« das Stück »Die Maßnahme« von Brecht in verteilten Rollen. Es beschäftigte mich, ob hier der Marxismus zur Unkenntlichkeit verzerrt oder zur Kenntlichkeit gebracht wurde: Der junge Genosse hatte Mitleid mit einem Opfer der Klassengesellschaft gehabt und wird von einem Parteigericht zum Tod durch Erschießen verurteilt, weil er – gefangen in dieser Barmherzigkeitshaltung – die revolutionäre Situation falsch eingeschätzt hatte. Hier hätte die Frage diskutiert werden müssen, ob eine Religion oder Ideologie das Recht hat, andere Menschenleben auszurotten, nur weil es den eigenen Zwecken dient. Ob der Marxismus ethisch nicht unterbelichtet ist, wenn er – im Sinne Brechts – rein utilitaristisch meint: Gut ist, was dem Kommunismus dient. Immerhin war es Kähler, der mit mir ins Gespräch trat und dabei auf Menschenopfer in der Antike, selbst im Alten Testament – und deren Überwindung – hinwies. Auch im Neuen Testament kommt ja dieser angebliche Entscheidungszwang, dieses vermeintlich alternativlose Entweder-Oder vor, das dem Einzelnen das Lebensrecht abspricht, wenn der Hohepriester Kaiphas den anderen, die um ihren Machterhalt besorgt sind, empfiehlt: »Besser dieser rebellische Jesus, besser dieser Eine stirbt für das Volk, als dass das ganze Volk verdürbe.« Manch einer mag in diesem Wort die eigene Haltung Jesu, die zu seiner Passion führt, erkennen. Aber ist es nicht ein entscheidender Unterschied, ob man einen anderen für seine Ziele opfert oder ob der sich selbst freiwillig zum Opfer hingibt?

Der andere Kirchengeschichtler war Dr. Thümmel. In seinen Vorlesungen ging es vor allem um Reformationsgeschichte. Unvergessen, wie er die »Entführung« Luthers auf die Wartburg dramatisch vorgeführt hat, wie er den Konflikt Luthers mit Karlstadt, Müntzer, überhaupt dem »linken Flügel der Reformation« auch in seinen tieferliegenden Motiven beleuchtete. Ich redete zu gern mit ihm nach den Vorlesungen. Er nahm sich auch Zeit, manchmal eine halbe, eine dreiviertel Stunde. So entstand Vertrauen, und wir redeten nachher über alles Mögliche, zum Beispiel die Bedeutung Alexander Solschenizyns. Oder die »Grundfrage der Philosophie«, das Zentraldogma der materialistischen Weltanschauung, in dem der Materie das Primat gegenüber dem Geist zugewiesen wird. Norbert Elias, so las ich später, meinte, dass es ein schwacher Moment bei Marx gewesen sein müsse, als er den Satz hinschrieb: »Das Sein bestimmt das Bewusstsein«. Hatte er doch auch formuliert: »Die Idee wird zur materiellen Gewalt, sobald sie die Massen ergreift.« Einmal fragte ich Thümmel, wo er am liebsten leben würde. Er sagte: »Im Sommer auf Hiddensee« – und er fuhr, auch nach 1968, fort: »Im Winter in Prag.«

Hans Georg Thümmel biederte sich den Machthabern nicht an. Er ging nicht – wie einige wenige andere Kollegen – in die CDU. Das ließen die Mächtigen ihn spüren. Ich habe miterlebt, wie sie seine Promotion B platzen ließen, sodass er nicht Professor werden konnte. Thema seiner Arbeit war irgendetwas über Scholastik. Ein von der Stasi oder der SED bestellter Professor Albrecht, ein Professor für marxistisch-leninistische Philosophie, sabotierte das Verfahren. In unvorstellbarer Primitivität setzte er den Hebel mit Hilfe eines einzigen Zitats an: Marx und Engels hätten da und dort gesagt: »Das ist eine rein scholastische Frage!« Das hieß soviel wie: Wozu sollen die Scholastik und die Beschäftigung mit ihr überhaupt sinnvoll sein? Thümmel betonte, er habe tausende Seiten mittelalterlicher Quellen in lateinischer Sprache studiert. Und dann sagte er etwas sehr Mutiges: »Ich habe kein fertiges Netz, das ich über die Geschichte werfe!« Damit bestritt er – war er sich dessen eigentlich bewusst? – dem Historischen und Dialektischen Materialismus seinen allumfassenden Wahrheitsanspruch in allen gesellschaftlichen und historischen Fragen. Wer das tat, war in den Augen der SED entweder dumm, uneinsichtig oder, wenn es hart auf hart kam, ein Staatsfeind.

In der Praktischen Theologie hatten wir zwei ziemlich verschiedene Lehrer. Zunächst William Nagel, ganz alte Schule. Von ihm übernahm ich die Regel, dass eine Predigt mindestens einen Satz Kerygma, also Verkündigung der frohen Botschaft (Evangelium), enthalten müsse. Das entlastete in beide Richtungen. Ich brauchte mich nicht verpflichtet zu fühlen, mehr zu »salbadern« als ich verantworten konnte (was mir sowieso nicht lag). Und es rief mich zur Ordnung, nicht der Versuchung nachzugeben, alles in Analyse und Kritik, bis hin zur »kritischen Kritik« oder gar noch der »Kritik der kritischen Kritik«, aufgehen zu lassen.

Der andere war der »junge Kehnscherper«, so genannt, weil sein Vater als »alter Kehnscherper« auch noch ein Schattendasein an der Sektion fristete. Bevor Günther Kehnscherper, der junge, nach Greifswald kam, war er an der Humboldt-Uni in Berlin. Da ging der Schnack: »Was unterscheidet die Humboldt-Uni von der sächsischen Venus?» Antwort: »Die sächsische Venus hat einen ›schenen Kerper‹! Die Humboldt-Uni hat einen Kehnscherper!«

Beide Kehnscherpers, Vater und Sohn, vertraten ziemlich eigenwillige Ansichten. In ihrer Theologie – die offensichtlich abwich von der weithin geltenden Wort-Gottes-Theologie Karl Barths – konnten die Lagerfeuer der Urmenschen und der vorgeschichtliche Ausbruch des mediterranen Vulkans Santorin hineingeflochten werden. Was uns leicht irritierte: Sie waren in der CDU; der Vater, Gerhard Kehnscherper sogar in mehreren SED-gelenkten Organisationen: im Nationalrat der Nationalen Front, im Deutschen Friedensrat, in der Christlichen Friedenskonferenz, und in Jahren zuvor war er Bezirkstagsabgeordneter in Potsdam und Rostock gewesen.

1970, gerade ein bisschen im ersten Studienjahr eingewöhnt, hieß es: Die Sektion Theologie demonstriert gemeinsam zum 1. Mai! Mich ärgerte, dass wir im Block an der Tribüne vorbeimarschieren sollten, und ich fragte mich, was ich daraus machen könnte. In der FDJ-Studentenzeitung hatte ich einen kritischen Artikel gefunden. Er hieß »Die vier Triebkräfte des Parteisekretärs Büttner«. Ich hob mit Farbstift etwa zwanzig bedenkliche Stellen hervor, klebte die Seite auf Pappe, hängte sie mir um den Hals. Dann hatte ich ein großes Foto von Martin Luther King, das ich hochhielt, als es an der Tribüne vorbeiging. Vorher hatten verschiedene Professoren meinen Aufzug begutachtet, den umgehängten Text kritisch unter die Lupe genommen. Der alte Kehnscherper sagte: »Warum tragen Sie Bart und lange Haare? Rasieren Sie sich, dann wachsen Sie nach innen!« Was ihn nicht hinderte, mir, dem Studenten im zweiten Semester, den er nicht kannte, ein Angebot zu machen: »Wollen Sie eine Doktorarbeit bei mir schreiben?«

Auch Professor Haufe, unser Neutestamentler, hatte kritisch auf meine »vier Triebkräfte« geguckt. Wenig später hatte ich bei ihm Prüfung in »Biblicum«. Dazu mussten wir die Inhalte der biblischen Bücher kennen. Er sagte zu mir: »Nun wollen wir gleich ins Zentrum des Neuen Testaments vorstoßen. Erzählen Sie mal was über den Römerbrief!« Leider konnte ich nur antworten: »So weit bin ich leider nicht gekommen.« Also durchgefallen, ich musste raus. Haufe soll zu den Mitprüfern dann gesagt haben: »Was machen wir nun mit dem Gammler?« Zum Glück für mich einigten sie sich auf eine zweite Chance.

Das erinnert mich an eine andere heikle Prüfungssituation. Ich musste für eine GeWi-Prüfung in das entsprechende Institut in der Domstraße. Man ging im Treppenhaus an einer großen ehrfurchtseinflößenden Büste vorbei. Wem gehörte der Kopf? War es Marx, war es Pieck? Oben angekommen hing da an der Wand ein Riesenschild mit Ulbrichts »Zehn Geboten der sozialistischen Moral und Ethik«. Dann die beiden Prüfer. Ich merkte sofort, dass es hier nicht um Wissen ging. Ich weiß auch nicht mehr, was sie fragten. Sie wollten mir auf den Zahn fühlen. Ich tat ihnen den Gefallen und gab meinem Affen Zucker. Ich erzählte ihnen vom Gegensatz zwischen Marxismus und Anarchismus, wie ihn Stalin auf den knappen Begriff gebracht hat: »Der Marxismus geht von der Masse aus, ohne ihre Befreiung ist die Befreiung des einzelnen Menschen nicht denkbar. Der Anarchismus geht von der Persönlichkeit aus, ohne ihre Befreiung ist die Befreiung der Masse nicht denkbar.« Das schien ihnen auch nicht richtig zu gefallen. Dann erzählte ich noch, fast begeistert, dass 1921 bei der Trauerfeier für den russischen Anarchisten Kropotkin der Rote Platz in Moskau ein Meer von Fahnen gesehen hatte, allerdings mit mehr schwarzen als roten Fahnen.

Irgendwann im ersten Studienjahr, also gut ein Jahr nach dem Einmarsch in Prag, tauchte ein tschechischer Student in unseren Vorlesungen auf. Ohne etwas über ihn zu wissen – in dieser Beziehung waren wir damals ganz ohne politischen Argwohn – und ohne dass wir uns sprachlich großartig verständigen konnten, nahmen wir ihn in unseren Kreis auf. Klappi und ich und dieser Student meinten, wir müssten uns jetzt auch einmal richtig besaufen. Dazu wählten wir die legendäre »Falle« aus, ohne die dort im Haus herrschenden Regeln zu kennen. Wir traten ein in diese Lokalität, über dem Stammtisch hing an einem Faden ein großer Zimmermannsnagel. Ich folgte der Verlockung, ihn leicht zum Pendeln zu bringen, und berührte ihn mit meiner Fingerspitze. Da brach ein Orkan los. Alle an den verschiedenen Tischen sitzenden Männer sprangen auf, riefen im Chor: »Er hat den Nagel angefasst!« Und das – so lernte ich nun – bedeutete, ich hatte eine Lokalrunde zu geben.

Das Besäufnis rächte sich am nächsten Morgen mit einem furchtbaren Kater. Ich stand im Waschraum vorm Spiegel und wünschte mir nur eins: dass die Kopfschmerzen weggehen sollten. Ich erzähle diese banal klingende Kneipengeschichte, weil darin aufscheint, dass es in der DDR neben den neugeschaffenen auch noch alte Traditionen gab, wie immer man auch zu ihnen stehen mochte.

Mit Klappi und anderen haben wir dann sehr bald ein riesengroßes Plakat für den bevorstehenden Theologenball gemalt. Es war üblich, dass es in der Mensa im Treppenaufgang, sichtbar für die Studenten aller Sektionen, aufgehängt wurde. Da fiel mir, auf der Suche nach einer Gestaltungsidee, ein: Gerade war, Anfang Oktober, am Alex in Berlin der neue Fernsehturm eröffnet worden. Er war mit 368 Metern das höchste

Bauwerk Deutschlands und überflügelte den Funkturm in West-Berlin um 220 Meter. Es war Ulbrichts Prunkstück und überragte auch die neben ihm stehende Marienkirche. Ulbricht konnte Kirchen nicht leiden und hat sechzig davon sprengen lassen, am spektakulärsten 1968 die Universitätskirche in seiner Heimatstadt Leipzig. Also kamen die vorlauten Berliner schnell auf einen passenden Spitznamen für dieses neue Bauwerk: »Sankt Walter«, wenn sie nicht »Ulbrichts Protzkeule« sagten. Der Bezug zu einer Kirche wurde nun – ganz im Gegensatz zur ursprünglichen Absicht – durch so etwas wie ein Naturwunder oder einen göttlichen Wink unterstrichen. Die Außenhaut der silbernen Metallkugel, in der sich ein Restaurant drehte, ließ – und lässt bis heute – bei Sonnenschein ein Kreuz aufblitzen. Den Ärger und die Verblüffung der atheistisch eingestellten Genossen konnte man sich gut vorstellen. Klappi und ich malten die Fernsehturmkugel mit dem strahlenden Kreuz und schrieben in Anlehnung an den von Marlene Dietrich deutsch vorgetragenen Pete-Seeger-Song »Where have all the flowers gone« daneben, sozusagen als Motto des Theologenballs: »Sag mir, wo die Wunder sind...«.

Das Plakat hing – und lag einige Stunden später zerrissen und zerfetzt am Boden. Rüdiger Lux, befreundeter älterer Kommilitone, sagte in der Begrüßungsrede zu den Ballteilnehmern: »Wir wissen nicht, wer es war, aber wir kennen sie alle!« Was mit einem Aufjuchzen und Beifall beantwortet wurde.

Kapitel 13

Der Versuch, Soldaten aus uns zu machen. Das Wehrlager

Wie man zum realsozialistischen System der DDR stand, das ließ sich leicht an bestimmten Entscheidungen ablesen. War man bereit, der staatlichen Erwartung, ja Forderung zu entsprechen und trat als Kind in die Pionierorganisation ein, dann in die FDJ, machte man – falls man ein Kind aus christlichem Elternhaus war – statt Konfirmation lieber die staatliche Jugendweihe mit (oder beides oder nur Konfirmation), ging man zur Wahl oder nicht, faltete, wenn man denn ging, den Zettel und warf ihn ohne zu überlegen in die Wahlurne, oder ging man in die Kabine und hielt sich dort vielleicht etwas zu lange auf, woraus sich der Verdacht ergab: da streicht einer Kandidaten durch oder vermerkt etwas ungehöriges auf dem Wahlzettel?

Für Männer gab es einen weiteren Offenbarungseid der staatsbürgerlichen Zuverlässigkeit: den Wehrdienst. Mit siebzehn Jahren trat man vor eine Musterungskommission. Die meisten, sicherlich mehr als neunzig Prozent, gingen dann »zur Fahne«.

Manche jedoch verweigerten den Wehrdienst total, die »Totalverweigerer«. Sie bezahlten diese Entscheidung in der Regel mit einer Haftstrafe, die um mehrere Monate bis zu einem halben Jahr länger war als der Wehrdienst gedauert hätte. Also bis zu zwei Jahren Knast und sich häufig daran anschließender – oft ungewollter – Abschiebung in den Westen.

Die dritte Möglichkeit bestand darin, den Waffendienst innerhalb des Wehrdienstes zu verweigern und sich als Bausoldat mustern zu lassen. Davon machte ich Gebrauch. Ich legte ein Schriftstück vor, in dem ich erklärte, dass nach den zwei Weltkriegen für mich Waffendienst und militärische Gewalt als Konfliktlösung nicht mehr in Frage kämen, und zitierte Martin Luther King: »Gewalt ist eine Schraube, die im Untergang aller endet«. Wenige Jahre zuvor, 1965, ein Jahr nach Einführung der Bausoldaten, hatte die evangelische Kirche in der DDR eine »Handreichung für Seelsorge an Wehrpflichtigen« vorgelegt. Sie war »Zum Friedensdienst der Kirche« überschrieben und beschäftigte sich u.a. mit den drei Möglichkeiten, auf die Wehrpflicht zu reagieren: waffentragender Soldat, Bausoldat und Totalverweigerer. Zum ersten Mal seit eineinhalbtausend Jahren, seit dem Zusammengehen von Thron und Altar in der Konstantinischen Ära, wurde nicht mehr die Entscheidung für den Waffendienst als christlicher Normalfall angesehen, sondern sah die Kirche in der gegenwärtigen Rüstungssituation »ein deutlicheres Zeugnis des gegenwärtigen Friedensgebotes unseres Herrn« in der Entscheidung für den waffenlosen Dienst als Bausoldat oder der Totalverweigerung.

Ich bekam einen Wehrpass als »Bausoldat«, darin die etwas bedrückend anmutende »Hundemarke«, die der Soldat – waffentragend oder nicht – um den Hals zu tragen hatte, darauf Zahlen, in der Mitte eine Reihe aus Löchern, sodass das ovale Blech im Todesfall in zwei Teile zu zerbrechen war, ein Teil blieb bei der Leiche (also meiner Leiche), der andere konnte zur weiteren Verwendung entfernt werden (Dokumentation, Benachrichtigung der Angehörigen).

Zwei Jahre später, im zweiten Studienjahr, hieß es nun: Alle männlichen Studenten gehen für sechs Wochen in ein Militärlager und leisten dort ihren Grundwehrdienst. Ausnahmen waren nicht vorgesehen. (Das ging noch auf der EOS, da hatte ich das Schießen in einer mehrwöchigen vormilitärischen Ausbildung verweigert und zusammen mit Christoph Ehricht, einem ein Jahr älteren Mitschüler (und späteren Kollegen in Greifswald), in der Zeit als die anderen »Krieg spielten«, den Hof gekehrt.)

Hätte ich die jetzt im zweiten Studienjahr anstehende militärische Ausbildung verweigern sollen? Hätte ich auf meine Musterung zum Bausoldaten verweisen können? Ich beriet mich mit Kommilitonen. Es schälte sich die Meinung heraus: Wer jetzt nicht mitmacht, gefährdet die Fortsetzung seines Studiums. Einige waren dazu bereit, trösteten sich mit der Möglichkeit, falls dieser Fall eintreten sollte, auf einer der kirchlichen Hochschulen, z. B. dem Sprachenkonvikt in Berlin, weiter zu studieren.

Ich war in der damaligen Situation anscheinend nicht stark genug zu widerstehen, hatte ich mich doch gerade erst am Studienort eingelebt, und sagte meine Teilnahme zu. Die mutigen Verweigerer hatten dann das Glück, dass keine Maßnahmen ergriffen wurden.

Als die Sache losging, versammelten wir uns auf dem Greifswalder Bahnhof. Ein Offizier, noch in Zivil, begrüßte uns jovial, er würde uns bis ins Wehrlager nach Markgrafenheide begleiten; es lag bei Rostock gleich hinter dem Ostseestrand. Wir stiegen in den Zug, unsere innere Erregung über die bevorstehenden Wochen versuchten wir mit Späßen und Witzen zu übertönen.

In Stralsund wechselten wir den Zug; der uns begleitende Offizier, inzwischen hatte er Armeeuniform angelegt, sprach nun ungewohnt hart: »Ab jetzt keine Mätzchen mehr, Alkohol trinken ist ab sofort verboten!« (Obwohl ja keiner an irgendwelche Getränke, weder der einen noch der anderen Sorte, gedacht hatte.)

Irgendwann in Warnemünde überquerten wir die Warnow und kamen auf die östliche Seite. Ein Feld, ein Armeelastwagen – und unser Begleiter verwandelte sich zum wiederholten Male. Wir trauten unseren Augen nicht. Jetzt trug er eine Reithose mit diesen wundersamen Ausstülpungen an den äußeren Oberschenkeln. Hatten diese Hosen einen »roten Blutstreif«? Oder war es die Erinnerung an ein Enzensberger-Gedicht, das mich sie sehen ließ? Unser uniformierter Befehlshaber sah sehr verschärft, ja gefährlich aus, wie wir es nur von den übelsten Figuren aus den Filmen über die Nazizeit kannten.

Unsere Stimmung war nahe dem Nullpunkt. Nun hatten wir in Reihe anzutreten und im Gleichschritt in das einige Kilometer entfernte Militärlager zu marschieren. Als wir noch einige wenige letzte Häuser links am Wegesrand passierten, öffnete sich oben ein Fenster und ein Mädchen, eine junge Frau, sah zu uns herab. Einige winkten, sie winkte zurück. Letzter Gruß der entschwindenden Menschheit.

Ich hätte mir nie träumen lassen, dass es jetzt noch eine Steigerung unserer bedrückten Stimmung geben konnte. Aber beim Einmarsch durchs Lagertor wurden wir von verrohten Uniformierten mit Sprüchen empfangen, die mit »sozialistischer Menschengemeinschaft«, wie wir sie in der Schule nahegebracht bekamen, nichts mehr zu tun hatte. »Ihr seid nichts wert! Euch werden wir schon zeigen, wer hier das Sagen hat! Wer nicht pariert, der kriegt auf die Fresse!«

Man gewöhnte sich, widerstrebte und widersprach hin und wieder. Im Polit-Unterricht sagte ich einmal: »Wenn es so brenzlig ist, wie Sie sagen, so sehr um Leben und Tod geht, ist es Zeit, das Volk davon zu unterrichten.« Oder ich trank heimlich ein – ich weiß nicht mehr auf welche Weise hereingeschmuggeltes – Bier, dafür wurden dann alle in unserem Schlafbungalow bestraft. Freund Klappi, diese besondere Mischung aus Künstler und zynischem Anarchisten, ließ heimlich Patronen mitgehen, entnahm ihnen das Pulver, baute kleine Bomben, die er plötzlich hinter Baracken hochgehen ließ. Beim Waffenputzen sagte er in Anwesenheit eines Vorgesetzten: »Wenn der E-Fall kommt, halte ich mir die Kalaschnikow sowieso in den Rachen und drücke ab.« Der Vorgesetzte hat ihn nicht verraten. Unser Spieß hieß Sasse. Klappi hatte keine Hemmungen – bei Übungen im Feld – ihm zuzurufen: »Hey, SA, SS, eh!«

Wenn es beispielsweise hieß »Atomschlag von links!«, hatten wir Gasmasken anzulegen. Viele von uns erleichterten sich das Atmen, indem sie den »Rüssel«, er ähnelte einem Staubsaugerschlauch, unten am Filter in der Tasche nicht zuschraubten, sondern an einem Nylonfaden befestigten. So hatte man mehr Luft, die man ja zum Gamma-Plane-Anlegen, Laufen und Sichhinschmeißen brauchte. Mir rutschte der Rüssel prompt raus. Ein gefundenes Fressen, an einem Einzelnen ein Exempel zu statuieren. Ich musste den anderen vorturnen. Auf, nieder! Direkt vor einer Pfütze der Befehl »Deckung!« und man hatte sich unmittelbar, in diesem Fall also in die Pfütze hinein, niederzuwerfen.

Einmal ein mehrstündiger Gewaltmarsch. Marschieren, Laufschritt, marschieren... Die Vorgesetzten wendeten immer wieder denselben Trick an. »Dahinten am Waldrand, dann haben wir es geschafft!« Am Waldrand war dann Pustekuchen und nun waren es eine alleinstehende Eiche oder ein verfallenes Gehöft. Ein Kommilitone konnte nicht mehr. Ich nahm ihm seine Kalaschnikow ab, hatte jetzt meine und seine zu tragen. Er gewöhnte sich an die Erleichterung, kam lange nicht auf die Idee, mir die damals noch schwere Waffe mit dem Holzkolben wieder abzunehmen. So machte ich unbewusst, was viele Freiwillige oder Ehrenamtliche tun. Sie stützen ein System, das ohne sie zusammenbrechen würde.

Ein anderes Mal: Schießen auf Blechfiguren in der Größe und mit dem Umriss eines Menschen. Wir Theologiestudenten hatten vorher gewusst, dass das auf uns zukommen würde, sträubten uns, allerdings mehr innerlich. Jetzt waren wir drin in der Ausbildung und konnten nicht mehr raus. Der Offizier, der uns ins Lager geführt und inzwischen manchen Appell bellend durchgeführt hatte, gab Befehle, stellte sich breitbeinig über den unter ihm liegenden jeweiligen Schützen. Und er, der uns schon oft zu abstoßender Verwunderung angeregt hatte, setzte tatsächlich noch eins drauf. Während unter ihm eine Maschinenpistole ratterte, geriet er oben in Zuckungen, immer wilder, es sah aus, nein, es war wohl ein Orgasmus. Nachher, auffallend beruhigt, gab er sich einen friedlichen Anschein, saß wie ein Hirte, mit weitem zugeschlagenen Soldatenmantel bei seinen »Anbefohlenen«.

Das ständige Gegängeltwerden machte mürbe. Einmal sagte ich zu Eckart »Ich glaube, ich werde verrückt!« Er: »Du doch nicht!« Und dann, als wir in Reih und Glied zum Frühstück marschierten, hatte ein guter Geist Erbarmen mit uns. Über den Lagerlautsprecher erklang nicht das sonst übliche Soldatengedöns, sondern Otis Redding, Soulmusik vom Feinsten. Das war Erfrischung und Labsal für die Seele, kam gerade noch rechtzeitig, bevor mich eine depressive Stimmung in den Griff nehmen konnte.

Ziemlich dem Ende zu kam Besuch von der Sektion Theologie. Professor Hellmut Bandt und unsere Hebräisch-Lehrerin Julia Männchen wollten nach uns sehen, uns sicherlich aufmuntern. Wir hatten fast alle Schwierigkeiten mit dem bevorstehenden, das Militärlager abschließenden Gelöbnis. »Ich gelobe, der DDR zu dienen und den Sozialismus gegen innere und äußere Feinde zu verteidigen...« – so oder so ähnlich sollten wir bald nachsprechen.

Professor Bandt war mir bei anderer Gelegenheit sehr gewissenhaft vorgekommen. Er hatte nicht gebilligt, als wir ihm erzählten, dass wir Studenten uns gegenseitig mit unserm Fahrscheinantrag in den jeweiligen Heimatort aushalfen, um einem anderen eine verbilligte Fahrt mit der Reichsbahn zu ermöglichen. Hier nun wartete er mit einer überraschend liberalen Haltung auf. »Wissen Sie, wir mussten auch den Eid auf den Führer leisten. Und einige Jahre später war der Spuk vorbei, und der Eid hatte keine Bedeutung mehr. Machen Sie sich nicht zu viele Gedanken.« Ich hörte dies. Und wie schon vor Antritt des Grundwehrdienstes machte ich es mir leicht, möglicherweise wieder zu leicht. Ich würde, Bandt gedenkend, mitsprechen. Aber als wir in Reih und Glied zum Gelöbnis aufgestellt waren, erlebte ich die allergrößte Überraschung.

Kommilitonen rechts und links von mir und der vor mir stehende hatten sich etwas Besonderes ausgedacht. Als es zum Schwur, genauer zum Gelöbnis, also zum Nachsprechen des Gelöbnisses kam, überraschte der eine damit, dass er laut sagte: »Ick globe...«. Der andere neben mir sagte »Ich gelobe...« und dann etwas leiser angefügt, aber immer noch hörbar »...nicht freiwillig...« Und der Dritte rettete sich in eine Ohnmacht und fiel einfach um.

Kapitel 14

Kraftquelle und Startrampe. Das Studienhaus

Nach den sechs Wochen Grundwehrdienst im zweiten Studienjahr, die wir im Frühjahr 1971 absolviert hatten, war alles nicht mehr so wie zuvor. Ich war ins Schlingern geraten. Der Staat hatte mir die Grenzen aufgezeigt. Meine Grenzen. Ich war doch nicht der Held, für den ich mich gerne gehalten hätte.

Hätte ich verweigern müssen? Oder konnte ich mich selbst beruhigen: »Du bist nicht verpflichtet, Dir Dein weiteres Leben zu ruinieren. Spare Dich auf für bessere Zeiten.« Sang uns Biermann auf den illegal kopierten Tonbändern nicht ähnlich ins Ohr? Dort hieß es: »Du, lass Dich nicht verhärten/ In dieser harten Zeit/ Die all zu hart sind, brechen,/ Die allzu spitz sind, stechen/ und brechen ab sogleich.«

Aber ganz ließ sich der Zweifel, von der Bergpredigt des Jesus von Nazareth, von den Idealen Mahatma Gandhis und Martin Luther Kings abgefallen zu sein, nicht zerstreuen. Hatte ich die richtige, friedensdienliche Entscheidung getroffen in der sich verschärfenden West-Ost-Konfrontation?

In den Tagen damals wurden alle männlichen Studenten ins »Knopf-Kino«, das Kino in der Knopfstraße, beordert. Ein Offizier würde uns etwas über die allgemeine Wehrsituation mitteilen. Wir stutzten. Was hatte das mit dem Studium zu tun? Und wieso sollte eine solche Beschäftigung nötig sein, wo wir doch seit Jahr und Tag zu hören bekamen, wie wirkungsvoll die Friedenspolitik der DDR sei?

Ich weiß nicht mehr, was der Offizier im Einzelnen gesagt hat. Aber die schrille Erregtheit seiner Argumentation ist mir noch in Erinnerung. Klappi und ich wollten uns das nicht länger antun und entschlossen uns, die Veranstaltung zu verlassen. Da niemand mit solch eigenständiger Handlungsweise gerechnet hatte, hielt uns auch niemand auf. Später hörten wir mit Schrecken, dass nach unserem Abgang etwas Unerhörtes passiert sein soll. Der Offizier, so hieß es, hatte gerufen: »Wir bereiten uns auf den nächsten Krieg vor!«, und ein Student hatte entgeistert reagiert: »Waaas?« Er soll dann wenig später von der Uni relegiert worden sein.

Das waren nun verschiedene – durchs Militär vermittelte – Erfahrungen mit der Macht des Staates, die wir, unsere Generation jedenfalls, so bisher nicht machen mussten. Die neue Erkenntnis fiel schwer: Der Staat richtete sich im Zweifelsfall gegen die eigenen Bürger, vor allem die jungen, die meinten, ihre Lebensentscheidung selbstbestimmt treffen zu können!

Politisch bin ich damals wohl vorsichtiger geworden. Einmal zum Beispiel hieß es: Der Dings, der da unten an der Ecke wohnt – ein sich locker gebender Nichtstudent – lädt uns ein, bei ihm zu Hause Tonbänder zu hören, Mitschnitte von Radiosendungen aus dem Deutschlandfunk, dem einzigen in Greifswald empfangbaren Westsender. Es ging um die erschütternden Enthüllungen Alexander Solschenizyns über den »Archipel Gulag«, das weitverzweigte Netz der stalinistischen Lager in der Sowjetunion. Wir waren abwartend. Es hätte sich um eine Falle handeln können. Wir verzichteten lieber.

Wenn ich aus der Rückschau heraus auf den Verlauf meines Studiums blicke, sehe ich manchmal eine wie von Nebel überdeckte Landschaft, aus der nur einige Inseln herausragen. Die allerdings trugen üppiges Grün im Unterschied zu den uns umgebenden zähfließenden, schlammig-grauen Gewässern. Solche Inseln waren – wie schon berichtet – die Wohnbaracke im ersten Studienjahr, die Räume und Menschen der Sektion Theologie, aber nun auch die neue Wohnunterkunft.

Ich wohnte jetzt, ab meinem zweiten Studienjahr, im Theologischen Studienhaus, zunächst zusammen mit Freund Hühner-Hykel in einem größeren, ab dem dritten Studienjahr allein im eigenen Zimmer. Offiziell waren seinem Gründungszweck entsprechend in diesem, der Kirche unterstehenden Wohnhaus nur männliche Theologiestudenten zugelassen, aber bald zogen einige von deren Freundinnen, meist Kommilitoninnen anderer Fachrichtungen, mit ins Haus, was wiederum den Wunsch einiger Theologiestudentinnen hervorrief, statt im engeren Wohnheim ebenfalls hier wohnen zu dürfen. Auch meine Medizin studierende Freundin und spätere Ehefrau zog zu mir.

Die Person, die mir und anderen auf Anhieb das Studienhaus heimisch, zu einem freundlichen Refugium, aber nicht nur zu einem Rückzugsort, sondern auch zur Kraftquelle und Startrampe machte, war Frau Schüler. Seit Jahrzehnten wohnte sie oben unterm Dach, früher hatte sie wohl für alle gekocht, aber schon seit Jahren gingen die Studenten zum Mittagessen in die Mensa. Dieses betagte Mütterchen war, ohne es zu wissen, unsere Seelsorgerin. Spontan entschlossen wir uns, zu zweit, zu dritt: »Komm, wir gehen zu Frau Schüler!« Und saßen dann in ihren schmalen altgedienten Sesseln, während sie mit Topf und Pfanne klapperte. Wenn einer von uns eine Lebensvorstellung vortrug, die ihr zu hochtrabend erschien, konterte sie: »Wie kommste denn auf dit schmale Brett!« Einmal trat ich mit einem Blumenstrauß in ihr Zimmer. Sie: »Watn dat fürn Brutstrutz?« Und ich erinnere mich, wie es mich beruhigte, als sie mir – in meiner Not, ich fände wohl nie eine Frau – sagte: »Da hat sich noch immer der passende Deckel gefunden, zu jedem Töpken!«

Gleich neben Frau Schüler wohnte ein weiterer Mensch, ein Student aus einem höheren Studienjahr, der mir entgegenkam und den Anfang in dieser neuen Behausung erleichterte: Joachim Klehmet, der älteste von drei Pfarrerssöhnen aus der Nähe von Stralsund, die alle in Greifswald ihr Studium absolvierten. Achim wirkte mit seinem wirren, roten Haarschopf, seiner grünen Kutte und seiner ständigen Kritikbereitschaft wie ein Zitat der 68er Studentenrevolte. Mit Stolz und Begeisterung führte er mir seine Tonbänder vor: die Lieder Wolf Biermanns, aber auch Texte von Heinrich Heine und Hans Magnus Enzensberger, mitreißende Aufnahmen des haarscharf artikulierenden Rezitators Gert Westphal, unterlegt mit Jazz-Musik. Von Achim hatte ich die schon erwähnten beiden großen Fotos von Martin Luther King und Rudi Dutschke geschenkt bekommen. Großzügig gestatte er mir, als ich noch gar nicht im Studienhaus wohnte, ich dürfe mich auch in seiner Abwesenheit in seinem Zimmer aufhalten. Dort habe ich dann die in seinem Besitz befindlichen »Tagebücher« von Max Frisch verschlungen und bewundert, wie rückhaltlos selbstkritisch sich dieser Autor in seiner Gedankenwelt bewegte. Für diese Initiation bin ich, auch wenn unsere Wege später in ganz verschiedene Richtung führten, diesem Studenten immer dankbar geblieben.

Wenn man in der Steinstraße das Studienhaus betrat und einige Treppen erstiegen hatte, stand man vor einer doppelten Holztür mit sehr großen Glasscheiben, sodass man gut hinein-, aber auch gut heraussehen konnte. Da es nur einen Klingelknopf gab, man aber nur einen der etwa ein Dutzend offiziellen Bewohner besuchen wollte, musste man auf einem angepinnten Zettel einen bestimmten, der gesuchten Person zugehörigen Code aussuchen, z. B. lang-lang-kurz-kurz. Das entsprechende Klingelsignal hörte der Gemeinte in seinem Zimmer und kam herbeigestürzt. Meist aber war ein unten Vorbeilaufender schneller und öffnete schon mal die Tür. Nun wohnte der sogenannte Inspektor, der die Aufsicht im Haus führte, meist ein Doktorand der Theologie, oft schon mit Frau und Kindern, gleich unten links in einer kleinen Wohnung. Die zwei- oder dreijährige Tochter einer solchen Familie, wir hatten uns alle in ihre kecke Art verliebt, wurde – auch von ihren Eltern – »Böckchen« gerufen. Nun klingelte es, Böckchen näherte sich neugierig die wenigen Schritte bis zur Tür und sah draußen zwei Prachtexemplare der 68er Ära, jedenfalls was ihre üppig-gelockte, in alle Richtungen wachsende Haartracht betraf, die Theologiestudenten Andreas Elze und Rudolf Klehmet. Böckchen sah sie, erstarrte, ergriff die Flucht in die elterliche Wohnung und rief: »Mama, Wölfe!«

Im Nachhinein erscheint es erstaunlich, wie viel gute Laune wir hatten, obwohl es eine Zeitlang durch das marode Dach regnete und die Nässe an den Wänden meines Zimmers herunterkroch, wir die Öfen in unseren Zimmern mit Kohle heizten, die wir erst vom Fußweg der Straße ins Haus hineinschaufeln, dann täglich aus dem Keller in unser jeweiliges Zimmer hochschleppen mussten, zum Waschen oder Duschen – eine Dusche! – nur kaltes Wasser hatten und hier in diesem Haus ganz verschiedene Lebensgewohnheiten aufeinanderprallten.

Manchmal wurde das Treppenhaus zum gemeinsamen Wohnzimmer. Tanzfeten fanden hier statt und immer wieder Gespräche, theologische Dispute mit den anderen Mitbewohnern über Gott und die Welt. Genitivtheologien – eine Warnung Karl Barths vor Bindestrichtheologien missachtend – kamen auf: die »Theologie der Hoffnung« von Jürgen Moltmann; die »Theologie der Revolution«, mit der ich mich schon als Schüler beschäftigt hatte, und deren Formel »love in structures« in ihrer liebevollen Verbindung von christlicher Nächstenliebe und marxistischer Gesellschaftskritik mir bis heute zusagt; die »Theologie der Befreiung« kam erst später in den Blick. Langanhaltender Aufreger war die »feministische Theologie«, manche versuchten es sogar mit einer »Theologie des Sozialismus«, wobei deren Vertreter in der Regel offenließen, was denn genau unter Sozialismus zu verstehen gewesen wäre, wieweit es ihnen um eine Anerkennung der »real existierenden« Verhältnisse oder um deren Überwindung ging. Dieselbe Unklarheit bescherte uns dann die 1971 erstmals von kirchlicher Seite gebrauchte, nach dem Spitzengespräch zwischen dem Staatsratsvorsitzenden Honecker und Bischof Schönherr 1978 sich mehr und mehr durchsetzende Formel »Kirche im Sozialismus«. Vermutlich waltete hier auf beiden Seiten taktisches Kalkül, weniger die Unfähigkeit, sich klar auszudrücken, als die Fähigkeit, sich unklar auszudrücken, um die Formel im eigenen Sinne auszulegen.

All diese Studienhausgespräche, oft mit älteren Kommilitonen, haben mich wahrscheinlich ähnlich stark geprägt wie alle Vorlesungen und Seminare in der Universität.

Auf dem Dachboden fand ich ein ausrangiertes gerahmtes Christusporträt von Albrecht Dürer, hängte es an einen in der Wand vorhandenen Nagel im Treppenhausflur, wo es – wie ich bei einigen Zufallsbesuchen feststellen konnte – nach Jahrzehnten an genau derselben Stelle immer noch hing; heute hat es einen Ehrenplatz im Andachtsraum gefunden. Jesus war für mich nicht nur der Bruder und Freund, an den ich mich – jauchzend oder betrübt – immer wenden konnte, er war für mich »Gottes großer Menschenlehrer«, der bis ins Soziale und Politische hineinwirkte, war allerdings, wie es der Theologe Jürgen Moltmann ausdrückte, »politisch ganz anders und ganz anders politisch«, mit ihm war in herkömmlichem Sinne kein Staat und keine Revolution zu machen. Ein älterer Student, der die Bultmannschule »erfolgreich« durchlaufen hatte, also vermutlich den verkündigten Christus wichtiger fand als den verkündigenden Jesus, schüttelte den Kopf. Ich, der ich – ahnungslos – solche Unterscheidungen für spitzfindig hielt, reagierte flapsig: »Jesus ist die größte Nummer!« Woraufhin er leicht grau im Gesicht wurde, den Zeigefinger bedenklich erhob, aber für seine Position kaum Worte fand. Derselbe wiederum sagte voraus: »Falls ich ins Pfarramt gehe... sonntägliches Predigen, Woche für Woche, kommt bei mir nicht vor. Ich werde dann predigen, wenn ich mich innerlich bereit fühle.« Es ist nicht schwer, zu erraten, was aus ihm geworden ist. Entweder er hat sich den Erwartungen der Gemeinde angepasst oder er ist gescheitert. Dennoch – und das verbindet mich dann doch mit diesem Kontrahenten – lebten wir oft traumtänzerisch in diesem Gefühl, wir könnten die Welt nach unseren Wünschen gestalten.

Ein weiterer älterer Theologe wurde mein Freund. In ihm verband sich klarsehende Rationalität, wie ich sie von meinem Vater kannte, mit übersprudelnder Emotionalität. Diether Münch trug den Spitznamen »Kralle«, war nicht nur Witzereißer, sondern überhaupt ein Meister des gesprochenen Wortes, hatte aber wegen einer ihm eigenen Befangenheit die Hilfe von Gottfried Biermann und Andreas Rüthenick, zwei seiner Kommilitonen, gebraucht, um seine Diplomarbeit zusammenzustellen. Theologisch, so behauptete er, lebte er nur von Fußnoten. Womit er stark untertrieb! In Wirklichkeit war er ein helles Köpfchen, weshalb wir ihn oft als Dr. Kralle bezeichneten. Ihn konnte ich alles fragen, zum Beispiel: Was heißt eigentlich Götterdämmerung? Er: Der Untergang der Götterwelt.

Dass wir ihn manchmal mit Dr. Kralle anredeten, hatte noch einen anderen Grund. Er sehnte sich, so schien uns, nach akademischer und sozialer Anerkennung, obwohl er andererseits alles dafür tat, sie gar nicht erreichen zu können. So betitelte er gern andere mit akademischen oder kirchlichen Titeln. Und trug seriös Hut, Schal und Mantel, wie die Schicht, zu der er – seiner Sehnsucht nach wohl, seinem Verhalten nach nicht – gehören wollte. Einmal, auf dem Rückweg von einem Vortrag bei Pfarrer Heyden, der in einem Stralsunder Gemeindehaus – ohne so gefährliche Namen wie Heidegger oder Camus zu nennen – über existentialistische Philosophie gesprochen hatte, blieb Kralle in der Dämmerung vor einem größeren Zaunpfahl stehen, lüftete seinen Hut und sprach ihn mit »Herr Oberrat« an. Wir, seine Freunde, konnten uns kaum halten vor Lachen – und blödelten in der weiteren Zukunft mit ihm titelverteilend mit.

Kralle war noch gesamtdeutsch geprägt, er hatte zu lange ein Leben ohne die Mauer gekannt. Er hatte in Thüringen auch eine Schulzeit mit einem allgegenwärtigen Stalin durchlebt, dem »großen Irrigator«, wie er damals, und nun immer noch von Kralle, genannt wurde, da der allwissende Führer aller Sowjetvölker jeden Bereich des Lebens kannte und beherrschte und darum auch die Gesellschaft über die Fragen der Bewässerung (Irrigation) zu belehren vermochte.

Und Kralle war auch die Brücke zu den älteren Kommilitonen und das lebendige Gedächtnis für frühere Ereignisse, die in der Uni oder im Studienhaus stattgefunden hatten. Immer erzählte er sehr lebendig, beispielsweise von einem Theologiestudenten, der sich als Schriftsteller versuchte und in der Inspektorenwohnung eine Lesung gab. Nachdem der Kommilitone – so berichtete unser Freund jetzt, wobei er mehr und mehr ins Imitieren hineingeriet – einige Seiten aus seinem Manuskript gelesen hatte, blätterte er hektisch weiter und sagte: »Und so geht es Seite um Seite, der Leser wird nicht aus der Spannung entlassen!«

Da Kralle nicht ins Pfarramt wollte, schenkte er mir theologische Literatur, außer Kommentaren zu biblischen Büchern auch Schriften von Ernst Fuchs, Gerhard Ebeling und Ernst Käsemann, Theologen, die er namentlich oder persönlich noch von seiner Zeit an der Kirchlichen Hochschule in West-Berlin kannte, bis diese Kirchliche Ausbildungsstätte durch den Mauerbau 1961 vom Sprachenkonvikt in Ost-Berlin abgeschnitten wurde.

Später, als er in den 70er Jahren bis zu seinem 1978 bewilligten Ausreiseantrag in genau diesem Sprachenkonvikt als Bibliothekar arbeitete und wohnte, habe ich ihn regelmäßig besucht.

Dort erfuhr ich, wie gesellschaftliche Entwicklungen in West-Berlin mit ungefähr zweijähriger Verspätung im Osten der Stadt ankamen. In einer Veranstaltung des Sprachenkonvikts hielt eine junge Frau – ich weiß nicht, ob sie eine Theologiestudentin war – immer dann, wenn ein Mann das Wort ergriff, in der ersten Reihe ein Schild hoch, auf dem stand: »Dummblubber!« Seither kenne ich auch diese Spielart des Feminismus, einer ansonsten respektablen Bewegung: die Spielart eines männerfeindlichen Sexismus.

Eine andere Veranstaltung im Sprachenkonvikt, in die Kralle mich hineinschmuggelte, war ein Seminar, das der aus der DDR hinauskomplimentierte Theologe Eberhard Jüngel gab. Jüngel, so das unbestimmte Gerücht, hatte – mit Zustimmung oder Duldung der Ost-Berliner Machthaber – von 1966 an in Zürich lehren dürfen, war dann aber einige Jahre später eigenmächtig einem Ruf nach Tübingen gefolgt, was die DDR veranlasste, den Ostdeutschen für viele Jahre nicht wieder ins Land zu lassen, wo seine Mutter und sein Bruder lebten. Jüngel zitierte so selbstverständlich Hegel und Kant, Schleiermacher oder den »Cherubinischen Wandersmann« Angelus Silesius, dass man großen Respekt vor ihm hatte. Als ich dann im

Seminar eine kritische Frage stellte und sie lieber vorsichtig mit den Worten einleitete: »Ich werde Sie nicht in Verlegenheit bringen…«, konterte er mit dem Zitat eines antiken griechischen Philosophen, wonach es wunderbar für das Denken sei, in Verlegenheit gebracht zu werden. Ich habe damals bei ihm einiges über die Liebe gelernt, zum Beispiel den gewagten Satz: »Der harte Kern der Macht ist die Liebe.« Oder: »Liebe ist die bei noch so großer und noch so berechtigter Selbstbezogenheit immer noch größere Selbstlosigkeit.« Ein Satz, den ich später mit dem von Erich Fromm verglich: Liebe ist die Lösung des menschlichen Grundproblems, nämlich das jeweilige Abgetrenntsein des einzelnen Menschen zu überwinden. Wobei hier immer noch als Ausgangspunkt von meinem Ich (Jüngels doppeltes »Selbst« in Selbstbezogenheit und Selbstlosigkeit, Fromms Subjekt des Getrenntheitsproblems) ausgegangen wird (und man dies alles als getarnte Form der Selbstliebe verdächtigen könnte) und ich froh war, bei Fromm auch noch die Freude am andern, die Bemühung, dass es ihm gut gehe, die Förderung seiner oder ihrer Entwicklung (die Nächstenliebe) zu finden.

Bei meinen Besuchen gingen Kralle und ich in alle Theater Ost-Berlins, sahen im Deutschen Theater den »Drachen« mit Rolf Ludwig, das Stück, das der allgemeinen Meinung nach auf Walter Ulbricht zielte, aber von ihm nicht verboten wurde; sahen Jenny Gröllmann im Maxim-Gorki-Theater; sahen den »Fiedler auf dem Dach« in der Komischen Oper, das jüdische Stück, das damals schon nahöstliche Diplomaten in Ost-Berlin als angeblich »antiarabisches Stück« missverstanden und vom Spielplan genommen sehen wollten. Und natürlich waren wir – trotz Kralles Aversion gegen den »Dauerbrechtkult« – im Berliner Ensemble, sahen Brechts Schwiegersohn Ekkehard Schall als Arturo Ui schnauben und wüten – aber er hat unser Herz nicht erreicht.

Viel später las ich Texte des deutsch-jüdischen Kulturkritikers Hans Sahl, der Brecht – auch persönlich – aus dem Berlin vor 1933 wie aus dem amerikanischen Exil kannte. Er argumentiert für mich überzeugend, warum sowohl Chaplins Film »Der große Diktator« als auch Brechts Anti-Hitler-Stück »Ui« vor der Herausforderung versagen, Hitler und den Nationalsozialismus in ihrer ganzen Gefährlichkeit bloßzustellen. Beide Werke, so Sahl, verzichten darauf, die Verführbarkeit der Menschen vorzuführen, Menschen, die bereit sind, einem Führer zu folgen, der ihnen ihre angebliche rassische oder wie auch immer geartete Überlegenheit über andere bescheinigt. »Dann«, so nannte das unser damaliger Studentenpfarrer, »hören sie das arische Blut in ihren Adern rauschen!« Und sind bereit, andere zu diffamieren, ja, ihnen das Lebensrecht streitig zu machen.

Viele Studienhausbewohner oder -freunde kamen mir näher, andere blieben mir ferner. Was ich damals nicht wusste, ich bevorzugte die mit einem Knacks, meist Pfarrerssöhne. Meinen eigenen Knacks: die Verhaftung des Vaters, der Verlust der Eltern mit sieben Jahren, der Verlust der Großeltern mit dreizehn, der Verlust zweier Heimaten, die Nichtaufarbeitung dieser traumatischen Erfahrungen, habe ich mir damals, und viele Jahre lang später, auch nicht klargemacht.

Mit Kralle und Klappi gingen wir zu dritt allabendlich »in action«, d.h. wir machten die Gegend unsicher, wir besuchten uns unbekannte Studentinnen in den Wohnheimen und luden uns zu einer Tasse Tee ein, was übrigens immer auf Entgegenkommen stieß, wir zogen humpelnd, lallend und kreischend in der Sektion, im Studienhaus, in den zur Uni gehörenden Gebäuden treppauf, treppab, auch quer über den Marktplatz. Sehr unreif, könnte man heute sagen. Aber damals kam es uns vor, als müssten wir unsere Lebendigkeit verteidigen. Heute deute ich das so: Wir hatten das offiziell erwünschte, das angepasste Auftreten verabscheut, hatten die äußere Fassade fallengelassen und waren in den verdrängten »Schatten«, den üblicherweise ungelebten Teil des Lebens, abgesunken. Dort erklärten wir die angebliche Finsternis zum Licht, das angeblich Böse zum Guten. Wir mit dem unangepassten, weithin verpönten Verhalten wähnten uns auf der richtigen Seite. Die gesitteten Zeitgenossen, selbst die ehrenwerten unter ihnen, hatten es schwer, unsere Anerkennung zu gewinnen.

Einmal sollte das ganze Land wieder einmal wählen gehen, und zwar – das war keine Überraschung – die Kandidaten der Nationalen Front. Wie so oft waren wir unschlüssig: verweigern oder versuchen, irgendetwas daraus zu machen? Irgendwie, ohne genaue Absprache, rotteten wir Studienhäusler uns in kleiner Gruppe zusammen und zogen los. Auf den letzten Drücker. In wenigen Minuten, um 18 Uhr, schloss das Wahllokal. Bei einer ähnlichen Gelegenheit war ich erst einmal wie ein schnüffelnder Hund an allen Wahlkabinen vorbeigelaufen und hatte gerufen: »Ich wollte mal sehen, ob alles demokratisch zugeht!« Jetzt stießen wir die Tür auf, unser Pulk drängte herein, wir riefen krächzend gemeinsam: »Guten Abend!« – und Adolf Otto, der auffälligerweise immer einen grauen Hut trug, nahm seine Kopfbedeckung und ließ sie in kühnem Schwung viele Meter weit quer durch den ganzen Raum bis auf einen gegenüberliegenden Ofen segeln.

Wir erhielten spitze Bleistifte, so spitz, dass man später durch die gefalteten Wahlzettel die Unterstreichungen, also Durchstreichungen, sehen konnte, und verschwanden unabgesprochen in den Kabinen. Aber von Kabinen konnte man eigentlich gar nicht reden. Sie waren notdürftig zusammengestellt. Ein Tisch, darauf ein gewölbter Schirm, der kaum das Gesicht des dahinter Stehenden verbarg. Einer von uns, Wulf Gaster, unser Handballtorwart, ein sympathischer dicker Bär, war beim Durchstreichen so aufgeregt, das alles ins Zittern geriet und er mit der »Wahlkabine« umstürzte.

Als 1974 im Verlauf der Fußballweltmeisterschaft beide deutsche Mannschaften aufeinanderstießen, wollten wir das Spiel unbedingt sehen. Im Refektorium des Studienhauses – es hieß immer noch Refektorium, obwohl dort schon lange nicht mehr gemeinsam gegessen wurde, sondern eine Bibliothek eingerichtet war – stand ein Fernseher. Fernsehen in Greifswald war ausschließlich DDR-Fernsehen, nur bei Nebel über der Ostsee gab es verschwommene dänische Bilder, allerdings ohne Ton. Die für die WM international bereitgestellten Bilder würden übertragen werden. Vielleicht mit der ostdeutschen Kommentierung von Heinz-Florian Oertel. Die wollten wir nicht unbedingt hören. Nicht, weil sie schlecht war, sondern weil sie uns dauernd beschallte. Also trugen wir mein großes Radio aus dem Dachgeschoß ein Stockwerk tiefer, setzten es neben den Fernseher und stellten den Deutschlandfunk an.

Als das Bild erschien, stand in der oberen Ecke »BR Deutschland – DDR«. Wolfgang Arlt, erst im zweiten oder dritten Studienjahr aus Jena zu uns nach Greifswald gestoßen, sagte: »Da haben sie aber ein Preisausschreiben gemacht.« Er meinte, dass nicht Deutschland – DDR dastand, was absurd gewesen wäre, jedoch auch nicht BRD – DDR. Denn auf das Niveau des »kommunistischen Kürzels« DDR wollten interessierte Kreise des Westens den in ihren Augen besseren, weil deutscheren Teilstaat natürlich auch nicht herabsinken sehen.

Mindestens genauso gut war aber eine andere Kommentierung von Wölfi. Als der DDR-Fußballer Jürgen Sparwasser das einzige Tor dieses Spiels geschossen hatte und das Spiel nach regulärer Spielzeit abgepfiffen worden war, sagte er prophetisch: »Wir besiegten den Weltmeister!« Am Schluss hatte die Bundesrepublik Deutschland dann tatsächlich das Turnier gewonnen und erfolgreich als Weltmeister beendet.

Gefallen hat mir auch das Gerücht, das nach dem Turnier aufkam: Die DDR-Mannschaft hätte in der Kabine den taufrischen westlichen Song »Seasons in the sun« gehört und sich damit innerlich für das Spiel gerüstet.

Endlich einmal wieder war alles so fröhlich durcheinandergepurzelt!

Kapitel 15

Jakobiturm, Rügen, Hiddensee, Schriftsteller. Die Evangelische Studentengemeinde (ESG)

Es war klar für mich, dass ich nach der intensiven Zeit mit der Müllerin nun auch in Greifswald den Weg in die Evangelische Studentengemeinde (ESG) suchen würde. Bald ging ich jeden Montagabend mit Kommilitonen in den Turm der Jakobikirche.

Dort gab es auf halber Treppe ein gemeinsames Abendbrot, das von älteren Studenten ausgerichtet wurde. Wir – bisher nicht miteinander bekannte Studenten und Studentinnen der verschiedenen Fachrichtungen – kamen ins Gespräch, es wurde viel gelacht. Ungefähr eine Stunde später ging man hoch in den großen Turmraum. Ich stutzte ein wenig über die Andachten, die meist von Vertrauensstudenten (»Vs«) gehalten wurden. Nicht darüber, dass Ingeborg Bachmann und Friedrich Nietzsche zitiert wurden. Ähnlich hatten wir auch in Halle und auf dem Petersberg, auf dem Kirchenboden sitzend, ND-Artikel und Biermann-Texte in Verbindung gebracht, aber dort immer im Zusammenhang mit einer Bibelstelle. Nach der Andacht im Turm begann der thematische Teil des Abends, meist durch Gastreferenten eingeleitet. Es ging um Theologie, gesellschaftspolitische oder kulturelle Fragen. Ich stellte fest: die akademischen Schlachten der sechziger Jahre um Christentum und Welterkenntnis – wir sahen damals mit der Jungen Gemeinde z. B. den beeindruckenden amerikanischen Film mit Spencer Tracy »Wer den Wind sät…« – waren einer anderen Auseinandersetzung gewichen: Christenheit und Weltverantwortung.

Der Semesteranfangsgottesdienst wurde zusammen mit der Katholischen Studentengemeinde (KSG) gefeiert. Möglicherweise waren diese Gottesdienste die ersten im Lande, die ökumenisch gehalten wurden. Die Schwelle zwischen den Angehörigen dieser beiden Gemeinden war niedrig. Gemeinsam gaben wir ein den damaligen Vervielfältigungsmöglichkeiten entsprechendes schlichtes Programmheft heraus. So konnte man sich leicht auch über die Veranstaltungen der anderen Gemeinde informieren und sie besuchen.

Bald war ich als Vertrauensstudent geworben. Das V-Team bestand immer aus drei alten und drei neuen Vs. Gemeinsam mit dem Studentenpfarrer Christoph Sehmsdorf planten und leiteten wir die laufende Arbeit des Semesters.

Die Jakobikirche in Greifswald, Linolschnitt

Hin und wieder feierten wir eigene ESG-Gottesdienste in der Jakobikapelle. Kommilitone und Freund Eckart brachte sich schwungvoll als Saxophonbläser ein. Darüber hinaus lasen wir beide gern biblische und literarische Texte vor. Er in der Manier eines Brechtschülers, bewusst ohne jeden Ausdruck. Der Hörer sollte nicht festgelegt werden, sollte auf die Entstehung eigener Gefühle und Gedanken achten. Ich dagegen konnte nicht anders, las mit Betonung, die meinem Verständnis der jeweiligen Textstelle entsprach. Einer dieser Gottesdienste hat sich mir besonders eingeprägt. Unser Studentenpfarrer legte den Text (nach Hiob 36,16) aus: »Auch dich reißt er aus dem Rachen der Angst und stellt deine Füße auf weiten Raum, da keine Bedrängnis mehr ist!« Da auch Studenten Ängste kannten, ohne sie sich allerdings gern einzugestehen oder darüber zu sprechen, war dieser Gottesdienst eine wichtige und bleibende Glaubensermutigung, für mich jedenfalls.

Ältere Kommilitonen versuchten unseren Studentenpfarrer immer wieder an seinem Vorgänger zu messen, stellten ihn – für uns ungerechtfertigt – in dessen Schatten. Für sie war Dr. Hansjürgen Schulz, der weiter in Greifswald lebte und wirkte, ein brillanter Intellektueller, der mit Heidegger-, Bloch- und Brecht-Zitaten aufwartete. Er sprach, weil in westlicher Lektüre geübt, schon Anfang der siebziger Jahre von Ökologie, als noch kaum jemand in Greifswald davon gehört hatte.

Unser Pfarrer war auf andere Weise gescheit, war etwas bodenständiger, aber gerade im Ralswiecker »Hexenhaus« – wovon noch die Rede sein wird – der richtige, handfeste Anführer unserer Gemeinschaft. Mit ihm hatten wir viel Spaß, lasen gemeinsam Theaterstücke in verteilten Rollen, unvergesslich Dürrenmatt (Die Physiker, Romulus der Große) und Sławomir Mrożek (Die Polizei).

Er leitete uns an, Gespräche zu führen. Alle mitnehmen. Niemanden drängen. Auch Schweiger haben eine gruppenfördernde Funktion. Bei zu viel Emotion Sachargumente, bei zu viel Ratio Gefühl hineinbringen!

Er beugte auch einer möglichen FDJ- oder Stasi-Provokation vor. Sollte im Gemeindeabend, wo nach dem Gastreferat in der Regel noch ein Gespräch, oft in Frage-Antwort-Form, stattfand, ein von außen hinzugekommener »Sabogent« (so hieß im staatlichen – oder ihm ironisch nachempfundenen – Vokabular der Saboteur und Agent einer feindlichen Macht) zum Beispiel einen Revisionismus- oder Konterrevolutions-Vorwurf erheben, sollten wir – vor allem die Vs – einfach eine nächste belanglose Frage hinterherschicken, um die angstmachende Schärfe der ersten Äußerung abzumildern. Zum Glück kam es nie zu solch einer Situation. (Zu Stasi-Provokationen kam es schon, davon später mehr, aber nicht in dieser Art und Weise.)

Besonders gern in meiner ESG-Zeit, die ich als Student erlebte, denke ich an die Schriftstellerbegegnungen zurück.

Da kam beispielsweise Stefan Heym, der mir seit 1965 ein Begriff war. Damals wurden er, Wolf Biermann und Robert Havemann auf dem 11. Plenum des ZK der SED frontal angegriffen. Davon hatte ich in der Presse gelesen und mich darüber mit meinem Vater ausgetauscht. Seitdem wusste ich, es gibt nach wie vor unangepasste, kritische Marxisten in der DDR, die sich nicht scheuen, offen ihre Meinung kundzutun. Heym kam nun mit seinem »König David Bericht«. Alle waren im Bilde, dass dieses Buch eine Kritik an der beschönigenden DDR-Geschichtsschreibung war, gleichnishaft dargestellt an einer angeblichen Historikerkommission, die der König Salomo eingesetzt hätte, um ein Lebensbild von seinem Vater, dem König David, erstellen zu lassen.

Der liebenswerte, in seiner Körperlichkeit fast zarte, das Alte Testament vertretende Professor Alfred Jepsen war auch zugegen, saß in der ersten Reihe. Da er die von Heym verarbeiteten Textstellen nicht unter diesem nur leicht versteckten gesellschaftskritischen Aspekt, sondern wissenschaftlich-theologisch, also exegetisch, hörte, stand er auf, drehte sich zum studentischen Publikum um und mahnte: »Ich bitte Sie, alles Gehörte heute Abend noch einmal in der Bibel nachzulesen und zu überprüfen!« Woraufhin der körperlich massige, mit seinem ungeordneten weißen Haar prophetisch anmutende Dichter zurückpolterte: »Habe ich etwa etwas Falsches behauptet?«

Jepsen übrigens liebten wir. Regelmäßig suchten wir ihn, die kiloschwere Biblia Hebraica im Gepäck, im Keller seiner Wohnung in der Billrothstraße auf, um – in Anwesenheit eines großen Schildkrötenpanzers an der Wand – mit ihm zu debattieren. Zum Beispiel, ob vor Beginn der Niederschrift der Zehn, manchmal auch Zwölf Gebote, wie sie im Alten Testament anzutreffen sind, die »Einerleiheit oder die Mancherleiheit« stand.

Gelegentlich der Besprechung eines der Gottesbilder des Alten Testaments, das des »eifernden Gottes«, hörte ich erstmals aus Jepsens Mund das Wort, das manchmal dem Theologen Friedrich Schleiermacher, dann wieder auch dem Dichter Franz Grillparzer zugeschrieben wird: »Eifersucht ist eine Leidenschaft, die mit Eifer sucht, was Leiden schafft.« Und Jepsen erzählte den jüdischen Witz: Ein Rabbi klagt dem anderen: Meine Frau redet und redet, sie macht mich ganz meschugge! Der andere: Ja, was will sie denn? Antwort: Ja, das sagt sie nicht!

Überhaupt schien ihn das Leiden an den Frauen zu beschäftigen, das ja nicht ohne das Hingezogensein, ohne die Liebe zu ihnen, zu erklären wäre. Ein letztes Beispiel: Zwei Freunde treffen sich. Einer hat gerade geheiratet. Der andere: Ist sie reizend? Antwort: Ja, sehr!

Zurück zu den Schriftstellern. Neben Heym kam auch Peter Hacks. Auch mit einem alttestamentlichen Stoff: Adam und Eva. Ein neues Theaterstück, dazu freche und intelligente Thesen, beides in der Literaturzeitschrift »Sinn und Form« abgedruckt. Der 1955 von West- nach Ostdeutschland übergesiedelte Hacks galt als arrogant, war scharfzüngig, stellte sich bei uns sogleich als Atheist vor – um wenig später den Halbsatz fallen zu lassen: »Gott ist des Verfassers Zeuge!«

Peter Hacks und Heiner Müller – das bekam man gerüchteweise in Greifswald mit – waren mit ihren Stücken auf der Bühne des Deutschen Theaters in Berlin Rivalen, kämpften um die Zuschauergunst. (Dass sie auch erbittert um eine Frau kämpften, wusste ich damals noch nicht.) Hacks soll es nach seinem Stück »Der Frieden« auf einen 45-minütigen Beifall gebracht haben. Obwohl es für ihn selbst auch Schwierigkeiten bei der Aufführung seiner Stücke gab, hat er dann 1976 – anders als hundert andere DDR-Künstler – die Ausbürgerung Wolf Biermanns durch die SED-Oberen begrüßt und hat gegen ihn und Alexander Solschenizyn in der »Weltbühne« gehetzt. Heinrich Bölls westliches Gastbett für Biermann, so Hacks hämisch, hätte ja noch die Flöhe des »panslawischen Mystikers« in sich getragen. Ein Aristokrat und selbsternannter sozialistischer Klassiker mit einem zweiten Gesicht, dem eines stalinistischen Erfüllungsgehilfen.

Dann kam Ulrich Plenzdorf zu uns, in Ost und West schlagartig bekannt geworden durch sein Theaterstück »Die neuen Leiden des jungen W.« Gleich darauf folgte der nach seinem Drehbuch entstandene Film »Die Legende von Paul und Paula«. Noch ein Ost-West-Erfolg! Bei uns las er einen noch nicht veröffentlichten Text, der später unter dem Titel »kein runter, kein fern!« bekannt wurde. Der Titel zitiert die Strafandrohung eines überforderten Vaters, eines Stasi-Mitarbeiters, dessen Frau nach dem Westen geflohen war, gegenüber seinem eigensinnigen Kind.

Ich erinnere mich gern, wie ich am Rande der Lesung zu ihm ging. Wir sprachen über die Entstehung seiner Texte und die Wahl der Erzählperspektive. Ich weiß noch, wie er den US-amerikanischen Indianerfilm »Little Big Man«, der seit 1970 in den Kinos lief, als Beispiel heranzog. Dort ergreift zu Beginn des Films ein von Dustin Hoffman gespielter uralt gewordener, bei den Indianern aufgewachsener Weißer zunächst das Wort, um dann weit in seine Lebensgeschichte – das ist dann der eigentliche Film – zurückzuleuchten. Das gefiel ihm. Und mir, dass er mir das anvertraute.

Zwei weitere Schriftstellerbegegnungen in dieser Zeit fanden auf den Inseln Rügen und Hiddensee statt.

Auf Rügen nutzte unsere Studentengemeinde ein Haus der Kirchengemeinde in Ralswiek, das am Rande des Großen Jasmunder Boddens liegt. Ein kleines »Hexenhäuschen« mit Schilfdach. Ganz in der Nähe im Sommer die Störtebeker-Festspiele, die täglich im herangedunkelten Abend mit einer Seeschlacht endeten. Dazu ertönte Kanonendonner, der den ganzen Ort erschütterte und durchhallte, sodass an die hundert Mäuschen, die in unserem Dach Unterkunft genommen hatten, sich regelmäßig laut piepsend zu Tode erschreckten. Vor diesen kleinen Rackern mussten wir immer unsere Lebensmittel in Sicherheit bringen, indem wir sie in Netzen aufhängten. Sonst hätten wir morgens Brot, Butter, Wurst und Käse nur angeknabbert vorgefunden.

Das »Hexenhaus« in Ralswiek in der Studentenpfarrerzeit, Februar 1982

Plötzlich nun hieß es: Reiner Kunze liest in Ralswiek. Aus politischer Vorsicht wurden vom Studentenpfarrer nur einige wenige angesprochen und eingeladen. Reiner Kunze war mir schon vorher aufgefallen. Zweimal war im Neuen Deutschland gegen den aufmüpfigen Lyriker polemisiert worden. Jeweils in der Glosse rechts auf der Titelseite. Da der als feindlich-negativ abgelehnte kurze Text des Dichters in vollem Umfang zitiert wurde und sonst in keiner mir bekannten Veröffentlichung abgedruckt war, fragte ich mich, ob die Anklage mit der Absicht im Schilde geführt wurde, genau diese unangepasste Meinung des Schriftstellers bekanntzumachen und so unter die Leute zu bringen. Ich jedenfalls habe mir die Zeilen all die Jahre hindurch gemerkt.

Das erste mir auf diese Weise bekannt gewordene Zitat richtete sich gegen das doppelte Totengedenken in Weimar. Und damit einmal gegen eine in der DDR übliche Erbe-Rezeption und konkret im Falle Weimars gegen die Instrumentalisierung der literarischen Klassiker wie der Buchenwaldopfer. Kunzes Text, aus meinem Gedächtnis zitiert:

»Weimar. Totenglöckchen. Du läutest. Du läutest zur deutschen Eiche. Du läutest zum Ettersberg. Weimar Totenglöckchen. Du läutest. Wo aber bleiben die Vögel?«

Der gegen Kunze polemisierende ND-Autor entgegnete nur schwach: »Welche Vögel, wenn man da fragen darf?«

Ob man Reiner Kunze rechtgeben wollte oder nicht, auf jeden Fall sprach er ein Problem an: den erstarrten, zweckorientierten Umgang mit der Geschichte. Jedwede rezipierte, also aufgenommene, übernommene Vergangenheit – von den Bauernkriegen über Turnvater Jahn bis zu Karl Liebknecht und der »Roten Kapelle« – bestätigte angeblich den Weg hin zur DDR. Kunzes Frage war nun: Dient solche hermetische Geschichtsauffassung dem Leben, eröffnet sie Spielräume? Oder dient alles nur dazu, gegenwärtige politische Entscheidungen und Zustände zu rechtfertigen und zu verklären?

Der zweite ND-Angriff auf Kunze zitierte ihn – wieder aus meinem Gedächtnis – so: »Unmündige, damit ihr unmündig bleibt: schulen wir euch!« Bildung und Schulung also nicht im Sinne der Aufklärung, nämlich der Befreiung des Menschen aus Unmündigkeit, sondern zur Zementierung derselben! Ungeheuerlich, der Dichter plauderte eines der Betriebsgeheimnisse eines gesellschaftlichen Systems aus, das zu seiner Machterhaltung immer weniger auf innere Zustimmung setzte. Denn die war anscheinend im Laufe der Zeit mehr und mehr verloren gegangen. Inzwischen ging es den Funktionären nur noch um Anpassung und rein äußere Unterordnung! Des Dichters Gedichtzeile war ein zentraler Angriff. Da musste sich der SED-Staat in Stellung bringen. Übrigens nicht ganz einfach, denn es ging gegen einen Bergarbeitersohn, der mit sechzehn Jahren in die Partei eingetreten war.

Neben den ND-Artikeln war mir Kunze aber auch schon in Form einer unscheinbaren Veröffentlichung aus der Reihe »Poesiealbum« (Nr. 11, 1968) begegnet. Ich war der stolze Besitzer dieses Heftes – und bin es bis heute! Zweiunddreißig Seiten Gedichte. Im ersten Studienjahr verband mich mit einer Theologiestudentin dieses eine: Wir saßen in einer Gaststätte und lasen uns diese Gedichte vor. Besonders bekannt und beliebt wurde später Kunzes Gedicht auf Seite 30: »einladung zu einer tasse jasmintee«. So die Überschrift. Und dann drei Zeilen: »Treten Sie ein, legen Sie Ihre / traurigkeit ab, hier / dürfen Sie schweigen«.

Dieses kurze Gedicht – das sah ich später öfter – wurde vor allem von Studenten außen an manche Tür ihrer Bude geheftet. Eine Einladung zum Eintreten, ohne die Forderung zu reden oder Bekenntnis abzulegen. Was kann einem Dichter Größeres widerfahren, als dass seine Leser ihn und seine Worte im Herzen und auf den Lippen tragen, diese Worte mit anderen teilen wollen!

Und nun sollten wir diesem Poeten leibhaftig begegnen! Da stand er, strahlte eine Energie ab, die das kleine Ralswiecker Hexenhäuschen zu sprengen schien. Die graublauen, durch die Brillengläser hindurchdringenden Augen. Die aufgewölbten, sensiblen Lippen. In diesem Menschen flackerte das Feuer eines leidenschaftlich für seine Wahrheit eintretenden Menschen. Er las und erzählte. Auch, dass er manchmal hundertmal ein Gedicht neu schrieb, die Zettel zerknüllte und in den Papierkorb warf, bis das Gedicht endlich seine zufriedenstellende Gestalt gefunden hatte. Es gab auch Gedichte, in denen Gott vorkam. Als »Zuflucht noch hinter der Zuflucht«, als unfassbare Hoffnung jenseits aller von Menschen zerstörten Hoffnung. Während in den theologisch-akademischen Kreisen so etwas wie eine Abrüstung in der Gottesfrage vor sich ging – es waren Formeln im Schwange wie »Theologie nach dem Tode Gottes« oder »atheistisch an Gott glauben« –, erinnerte hier ein Dichter ganz existentiell daran, was der tiefste Halt eines Menschenlebens sein kann. Gott als der Unverfügbare, als das Verantwortung begründende Gegenüber des Menschen. Ein Gott, der den Menschen ruft und befragt, ihn kritisiert, ermutigt und aufrichtet.

Danach gingen wir mit ihm, dem Dichter, auf den kleinen nahen Waldfriedhof, kümmerten uns um die Wege und Gräber, so wie wir es öfter taten. Er mit der Harke. Wir mit der Harke. Da – spätestens – war er einer von uns.

Die Insel Hiddensee, irdisches Jenseits im Diesseits, war jedes Jahr Pfingsten unser Ziel. Im Gottesdienst am Pfingstsonntag konfirmierte der Inselpastor die Inselkinder. Am zweiten Feiertag waren wir dran, hielt die ESG Greifswald den Gottesdienst. Da kamen vor allem die Urlauber in die Inselkirche in Kloster. Über dreißig Studenten und Studentinnen wohnten mehrere Tage in der Pfarrscheune und entwickelten, um den für den Gottesdienst ausgewählten Predigttext zu veranschaulichen, kleine Anspiele. Hiddensee war paradiesische Auszeit: Baden, Wandern über den Dornbusch, sich von den grasbewachsenen Hügeln herunterrollen lassen, gemeinsam Theaterstücke lesen, Frühstück im Freien.

Plötzlich: Nachher kommt Heinz Kahlau! Er war sehr beliebt bei uns Studenten, vor allem wegen seiner Liebesgedichte. Seine Frau begleitete ihn. Er hatte ein offenes Gesicht, las freundlich und geduldig und sprach mit uns. Auch im Werk dieses bekennenden SED-Genossen klang die Gottesfrage an. In einem Gedicht zählte er sieben Mal auf, was ihn »jetzt, jetzt, jetzt…« so glücklich macht. Jetzt »habe ich«, sagt er beispielsweise »eine Frau, die leise ist und mich trotzdem versteht… jetzt werde ich eine schöne Reise machen, jetzt werde ich ein Glückspilz sein.«

Und dann das überraschende Ende: »Jetzt muss ich nur noch einen Arzt finden, / der mich gesund macht, und einen, / der mir die Angst vor dem Ende nimmt.«

Ein anderes Gedicht, das ich mir sofort merken konnte, in den Büchern ist es mit »Gott ist nicht da« überschrieben: »Es gibt kein Paradies / Nach diesem Jammertal. / Kein jüngstes Gericht / Findet statt. / Gott ist nicht da. / Gott ist nicht da? / Kein jüngstes Gericht / Findet statt? / Es gibt kein Paradies / Nach diesem Jammertal?«

Obwohl ich damals meinte, kein gesteigertes theologisches Interesse an vorgestanzten substantivierten Begriffen (wie Jenseits, Jüngstes Gericht, Existenz Gottes) zu haben – mein Glaube lebte seit Jugendtagen mehr in der ernsthaft-freudigen Gemeinschaft mit Jesus Christus –, sagte ich zu ihm, dass es theologische Anklänge in seinen Gedichten gebe. Seine Antwort war allerdings nur abwartendes, nachdenkliches Schweigen.

Heute frage ich mich: War er misstrauisch? Hielt er mich für einen Provokateur oder Spitzel? Als Genosse hatte er immerhin schon früh erleben müssen, was es heißen konnte, von der (allerdings schlingernden) Parteilinie abzuweichen. Ralph Giordano erinnert daran in seinem »Erlebnisbericht über den Stalinismus auf deutschem Boden«, der unter dem Titel »Die Partei hat immer recht« 1961 als Buch erschienen ist. Im Kapitel »Der Bart – war ab« geht es um einen Kulturkongress in Leipzig, bei dem Heinz Kahlau und drei weitere Berliner Dichter in Anwesenheit von stalinistischen Kulturgrößen wie Alfred Kurella und Kurt Barthel (KuBa) mutig die von der Partei versprochene rückhaltlose Kritik nach dem XX. Parteitag der KPdSU einfordern. Der Saal tobte vor Begeisterung. Zunächst. Dann wurden in internen Gesprächen die Daumenschrauben angesetzt. Das »existenzialistische Bärtchen«, das Heinz Kahlau am Kinn trug, so seine Widersacher, zeige ja schon seine wahre Gesinnung. Am nächsten Tag lief der Kongress wieder in die gewohnte Richtung. Ralph Giordano: »Als nun Kahlau abermals sprach, war der Bart ab, war es im buchstäblichen wie im übertragenen Sinne, nämlich sowohl als Folge einer Rasur mit Seife und Pinsel, als auch einer unsichtbaren Schur, die jedes kritische und selbständige Denken unter ihr Messer zwingt.«

Die Tragik dieses Mannes, dessen Bücher »Du« und »Flugbrett für Engel« bei uns so beliebt waren wie später nur noch, jedenfalls bei einigen, Gedichtbände von Eva Strittmatter, die Tragik war, dass dieser menschenfreundliche Dichter ungefähr ein Jahrzehnt lang IM gewesen ist. Wie man heute erfahren kann, aus Selbstschutz, weil ihm nach kritischen Versen über die Niederschlagung des Ungarnaufstandes Gefängnis gedroht hatte. Nagte deshalb vielleicht sein Gewissen an ihm, wegen der konspirativen Zusammenarbeit mit der Stasi? Deshalb die »Angst vor dem Ende« und die Frage nach dem Jüngsten Gericht?

Irgendwann forderte der Studentenpfarrer mich auf, mit ihm und Propst Lange – der diente anscheinend als eine Art Zeuge und rechtlicher Beistand – nach Berlin zu fahren, um Hermann Kant in die ESG einzuladen. Dieser Schriftsteller war ja nicht nur als begabter Autor, sondern auch als SED-Funktionär bekannt, damals schon Vizepräsident des DDR-Schriftstellerverbandes; später leitete er diesen Verband noch viele Jahre als Präsident weiter. Hermann Kant wohnte in der Alexanderstraße, in der Nähe des Alexanderplatzes. Als wir zu dritt die Wohnung betraten, waren Kant und seine damalige Ehefrau Vera Oelschlegel bereits total mit den Nerven runter. Wir erkannten sofort, warum! Dauernd klingelte das Telefon. Wenn Kant ranging, war keiner mehr am anderen Ende der Leitung – oder der unbekannte Anrufer legte auf. Für alle war klar, ohne dass darüber gesprochen werden musste: Stasi-Terror. Abschreckung für Kant, auf keinen Fall der Einladung in die ESG zu folgen!

Auf dem Schreibtisch sah ich ein Suhrkamp-Buch mit auffälligem Umschlag liegen: »Der kurze Sommer der Anarchie« von Hans Magnus Enzensberger. Das war – wie man heute nachlesen kann – gerade, also 1972, im Westen erschienen.

Interessant, dass ein Mann wie Kant, der sein DDR-Leben lang dem bürokratischen Apparat zu Diensten war, sich mit spanischen Anarchisten von 1936 abgab. Wusste er, was heute alle wissen können, dass im spanischen Bürgerkrieg politische Kommissare wie Erich Mielke (auch wenn er im engeren Sinne ein solcher nicht gewesen sein sollte) die tausenden freiwilligen Kämpfer aus ganz Europa, die Kämpfer der Internationalen Brigaden, durchsiebten, um missliebige Abweichler auszusortieren und als Anarchisten oder Trotzkisten möglicherweise zu liquidieren?

Es fällt vielleicht auf, wie sehr wir den Kontakt zu Schriftstellern suchten. Sie waren eben die, die am deutlichsten sichtbar die Probleme der »neuen, sozialistischen« Gesellschaft zur Sprache brachten. Die, obwohl sie meist Sozialisten waren, mit vielen Erscheinungen nicht einverstanden waren, sie kritisch kommentierten. Wir fühlten uns zu ihnen hingezogen, anscheinend deshalb: Sie verkörperten die Hoffnung, dass man in diesem Land, in dem man ja zu leben gezwungen war, vielleicht doch leben konnte, ohne sich zu verbiegen.

Auch die Gemeinschaft der Gemeindeglieder war eine wichtige Kraftquelle. Die ESG war Ersatzfamilie, Ort der geistigen Auseinandersetzung. Ort der Zurkenntnisnahme dessen, was draußen im Land, vor allem in der Hauptstadt Berlin, so vor sich ging. ESG war christliche Gemeinschaft mit Andachten und Gottesdiensten, Vergewisserung, in einer Tradition zu stehen, die durch die neue Zeit nicht beendet worden war. Wir waren nicht, noch nicht, auf dem »Misthaufen der Geschichte« entsorgt worden, von dem manche Genossen drohend-süffisant sprachen.

Lebten wir privilegiert auf einer Insel? Manchmal hatte es den Anschein, dass die von dem bundesdeutschen Soziologen Helmut Schelsky gestellte Frage: »Ist die Dauerreflexion institutionalisierbar?«, in den Studentengemeinden zustimmend beantwortet war. Wir redeten und redeten. Wir versuchten – vor allem im Denken – Verantwortung, auch in politischen und gesellschaftlichen Fragen, zu übernehmen. Das Überwiegen des Denkens und Redens gegenüber dem Tun war aber keine Faulheit oder Arroganz. In der Praxis waren die Spielräume eben sehr eingeschränkt. Als ich beispielsweise einem lernschwachen Schüler bei seinen Hausaufgaben helfen wollte – das Anliegen war durch den Studentenpfarrer an mich herangetragen worden –, scheiterte ich nicht nur an meiner mangelnden sozialpädagogischen Kompetenz (der Schüler wollte am liebsten mit mir Ringkämpfe veranstalten), sondern sehr schnell auch an der Schulleitung der August-Bebel-Schule, die diesem langhaarigen Studenten, der ich war, verbot, weiterhin die Schule zu betreten.

Die ESG war für ganze Generationen eine gute Vorbereitung auf das spätere berufliche und gesellschaftliche Leben. Wir lernten als junge Frauen und junge Männer den respektvollen Umgang miteinander. Das schloss gemeinsam erlebte Freude und Begeisterung nicht aus. Wir lernten im Gespräch unsere Meinung herauszuarbeiten und zu artikulieren und dabei immer das Gesamt der Gemeinschaft im Blick zu behalten. So wie ich in der kirchlichen Jugendarbeit in Halle – auch auf den Außenposten Petersberg und Mansfeld – Ernsthaftigkeit, Freude und Freiheit erlebte, so setzte sich dies in der Greifswalder Studentengemeinde fort. Im Gemeindeabend im Turm der Jakobikirche, in den Zusammenkünften in Ralswiek und auf Hiddensee erlebten wir, wie wir uns gegenseitig trugen und ertrugen. Jeder half, ob in der Küche, bei der Gartenpflege, bei Arbeitseinsätzen oder beim Teekochen. Nie gab es Probleme: »Wer wäscht ab?«, oder »Wer macht Ordnung?« Gott schenkte uns eine gute Zeit.

Kapitel 16

Raus aus den Nischen! Nach Wampen, Hiddensee, Prag!

So haben wir leben können, in geschützten Räumen relativer Freiheit, wie sie die Wohnbaracke und das Studienhaus, die Sektionsräume und die ESG darstellten. Natürlich haben wir nicht nur auf diesen Inseln gelebt. Wir konnten es nicht – und wir wollten es nicht. Natürlich behelligten uns die Vertreter der umgebenden Gesellschaft mit ihren Ansprüchen und Erwartungen, aber wir selbst wollten nicht nur in den sprichwörtlichen Nischen der DDR-Gesellschaft leben. Wir wollten nicht nur schnupperndenweise mal den Kopf herausstrecken. Wir wollten diese Gesellschaft als unseren Lebensraum, unser Spielfeld ansehen, es offen und aufrecht durchqueren.

Vielleicht unterschied uns das von den meisten Vertretern der älteren Generation. Die bestand neben den wenigen »Überzeugten« – und das waren sicherlich noch nicht einmal die immer wieder genannten 1,7 Millionen SED-Mitglieder – vor allem aus Angepassten und Desillusionierten. Gerade letztere zogen sich in den Familien- und überschaubaren Freundeskreis zurück. Ihnen saßen noch die Nackenschläge von Krieg und Nachkrieg in den Knochen, die Gründungsjahre der DDR mit der Verfolgung von Sozialdemokraten, Christen und jeglichen Unbotmäßigen: Selbst Witze-Erzähler waren für 25 Jahre nach Sibirien gegangen, ohne Rückkehrgarantie. Diese Generation hatte erleben müssen, wie sich das Aufbruchspathos (»neue Gesellschaft«, »aus der Geschichte gelernt«) vermischte und verdüsterte mit der Niederschlagung der Aufstände 1953 (DDR), 1956 (Ungarn), dem Mauerbau 1961 und den Bildern von den Panzern der Warschauer-Pakt-Staaten, die den Prager Frühling 1968 niederwalzten. Dies alles hatte ihnen bestätigt, dass es sinnlos sei, Hoffnung zu hegen in Bezug auf das Gesellschaftssystem, in dem sie leben mussten. Fiel in ihrem Kreis, dem Kreis der mehr als Enttäuschten, einmal so ein Name wie Robert Havemann oder Stefan Heym, also Namen von Sozialisten, die die DDR reformiert sehen wollten, zuckten sie zurück und stießen hervor: »Der ist doch rot!«

Jedoch wir nach dem Krieg geborenen gehörten einer anderen Generation an. Vom Lebensalter her drängten wir ins Leben. Natürlich war da unübersehbar Beschränkung, ja Unfreiheit. Aber zur Resignation, einer umfänglichen, fehlte uns wohl die Lebenserfahrung. Wir hatten unserem Alter angemessen Saft und Kraft, hatten Sehnsucht nach Leben, wir suchten es, wir drängten hinaus, in die Stadt, in das Land, hinaus in die uns erreichbare Welt jenseits der Grenzen des Landes.

Natürlich ging es dabei auch immer darum, Ausschau zu halten nach dem so nahen wie fremden Kontinent, auf dem die Vertreter des anderen Geschlechtes wohnten. Wie konnte man als junger Mann sein Boot in die Nähe jenes Ufers bringen, dort landen, vielleicht anlegen? Für die Mädchen ging es – mit anderen Regeln – um dasselbe Spiel. Während sie mit ihrer Unbefangenheit und ihrem Lachen lockten, mussten wir Jungs – oft, ohne zu wissen, wie – Haltung annehmen und um sie werben.

Solange diese Frage ungeklärt war, strebte ich mit anderen nach den Vorlesungen mittags in die Mensa in der Bahnhofsstraße. Auf dem Weg zwischen den Tischen entwand sich mir, kaum unterdrückbar, ein befreiender Kehllaut, der anscheinend zu meinem Markenzeichen wurde. Einmal hörte ich die Küchenfrauen sagen: »Ist er schon gekommen?« – »Nein, ich habe noch nichts gehört!« Es gab da ganz hinten links einen Tisch, da wurde geblödelt und gelacht. Beherrscht wurde die Atmosphäre von zwei Physikern, die behaupteten, in der gemeinsamen Diplomarbeit Einsteins Relativitätstheorie widerlegt zu haben. Sie überraschten gern den jeweiligen Neuankömmling mit einer Frage. Zum Beispiel: »Wie groß ist ein Ulb«? Die Lösung, nachdem sie die ausgelöste Verdatterung genossen hatten: »Der Abstand von einem Ulbrichtbild bis zum nächsten.« Die anschließende Frage: »Wie groß ist ein Hon?« konnte einen da schon nicht mehr in derselben Weise verunsichern. Jedenfalls passten in ein Hon schon mal mehrere Ulbs.

Der Mensakontakt ermöglichte, wie schon die ESG, über den Tellerrand der eigenen Sektion hinauszusehen.

Einmal wurde darüber geredet, dass der Schlagzeuger – nein, er hieß »Percussionist« – der Klaus-Lenz-Band am gestrigen Abend rote Ringelsöckchen getragen hätte. Obwohl mir das keine überzeugende Begründung zu sein schien, ging ich abends zum zweiten Konzert mit den anderen mit. Auch sprach mich der Free Jazz dieser Big Band weniger an als die »musikalische Musik« hin und wieder auftretender »Oldtimer«. Interessiert hörte ich auch Uschi Brüning (mit Manfred Krug), Barbara Thalheim oder Veronika Fischer auf ihren Konzerten zu. Am liebsten ging ich zu den nach Greifswald kommenden Rockgruppen, der rebellischen Klaus-Renft-Combo, mal zu den braveren Puhdys oder zur häufig auftretenden Stern-Combo Meißen.

Aber wenn ich – was mir häufig passierte – einige Minuten zu spät kam, stand da »ein Engel mit dem Flammenschwert«, der mir den »Eingang zum Paradies« verwehrte. »Ich will ja gern den Eintrittspreis voll bezahlen!« – »Nee, is ausverkauft, vergiss es!«, so der Türwächter. Aber ehe ich nach Hause ging, juckte es mich hin und wieder, hinten über eine Mauer, und dann in den Konzert- oder Tanzsaal durch ein geöffnetes Fenster einzusteigen. Einmal in fröhlicher Gemeinschaft, räubertreppenhaltend mit »Pussi«, von dem ich noch erzählen werde; in folgendem Fall auf eigene Faust.

Drei junge Frauen, »The Hearts Of Soul« aus den Niederlanden – die allerdings mit Neuseeland (!) angekündigt waren – traten, als so etwas wie eine frühe Girl Group, überraschenderweise im Kreiskulturhaus auf. Ich schaffte es, mich am Einlass vorbeizuschmuggeln, landete oben in Nebenräumen, wo ich – ganz allein für mich – hören und sehen konnte. Nach einer guten halben Stunde hatte ich genug, konnte aber nicht auf demselben Weg zurück, ohne vom Einlassdienst bemerkt zu werden. Ich fand ein Nebengelass, das nach unten führte und ein Fenster zur Straße aufwies. Als ich etwa drei Meter hoch aus dem Fenster sprang, hielt ich mich für sehr clever, den an der Haltestelle einfahrenden Bus abgewartet zu haben, um sofort nach dem Aufsetzen der Füße auf dem Bürgersteig in ihn überwechseln zu können. Aber die Deutsche Volkspolizei war schneller und hat mich beim Besteigen des »Ikarus« gestellt. Erstaunlicherweise begnügten sie sich mit der Notierung der Personaldaten; es gab nicht einmal eine »Zuführung«, wie die Mitnahme aufs Polizeirevier genannt wurde. Na, sie mussten wohl die Stellung halten, um die ungewöhnliche Veranstaltung abzusichern.

Dann hieß es: Manfred Krug, der beliebte Schauspieler – von dem man munkelte, er könne gar keine Noten lesen – baue sich eine zweite Karriere als Sänger auf. Er sang mit seiner volltönenden Stimme tatsächlich im Greifswalder Theater, eine Rolle aus »Porgy and Bess«. Ich sah und hörte ihm zu, leicht enttäuscht, da es mir nicht gelang, den Vergleich mit dem amerikanischen Musikfilm mit seinen schwarzen Darstellern ganz wegzudrücken, der mir perfekt gelungen erschienen war. Ich saß, auch noch aus anderem Grund, ein wenig unruhig auf meinem Theatersessel, denn ich hatte gerüchteweise gehört, Krug wolle gleich anschließend zu einer bereits im Gang befindlichen Studentenfete in der Bahnhofsmensa stoßen, um sie in ein unangemeldetes Krug-Festival zu verwandeln.

Doch ich schaffte es, vor ihm da zu sein. Als er mit seinen Begleitern nahte, fragte ich ihn zweierlei: »Herr Krug, stimmt es, dass Sie mit Wolf Biermann befreundet sind?« Er – obwohl er mich nicht kannte – bestätigte ebenso lautstark wie herzhaft: »Ja!« Dann hängte ich, der ich bereits am Einlassdienst gescheitert war, die Bitte an: »Können Sie mich mit hineinnehmen?« Worauf er konterte: »Lass mich erst mal hier reinkommen!« Ich ging dann einfach mit ihm mit, in seinem Schatten, inmitten seiner Kohorte. Und der sonst ehrfurchtgebietende Türsteher wagte nicht aufzumucken.

Das ist symptomatisch. Es erklärt sogar zu einem Großteil, warum die DDR am Ende so widerstandslos zusammengebrochen ist. Wer weiter unten in einer Machtpyramide steht, ist verletzbar. Taucht eine Autorität auf, von der er nicht weiß, ob sie über ihm steht oder Kontakt zu einer über ihm stehenden Autorität hat, dann scheut der »Nur-an-diesen-Ort-Gestellte« das Risiko einer eigenen Entscheidung, für die er sich am Ende vielleicht verantworten müsste. Vom Liedermacher Ekke Maaß wird erzählt, dass er sich einmal zu einer Veranstaltung erfolgreich Einlass verschaffte mit einem selbstgeschriebenen Zettel, worauf gestanden haben soll: »Herr Ekkehard Maaß hat Zutritt zu dieser Veranstaltung. Unterschrift: Ekke Maaß«.

Aber es trieb uns nicht nur ins Kino oder zu Musikveranstaltungen, es trieb uns auch raus aus der Stadt. Die kleine sommerliche Flucht hieß Wampen. Ein Dorf, ein Strand, da, wo der Greifswalder Bodden in den Strelasund übergeht, in den Ostseearm, der Rügen vom Festland trennt. Ein von staatlicher Obacht vernachlässigter wilder Sandstrand, immer mal wieder dadurch vergrößert, dass der aus der Fahrrinne entnommene Sand hier künstlich aufgeschwemmt wurde. Wampen war mit dem Fahrrad in einer halben Stunde zu erreichen. Ein Paradies, diesmal ohne Einlasskontrolle, bevölkert von dreißig, vierzig Nackedeis, Männlein und Weiblein, Kind und Kegel. Auch einige Autoritäten von Kirche und Theologischer Sektion konnte man dort zwanglos treffen und begrüßen.

Das noch größere Abenteuer in Greifswalds Umgebung hieß Hiddensee. Nach einer norddeutschen Lokalmythologie hat Gott – etwa dort, wo heute die Stadt Stralsund liegt – am Ende des Schöpfungstages, an dem er das Land vom Wasser trennte, noch eine letzte Kelle aus seiner Mörtelkiste zusammengekratzt und mit Schwung ins Wasser der heutigen Ostsee geschleudert. So entstand Rügen mit seinen einmaligen Aus- und Einbuchtungen, das Mutland mit seinen Zipfeln Jasmund, Wittow, Mönchgut und den Inseln Vilm, Ummanz, Hiddensee. Der lieblichste Klecks in diesem Bild, das wird spätestens bei näherer Betrachtung niemand bestreiten, heißt Hiddensee.

Als ich das erste Mal nach Hiddensee fuhr, machte ich eine Erfahrung, die sich noch oft wiederholen sollte. Schon auf dem Fährschiff war ich unbemerkt durch eine unsichtbare Grenze, einen Schleier, hindurchgefahren. Spätestens nachdem der Dampfer in einem der drei Inselorte festgemacht hatte war ich hinübergeglitten in eine andere, verzauberte Lebenswelt. Und als ob dieses Glück, das sich ohne eigenes Zutun über mich gelegt hatte, noch übertroffen werden sollte: Irgendwann zog es mich auf die höchste Erhebung der Insel.

Oben auf dem Dornbusch schnaufend angekommen, ließ ich mich auf dem Rasen nieder, stützte mich rücklings auf die Ellbogen – und hielt den Atem an. War das, was ich sah, real – oder träumte ich?

Ja, zu deinen Füßen liegt das gelobte Land, man glaubt es kaum, hingemaltes Land. Rechts die offene See, die glatter gezeichnete Küste mit dem Strand. Links, nach Rügen zu, der hingeschladderte Übergang von den

Salzwiesen in den ruhigeren Bodden, darauf das eine oder andere Segelboot, ein Surfer, der von Rügen herübergleitet, Fischerboote, die Fähren und ganz am Horizont die drei Kirchtürme von Stralsund, auch noch aus dieser Entfernung zu unterscheiden, und wie in Greifswald benennbar als die dicke Marie, der große Nikolaus und der kleine Jakob. Ein Bild wie von Caspar David Friedrich. Kann es Schöneres geben, als dies zu schauen, aufzusaugen und einzuatmen?

Alle drei Inselorte haben ihre eigene Geschichte und ihren eigenen Reiz. Unser bevorzugter Aufenthalt war Kloster im Norden. Hier lag unser wenig zugänglicher Strand an der »Hucke« hinterm Steinwall, hier die Gaststätten Wieseneck und Inselbar, Museen, darunter das ehemalige Wohnhaus von Gerhart Hauptmann, hoch zum Dornbusch Richtung Leuchtturm die Lietzenburg, das »Haus am Meer«, die Ausflugsgaststätte »Klausner«.

Nach einer der ersten Ankünfte auf der Insel, also Anfang der siebziger Jahre, saßen wir auf der Terrasse der Gaststätte Dornbusch. Wir freuten uns, die in der DDR seltene Gelegenheit zu haben, an der frischen Luft essen zu können, als der Kellner hinzutrat. In einem seiner Ohren blitzte ein Ohrring. So etwas hatte ich bisher noch nie gesehen. Spontan entfuhr es mir: »Ihnen fehlt ein Ohrring!« Sehr schnell kamen wir ins Gespräch, landeten bei Freiheit, Furcht vor der Freiheit, bei Erich Fromm. Ein lesender Kellner, sommerliche Saisonkraft, im Winter in Berlin zu Hause. Ich weiß nicht, wie wir auf die Faschismus-Definition des bulgarischen Kommunisten Georgi Dimitroff kamen, sie wurde ja in der Schule dauernd wiederholt, da überraschte er mich mit einer anderen des Psychoanalytikers Wilhelm Reich, der wegen seiner sexualpolitischen Vorstellungen nicht sehr lange in der KPD geduldet worden war. So lernte ich den leider früh verstorbenen Heiner kennen, dessen Erinnerung in mehreren Hiddensee-Büchern Eingang fand.

Die Hauptattraktion von Kloster ist für mich das spirituelle Kraftfeld im östlich auslaufenden Ort, der Dreiklang von Friedhof, Kirche und Pfarrhaus.

Auf dem Friedhof liegen neben dem Literaturnobelpreisträger Gerhart-Hauptmann die Angehörigen der weitverzweigten Familie Kruse, darunter die berühmte »Puppenkäthe«, und dort liegt der Pastor Arnold Gustavs, der mit Thomas Mann und Gerhart Hauptmann Umgang hatte und das – jedenfalls in den fünfziger und sechziger Jahren – beliebteste Buch über »dat söte länneken« schrieb.

Heute liegen hier auch Gret Palucca, die Dresdener Tänzerin mit dem »Jahrhundertsprung«, und Walter Felsenstein, Leiter der Komischen Oper Berlin/Ost, der zeitlebens seinen West-Berliner Wohnsitz beibehalten haben soll. Beide lebten damals noch, also in den Siebzigern, als wir als Studenten die Insel für uns eroberten. Gret Palucca habe ich einmal kniend bei der

Gartenarbeit in ihrem Grundstück in Vitte gesehen. Von Felsenstein sahen wir nur sein großes Haus auf großem Grundstück auf halber Dornbuschhöhe. Der Eselstall in der Ecke des Anwesens hat immer unsere Fantasie beflügelt. Einerseits fanden wir das irgendwie dekadent: Wer hatte schon einen Esel in der DDR, und dazu noch einen so perfekt gezimmerten Stall? Andererseits: Könnte er uns nicht einmal als Nachtquartier dienen? Aber das befürchtete lautstarke »I-A!«, das das Tier angesichts unseres überraschenden Besuchs womöglich angestimmt hätte, hat uns auf Abstand gehalten.

Auch Pfarrer Dr. Walter Arnold, der erste der drei Inselpastoren, mit denen wir Kontakt hatten – danach folgten Gerhard Rosenow und Manfred Domrös –, liegt auf dem Inselfriedhof in Kloster begraben.

Inmitten des Friedhofs, wie von ihm umhegt, die Inselkirche. Einmal saß ich bei einem Konzert neben den Pfarrersleuten Rosenow, sah den Kanzelaltar, von dem Pfarrer Gustavs Jahrzehnte zuvor noch während der Predigt durch die Fenster die Ostsee gesehen haben soll, da die Bäume noch nicht so in die Höhe geschossen waren, sah den herabsenkbaren Taufengel, an dem zwei meiner Kinder später mit Ostseewasser getauft wurden, sah die Votivschiffe unter dem Tonnengewölbe, das der Berliner Künstler Nikolaus Niemeyer als blauen Himmel mit Rosenblüten ausgemalt hatte, meine Seele regte sich, meine Stimme versagte den Dienst, ich wollte, aber konnte kaum ausdrücken, wie sehr ich mich in dieser Kirche geborgen fühlte. Die Pfarrersfrau nickte, half mir mit ihren Worten: »Sie ist so heimelig!«

Auch die Vorgänger im Pfarramt, Dr. Arnold und seine Frau, haben auf ihre ganz eigene Weise die Kirche geliebt. In ihr haben sie viele Zitate der Weisheit und der Menschenliebe ausgelegt. Arnold galt als schrullig. Einmal an der Hucke, dem faktischen FKK-Strand – ich hatte keine Ahnung, dass ein Mensch in der Nähe war –, stand er wenige Meter von mir entfernt in seiner Sandburg auf, nur mit einem Albert-Schweitzer-Tropenhelm bekleidet.

Aber schrullig hin oder her, er hat meinem Erfurter Freund – wir nannten ihn nach seinem Lieblingsrotwein »Dr. Pinot« – und mir für zwei, drei Nächte Herberge gewährt, in einem Zimmer des Pfarrhauses, das den Namen und die Aufschrift »Villa Aquila« trug. Vermutlich gab es auch ein Zimmer mit Namen »Villa Priscilla«, sodass das antike Ehepaar perfekt war, das (nach Apostelgeschichte 18) Paulus auf einer Reise begleitete.

Solch eine Unterkunft war ohne Zweifel eine Verbesserung. Bei einem Inselaufenthalt kurz zuvor hatte ich mit Kralle und Steffen, ohne Erlaubnis einzuholen, im Schafstall der noch nicht zum Rüstzeitheim umgebauten Pfarrscheune geschlafen. Das Tier war weg, das Stroh noch da. Ich hatte die glorreiche Idee, wir könnten uns mit dem »Neuen Deutschland« zudecken, da ich irgendwo aufgeschnappt hatte, eine Zeitung wärme angeblich genauso gut wie eine Decke. Am nächsten Morgen, durchkältet erwacht, verfluchte ich diesen Einfall.

Die Inschrift »Villa Aquila« im Pfarrhaus werden nur wenige gesehen haben. Die Schrift außen am Pfarrhaus dagegen viele. Schwarz auf weiß prangt da ein Spruch: »Gottes sind Wogen und Wind / Segel aber und Steuer / sind Euer, dass Ihr den Hafen gewinnt!« Immer wieder stehen Menschen davor, lassen diese Worte auf sich einwirken. Wogen und Wind, Segel und Steuer, das Vorgegebene und die Möglichkeit, in unserem Leben gestaltend zu wirken. Die Widrigkeiten auf unserer Lebensfahrt, die ein glückliches Ende nicht ausschließen müssen, sondern oft erst ermöglichen. Selbst wenn diese Worte von Will Vesper stammen sollten – und nicht von Gorch Fock, was auch vermutet wird – und Will Vesper ein Nazi-Schriftsteller und »immer einer der ärgsten nationalistischen Narren« war, wie Thomas Mann über ihn befand, das Ansprechende dieses Wortes, seine Zumutung wie seine Ermutigung, muss dadurch für mich nicht gemildert werden. Die heute grassierende political correctness würde gern das Kind mit dem Bade ausschütten und die Inschrift entfernen, im Wahn, es gebe unschuldige Menschen auf Erden, auf die – und nur auf die – man sich zu beziehen hätte.

Die übrigens jedes Mal neu zu klärende Übernachtungsfrage war spannender Inhalt unserer Gespräche und ihre Beantwortung überraschend und vielfältig. Die allerletzte Notlösung hatten wir nie in Anspruch nehmen müssen: im Dunkeln zwei Strandkörbe mit ihren offenen Seiten zusammen-, und die mit Schloss gesicherten Lattengitter, ohne das Schloss zu verletzen, beiseite zu schieben, sodass die kleine Fläche der Sitzbänke als Unterlage hätte dienen müssen. Diese Konstruktion hätte uns vielleicht notdürftig vor Wind und Wetter geschützt, aber ein erholsamer Schlaf wäre wohl nicht zu erwarten gewesen in diesen unförmigen Strandmöbeln!

Warum gab es überhaupt ein Übernachtungsproblem auf der Insel? Normalerweise gab es nur FDGB-Quartiere und Betriebsferienheime. Aber wir waren weder in der Gewerkschaft noch gehörten wir einem Betrieb an. Wir hatten auch kaum das Geld, uns irgendwo einzumieten. Auf Hiddensee war es möglich, sich so durchzuschlagen. Das wollten die – diesmal wieder vorhandenen – Schwellenwächter verhindern. Die Schiffersleute der »Weißen Flotte« fragten nach Besteigen des Schiffes, beim Ticketkauf: »Haben Sie einen Quartiernachweis?« Ohne den gab es keine Mitfahrt.

Mit der Zeit hatten wir unsere Tricks, das zu unterlaufen. Entweder fuhr man früh am Tage vom Stralsunder oder dem Rügenschen Fähranleger in Schaprode los. Dann konnte man sich als Tagesausflügler deklarieren, da ja abends eine Rückfahrt erreichbar war. Oder man kaufte sich auf dem Greifswalder Bahnhof ein Ticket nicht nur bis Stralsund, sondern bis Kloster auf Hiddensee, sodass man nicht darauf angewiesen war, auf dem Schiff ein Billett zu erhalten. Man hatte es schon.

Auf der Insel angekommen, war aber das Übernachtungsproblem nicht gelöst. Hier war unsere Fantasie gefragt. Wir schliefen mit dem Schlafsack auf dem Dornbusch. Da musste man die östliche Seite wählen, am Hang zwischen knallgelben Ginsterbüschen und Karnickelhöhlen, von der Sonne über Rügen geweckt. Das westliche Waldstück war tabu. Wer hier campierte, galt als verdächtig, über die Ostsee nach der etwa siebzig Kilometer entfernten dänischen Insel Moen »abhauen« zu wollen, deren weiße Kreideküste man bei bestimmter Wetterlage sehen konnte. Der Wald war von meist unsichtbaren bewaffneten Grenzwächtern beherrscht. Das Gerücht sagte, dass sie vom Hubschrauber aus mit Wärmebildkameras selbst nachts einen im Wald Versteckten entdecken könnten.

So denke ich dankbar zurück an bis dahin unbekannte Menschen, die uns ein halblegales Quartier vermittelten: eine namenlose Kellnerin im Wieseneck half mit einer Couch, »Dr. Genetik« hin und wieder mit einem leerstehenden Bett im Doktorandenhaus und im »Haus am Meer«. Ich denke an den Besitzer einer Segeljolle, der uns eine Nacht auf seinem Schiff im Hafen Kloster schlafen ließ, wobei das Wort Schlafen leicht beschönigend klingt. Wir lagen immer auf der Grenze zwischen Einschlafenwollen und Nichteinschlafenkönnen. Das Boot war in ständiger Bewegung, von plätschernden Wellen leicht auf und nieder, hin und her gestoßen. Aber es war eine vor Kälte und etwaigem Regen geschützte Nacht. Ein paar Stunden Schlaf konnte man schließlich tagsüber am Strand oder auf einer Wiese nachholen.

Mein schönstes Nachtquartier schlug ich einmal in meinem Schlafsack zu bloßer Erde hinter dem großen Grabstein von Gerhart Hauptmann auf. Direkt hinter der Friedhofsgrenze. Meine Hose, die sonst zusammengerollt als Kopfkissen diente, sollte diesmal nicht klamm werden, und ich hängte sie in den Baum über mir. Als ich früh durch ein Geräusch geweckt wurde, ging wenige Meter entfernt der einzige Volkspolizist der Insel vorbei. Ich hatte seine Schritte gehört, sah nur noch seinen uniformierten Rücken. Er hat mich nicht gesehen. Wahrscheinlicher: Er hat so getan, als ob er mich nicht gesehen hätte. Er war – so sein Ruf – ein Freund der jungen Leute.

Ein ganz anderes Problem, als nur auf die Insel zu kommen und dort eine Übernachtungsmöglichkeit zu finden, hatte »Pussi«, nämlich das Problem: Wie runterkommen von der Insel? Pussi war der Sohn eines beliebten Greifswalder Kinderarztes mit Namen Pussinelli, der auch unsere beiden Kinder untersuchte, um ihnen die Berechtigung für den Kindergartenbesuch zu erteilen. Für Arztsöhne in der DDR ungewöhnlich, wollte Pussi, der Sohn, selbst nicht Arzt werden, also auch nicht Medizin studieren. Er wurde

Rettungssanitäter und hatte früher als wir anderen einen Trabbi, in dem ich im hinteren Fenster einmal ein großes, für LKW gedachtes Schild sah: »Long vehicle«.

Das schon erwähnte illegale Eindringen in eine Mensaveranstaltung in Greifswald, am Einlassdienst vorbei und ihm trotzend, durch gemeinsame Überwindung einer Mauer und Hochkraxeln und Hochklimmen ins Fenster, verband uns. Ich konnte ihn auf Anhieb gut leiden, wir waren so etwas wie Kumpel geworden, ohne – was ich heute bedauere – Freunde geworden zu sein.

Ein anderes Mal sah ich ihn, auch in Greifswald, in der Nähe des Marktplatzes auf der F-Straße auf dem Kantstein des Bürgersteigs sitzen. Er las im großformatigen Zentralorgan der SED, im »Neuen Deutschland«. Wer Augen hatte zu sehen, wusste, was diese Zeichenhandlung bedeutete: »Leute, informiert Euch, lasst Euch nicht alles nur willenlos überbraten!«

Dieser besondere Kumpel erzählte mir nun, wie bereits angedeutet, von einem seiner Hiddensee-Abenteuer. Er hatte den letzten Dampfer von der Insel zurück verpasst. Sein Trabbi stand in Schaprode, in der Nähe des Hafens, also auf Rügen. Da in Greifswald ein wichtiger Termin auf ihn wartete – was blieb ihm anderes übrig, als zu schwimmen! Im Süden der Insel, in der Heide zwischen Vitte und Neuendorf – hier waren die Inseln Hiddensee und Rügen auf ungefähr tausend Meter zusammengerückt –, hier konnte er es wagen. Nur eine kurze Strecke durchs Wasser, schon war die kleine Schwesterinsel Hiddensees, die Fährinsel, erreicht. Spätestens jetzt knotete er seine Wertsachen (Geld, Schlüssel, Ausweis) in seine Kleider, und die wand er sich wie einen Turban um den Kopf. Musste er jetzt bis Rügen schwimmen? Er bemerkte, dass er noch waten konnte. Bei der Fahrrinne der Fährschiffe war allerdings Schluss. Jetzt galt es zu schwimmen. Später konnte er wieder waten. Und da er das Gleichgewicht seines Kopfes gut halten konnte, hatte er seine Autoschlüssel noch, als er den Trabbi, seine geliebte »Rennpappe«, erreichte.

Und es gab noch mehr abenteuerliche Unternehmungen, um raus aus dem Studienhaus, raus aus der Stadt zu kommen. Dann zog es uns – einmal im Jahr zumindest – hinaus aus dem Land, dem »Ländle«, wie ich Freya Klier später öfter habe sagen hören. Aber auch das war nicht ganz ohne Schwierigkeiten möglich.

Grundsätzlich waren wir als Staatsbürger der DDR so etwas wie – nicht unbedingt Gefangene, eher wie Leibeigene des Systems. Damit fiel die DDR hinter die historische Abmachung des »Augsburger Religionsfriedens« von 1555 zurück. Damals einigten sich katholische und protestantische Fürsten, dass die jeweilige Konfession des Landesoberhaupts von den Untertanen zu teilen ist. Wer das nicht wollte, konnte auswandern. Der strenge Grundsatz

»Cuius regio – eius religio« verband sich mit einem Herz für Abweichler, sah neben der erwarteten Anpassung ein scheunentorgroßen Sonderausgang vor, den es in der DDR vom Mauerbau 1961 bis hin zu Günter Schabowskis Slapstick-Ansage »Das gilt ab sofort!« 1989 in dieser Großzügigkeit nicht gab.

Aber auch unsere Leibeigenschaft war gemildert. Wir lebten in einer Art Freigehege. Und hatten Zugang zu den benachbarten Gehegen. Zu Polen, der Tschechoslowakei und Ungarn, sogar zu Rumänien und Bulgarien. Ab einem bestimmten Zeitpunkt konnte man visafrei, nur mit dem Personalausweis, in diese Länder fahren.

Der geringe »Preis«, den wir mit innerer Verachtung entrichteten, bestand darin: an der Grenze, hinter Bad Schandau wurden einige – ich gehörte eine Zeitlang regelmäßig dazu – aus dem Zug geholt, mussten auf dem Bahnsteig warten. Da stand ich dann mit der Befürchtung, dass sie den Zug mit den Kumpeln ohne mich weiterfahren ließen.

Dass sie meinten, gerade diesen einen herausfischen zu müssen, so vermuteten wir, erkannten sie an genau platzierten minimalen Unregelmäßigkeiten in den schlängelnden Hintergrundlinien auf den Seiten des Personalausweises. Oder waren es unauffällig platzierte Punkte, die sie mit dem Kugelschreiber eingetragen hatten? So die Vermutung eines Freundes aus dem Westen. Der jedes Mal zu beobachtende, einige Sekunden lange, starre Blick des Grenzwächters in die Seiten des Personaldokuments unterstützt solche Vermutungen. Bei mir kamen als Verdachtsmoment sicherlich noch der Vollbart und die langen Haare dazu.

Solche Schikanen an der Grenze konnten unsere Unternehmenslust nicht dämpfen und nicht verhindern, dass wir oft ohne Quartier zum Beispiel nach Prag fuhren. Dort haben wir dann auf der Straße tschechische Jugendliche angesprochen, die uns bei sich zu Hause übernachten ließen. Einmal gelang es uns sogar, in Räumen der brasilianischen Botschaft eine Herberge zu finden.

Noch eine kleine Geschichte zum DDR-Grenzregime auf der internationalen Zugstrecke. Mein Freund »Hase« hatte mir den Geheimtipp gegeben: In der Váci utca in Budapest gibt es Westlektüre zu kaufen! Dort erwarb ich stolz für 48 Forint ein orangefarbenes Taschenbuch, mein erstes aus der Reihe edition suhrkamp: Peter Handke, Die Innenwelt der Außenwelt der Innenwelt. Da sie an der Grenze zur DDR fragen würden: »Was haben Sie im Ausland eingekauft?«, und da sie manchmal den Koffer oder Rucksack öffnen ließen und den Inhalt inspizierten, habe ich den schmalen Band in der Toilette versteckt. Den Spiegel hochgeschoben, das Buch dahinter getan, den Spiegel an seinen ursprünglichen Platz versenkt. Als ich nach der Grenzpassage mein neu erobertes Glanzstück dort abholen wollte, lag es in der Kloschüssel, von den Grenzern entdeckt und mir auf diese Weise zurückerstattet.

Kapitel 17

Aufbruch und Ernüchterung in der zweiten Hälfte der siebziger Jahre. Die ersten Schritte im Pfarramt

Nach Beendigung des Studiums war es üblich, dass man an einen Ausbildungsplatz gelenkt wurde. Um nicht in »Hinterposemuckel« zu landen, musste man schneller sein als die Behörden, besorgte sich selbst eine Stelle oder hatte einen Partner vorzuweisen, der in irgendeinem Ort schon in einer Schule, einem Krankenhaus untergekommen war.

Ob das auch im Raum der Kirche möglich wäre? Ich fragte den Ausbildungsdezernenten meiner Heimatkirche, der Kirchenprovinz Sachsen, der einmal im Jahr bei »seinen« Studenten in den verschiedenen Studienorten vorbeischaute. Es war der ebenso kluge wie freundliche Pfarrer Peter Schicketanz, später bekannt für seinen Einsatz bei der Ausbildung von Gemeindepädagogen. Er hatte mich zuvor schon einmal sehr beeindruckt, als ich bei einer Fahrt zum Schloss Mansfeld sah, wie der durch eine Kinderlähmung beeinträchtigte Mann mit zwei Krücken schwungvoll einen Bus bestieg. Ihn bat ich nun, nicht in die KP Sachsen zurückkehren zu müssen, um in die Berliner Kirche wechseln zu können. Er lächelte: »Natürlich, wir sind doch keine Sklavenhalter!«

Da meine Frau – wir hatten im letzten Studienjahr geheiratet – schon in Cottbus einen Ausbildungsplatz hatte, bewarb ich mich am selben Ort und erhielt eine Vikariatsstelle im Neubaugebiet Cottbus-Sandow. Zwei Pfarrer, ein eingespieltes Team, das sich vorgenommen hatte, mich bei erster Gelegenheit unter den Tisch zu trinken, führte mich in die pfarramtlichen Aufgaben ein.

Womit ich so nicht gerechnet hatte: Plötzlich traf mich das Leben mit kalter Wucht! Eben noch, als Studenten, hatten wir hochmögend die Welt erklärt und in unseren Vorstellungen verändert und verbessert. Und jetzt ging es ganz schlicht darum, Woche für Woche die anstehenden Aufgaben zu meistern: regelmäßig Junge Gemeinde, Gottesdienste, Beerdigungen, seltener Hochzeiten und Taufen und hin und wieder – dies besonders gern, und im Team vorbereitet – einen Gemeindeabend.

Gleich zu Beginn des Vikariats wurde unsere Tochter Sophie geboren. Als ich früh ins Krankenhaus kam, war sie schon zur Welt gekommen. Damals wurden die Kleinen noch von ihren Müttern getrennt. Ich schaute durch ein Fenster, sah sechs oder acht Babys in ihren Gitterbetten liegen. Eine Schwester: »Ihr Kind ist auch dabei!« Ich wusste: Das Kind mit den schwarzen Haaren muss es sein! Wenig später war klar: Gott hatte meinem Herz die richtige Richtung gewiesen.

Wir lebten die ersten Jahre im Schwesternwohnheim. In eineinhalb Zimmern. Das blieb zunächst auch so, als zwei Jahre später unser Sohn Robert geboren wurde. Trotz der Enge haben wir unsere Kinder glücklich aufwachsen sehen, waren sie unser Glück. Nie werde ich vergessen, wie das eine Kind vertrauensvoll mit den ersten Schritten auf mich zugelaufen kam, wie das andere zum ersten Mal einen Mehr-Wort-Satz bildete: »Papa, sing mal ein Lied!« Wenn eines der Kleinen krank war, teilten meine Frau und ich uns die Aufgabe, es zu betreuen. So nahm ich die Tochter kurzerhand mit zum Pfarrkonvent, wickelte sie dort in der Pause. Das stieß älteren Pfarrkollegen auf. Ihre Frauen waren traditionell zu Hause geblieben und hatten ihren Männern die Sorge um Haushalt und Kinder abgenommen. Hier rieben sich zwei Familienmodelle.

Nach dem Vikariat wurde ich – wie das damals noch hieß – Hilfspfarrer. Die Klosterkirche, sie war von einem Franziskanerkloster übriggeblieben, barg einen schönen Gottesdienstraum. Hier predigten der Generalsuperintendent Gottfried Forck, mein Pfarrkollege Joachim Goosmann – und nun auch ich. Nach dem Gottesdienst standen immer noch bis zu zwanzig Gemeindeglieder vor der Kirche zusammen. Regelmäßig kam Frau Forck auf mich zu, die erste – Ende der achtziger Jahre verstorbene – Frau des Generalsuperintendenten und späteren Bischofs. Sie kommentierte dann fröhlich meine Predigt. Da ihr Mann wegen anderer dienstlicher Verpflichtungen nur selten am Gottesdienst teilnehmen konnte, berichtete sie ihm von unserem Gedankenaustausch, wie er mir später einmal erzählte.

Doch hin und wieder war Forck auch selbst im Gottesdienst. Ich erinnere mich, wie er anschließend in die Sakristei trat, wo zwei Gemeindeälteste die Kollekte zählten und ich mir gerade den Talar auszog. »Bruder Lucht! Darf ich Sie auf eine sprachliche Besonderheit aufmerksam machen?« Ich nickte. Er: »Wenn Sie, wie eben in der Predigt, die Formulierung ›Geschweige denn…‹ verwenden, dann können Sie damit nur das Unwahrscheinlichere zweier Möglichkeiten bezeichnen!« Ich war dankbar, dass jemand so genau zugehört hatte.

Ein anderes Mal bei gleicher Gelegenheit beglückwünschte er mich ausdrücklich, dass ich Heinrich Heines Wendung zum Gottesglauben in die Predigt eingearbeitet hatte. Heine wurde ja in der offiziellen Lesart immer nur als zustimmender Freund von Marx und Engels dargestellt. Ein oft abgedrucktes Bild, das die drei Männer im einvernehmlichen Gespräch vor einem Kamin zeigt, unterstrich das noch. Eines meiner in der DDR erworbenen Lieblingsbücher war ein bei Reclam (Leipzig) erschienenes Taschenbuch: Heinrich Heine, Zur Geschichte der Religion und Philosophie in Deutschland.

In der Vorrede von 1852 gesteht Heine, dass sich seine »Ansichten über manche Dinge, besonders über göttliche Dinge, bedenklich geändert« haben. Und seinen Freunden der Hegel-Schule, »nicht bloß dem guten Ruge, sondern auch meinem noch viel verstocktern Freunde Marx« legt er das alttestamentliche Buch Daniel nahe, wo von Nebukadnezar, dem König Babylons, die Rede ist, »der sich selbst für den lieben Gott hielt, aber von der Höhe seines Dünkels erbärmlich herabstürzte, wie ein Tier am Boden kroch und Gras aß – (es wird wohl Salat gewesen sein).« In den im selben Reclam-Band abgedruckten Geständnissen (von 1854) wird Heine noch ausführlicher und schildert ganz persönlich, wie er die Wandlung erlebte. Angefangen mit: »Ich war jung und stolz, und es tat meinem Hochmut wohl, als ich von Hegel erfuhr, dass nicht, wie meine Großmutter meinte, der liebe Gott, der im Himmel residiert, sondern ich selbst hier auf Erden der liebe Gott sei.« Bis er nach mehreren Seiten selbstironischer Schilderung, die ich wegen ihrer Lebendigkeit vollständig vorlas – in der er gelegentlich der 1848er Revolution sich von seiner Verrücktheit zur Normalität wandelte, während bei den anderen, die zunächst normal waren, sich das Gegenteil ereignete, nämlich »die Weisheit der Klügsten zuschanden gemacht und die Auserwählten des Blödsinns aufs Schild gehoben wurden« –, er am Schluss befreit aufatmet: »Ja, ich bin froh, meiner angemaßten Glorie entledigt zu sein, und kein Philosoph wird mir jemals wieder einreden, dass ich ein Gott sei!«

Auch wenn ich nicht unbedingt das von Heine ironisch vorgetragene Weltbild seiner Großmutter – Gott oben im Himmel – teile, ich stimme bis heute mit ihm überein, dass unsere Gotteskindschaft eine geschenkte, nicht selbstangemaßte ist. Seit Studententagen meine ich, dass wir als erwachsene Söhne und Töchter Gottes aufrecht durchs Leben gehen sollen, dass wir, wie es uns der Theologe Jürgen Moltmann empfiehlt, Gott Gott sein lassen, damit der Mensch Mensch bleiben kann.

Ich fühlte mich als junger Pfarrer, der keine kirchliche Sozialisation durchlaufen hatte, zwischen all den traditionell Gläubigen wohl, fühlte mich auf- und angenommen. Deshalb hatte ich auch kein Problem, einmal eine Predigt folgendermaßen zu eröffnen:

»Liebe Gemeinde! Da saßen wir jungen Leute, die das Vikariat hinter sich hatten, kürzlich in Templin zusammen. Ich wusste nicht so richtig, was ich jetzt war: Prädikant, Praktikant, Hilfspfarrer? Das waren so die Begriffe, die im Raume schwebten. Und uns gegenüber saß Bischof Schönherr mit der versammelten Macht seines Generalstabes, den Generalsuperintendenten, den Herren Esselbach (Eberswalde), Forck (Cottbus), Lahr (Potsdam) und Grünbaum (Berlin). Und dann fragte einer von uns jungen Leuten: Wie, bitte, sollen wir Sie anreden? Und der Bischof, nach einer kleinen Pause, räusperte sich und antwortete: Sie werden schon gemerkt haben, dass ich keinen gesteigerten Wert auf Titel lege. Am besten, Sie sprechen mich mit dem Vornamen an!«

Ich hatte mir nichts weiter dabei gedacht. Für mich waren meine Worte nur der Versuch, eine Predigt lebendig einzuleiten. Ein netter Bursche aus der Jungen Gemeinde muss das ein bisschen anders verstanden haben. Er kam anschließend zu mir, meinte beobachtet zu haben, dass Frau Forck bei meinen einleitenden Worten den Kopf erhoben und fragend in die Runde geschaut hätte. Ich meinte und meine allerdings in keiner Weise, dass ich das mir wohlgesonnene Ehepaar provoziert habe, was ja auch nie meine Absicht gewesen war. Sie blieben gleichbleibend freundlich, und als ich einige Jahre später nach Greifswald ins Studentenpfarramt wechseln konnte, hat Forck mir dazu aufrichtig und freundschaftlich gratuliert.

Forck hat sich in der Cottbuser Zeit auch einmal schützend vor meinen Freund, den Pfarrer Rüdiger Lux, und mich gestellt. Wir beide hatten vor, einen Informationsabend in der Schlosskirche anzubieten, über den jüdisch-arabischen Konflikt und seine lange, bis in biblische Zeiten zurückreichende Vorgeschichte. Wir hatten schon alle Bausteine fertig, auch die Überschrift: »Israel und Ismael im Streit um das gelobte Land. Die Genealogie eines Konflikts«. Wir wussten natürlich, dass das Unternehmen ein politisches Wagnis war. Regelmäßig wurde in den Medien vor den »Zionisten« gewarnt, Israel war nach USA und BRD der Hauptfeind! Die einseitige Parteinahme ging so weit, dass beispielsweise Karl-Eduard von Schnitzler in einer Veranstaltung, die ich selbst miterlebt hatte, ausrief: »Ich würde mich für die palästinensische Sache zerreißen lassen!« Nun spürten wir, dass es wacklig werden könnte, diese Veranstaltung überhaupt durchzuführen. Deshalb baten wir den Generalsuperintendenten, als Veranstalter mit ins Boot zu steigen. Er sagte zu und wurde – wie fast schon erwartet – von den staatlichen Behörden alsbald angesprochen: »Es ist schön, dass Sie einen Abend über Israel planen. Aber jetzt, in der gegenwärtigen Weltsituation, passt es nicht. Wir müssen Sie bitten, die Veranstaltung zu verschieben!« Verschieben, das war klar, war die vornehme Variante von ausfallen, nie stattfinden lassen. Forck blieb dabei. Wir führten die Veranstaltung durch. Vielleicht habe ich damals gelernt, dass man sich als Pfarrer keine Veranstaltung durch den Staat verbieten lassen darf. Später, als es ähnliche Versuche gab, mich zu nötigen, bin ich standhaft geblieben, zum Beispiel bei der Vorführung von Ulrich Teschners Käthe-Kollwitz-Filmen oder gegenüber dem Versuch, mich zu drängen, das Künstlerpaar Krawczyk-Klier wieder auszuladen.

Mit Rüdiger und seiner Frau Maria, die ich schon aus Halle und von meinen Greifswalder Studententagen her kannte, gab es viele gute Gespräche. In einem kleinen Kreis, zu dem auch der Pfarrer Michael Jacob gehörte, lasen wir, seiner Empfehlung folgend, gemeinsam Texte von Friedrich Nietzsche. Wenn Rüdiger mich anrief, sagte er am Telefon manchmal: »Hallo Bahro, hier ist Havemann!« Damit wollte er anscheinend die Stasi wenigstens für eine Sekunde erschrecken, von der man – zu Recht – vermutete, dass sie Gespräche mithörte oder mitschnitt. Der vom Parteikommunisten zum Dissidenten mutierte Rudolf Bahro war 1977 verhaftet worden – einen Tag, nachdem im »Spiegel« mit Teil-Vorabdruck und Interview auf sein angekündigtes Buch »Die Alternative« aufmerksam gemacht worden war. Das bedrückte viele Menschen, auch die, die sich nicht der kommunistischen Idee verschrieben hatten. Mit solchen Witzen wie dem am Telefon versuchte Rüdiger die Decke der kollektiven Depression, die sich mehr und mehr über das Land legte, zu durchbrechen.

»Lüxchen« war dann neben seinem Gemeindepfarramt bald auch Studentenpfarrer. In seiner Studentengemeinde erlebte ich eine Lesung mit Stefan Heym. Damals ließ der Schriftsteller beim Gespräch, das sich immer an die Lesung anschloss, ein Kassettentonband mitlaufen, wie ich es dann später noch manchmal bei ihm erlebte. Tat er es, um bestimmte Fragestellungen oder originelle Formulierungen, die sich im Gespräch ergeben, nicht zu verlieren? Oder sicherte er sich ab, falls staatliche Stellen ihn konfrontieren würden; »Sie haben da und dort bei einer Veranstaltung das und das gesagt!«

Auch der Lyriker Jürgen Rennert war Gast in der Cottbuser ESG. Jürgens sensible Texte erschienen meistens im Unionverlag der Ost-CDU: Gedichte, Prosa, auch – erstaunlicherweise – Predigten. Eine Zeitlang trug er eine auffällige Kette mit einem Davidsstern, lernte Hebräisch, besuchte jüdische Gemeinden in Osteuropa, schrieb über die Hundertjahrfeier des Bukarester Jüdischen Staatstheaters in »Sinn und Form« unter dem Titel »Das kolossale, leise Rascheln der Blätter eines grünen Baumes«.

Auch in Berlin hat er sich intensiv für dieses Theater eingesetzt. In Zusammenarbeit mit der Leiterin des »Theaters im Palast« (TiP) Vera Oelschlegel gelang es ihm 1977 trotz mancher politischen Widerstände, die Bukarester für ein sechstägiges Gastspiel in den Palast der Republik zu holen. Während die politische Prominenz fernblieb, saßen Kirchenleute wie Bischof Schönherr im Publikum und sahen die Akteure auf der Bühne, während in einem Ohrknopf die Simultanübersetzung aus dem Jiddischen durch Jürgen Rennert zu hören war.

Im Übrigen hatte Jürgen Rennert keine Scheu, zum Beispiel im DDR-Radio zu verkünden: »Ich komme vom Christentum her!« Als er nun in der

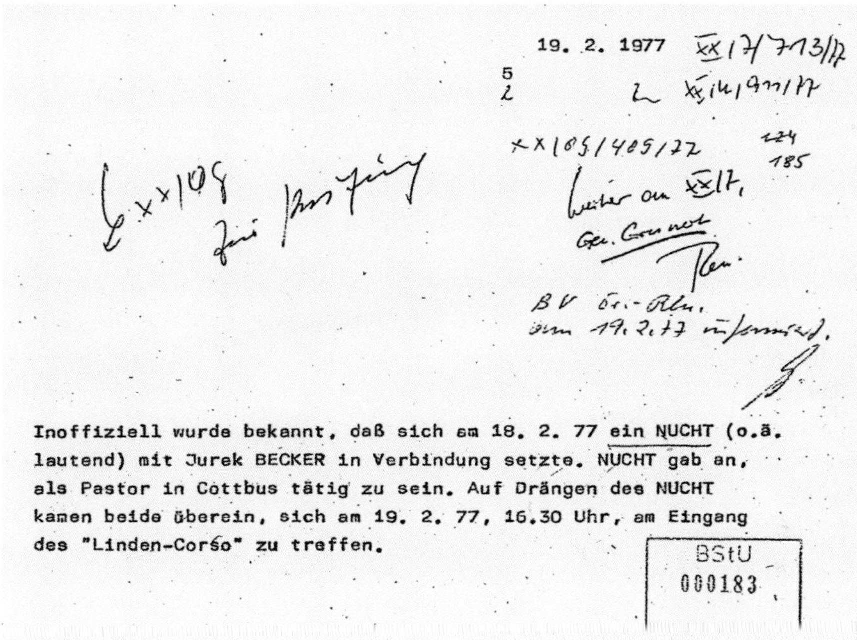

19. 2. 1977

Inoffiziell wurde bekannt, daß sich am 18. 2. 77 ein NUCHT (o.ä. lautend) mit Jurek BECKER in Verbindung setzte. NUCHT gab an, als Pastor in Cottbus tätig zu sein. Auf Drängen des NUCHT kamen beide überein, sich am 19. 2. 77, 16.30 Uhr, am Eingang des "Linden-Corso" zu treffen.

BStU 000183

Stasi-Notiz, 1977

Cottbuser ESG gefragt wurde: »Was halten Sie von der Übersiedlung Günter Kunerts in die BRD?«, hat er lächelnd seine Hand zum Hals geführt, dort waagerecht einen Wasserspiegel angedeutet: »Günter Kunert stand es bis hier!« Dann ließ er seine Hand in die Höhe seiner Hüfte gleiten: »Mir steht es bis hier.« Er hatte immer einen Scherz auf Lager. Als zum Beispiel im Westen öffentlich diskutiert wurde, ob wir nicht stolz sein können, Deutsche zu sein, wurde im östlichen Teil Deutschlands von offizieller Seite die Frage so abgewandelt: »Müssen wir nicht stolz darauf sein, DDR-Bürger zu sein!?« Jürgen hatte eine originelle Antwort: »Ich bin ein stolzer DDR-Bürger, die DDR kann stolz darauf sein, mich zu ihren Bürgern zu zählen!«

Ein dritter Kontakt zu einem weiteren eigenwilligen Schriftsteller entstand für mich beim Versuch, Jurek Becker nach Cottbus einzuladen. Dazu war ich in Berlin, rief Jurek Becker an – die Stasi registrierte einen Anrufer namens NUCHT –, wir verabredeten einen Termin, wollten uns am nächsten Tag an der Ecke Friedrichstraße / Unter den Linden treffen, um in eine naheliegende Espresso-Bar zu gehen. Als ich dort angekommen war, beobachtete ich in der beginnenden Dunkelheit die sich auf dem breiten Fußweg bewegenden Menschen, sah sehr bald einen langhaarigen, bärtigen Mann, der mir wie Jurek Becker auszusehen schien, so jedenfalls, wie ich ihn von veröffentlichten Bildern her kannte, zum Beispiel von der Schutzumschlag-Rückseite des Buches »Irreführung der Behörden«. Ich trat auf ihn zu. »Sie sind Herr Becker?« – »Ja.« – »Wir haben gestern miteinander telefoniert?« – »Nö!« Pech gehabt. Aber da kam schon wieder so ein Prachtexemplar! Dasselbe Spiel: Sie sind... Ja... Haben wir... Nein! – Heh! Was ist hier los? Dann endlich kam das Original, zu meiner leichten Verwunderung etwas kleiner als ich ihn mir vorgestellt hatte, aber – wie sich gleich zeigen würde – mit entwickeltem Selbstbewusstsein. »Herr Becker, ich bin Harro Lucht, wir haben uns hier verabredet?« Er nickte. Und aus mir platzte es heraus: »Hier ist alles voller Stasi!« Woraufhin er, den Kopf nach links und rechts wendend, genauso laut und kraftvoll antwortete: »Wo?« Worüber wir in der Gaststätte im Einzelnen gesprochen haben, ist mir entfallen. Eindrücklich blieb mir sein lauter Ruf »Fräulein!«, als er für uns bezahlen wollte. Er fuhr anschließend noch zu Manfred Krug, nahm mich in seinem »Wartburg« mit und ließ mich in der Nähe des Hotels »Newa« in der Invalidenstraße raus, wo meine Freunde Kralle und Andreas im Restaurant auf mich warteten. Nach mehr als vierzig Jahren erinnert sich einer der beiden noch, was ich damals erzählt, inzwischen längst vergessen hatte: »Becker hat Dich mindestens zweimal, vielleicht dreimal gefragt: Und Sie sind Pfarrer?« Hatte er mir nicht getraut? Oder hat er sich einen Pfarrer nicht so vorstellen können, so bärtig und langhaarig herumlaufend wie er selbst. Schade, dass man ihn das nicht mehr fragen kann.

Bald darauf, nach seinem einsamen Protest gegen den Ausschluss von Reiner Kunze aus dem Schriftstellerverband, ging Becker nach West-Berlin, folgte Manfred Krug, seinem engen Freund aus Jugendtagen, nach, schrieb für ihn das Drehbuch »Liebling Kreuzberg«, jedenfalls vier von fünf Staffeln, eine schrieb auch Ulrich Plenzdorf. Wie damals schon durchsickerte, behielt Jurek Becker seinen DDR-Pass.

Dasselbe Kunststück gelang auch Klaus Schlesinger. Auch er verließ in den Jahren nach der Biermann-Ausbürgerung Ost-Berlin. Mein Freund Kralle, noch so ein Westgänger der späten siebziger Jahre, erzählte von einer Begegnung mit dem Schriftsteller, die er noch in Ost-Berlin erlebt hatte. Kralle macht sich auf den Weg; denn Schlesinger würde in der ESG lesen. Vor dem Gebäude angekommen, empfing ihn Tumult. Die Lesung war verboten worden. Eine Polizeikette versperrte den Eingang. Schlesinger stand auf der einen Seite, die enttäuschten jungen Menschen auf der anderen. Da man nicht kampflos abziehen wollte, entwickelte sich ein Gespräch über die Köpfe der Polizisten hinweg. Und irgendwann wendete sich der Frust der Studenten gegen den Schriftsteller. »Herr Schlesinger, Sie konnten in den Westen fahren, Sie sind überprivilegiert!« Schlesinger, nach kurzem Überlegen, gab eine Antwort, die die ganze DDR-Misere auf den Punkt brachte: »Ich bin nicht überprivilegiert. Sie sind unterprivilegiert.«

Wenn ich die zweite Hälfte der siebziger Jahre in meinem damaligen Erleben noch einmal Revue passieren lasse, bietet sich ein zwiespältiges Bild: Hoffnung wurde angefressen durch Enttäuschung. Aufbruchstimmung traf auf Resignation. Damals fing langsam etwas an in mir zu zerbröseln, was bis dahin vorhanden war. Es war die Hoffnung, dass die DDR eines fernen Tages doch noch einen entscheidenden Sprung nach vorne macht, aus einem »poststalinistischen Pseudo-Sozialismus« (Robert Havemann) eine gerechte Gesellschaft wird, in der sich alle mit ihren Talenten einbringen und entfalten können. Selbst die Haft meines Vaters und die Niederschlagung des Prager Frühlings hatte diese Hoffnung interessanterweise nicht zerstören können.

Aber jetzt, in dieser zweiten Hälfte der Siebziger, sorgten – ähnlich wie schon einmal 1967/68/69 die Attentate auf Ohnesorg, King, Dutschke, Robert Kennedy, die Selbstverbrennung Jan Palachs – eine Reihe von Ereignissen eher für eine niedergeschlagene Stimmung. 1976 die Selbstverbrennung des Pfarrers Oskar Brüsewitz in Zeitz, die Biermann-Ausbürgerung, in deren Folge so wichtige Autoren wie Günter Kunert, Reiner Kunze, Sarah Kirsch, Jurek Becker, Klaus Schlesinger u. a. das Land verließen. 1977 die Verhaftung Rudolf Bahros. 1979 der Rausschmiss von neun kritischen Schriftstellern aus dem Schriftstellerverband. Zu diesen allgemein beklagten Ereignissen traten einige persönliche Erlebnisse.

Einmal lief nebenbei in unserer Cottbuser eineinhalb Zimmer großen Wohnung der Deutschlandfunk, unser einziger Westsender, und ich erstarrte, als ich hörte, dass einige Kilometer entfernt, ins Cottbuser Gefängnis, der junge Leipziger Schriftsteller Sigmar Faust eingeliefert wurde. Das schlug mir heftig auf den Magen, wahrscheinlich wegen der örtlichen Nähe, denn persönlich kannte ich ihn nicht.

Die Kirche-Staat-Begegnung vom 6. März 1978 hielt nur sehr kurz, was sie angeblich versprechen wollte. Umgehend wurde der Wehrkundeunterricht an den Schulen eingeführt.

Ich guckte mir eine öffentliche Jugendweihe-Veranstaltung in der Cottbuser Stadthalle an. Ich wollte wissen, wie sie damit umgehen, ob ihr Feuer noch brennt. Es war erloschen, bei den Rednern ebenso wie bei den jungen Leuten, fur die dieser Aufwand betrieben wurde.

Eine Einwohnerversammlung. Ein Funktionär gab zu, dass es an Material fehlt. »Wir brauchen Rohre!« Und er bezeichnete genau deren Typ. Zu meiner Überraschung fragte er die versammelte Einwohnerschaft: »Haben Sie solche Rohre, können Sie die besorgen!« So weit sind wir schon, dachte ich, dass ein Staatsvertreter nicht mehr die Macht hat, das nötige Material herbeizuschaffen.

Eine schreckliche Erinnerung habe ich auch an eine Lektüre im »Neuen Deutschland«. Die Sowjetunion und China hatten sich ja schon Jahre zuvor am Grenzfluss Ussuri eine lange und verlustreiche bewaffnete Auseinandersetzung geliefert. Jetzt, nach dem Ende des amerikanischen Vietnamkrieges, schlugen China und Vietnam aufeinander ein. Und das ND, und damit die DDR, versuchte nicht zu vermitteln, sondern bezog einseitig Partei, druckte das Manifest einer Seite ab (es war wohl die vietnamesische), in dem von einem »heiligen Krieg«, einem Krieg also zwischen sozialistischen Staaten, die Rede war. Das war für mich der Rückfall in eine längst überwunden geglaubte pseudoreligiöse Rechtfertigung einer politischen Position, der mir höchst gefährlich erschien.

In diese Zeit einer um sich greifenden Resignation widerfuhren mir einige flüchtige Begegnungen mit Parteikommunisten, die allerdings sehr verschieden ausfielen. Die eine war indirekt, aber erfreulich. Die andere mit direkter Kommunikation verbunden und leicht aberwitzig.

Morgens sah man manchmal Werner Walde, den Bezirkssekretär der SED, an unserem Haus vorbeigehen. Er wohnte irgendwo weiter hinten in unserer Straße. Auf diesem Weg zur Arbeit wurde er von zwei Personenschützern begleitet. Unsere etwa fünf Jahre alte Tochter spielte am Nachmittag mit seiner Tochter, vielleicht kannten sie sich aus dem Kindergarten, ohne dass beide wussten, wie sehr verschiedene Berufe ihre Väter hatten. Einmal nun stand ich morgens zufällig am Fenster und sah, wie der SED-Funktionär stehen blieb. Und ich sah: Er erfreute sich an einem Eichhörnchen, dass die Straße überquerte und einen Baum erklomm. Die beiden Begleiter haben das Tier mit keinem Blick gewürdigt. Ihr Chef hingegen ließ sich berühren.

Das zweite Beispiel handelt von einem alten Ehepaar, das in unserem Haus – wir waren nach einigen Jahren endlich umgezogen – auf derselben Ebene wohnte. Überzeugte, wie man so sagt, überzeugte Kommunisten. Der Mann wirkte verbittert, er hatte – wahrscheinlich im Krieg – einen Fuß verloren. Ihm vor allem ging ich lieber aus dem Weg. Die Frau verkaufte einige Zeitlang in einem kleinen Laden auf der anderen Straßenseite Lebensmittel. Einmal stand ich zufällig in der Schlange, als sie den Kundinnen vor mir ihr brandneues Produkt anpries: »Wir haben hier eine wunderbare neue Käsesorte, aus Stalinstadt!« Obwohl diese Stadt seit über zwanzig Jahren Eisenhüttenstadt hieß, blieb sie konsequent beim alten Namen. Wie mochte es in ihrem Herzen aussehen, wenn sie noch nicht einmal die oberflächlich-formale Entstalinisierung akzeptieren wollte? »Und der Käse heißt Hollandski!«

Ein anderes Mal war ich grad beim Wäscheaufhängen, stand zwischen den Wäschepfählen unter den von allen Bewohnern des Hauses gemeinsam genutzten Wäscheleinen, als die Nachbarin zu mir trat. Ich erschrak ein wenig, dass sie mir so nahekam. Sie: »Na, ham Se schon geflaggt?« Ich war davon überzeugt, dass sie von der im Winde knatternden Wäsche sprach – und sagte mit halbblödem Lächeln »Ja!« Später durchschoss mich die Erkenntnis: Sie meinte die DDR-Fahne, die wir bei unserem Einzug im Flurschrank der Wohnung vorgefunden hatten und die wir natürlich nie benutzten. Irgendein Feiertag stand bevor, und das Ehepaar flaggte selbstverständlich und meinte, dass auch wir unserer staatsbürgerlichen Pflicht nachkommen sollten.

Das taten wir dann auf andere Weise, als wir einmal – was selten vorkam – zur Wahl gingen. Unsere Nachbarn, die sich anscheinend ehrenamtlich als Wahlhelfer verpflichtet hatten, kamen uns auf der Treppe der Schule, in der die Wahl stattfand, entgegen und begrüßten uns überschwänglich. »Das freut uns sehr, Sie hier zur Wahl begrüßen zu können!« Sie werden dann wohl sehr enttäuscht gewesen sein, als sie gesehen haben, wie wir mit dem Wahlzettel in die Kabine gingen. Wer das machte, war fast schon ein Staatsfeind, vor allem, wenn er die in der Kabine bereitliegenden Stifte benutzte, die suggerieren sollten, in einer freien sozialistischen Wahl sei es erlaubt, Kandidatennamen durchzustreichen. Was dann, wie ich bei einer späteren Stimmauszählung lernen musste, durchaus als Ja-Stimme gewertet werden konnte. Der Wähler hatte zwar einzelne Kandidaten abgelehnt, aber er hatte der Wahl im Ganzen zugestimmt, denn er war ja dem Wahlaufruf der Nationalen Front gefolgt und war bei der Wahl erschienen.

So scheint in rückwärtiger Betrachtung schon damals eine Ahnung vorhanden gewesen sein, dass es möglicherweise kein gutes Ende, vielleicht sogar ein quälend langes Ende mit dem östlichen Gesellschaftsexperiment nehmen könnte. Aber was wussten wir schon über die Zukunft? In jeder Gegenwart sind ja verschiedene mögliche Zukünfte enthalten. Und mit einem vorzeitigen Ende der DDR, noch zu unseren Lebzeiten, war überhaupt nicht zu rechnen. Also hielten wir uns an die mutmachenden Signale.

Dazu gehörte auf jeden Fall das Kölner Konzert von Wolf Biermann im November 1976. Wir sahen die Aufzeichnung bei einem befreundeten Ehepaar im Westfernsehen. Und waren fassungslos begeistert; wir hätten uns, wie man so sagte, »hinschmeißen« können! Welche Frechheit, welche befreiende Frechheit! Die Hurrastimmung darüber, wie der von seinen kommunistischen Idealen beseelte Liedermacher die bürokratisch erstarrte DDR – »Das Laa-and ist still – noch!« – aufs Korn nahm, ließ mich einige damals von mir schon wahrgenommene Misstöne schnell überhören, so beispielsweise seine Bemerkung: »Reiner Kunze, mein Freund, nicht mein Genosse«.

Auch auf die Plus-Seite dieser Tage gehörte natürlich die Erklärung »Wir protestieren gegen seine Ausbürgerung…«, die ein Dutzend der angesehensten Schriftsteller um Stephan Hermlin erstellten und listenreich ans ND und die britische und französische Nachrichtenagentur, nicht an dpa, gaben. Und dem sich in den Tagen darauf etwa hundert weitere Künstler anschlossen. Dieser Gegenschlag, so empfanden weite Teile der Bevölkerung, hatte mehr Treffsicherheit als der hilflose Versuch der SED-Oberen, die DDR von einem kritischen Liedermacher zu befreien.

Eine weitere Ermutigung, an die ich mich gern erinnere, war der Auftritt des ehemaligen Cottbuser Generalsuperintendenten Günter Jacob in unserem Pfarrkonvent. Er brachte eine selbstverfertigte, mit Schreibmaschine geschriebene vierzigseitige Schrift mit, für jeden kopiert, auf der als Überschrift prangte: »Wider eine falsche Zweireichelehre«. Er unterschied Luthers genuine Zweireichelehre, die eigentlich eine Zweiregimentelehre war, von einer, wie er sagte, konsequentualistischen oder dualistischen Zweireichelehre des Politbüros. Obwohl es für letztere auch Vorbilder im konservativen Luthertum gab, lehnte Jacob sie mit Vehemenz ab. Als ehemaliger Pfarrer der Bekennenden Kirche schien er sie wie eine Irrlehre zu bekämpfen. Diese falsche Zweireichelehre, die auch in der Orthodoxie und Orthopraxie der russischen Ostkirche Anwendung fand, lief auf die Formel hinaus: Das Rathaus (der Kreml, das Politbüro) kümmert sich um die Politik (in der DDR angeblich aufgrund wissenschaftlicher Erkenntnisse, die zu kritisieren Ignoranz oder Staatsfeindschaft bedeutete), die Kirche hingegen hätte ihren Freiraum, kann gemäß der »Augsburgischen Konfession« (CA 7), mit der Predigt und den rite (richtig, also in Reinform) verwalteten Sakramenten für das Seelenheil des Einzelnen sorgen. Jacob beschrieb die Versuchung, dies als Angebot einer konfliktfreien Existenz von Christen und Kirchen in der DDR-Gesellschaft anzusehen, hielt dem aber den Anspruch Gottes in Jesus Christus, der universal ist, entgegen und belegte dies mit mutigen und manchmal weniger mutigen Entscheidungen der Bekennenden Kirche, etwa mit der Barmer Theologischen Erklärung 1934 und mit der Denkschrift der Vorläufigen Kirchenleitung von 1936, die nicht nur kirchliche Beschwernisse, sondern auch Rechtsbrüche wie KZ und Judenverfolgung ansprach und deren Verlesung von den Kanzeln (in allerdings abgeschwächter Form) 1937 zur Verhaftung von – hier schwanken die Angaben – mindestens 650, wenn nicht 800 Pfarrern und Kirchenjuristen führte.

Günter Jacob hatte also seine Lektion aus der Geschichte der Bekennenden Kirche, ihrem Kampf und ihrem Versagen, gelernt und versuchte seine Glaubenserkenntnis auch in der DDR durchzuhalten: Es kann uns nicht egal sein, was mit den Menschen innerhalb und außerhalb der Kirche passiert. Als Christen können wir nicht abseitsstehen, müssen Flagge zeigen, uns gegebenenfalls einmischen. Dieser körperlich kleine, aber von

Glaubenszuversicht strotzende Günter Jacob war nur einer von den Älteren, die uns Mut machten, aber manchmal betrachteten die Älteren uns Jungen auch als Mutmacher, sprachen uns so an und begrüßten uns so.

So Professor Bandt, der mit seiner Frau, wegen einer Veranstaltung der Evangelischen Akademie in Cottbus weilend, uns in der Eineinhalb-Zimmer-Wohnung besuchte, so der Cottbuser Superintendent Paul Schüler, der einmal ins Schwärmen geriet: »Was Ihr – ich nicht mehr – alles erleben werdet!« Er war überzeugt, dass Umbrüche, bessere Zeiten auf uns zukommen werden. Als ich skeptisch guckte, meinte er: »Das pfeifen doch die Spatzen von den Dächern!«

Wie auch immer, ob der Himmel in Zukunft eher düsterlichgrau oder himmelhochblau scheinen sollte, es grummelte. Da waren die beschriebenen Ereignisse in unserem unmittelbaren Leben, da tauchten auch am weiteren Horizont Irrlichter auf, von denen man noch nicht wissen konnte, wie sie sich auswirken werden. Allein im Jahr 1979 gab die vom Ayatollah Khomeini ausgelöste iranische Revolution ebenso Rätsel auf wie der Nato-Doppelbeschluss und der Einmarsch der Sowjets in Afghanistan. Mit dem vierten unerwartet auftretenden Moment, allerdings schon im Oktober 1978, der Ernennung des polnischen Kardinals Karol Wojtyla zum Oberhaupt der katholischen Weltkirche, bekam ich es ganz handgreiflich zu tun. Ein mir völlig fremder Mann – möglicherweise hatte er gehört, dass ich ein junger Pastor war – griff mir auf offener Straße von hinten in den Arm und rief, es war ein Rufen voller Verunsicherung, das fast an Schreien grenzte: »Der Papst! Kommt der Papst wieder?«

Sollte die Kirche, die nach SED-Lehre darniederlag, um einen langsamen Tod zu sterben, sollte sie nochmals eine gesellschaftspolitische Rolle spielen?

Kapitel 18

Als Studentenpfarrer in Greifswald

Irgendwann 1980 Anruf von Walther Bindemann: »Harro, willst Du nicht kandidieren für das Studentenpfarramt in Greifswald?« – »Aber Walther, auf der Stelle sitzt Du doch!« – »Ja schon, aber ich gehe weg, ich wechsle in die Mecklenburger Landeskirche!«

Da ich nie ernsthaft an so etwas wie Karriereplanung gedacht hatte, war ich überrascht, konnte mich aber bald mit dem Gedanken anfreunden. Böte nicht genau diese Arbeit die Möglichkeit, das Gespräch fortzusetzen, das ich mit meinem Vater seit seiner Haftentlassung führte? Hatten wir nicht bei der Müllerin gefragt und als Studenten in Greifswald diskutiert: Was bedeuten uns die Ideale des Christentums und des Marxismus? Halten sie den Realitäten des menschlichen Lebens stand? Aber welche Ideale denn sonst könnten die Realität verändern, sodass Menschen befreit werden, frei von einengenden Traditionen, ängstlicher Unterordnung und Intoleranz?

Ich war bereit und wurde als letzter auf das Kandidatenkarussell gezogen. An einem Wochenende stellte ich mich einer Gemeindegruppe in Ralswiek vor. Dankbar erinnere ich mich an einen abendlichen Spaziergang mit der Biologiestudentin Susanne Busse, der mir zeigte, wie unkompliziert mir einige entgegenkamen. Kurz darauf war ich von den Studentinnen und Studenten der ESG gewählt. Jetzt fehlte noch die Bestätigung durch die Kirchenleitung. Ich saß im ersten Stock des Bischofhauses, die Superintendenten und Konsistorialräte stellten wohlwollend einige Fragen. Ich war angenommen. Nach 1989 erhielt ich vom Freund Ernst-Ulrich Affeld die Kopie einer (am 18.10.1988 abgeschlossenen) Diplomarbeit von einem Major Eberhard Schnitzer, eingereicht bei der Hochschule des Ministeriums für Staatssicherheit (MfS). Das Thema dieser 113 Seiten umfassenden Arbeit: »Die Entwicklung von IM unter der Studentischen Jugend für den Einsatz in der Evangelischen Studentengemeinde Greifswald und die Gewährleistung ihres gesellschaftlich effektiven Einsatzes zur wirksamen Aufklärung und Bekämpfung von Erscheinungsformen der politischen Untergrundtätigkeit«. Darin findet sich der auf diese Situation meines Neuanfangs in Greifswald bezogene Satz: »Die Berufung des bis 1987 in das Amt (sic!) amtierenden Studentenpfarrers erfolgte trotz der Auffassung kirchenleitender Persönlichkeiten, dass es sich um einen ›Revoluzzer‹ handelt, der auch schon während

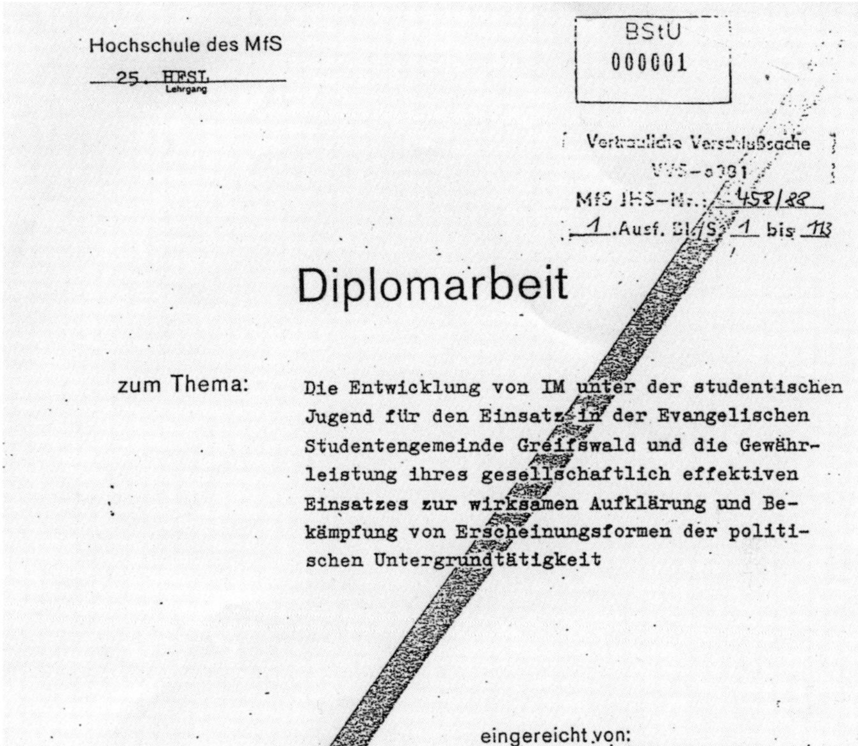

Hochschule des MfS

25. HFSL
Lehrgang

BStU
000001

Vertrauliche Verschlußsache
VVS-o381
MfS JHS-Nr.: 458/88
1. Ausf. Bl./S. 1 bis 113

Diplomarbeit

zum Thema: Die Entwicklung von IM unter der studentischen Jugend für den Einsatz in der Evangelischen Studentengemeinde Greifswald und die Gewährleistung ihres gesellschaftlich effektiven Einsatzes zur wirksamen Aufklärung und Bekämpfung von Erscheinungsformen der politischen Untergrundtätigkeit

eingereicht von:

Major Schnitzer, Eberhard

(Dienstgrad, Name, Vorname)

Kreisdienststelle Wismar
(Diensteinheit)

Betreuer:

OSL Andruschow, JHS Potsdam
(Dienstgrad, Name, Diensteinheit)

OSL Erfurth, KD Greifswald
(Dienstgrad, Name, Diensteinheit)

Abschluß der Arbeit

Wismar, 18. Oktober 1988
(Ort/Datum)

Kopie

Der Bundesbeauftragte für die Unterlagen des Staatssicherheitsdienstes

Stasi-Diplomarbeit, 1988

seiner Studentenzeit an der Ernst-Moritz-Arndt-Universität aufständisch und widerspenstig war.«

Ich sehe mich noch, wie ich im Zug nach Greifswald sitze – allein. Denn die Familie konnte erst ein halbes Jahr später nachkommen, bis die Studentenpfarrer-Wohnung am Karl-Marx-Platz dann schließlich renoviert war. Ich sah mein Gesicht vor vorbeifliegender dunkler Nacht merkwürdig gespiegelt im Fensterglas. Ich sah mein Konterfei zweifach, um wenige Millimeter verrutscht. Würde es möglich sein, die beiden Harros, den vieles in Frage stellenden Studenten und Vikar (für die Stasi: Revoluzzer) in Übereinstimmung zu bringen mit dem nun für eine Gemeinde Verantwortung Tragenden? Würde ich denn eine Studentengemeinde leiten, den vielfältigen Erwartungen gerecht werden können? Und könnte ich denn auch Erwartungen der jungen Leute, die ich nicht für gerechtfertigt hielte, zurückweisen können? Ich ahnte, dass ich da noch einiges zu lernen hatte. Allerdings hatte ich keinen Plan, wie ich damit würde umgehen können.

Mir fielen Worte des Paulus aus dem 1. Korintherbrief, aus dem wunderbaren Kapitel 13, ein. Da heißt es:

»Unser gegenwärtiges Erkennen ist Stückwerk. [...] Wenn aber kommen wird das Vollkommene, so wird das Stückwerk aufhören. [...] Jetzt sehen wir in einem dunklen Spiegel nur rätselhafte Umrisse, dann aber von Angesicht zu Angesicht. Jetzt erkenne ich Bruchstücke, dann aber werde ich erkennen, wie ich erkannt bin.« Dieser Gedanke tröstete mich: Wenn wir manchmal nichts oder wenig über uns zu wissen meinen: Gott kennt uns und unsere Zukunft. Deshalb ist es uns möglich, mit unserer Unkenntnis, ja selbst mit unserem Zweifel zu leben.

Ich erinnere mich an meinen ersten Gemeindeabend. Mein gerade nach dem Westen entwichener Freund Kralle hatte mir zu Weihnachten 1979 das neueste Buch des bekannten westdeutschen Sozialpsychologen Horst Eberhard Richter geschickt. Und es hatte zu meiner Freude auf normalem postalischem Weg die innerdeutsche Zollgrenze passieren können! Der Titel des Buches: »Der Gotteskomplex«. Es muss wohl das Thema gewesen sein, das mich unbewusst beschäftigte. Das Buch fragte: Wie gehe ich mit Schwäche und Ohnmacht um, ohne diese Befindlichkeit durch Überkompensation abwehren zu wollen, ohne die Flucht in eine Allmachtsphantasie, den Gotteskomplex. Solche Leute, die angeblich alles wussten, alles konnten, alles besser wussten und besser konnten als andere – die kannte ich, und von denen hielt ich mich eher fern, zu denen wollte ich nicht gehören. Das versuchte ich der Gemeinde zu vermitteln. Der Pfarrer, in dessen Haus ich bis zur Fertigstellung meiner Wohnung vorübergehend wohnte, hatte erstaunlich schnell davon gehört und fragte mich noch am selben Abend: »Was haben Sie sich dabei gedacht?« Mit solchem Nachdenken stellte ich, so befürchtete er, meine eigene Autorität infrage. Ich bin froh, dass mir später Gemeindeglieder gesagt haben, dass sie durch mein nicht-autoritatives Auftreten, das allen die Möglichkeit zur Entfaltung bot, angenehm überrascht waren. Zu meinem Glück haben mir einzelne wie Ulrich Affeld und Martin Bernhardt, seine damalige Freundin und spätere Ehefrau Heike, auch der aus West-Berlin zu Besuch kommende Wolfgang Bernschein, schon damals in dieser Startsituation einfach durch ihren Zuspruch Mut gemacht.

Also, ganz einfach war der Anfang nicht. Zum einen erlebte ich, was jeder Leiter in einer neuen Arbeitsstelle erleben kann. Er wird sehr bald mit dem Vorgänger verglichen: »Bei Ihrem Vorgänger war das aber so!« In meinem Fall hieß das: Walther hatte klare Ansagen gemacht, wusste genau, was er wollte. Diese skeptische Haltung einiger Gemeindeglieder mir, dem Anfänger, gegenüber zeugt nicht etwa nur von der mangelnden Bereitschaft, sich auf den neuen Chef einzulassen. In ihr drückt sich auch ein berechtigtes Interesse aus. So wie Kinder erst einmal ausprobieren, wie weit sie bei ihren Eltern, Geschwistern, anderen Kindern gehen können, wollten die Studenten testen, wie denn »der Neue« eigentlich tickt. Sie wollten wissen, woran sie mit mir sind. Wenn es damals eine Supervision, also eine psychologische Begleitung, gegeben hätte, hätte der Supervisor mich wahrscheinlich beruhigt und von einer ganz normalen Schwellensituation gesprochen: Arbeitsaufnahme »im Schatten des Vorgängers«. So weit, so gut.

Eine andere Erfahrung machte mir mehr zu schaffen. Zwei Gemeindeglieder, die sich als Atheisten bekannten, waren tonangebend in der Gemeinde. Auch das muss in einer ESG nichts Verwerfliches sein, vor allem dann, wenn sie der Grundauffassung des christlichen Glaubens und der daraus resultierenden Ethik zustimmen. Das war bei allen Suchenden und Agnostikern in der Gemeinde der Fall. Gerade von ihnen ging oft besonderes Interesse und Engagement aus. Wir freuten uns über die Mitarbeit eines und einer jeden, fragten nicht nach Tauf- oder Konfirmationsschein, sortierten nicht unsere Mitglieder: die schlechten ins Kröpfchen, die guten ins Töpfchen.

Aber die beiden wichen von dieser Grundhaltung ab. Der eine war gleichzeitig FDJ-Sekretär in seiner Seminargruppe und Senatspräsident der ESG, hatte hier also die höchste Stellung neben dem Studentenpfarrer inne. Er war – wie sich nach 1989 endgültig herausstellte – ein Stasi-Spitzel, ein inoffizieller Mitarbeiter (IM), sogar einer der gehobenen Klasse, ein IMB, ein IM mit »Feindberührung«. Der Feind, zu dem er freundschaftlich-vertrauensvolle Beziehungen herstellen sollte, um ihn – wie es im Stasi-Jargon heißt – zu »zersetzen«, war ich. Bloß mit der Herstellung vertrauensvoller Beziehungen stellte sich IMB »Ikarus« nicht sehr geschickt an. Einmal sagte er: »Das ist eine Frage des Bekenntnisses«. Ich dachte, er spricht vom

Abteilung XX/4 Rostock, 26. Apr. 19[illegible]

37

Stellungnahme

zur Umregistrierung der OPK "Apostel", Reg.-Nr. I/1795/81 der KD Greifswald zum OV

In der OPK "Apostel" erfolgt die Bearbeitung des Studentenpfarrers der ESG Greifswald,

Lucht, Harro,
PKZ: 09 06 50 415 386,
Geburtsort: Halle,
wohnhaft: 22 Greifswald, Karl-Marx-Platz 15,

gemäß §§ 106, 107 StGB.

In der OPK wird herausgearbeitet, daß

- unter der Verantwortlichkeit des Bearbeiteten einflußreiche ESG-Mitglieder feindlich-negative Positionen beziehen,

- sich mit Hilfe und Unterstützung des Bearbeiteten in der ESG Greifswald ein "Friedenskreis" gebildet hat, der die Bestrebungen feindlich-negativer klerikaler Kreise zur Schaffung einer unabhängigen Friedensbewegung unter dem Deckmantel der Kirche unterstützt,

- der Bearbeitete für eine Erweiterung des sogenannten kirchlichen Freiraumes bis zur Mißachtung staatlicherseits gesetzter Grenzen eintritt,

- der Bearbeitete den "Berliner Appell" von Pfarrer Eppelmann in Besitz hat, diesem zustimmt und interessierten Personen zugänglich macht.

Die erarbeiteten Fakten belegen, daß der Bearbeitete bestrebt ist, innerhalb der ESG solchen Einfluß auszuüben, der geeignet ist, die Mitglieder der ESG in eine negative bis feindliche Haltung zum Staat zu bringen.

Die vorliegenden Ergebnisse der operativen Arbeit rechtfertigen die weitere Bearbeitung des L. in einem OV gemäß §§ 106 und 107 StGB. Unter den gegenwärtigen Bedingungen ist eine strafrechtliche Verantwortung gemäß § 214 StGB zu prüfen. Neben der im Eröffnungsbericht aufgeführten Zielstellung sollte in Abstimmung mit der Fachabteilung geprüft werden, welche Erkenntnisse geeignet sind, die Kirchenleitung der Landeskirche Greifswald durch offensives Vorgehen des Staatsapparates zu zwingen, innerkirchliche Auseinandersetzungen mit dem Bearbeiteten zu führen.

Leiter der Abteilung

Krull
Major

Fiedler
Oberleutnant

Aus der Stasi-Akte »OPK Apostel«, 1988

christlichen Bekenntnis, dennoch fragte ich nach: »Welches Bekenntnis?« Er klärte mich auf: »Bekenntnis zum Sozialismus.« Dann sprach er von den Klassikern. Ich dachte wiederum arglos: Er spricht von Goethe und Schiller. Dennoch fragte ich: »Welche Klassiker?« Seine Antwort: »Marx, Engels, Lenin«. Da wusste ich Bescheid. Er war dem Sozialismus und für mich klar erkennbar dem parteidogmatischen der SED verpflichtet.

Der andere war ein zynischer Zeitgenosse. Er machte gern sarkastische Bemerkungen, am ungefährlichen Mensatisch auch politische. Was mir nicht behagte, er lästerte auch über christliche Lebensäußerungen, ganz allgemein. Ich sagte zu ihm, die anwesenden Studenten Heike und Gottfried unterstützten mich mit ihrem Kopfnicken, ich sagte also: »Wenn Du in eine Gaststätte gehst und ein Schnitzel bestellst, musst Du Dich nicht wundern, wenn Du ein Schnitzel bekommst. So verhält es sich auch mit einer christlichen Gemeinde. Wenn Du ihre Veranstaltungen besuchst, dann wird da auch gesungen und gebetet.« Aber das überzeugte ihn nicht. Er machte nun auch Witze über das Abendmahl. Daraufhin habe ich eine Andacht mit einer Abendmahlsfeier verbunden. Danach beschwerte er sich: »Wenn das so weiter geht, komme ich nicht mehr!« Er ist dann doch weiterhin gekommen. Und hat seine Rolle gespielt. Wie sich bald zeigen würde, eine eher unrühmliche.

Bis hierhin werden manche die Situation vielleicht immer noch als normal ansehen. Sie würden sagen, es ist halt so, in einer Gruppe gibt es verschiedene Anschauungen. Da geht es Pro und Contra. Dann tauscht man sich aus, irgendwann klären sich die Verhältnisse.

Was ich damals nicht wusste: Es fand ein Ping-Pong-Spiel mit verbundenen Augen statt. Jedenfalls meine Augen waren verbunden. Die Stasi beauftragte den IMB »Ikarus« (und andere IM), das konnte ich nach 1989 in der Stasiakte »OV Apostel« lesen, nicht nur »Hinweise kompromittierenden Charakters« und »strafrechtliche Beweise für kriminelle Handlungen L.s« zu erbringen. Sehr bald sollten auch »Maßnahmen zur Aufrechterhaltung einer instabilen Situation innerhalb der ESG« realisiert werden, sollte eine »schleichende Unzufriedenheit« und »ein Zersetzungs- und Differenzierungsprozess am Laufen gehalten werden«. Wie die Stasi insgesamt vorging, um mit den üblichen Zersetzungsmethoden Verleumdung, Differenzierung, Kriminalisierung, Disziplinierung und Vorverurteilung die Arbeit der ESG zu behindern, werde ich in einem späteren Kapitel darstellen. Aber hier am Anfang schon trieb sie einen Keil zwischen verschiedene Gruppen der Gemeinde, heizte ein Problem zu einem Konflikt an. Meine damals zurückhaltende, zunächst beobachtende Art, meine Scheu, mich als Autorität zu zeigen und zu behaupten – bedingt durch mein Naturell und einer diffusen Ahnung gegenüber Stasi-Machenschaften – wurde von der Stasi benutzt, ein

Kesseltreiben gegen mich zu inszenieren. Daran haben sich viele beteiligt, andere weggeduckt, einzelne mich nach 1989 um Entschuldigung gebeten. Der zynische Freund, ohne ihm einen IM-Auftrag zu unterstellen, besuchte mich damals zu Hause und sprach davon, dass die Wege der Gemeinde und meine Wege sich wohl trennen müssten.

Eine Aussprache sollte die Dinge klären, die Unzufriedenen sollten ihre Beschwerden vortragen. Wie gesagt, diese waren – zumindest teilweise – berechtigt: Der Pfarrer soll erkennbar leiten, den Hut aufhaben, die Fäden in der Hand halten. Als neutralen Vermittler bat ich einen Doktoranden der Theologie dazu. Der war der Aufgabe nicht gewachsen, verriet seine Friedensmission, stellte sich auf die Seite der Ankläger.

Damals habe ich etwas über Gruppendynamik gelernt: Wer seinen Arsch aus dem Fenster hängt, weil er befürchtet, Prügel zu bekommen, bekommt sie erst recht. Oder, wie Wolf Biermann das Sprichwort gegen den Strich bürstet: Wer sich nicht in Gefahr begibt, kommt darin um. Als ich am Ende der Gruppensitzung allen allein gegenüberstand, wusste ich: Du musst jetzt springen, Dir etwas zutrauen, darfst der Verantwortung nicht mehr ausweichen! Ab diesem Zeitpunkt leitete ich die Gemeinde, machte regelmäßig Ansagen, zeigte nach außen, was ich innerlich vollzog: Ich bin als Pfarrer auch der Leiter dieser Gemeinde. Und wurde ab dann als dieser angenommen und anerkannt.

Das hinderte den IM »Ikarus« nicht, noch einmal sein Zersetzungswerk zu befeuern. Plötzlich stand er in meiner Wohnung vor mir und forderte: Die Gemeinde muss sich von Martin Bernhardt, einem auffällig rebellisch auftretenden Medizinstudenten, trennen, da er angeblich zu einer Gefahr für die Gemeinde geworden war. Das hieß im Klartext: Ich sollte den Studenten »exkommunizieren«. Mir wurde leicht schwarz vor den Augen, ein Meter entfernt stand die Stasi vor mir. So bedrohlich nahe war sie mir noch nie gekommen. Mein Erschrecken bewirkte zweierlei. Einmal radierte ich die Identität meines Gegenübers aus, d.h. als ich nach 1989 in der Akte »OV Apostel« las, dass ein für mich noch nicht identifizierter IMB »Ikarus« mit diesem Ansinnen zu mir kommen sollte, wusste ich zunächst nicht, wer mich da aufgesucht hatte, um mir dieses teuflische Angebot zu machen. (Teuflisch war es, weil mir einer Angst machte und mir anbot, die Angst loszuwerden auf Kosten eines Dritten!) Das andere, was ich in dieser bedrohlichen Situation tat: Ich blieb ganz klar und habe seinen Vorschlag zurückgewiesen. Wie ich im Einzelnen argumentierte, hatte ich vergessen, konnte es aber in der Akte im Bericht des IMs dann wiederfinden. Beim nächsten Gemeindeabend, das weiß ich noch, und das steht auch wieder in meiner Akte, sagte ich in der Öffentlichkeit der Gemeindeveranstaltung zu den Studenten: »Die Stasi will provozieren – lasst Euch nicht provozieren!«

Im Nachhinein kann ich sagen: Dieser erste Kampf war bestanden. Der Kampf gegen meine eigene Unentschlossenheit ebenso wie der, nicht zum Verräter gegenüber einem Gemeindeglied geworden zu sein.

Die Gemeinde lief nun in ihren geregelten Bahnen. Und diese Gemeinde gab mir selbst Kraft. Das Herzstück war der Montagabend im Jakobiturm. Zwei Momente vor allem belebten diesen Gemeindeabend immer wieder aufs Neue. Junge Menschen, vor allem – so sehe ich es heute – diejenigen aus christlichen Familien, pflegten großherzig einen Zusammenhalt, der sich positiv auf die ganze Gemeinde auswirkte. Studentinnen und Studenten der verschiedenen Fachrichtungen begegneten sich zwanglos, teilten Freuden und Sorgen des Alltags, knüpften Freundschaften und Beziehungen. Die jungen Männer und Frauen interessierten sich nicht nur füreinander, sie respektierten auch ihre Andersartigkeit. Die Angehörigen der beiden Geschlechter bekämpften sich nicht, sie wussten, was sie aneinander hatten.

Wenn, was manchmal vorkam, bei mir alle Kraft verzehrt schien, war es möglich, zu dem einen oder anderen Gemeindeglied zu gehen, dazusitzen, bei ihnen zu sein. Es war also möglich, wie Reiner Kunze gedichtet hatte: einzutreten, die Traurigkeit abzulegen und zu schweigen. Mit manchen Studenten verband mich eine Freundschaft. Diese Zusammengehörigkeit hat mich ebenso ermutigt wie das Wissen, mit vielen Christen und Nichtchristen auch außerhalb der Gemeinde in dieselbe Richtung zu streben. Wie wohltuend war es, mit so »echten« Menschen zusammenzuarbeiten wie der immer zuverlässig-freundlich-fröhlichen Finanzvertrauensstudentin oder mit dem tapferen, gegen Selbstzweifel ankämpfenden Mädchen, mit der ich in der Regel zusammen die Seiten unseres Programmheftes erstellte. Sie hatte auf ihren Arm geschrieben: »Respekt yourself!« Und als ich sie nach vielen Jahren wiedertraf, war sie eine befreite wunderschöne junge Frau, und es freute mich, von ihr zu hören, dass ihre Wiedergeburt in und durch die ESG erfolgt sei. Als noch ein Beispiel bleibender, dankbarer Verbundenheit möchte ich sagen, dass ich gern an die kleine Gruppe zurückdenke, in der wir – Tetzel, Christina, Anette und ich – gemeinsam die bulgarischen Berge und die Schwarzmeerküste unsicher machten, wie an die Pädagogikstudentinnen, die mich zum Geburtstag mit einem Blockflötenkonzert überraschten. Und ich denke an den einen, es war wieder der V-Student und spätere Senatspräsident Ulrich Tetzlaff, mit dem ich, wenn uns der Frust zu überwältigen drohte, spontan, ganz leise, gemeinsam anstimmte: »Großer Gott, wir loben Dich…« oder auch »Wacht auf, Verdammte dieser Erde…«

Neben der offenherzigen Freundlichkeit (»frech, fromm, fröhlich, frei!«), die die Gemeinde zusammenschmiedete, gab es ein zweites Moment:

unsere Referenten. Sie kamen aus der ganzen DDR, meist aus Berlin oder Greifswald, und sie verkörperten eine erstaunliche Vielfalt: Theologen und Kirchenmänner, Pfarrer und Pfarrerinnen, Philosophen und Psychologen, Schriftsteller und Schriftstellerinnen, Germanisten, Kunstkritiker und Sprachforscher, Schauspieler und Schauspielerinnen, Liedermacher, Puppenspieler, Musiker, Malerinnen und Filmemacher brachten neue Ideen und Anregungen in die Studentenschaft der Hansestadt. Über deren Auftritte wurde dann noch nach Tagen am Mensatisch diskutiert, wo sich vor allem Mediziner, Biologen und Pädagogen, die sich zur ESG hielten, gerne zusammenfanden. Die freiwillig übernommenen Aufgaben wie Andacht, Abendbrot, Plakataushang, Heizungsdienst und das Besorgen eines Referentengeschenks – hier waren die Mädchen besonders phantasiereich, ich glaube, es war Heike Bernhardt, die vorschlug, einen Kuchen zu backen – liefen reibungslos und unterstützten das Gelingen des Gemeindeabends. Aber auch Gottesdienste, Freizeiten auf Hiddensee und Rügen festigten die Gemeinschaft. Ich hatte das Gefühl, dass das passierte, was ich als Ziel einer christlichen Gemeinde ansah. Ich konnte sagen: Sie »blüht und gedeiht«.

Ein weiterer attraktiver Bestandteil der ESG-Arbeit waren die Arbeitskreise. Einige wie ein »philosophisches Frühstück«, das zu fast nachtschlafender Zeit stattfand, liefen aus, andere wurden neu begründet. Die Studenten arbeiteten in den Arbeitskreisen selbstbestimmt, übten demokratische Verhaltensweisen ein, strahlten mit ihren Ergebnissen in die übrige Gemeindearbeit aus. Sie stellten als Orte für die – meist wöchentlichen – Zusammenkünfte ihre eigenen Studentenbuden zur Verfügung, auch wenn die »schwarz«, also illegal, bezogen waren. Da die Stasi bei wechselnden Veranstaltungsorten leicht den Überblick verlor, war sie entsprechend nervös, versuchte in dieser Frage der Arbeitskreise – wie in anderen Fragen – über »kirchenleitende IM« Einfluss zu nehmen. (Wie diese – übrigens nur windelweich vorgetragenen – Versuche der Einflussnahme erfolgten und misslangen, wird weiter unten, im Stasi-Kapitel, berichtet werden.) Einmal kündigte ich einen Kreis für Glaubenskunde, einen »Taufkreis« an, und schon befürchteten die Stasisten – erneut erst eine Erkenntnis nach 1989 – eine »Taufwelle« in der ESG.

Ein anderes Mal machte der Student Uwe Eichler am Gemeindeabend folgende Ansage: »Ich möchte mehr über den Buddhismus wissen, möchte mit denen von Euch, die das auch interessiert, Texte dazu lesen und lade dazu ein, in meine Studentenbude!« Da er auf Interesse stieß, war der Arbeitskreis damit begründet. Dass auch die Stasi sich für diesen Kreis interessierte, wird an einer Skizze deutlich, die sie von der Wohnstätte des Studenten anfertigte und die sich in unserer »OV Apostel«-Akte fand.

Die »heißesten«, erstaunlicherweise dennoch stabilsten Arbeitskreise der frühen Achtziger waren die Ökologie- und Friedenskreise. Die Ökologen um den Studenten Karl Hildebrandt machten sich sachkundig, ließen ihre Erkenntnisse in die Gemeindearbeit einfließen. Sie waren es sicherlich auch, die eine Baumpflanzaktion anregten, die wir durch Vermittlung der CDU in Eldena zwischen Klappbrücke und Freibad durchführen konnten. Es war mir recht, auch einmal auf das andere Bibelwort zu hören. Bei den häufigen Situationen, in denen sich Christen, auch wir, verweigerten, zitierten wir gern: »Du sollst Gott mehr gehorchen als den Menschen!« Jetzt konnten wir auch einmal sagen: »Suchet der Stadt Bestes!«

Friedenskreise gab es wohl meist eine Handvoll. Einer bestand nur aus Frithjof Heller und Martin Bernhardt; sie nahmen sich vor, die Skulptur eines »Blauen Engels« als Preis an verdienstvolle Personen zu vergeben. Marie-Luise Heller war mit anderen jungen Frauen vereint in der Beschäftigung mit »friedensfördernder Kinderliteratur«. Dazu machten sie bei größeren Veranstaltungen Ausstellungen.

Ein dritter Kreis las und diskutierte die klugen und wegweisenden Papiere des Referats Friedensfragen bei der Theologischen Studienabteilung des Bundes der Evangelischen Kirchen in der DDR, die ich ihnen zur Verfügung stellen konnte. Deren Autoren Joachim Garstecki, Ulrich Huth und Walter Romberg haben wir gern auch als Referenten in unsere Gemeinde eingeladen. Garstecki war seit Mitte der Siebziger als katholischer Theologe Leiter dieses Referats Friedensfragen beim evangelischen Arbeitgeber; Huth als Quäker und DDR-Bürger nach New York zu einer UNO-Konferenz gefahren; Romberg war Mathematiker bei der Akademie der Wissenschaften und kirchlicher Friedensforscher, vertrat das Gradualismus-Konzept für eine Abrüstung in kleinen Schritten, war später dann in der Übergangs-DDR nach 1989 zunächst Minister ohne Geschäftsbereich (unter Modrow), dann Finanzminister (unter Lothar de Maizière).

Später entstanden in unserer Gemeinde zusätzlich zu unseren Friedenskreisen spontane Friedensinitiativen wie die Gruppe, die einen Brief an das Außenministerium der DDR schickte, oder die kleine Gruppe, die Kirchenbesucher – und Stasi! – mit einem unangekündigten Transparent beim Landeskirchlichen Friedensforum 1984 in der Jakobikirche überraschte.

Eine weitere Attraktivität, für viele das »Sahnehäubchen« im Gemeindeleben, waren Begegnungen ökumenischer Art, in denen die engen Grenzen des Landes überwunden wurden. Begegnungen mit Polen, Holländern, Schweizern und Westdeutschen.

Mit den Polen konnten wir uns nur einmal treffen, da seit dem Jahr 1981 im Nachbarland die Zeit des »Kriegsrechts und der Repressionen« angebrochen war. Der polnische General Jaruzelski hatte – für einige Jahre, und letztlich ohne Erfolg – mit Gewalt und tausendfachen Internierungen versucht, die Solidarność-Bewegung in Schach zu halten. Sonst, so die damals oft gehörte Begründung, marschieren die Sowjets ein! Immerhin hatten deren Panzer 1953 (DDR), 1956 (Ungarn) und 1968 (Tschechoslowakei) nicht zugelassen, dass sich ein Volk aus dem sozialistischen Lager auf eigene Beine stellt, über sein Schicksal selbst zu bestimmen versucht.

Ich rief in Stettin bei der Katholischen Studentengemeinde an, um die Modalitäten für das Treffen in Greifswald abzusprechen. Gleich zu Beginn des Telefonats unterbrach uns streng eine kontrollierende Frauenstimme: »Dieses Telefongespräch wird abgehört!« Meine katholischen Gesprächspartner und ich ließen uns dadurch nicht ins Bockshorn jagen. Wir klärten in Ruhe alles, was zu klären war, sodass dem Treffen nichts mehr im Wege stand.

Als die Gruppe wenig später über die Schwelle meiner Dienstwohnung lief, um sich mit unseren Gemeindegliedern zu treffen, rief einer der Pfarrer mir zu: »Gelobt sei Jesus Christus!« Und ich bedauerte später manchmal, nicht gewusst zu haben, dass ich mit einem kräftigen »In Ewigkeit. Amen!« hätte antworten können.

Andere Gäste, die uns in Greifswald mehr oder weniger einmal im Jahr besuchten, kamen aus Holland und der Schweiz. Sie konnten irgendwie auch bei unseren Leuten untergebracht werden. Das konnte man wagen. Galten so kleine westliche Länder wie die Schweiz und die Niederlande ja nicht als so »gefährlich imperialistisch« wie etwa die Bundesrepublik, weshalb wir uns mit den westdeutschen Freunden in Berlin treffen mussten.

Als einige Studenten und ich vor meiner Wohnung auf die Ankunft der Holländer warteten, erzählte ich den anderen einen Witz. Ich bin allerdings nicht ganz sicher, aber auf jeden Fall wäre es schön gewesen, wenn ich ihn in dieser Situation erzählt hätte. Den Witz versteht man, wenn man weiß, dass die DDR irgendwann beschlossen hatte, aus Schweden einige Exemplare dort gefertigter Automobile einzuführen, um sie einigen Genossen der Polit-Nomenklatura zur Verfügung zu stellen. Nun der Witz: »In welches Auto passen mehr Menschen? In einen Volvo oder einen Trabbi?« – Häufigste Reaktion: abwartendes Schweigen. Antwort: »Natürlich in einen Trabbi! Oder hast Du schon mal fünf Leute aus einem Volvo aussteigen sehen?«

Wenig später fuhr ein Renault R 5 vor, in den Abmessungen auch nicht viel größer als ein Trabant, und aus ihm stiegen fünf junge Männer, vier Studenten und ihr Chauffeur, der katholische Studentenpfarrer von der Ökumenischen Universitätsgemeinde aus Utrecht. Henk Jansen war Franziskaner und beeindruckte nicht nur durch seine im Sommer wie im Winter getragenen Sandalen, in denen immer nackte Füße steckten. Er hat uns auch sehr schöne liturgische Feiern beschert, darunter auch die Taufe von Johann, dem dritten meiner Kinder. Henk hatte die dicke Bonhoeffer-Biographie von Eberhard Bethge mindestens zweimal gelesen. Wir diskutierten »Waarom verfreemden jongeren van de Kerk?«, erkannten Gemeinsames und Unterschiedliches in der jeweiligen Lebenswirklichkeit.

Einmal hatte ich die holländischen Gäste und einige Greifswalder Studenten zu mir zum Frühstück eingeladen. Kurz zuvor hatte ich beim Bäcker etwa dreißig frische Brötchen gekauft und gerade in eine große Schüssel auf dem Esstisch geschüttet. Die Holländer staunten: So viele Brötchen? Hat das nicht ein Vermögen gekostet? (Wir wussten damals auch nicht, dass unsere Semmeln und Knüppel im Westen das Mehrfache kosteten.) Doch gleich darauf hatten wir Grund zum Staunen. So wie damals viele junge Männer bei uns einen flachen gestielten Kamm in der Gesäßtasche ihrer Jeans trugen, um ihn immer zur Hand zu haben, zogen jetzt unsere holländischen Freunde wie auf Kommando aus der gleichen Tasche jeder seinen individuellen Käsehobel, um sich über den Gouda herzumachen.

Ebenfalls ungefähr einmal im Jahr besuchten uns Freunde aus Bern. Pfarrer Andreas Schmutz und der vielseitig interessierte Umweltschützer und Radio-Mann Fredi Breitschmied kamen mit einer kleinen Gruppe. Fredi führte in seiner Heimat Parlamentarier in den Wald, um ihnen an den kleinsten Veränderungen der Baumblätter das drohende Waldsterben vorzuführen. Er hatte auch Kontakte zu DDR-Umweltschützern wie dem Schriftsteller Reimar Gilsenbach, der auch in unserer Gemeinde Gast war, mit dem wir einmal eine Öko-Wanderung planten, was die Stasi sehr aufschreckte.

Fredi machte in Greifswald nun einen Veranstaltungsvorschlag, der mir unvergessen blieb. Er sagte zu mir: »Lass uns aus der Stadt hinausfahren, an einen Ort, den Caspar David Friedrich gemalt hat oder gemalt haben könnte, und lass uns dort lagern und das Gespräch pflegen!« Nun denkt man, na!, den Standort, den CDF eingenommen haben muss, um etwa die »Wiesen bei Greifswald« zu malen, mit den drei Kirchen im Hintergrund und vorn den grasenden und springenden Pferden, der müsste sich finden lassen. Aber ganz so einfach ist das doch nicht. Wir lagerten uns dann aber dort in der Nähe an einem grasbewachsenen Hang mit dem Blick auf die vertraute Stadtsilhouette. Und pflegten das Gespräch. Als ein solches Treffen nach einigen Tagen zu Ende ging, sagte ich wehmütig zu Fredi: »Wenn Ihr kommt, wird unsere Welt ganz weit!« Er revanchierte sich mit dem Kompliment: »Bei Euch wird das Kleine und Einzelne ganz wichtig, wir fahren auch bereichert nach Hause!«

Und dann gab es noch die Begegnung zwischen ESGn aus Ost- und Westdeutschland, die sogenannten »Partnertreffen« in Ost-Berlin. Der Name Partnertreffen hatte nichts mit der menschlichen Neigung, »Zweier-

ESG-Partnertreffen in Ost-Berlin, in der Mitte der Kölner Studentenpfarrer Dieter Manecke, 1987

kollektive« zu bilden, zu tun, sondern war eine sinnvolle, mit der Zeit notwendig gewordene Korrektur der ursprünglich gebräuchlichen Bezeichnung »Patentreffen«. Schon zu meiner Studentenzeit hatte ich zugehört, wie ältere Kommilitonen von ihren Begegnungen mit Heidelberger Studenten schwärmten. Inzwischen waren die Beziehungen neugeordnet. Greifswald traf sich mit Köln, Bonn und Düsseldorf. Ich habe als Student auch an solchen Treffen teilnehmen können. Damals sagte unser Pfarrer Christoph Sehmsdorf manchmal: »Wir werden beobachtet.« Ich stellte mir bildhaft vor: Da steht irgendwo im Haus gegenüber jemand mit einem Fernrohr hinter der Gardine. Natürlich ging der Pfarrer realistischer Weise davon aus, dass es Stasi-Zuträger unter uns gab, und wollte uns mit der Bemerkung ermahnen, immer verantwortlich zu reden.

Eine deutsche Ost-West-Begegnung war natürlich besonders brisant. Deshalb fand sie auch nicht in Greifswald, sondern unter erschwerten Bedingungen in Ost-Berlin statt. Ich musste nun als Studentenpfarrer selbst organisieren, was ich bei meinem Vorgänger hatte beobachten können. Zuerst galt es, ein Gemeindezentrum zu finden, das uns für ein Wochenende zur Verfügung stand. Wir Ostteilnehmer schliefen mit Luftmatratze und Schlafsack auf dem Fußboden, unsere Freunde in einer – meist alternativen – Unterkunft in West-Berlin. Bei jedem täglichen Grenzübergang versuchten einige von ihnen, uns Taschenbücher mitzubringen. Die wurden von den Grenzorganen oft einbehalten, allerdings abends zurückerstattet. Doch immer wieder gelang es, einzelne Bücher durchzuschleusen. Wenn man so ein in der DDR nicht erhältliches Buch geschenkt bekam, hatte man das Gefühl, einen Schatz in Händen zu halten. So stehen noch heute in meinem Bücherschrank – immer wieder zur Hand genommen und dankbar zerlesen – solche Titel wie »Ich bin o.k. – Du bist o.k.« von Thomas Harris, »Spontan leben« von James/Jongeward und »anleitung zum sozialen lernen« von Schwäbisch/Siems. So wie manche Menschen waren sie zu treuen Begleitern in bestimmten Lebensphasen geworden.

Für jedes Treffen hatten wir ein Thema ausgemacht, hatten es ein Semester lang getrennt vorbereitet, um es dann in Berlin gemeinsam zu diskutieren. Ich erinnere mich an »Vaterländische Muttersprache«, also die Frage, wie trennt und verbindet uns die gemeinsame Sprache, Faschismus-Theorien, Austausch über die angebliche »Stunde Null«, deutsche Hoffnungen nach 1945. Oder wir lasen Bücher, zum Beispiel »Kassandra« von Christa Wolf oder von Simone de Beauvoir: »Das andere Geschlecht«. Zur Besprechung des in der DDR nicht veröffentlichten und nicht gespielten Stücks »Hamletmaschine« (»Something is rotten in this age of hope!«) von Heiner Müller konnte ich dessen Regieassistenten Jürgen Verdofsky, meinen Freund aus der EOS-Zeit in Halle, dazu einladen. Ein anderes Mal bat ich die oppositionelle Künstlerin Freya Klier zu einem unserer Treffen. Als sie mit einer Freundin über die Schwelle trat, begrüßte sie mich schelmisch: »Na, Du alter Reaktionär!« Ich war ein bisschen verdutzt. Und später ganz froh, in einem ihrer autobiographischen Texte zu lesen, dass das ihre Art war, anfangs nur ihren Vater und dann auch andere Personen liebevoll zu begrüßen.

Die Gemeinschaft hat uns gutgetan. Wir lernten von den Westlern, uns mit einer Umarmung zu begrüßen und zu verabschieden. Die Treffen machten uns auch klar, wie weit wir jungen Deutschen in Einzelfragen schon auseinanderlagen. Aber im Darüber-Sprechen verstanden wir den anderen Standpunkt, was wieder eine gewisse Nähe erzeugte. Wir haben uns übereinander gewundert und wir haben voneinander gelernt. Einiges allerdings blieb uns fremd.

So konnte ich nur schwer nachvollziehen, was die jungen Westfrauen dann irgendwann behaupteten, die ganze zivilisierte Welt sei mit Phallus-Symbolen ausgestattet, jeder Laternenpfahl, jede Litfaßsäule ein Wahrzeichen für männliche Dominanz und Unterdrückung der Frauen. Auch fiel mir schwer zuzustimmen, dass jeder, aber auch jeder literarische Text im Sinne einer bestimmten Spielart marxistischer Gesellschaftskritik auszulegen sei. So sei Goethes »Über allen Gipfeln ist Ruh...« in jedem Fall gesellschaftskritisch zu lesen (und nicht als »Nachtlied«, mit dem sich ein »Wandrer« auf den Schlaf, vielleicht den Tod, vorbereitet). Einmal sprachen wir in einer Pause über unsere Erfahrungen mit Staus auf der Autobahn. Ein Weststudent meinte: »Dann ist das wohl eine systemübergreifende Erfahrung.« Eine Kommilitonin konterte: »Was heißt systemübergreifend?« Sie bestand darauf, dass es eine andere Erfahrung sei, ob man im Kapitalismus oder im Sozialismus im Stau steht.

Eine weitere Differenz war spürbar, wenn es um die praktische Planung ging. Wir im Osten, auch ich als Schüler und Student, vertrauten den Vorschlägen der Älteren, also zum Beispiel den Jugendmitarbeitern oder den Pfarrern. Wir hatten Vertrauen zu ihnen, taten gern, was sie anregten, merkten dann im Vollzug, dass uns das guttat. Die Weststudenten waren da autoritätskritischer. Das erzeugte als Reaktion bei ihren Pfarrern eine einfühlende Gesprächshaltung. Das gefiel mir. Allerdings ging es mir sehr weit, als – etwa 1985/86 – eine ältere Westkommilitonin den ganzen Vormittag mit Verfahrensfragen beherrschte. Sie wollte erst einmal geklärt wissen, wie wir vorgehen wollen, das Thema zu erschließen, sodass wir gar nicht mehr zum Besprechen des Themas kamen. Dieselbe sprach dann auch, immer wenn sie auf Ost-Berlin kam, von »Berlin – Hauptstadt der DDR«.

Solche Erfahrungen miteinander zu machen, ließ wie gesagt nicht nur Fremdheit entstehen, sondern weitete auch unseren Horizont: Aha, auch so kann man mit den Dingen umgehen. Wir mussten das ja nicht nachmachen! Auf direktem Wege bereichert fühlte ich mich, wenn mir zum Beispiel Dietrich aus Köln von einem Freund erzählte, der die Jesus-People-Szene von innen kannte, der sogar Sannyassin geworden war, also ein Jünger Bhagwans. Dieser Freund, so Dietrich, trug ein entsprechendes rotes Gewand und an der Holzperlenkette um den Hals die Mala, also das Bild des Meisters. Genauso habe es eine Zeit lang der Philosoph Peter Sloterdijk getan.

Gern erinnere ich mich auch an einen Studenten der Philosophie. Er hatte unsere Gesprächsgrundlage, das Buch von Simone de Beauvoir im französischen Original gelesen: »Le Deuxieme Sexe«. Wir gingen zurück, hatten abends in einer Kirche Bert Papenfuß zugehört, einem der jungen Dichter der Prenzlauer-Berg-Szene. Er und einige seiner Kollegen hatten das assoziative Sprachspiel so weit getrieben, dass es keinen verbindlichen Sinn mehr hergab. Der Student sagte, und die Klarheit seines Urteils hat mir imponiert: »Wir brauchen bei den heutigen Zerstörungstendenzen nicht auch noch eine Zerstreuung und Zertrümmerung der Sprache. Wir müssen vielmehr die Dinge auf den Punkt bringen!«

Ähnlich wie zu den Studenten war auch das Verhältnis zu den Kollegen Pfarrern. Wenn uns an ihren Äußerungen etwas zunächst fremd erschien,

ESG-Schaukasten

wandelte es sich, da Vertrauen da war, sehr schnell in etwas Neues, das uns dann sogar neugierig machte. Wir erlebten Infragestellung und Zuspruch in einem. Gern denke ich an das Gespräch mit Dieter Manecke über die Kommunikation in Familien, ausgelöst durch das Buch »Familienkonferenz« von Thomas Gordon. Er verblüffte mich mit der persönlich gewonnenen Einsicht, die banal erscheinen mag, wenn etwas zwischen Mann und Frau, zwischen Eltern und Kindern, nicht zu Ende geklärt werden kann, muss man es eben, bis zu einer möglichen Klärung, offenlassen. Da neigte ich anscheinend damals eher zu einer rigiden Entweder-Oder-Meinung: Recht könne nur einer haben.

Oder die Gespräche mit Jörn-Erik Gutheil. Er engagierte sich für amnesty international und nahm aktiv mit einem Gottesdienst an der großen Bonner Friedensdemonstration teil, zu der sich dreihunderttausend Menschen versammelt hatten. Er schenkte mir das Buch über dieses Großereignis »Bonn 10.10.81« mit der Widmung »für Harro, den Freund, zur gegenseitigen Ermutigung und Bruderschaft«.

Auch andere Kollegen habe ich in Erinnerung, selbst wenn ihre Namen vergessen sind. Einmal staunte ich nicht schlecht, als einer von ihnen aus seiner Geldbörse einen Schein hervorholte, der vom Pflichtumtausch stammte, und schwärmte: »Ihr habt Thomas Müntzer auf dem Geldschein!« Das klang so wie: »Wie könnt Ihr doch stolz sein!« Leider sprachen wir nicht mehr über die ebenso notwendige wie gefährliche Sprengkraft von (gutgemeinten) Utopien und ihrer Angewohnheit (oft oder gesetzmäßig?), aus dem Ruder zu laufen.

Es war immerhin derselbe Pfarrer, der mir sagte, er glaube nicht an einen »Schutt-und-Asche-Sozialismus«, einen Sozialismus also, der erst durch die Zerstörung alles Vorherigen, also auch der Errungenschaften der bürgerlichen Gesellschaft, ermöglicht werde. Das ließ mich auch über die christliche Zukunftshoffnung nachdenken. Kommt das Reich Gottes, der »neue Himmel, die neue Erde« erst nach dem Untergang der bestehenden Welt – oder kann es sich mit Gottes und der Menschen Hilfe aus ihr entwickeln? Hoffen wir Christen auf die Abschaffung dieser und die Neuschaffung einer neuen Welt oder an die Vervollkommnung von Gottes Schöpfung?

Kapitel 19

Wie die Friedensfrage Anfang der achtziger Jahre zur entscheidenden gesellschaftspolitischen Herausforderung heranwächst und das Schicksalsjahrzehnt der DDR einleitet

Es gab Menschen in der DDR, und manchmal gehörte ich zu ihnen, die erweckten den Eindruck, sie seien einigermaßen zufrieden. Zwar wussten alle, dass es Einschränkungen gab. Man konnte nicht unbeschränkt reisen. Man konnte keine westlichen Bücher und Zeitungen kaufen. Es war nicht möglich, die vielen verlockenden Dinge zu erwerben, die den meisten durchs Westfernsehen ins abendliche Wohnzimmer, allerdings nur optisch, geliefert wurden. Man wusste das. Man lebte damit. Und ehe man sich dem Selbstmitleid ergab, versuchte man es lieber flapsig mit einem Körnchen Selbstverspottung: »Was soll ich in die Karibik fahren, wenn ich die Ostsee habe! Und wozu brauche ich einen amerikanischen Straßenkreuzer, der Trabbi tut's doch auch!«

Natürlich war solcher Frieden nicht echt, war eher die Tünche über der Stimmung einer müde gewordenen Gereiztheit. Wenn sich die gesellschaftlichen oder ökonomischen Widersprüche im Lande verschärften, war mit dem Hervorbrechen von Unzufriedenheit zu rechnen. Das hatten die Genossen bis zum Ende der siebziger Jahre dreimal erleben müssen: heftige Unzufriedenheit, die schon damals in Protest und Widerstand überging.

1953 hatte die Normenerhöhung die Arbeiter erregt. Wie wir heute genauer wissen, kam es in 700 Orten zu Streiks, Demonstrationen und Protesten, die in den Volksaufstand am 17. Juni mündeten, der nur mit Hilfe sowjetischer Panzer niedergeschlagen werden konnte.

In den fünfziger Jahren hatte die Zwangskollektivierung, also die Wiederwegnahme des Landes, das die Bauern in der Bodenreform gerade erst erhalten hatten, zu Hunderten Selbstmorden unter der Landbevölkerung und zu vieltausendfacher Flucht in den Westen geführt, die nur durch den Bau der Mauer 1961 gestoppt werden konnte.

Und 1976 hatte die SED mit der Biermann-Ausbürgerung nun auch noch die Intelligenz, jedenfalls einen großen Teil der künstlerischen Intelligenz, gegen sich aufgebracht.

Im Wappen der DDR prangen ja Hammer, Ährenkranz und Zirkel für die beiden Klassen der Arbeiter und Bauern und die mit ihnen verbündete

Schicht der Intelligenz (Klasse und Schicht wurden terminologisch sorgfältig unterschieden) als Symbol für die sozialen Gruppen, die diesen Staat bildeten, denen er angeblich diente.

Aber mit diesen drei – hier den Arbeitern, den Bauern und der Intelligenz zugeordneten – Unruhejahren 1953, 1961, 1976 war der Staat einigermaßen fertig geworden, mal »besser«, mal »weniger gut«. Man arrangierte sich miteinander. Die Arbeiter, so mochte man den Eindruck haben, ließen die Parteisekretäre hinfort reden, machten ihre Arbeit und konnten einen bescheidenen Wohlstand erwerben. Die Bauern, nachdem sie die Kollektivierung nicht verhindern konnten, freundeten sich mit den geregelten Arbeitszeiten des Schichtdienstes in LPG und VEG an. Wer unbedingt ein eigenes Schwein im Koben hinter seinem Haus heranfüttern wollte, dem gestattete der Staat die »individuelle Sau«.

Die Künstler allerdings waren nicht so schnell zu befrieden. Nach dem hundertfachen Protest gegen die Biermann-Ausbürgerung und den sich anschließenden Repressalien gingen einige der besten Schriftsteller und Künstler in den Westen, so Reiner Kunze, Günter Kunert, Sarah Kirsch, Manfred Krug, Nina Hagen und Bettina Wegner. Einige derer, die gingen, wie Jurek Becker und Klaus Schlesinger, schafften es sogar, mit einem DDR-Visum im Westen zu leben und zu arbeiten. Aber immer noch waren die dagebliebenen opponierenden Schriftsteller und Denker schwer zu bändigen. So kam es zu Gerichtsvorladungen für Stefan Heym und Robert Havemann, die zu Geldstrafen führten, und zum Rauswurf von neun Schriftstellern aus dem Schriftstellerverband, darunter Stefan Heym, Adolf Endler und Rolf Schneider.

Um möglicherweise nicht auch noch an einer vierten Front Unruhe zu haben, hat der SED-Staat es für richtig gehalten, eine Art Burgfrieden mit der ungeliebten Evangelischen Kirche zu schließen, zu der noch Millionen Mitglieder, vielleicht die Hälfte der Bevölkerung, gehörten. Immerhin hatte die Evangelische Kirche sich 1969 von der Evangelischen Kirche in Deutschland (EKD) abgekoppelt und einen eigenen »Bund der Evangelischen Kirchen in der DDR« gegründet.

Es kam, für fast alle Bürger unvorhergesehen, am 6. März 1978 zu einem Spitzengespräch zwischen Bischof Albrecht Schönherr und dem Staatsratsvorsitzenden Erich Honecker. Am nächsten Tag überraschten die Fotos auf der ersten Seite des »Neuen Deutschlands«, auf denen Honecker und Schönherr, aber auch noch andere Staats- und Kirchenvertreter im – wie es schien – einvernehmlichen Gespräch miteinander abgebildet waren. Von Gleichberechtigung und Chancengleichheit war da die Rede. Konnte man diesem Frieden trauen? Galt er auch für die einfachen Gemeindeglieder, die ja immer wieder und immer noch mancherlei Diskriminierung und

Zurücksetzung – etwa bei der Nichtzulassung zu höheren Bildungseinrichtungen – ausgesetzt waren? Schönherr mahnte öffentlich an: Diese Vereinbarungen zwischen Staat und Kirche seien so gut, wie sie an der Basis, vor Ort von jedem einzelnen christlichen Bürger erfahren würden. Und uns Gemeindegliedern erklärte er: Der Weg der Christen in der DDR gleiche einer Wanderung durchs Gebirge, auf »schmalen Grat«, wo man rechts und links nicht abstürzen dürfe, ein Weg »zwischen Anpassung und Verweigerung«, oder wie es dann auch manchmal hieß, »zwischen Opportunismus und Opposition.«

Also plötzlich stand da eine vage Hoffnung im Raum, dass sich manche Dinge bessern könnten. Jetzt – oder schon einige Zeit vorher – durfte die Kirche in Neubaugebieten eigene Kirchengebäude errichten, nachdem man jahrzehntelang die Genehmigung mit der Begründung verweigert hatte, sozialistische Modellstädte vertrügen keine Gebäude einer absterbenden Organisation. Kirchengemeinden wie Eisenhüttenstadt oder Rostock-Südstadt hatten sich viele Jahre mit Wohnwagen und Baracken als Gottesdienststätten am Rande solcher Neubaugebiete beholfen.

Wenn die SED allerdings gehofft haben sollte, nachdem das Verhältnis zur Evangelischen Kirche sich einigermaßen entspannt gestaltete, könne sie nun an anderer Stelle die Daumenschrauben anziehen, hatte sie sich gründlich getäuscht. Das war ähnlich schon 1953 geschehen. Der »Neue Kurs« vom 9. Juni, mit dem die SED auf Geheiß der Sowjets, was äußerlich nicht zu erkennen war, der Kirche entgegenkam und hunderte, tausende Ausschlussverfahren an Bildungseinrichtungen für christliche Oberschüler und Studenten zurücknahm, hatte den Aufstand des 17. Juni nicht verhindern können, hatte ihn möglicherweise erst richtig in Gang gebracht, weil die Menschen zu sehen meinten, man könne dem Staat doch Zugeständnisse abringen. So meine nachträgliche Vermutung, die eines damals Dreijährigen. Liebe Historiker, wahrscheinlich wisst Ihr da mehr, sonst überprüft das doch mal!

Die SED machte 1978 indes – ganz im Gegensatz zum angeblich der Verständigung dienenden Geist des 6. März – einen weiteren, diesmal als feindselig empfundenen, Schritt auf die Kirche zu. Dieser Schritt sollte sich als entscheidender innenpolitischer Fehler herausstellen, der neben anderen außenpolitischen Vorgängen, die sich ereigneten – Ende 1978 wird der polnische Kardinal Karol Wojtyła Papst, 1979 Nato-Doppelbeschluss und Afghanistan-Einmarsch der Sowjets, ab 1980 die Gewerkschaft Solidarność in Polen, Mitte der Achtziger Michael Gorbatschows Perestroika – den DDR-Staat ins Wanken, letztlich zum Einsturz brachte. Die SED setzte, jedenfalls innenpolitisch, auf Militarisierung statt auf Entspannung, verletzte den Geist vom 6. März 1978 und führte durch eine (im Februar beschlossene, im September ans Licht der Öffentlichkeit tretende, Schritt für Schritt umgesetzte) Direktive des Volksbildungsministeriums den obligatorischen »Wehrunterricht« ein. Ein bisher ziviler Bereich, die Schule, sollte auf diese Weise militarisiert werden. Der Offizier in Uniform kam waffenvorführend in die Schulklasse, agitierte für die Verteidigungsbereitschaft. Die Schüler hörten sehr bald: »Der Frieden muss bewaffnet sein!« Und dem aufkommenden pazifistischen Slogan »Frieden schaffen ohne Waffen!« wurde – vielleicht damals schon, zumindest dem Sinne nach – ein realsozialistisches »Frieden schaffen gegen Nato-Waffen!« entgegengesetzt. Die Evangelische Kirche stellte sich dem entgegen, protestierte, antwortete 1980 mit einem Beschluss der Konferenz der Kirchenleitungen, indem man sich auf »Friedenserziehung« verpflichtete, die in persönlichen, gesellschaftlichen und globalen Zusammenhängen zu leisten sei.

Es gibt ja die interessante Frage, die nicht nur ehemalige Genossen, sondern auch die Dissidenten unter ihnen beschäftigt, ob die DDR, wenn sich ihre Führung anders verhalten hätte, noch zu »retten«, und ab welchem Zeitpunkt es dafür noch nicht zu spät gewesen wäre. Mit meinem Freund Andreas Kuhnert, von der Stasi an erster Stelle für ein mögliches Internierungslager vorgesehener Pfarrer und nach der Revolution langjähriger Landtagsabgeordneter in Potsdam, fuhr ich nach 1989 gemeinsam zu Gustav Just, der im selben Jahr wie mein Vater für mehrere Jahre verhaftet wurde, in seinen Wohnort Prenden. Dort hat er genau diese Frage, ob und bis wann die DDR noch zu retten gewesen wäre, angesprochen. Nun gibt es natürlich diejenigen, die immer schon alles gewusst haben, die heute erklären, dass es von Beginn an Murks gewesen wäre, diesen Drei-Buchstaben-Staat allein auf der Macht sowjetischer Panzer aufzubauen. Solche Betrachtungsweise übersieht allerdings die weitgehend – auch bei vielen Linken im Westen – akzeptierte Legende, der DDR-Staat sei schon deshalb legitim, weil er als antifaschistische Neugründung ein neues Kapitel in der deutschen Geschichte darstelle. Aber auch die, die in der DDR gelebt haben, wollten und konnten nicht anders, als immer wieder Hoffnung zu hegen, dass sich die Dinge bessern könnten. Sie litten und bedauerten, dass es dreimal zu solch bedrückenden, allein der Machterhaltung dienenden Lösungsversuchen für die gesellschaftlichen Widersprüche gekommen war.

Aber für wie entscheidend auch immer die Unruhe- und Repressionsjahre 1953, 1961, 1976 angesehen werden und heute gern das eine oder andere dieser Daten symbolisch als »Anfang vom Ende der DDR« gedacht und benannt wird, letztlich – so meine mit der eigenen Erfahrung übereinstimmende These – war es das Friedensthema, symbolisiert im Jahr der Nachrüstung 1983, das das letzte Jahrzehnt der DDR beherrschte und zu seinem Schicksalsjahrzehnt werden ließ.

Wie bereits angedeutet, schon 1978/9 gab es ein Wetterleuchten an fernen Horizonten. Mit dem neuen polnischen Papst, dem Einmarsch sowjetischer Truppen in Afghanistan, der iranischen Revolution war Unruhe von ganz weit her spürbar geworden. Aber Unruhe gab es auch dicht nebenan: In Polen, dem östlichen Nachbarland, bildete sich 1980 die neue staatsunabhängige Gewerkschaft. Im Westen galt seit 1979 der Nato-Doppelbeschluss. Fortan bestimmte die Friedensfrage alles übrige Nachdenken. Willi Brandt: »Der Frieden ist nicht alles, aber ohne Frieden ist alles nichts!« Der Nato-Beschluss von 1979, der beinhaltete, dass, wenn die östlichen Mittelstreckenwaffen SS 20 nicht zurückgezogen würden, dann mit Stationierung amerikanischer Mittelstreckenwaffen in Westeuropa geantwortet werden müsse, beunruhigte die Menschen in West- und Osteuropa gleichermaßen, ließen das Schreckensbild einer militärischen Konfrontation in der Mitte des Kontinents entstehen. Von den Niederlanden bis in die DDR entstand eine staatsunabhängige Friedensbewegung, ein gärender Sauerteig, dessen Auswirkungen für die Mächtigen nicht mehr einfach vorherzusehen und zu kontrollieren waren.

Da die östlichen Machthaber Anfang der Achtziger sich schon an der »unabhängigen« Gewerkschaftsbewegung Solidarność in Polen trotz Kriegsrecht und gewaltsamen Repressionen vergeblich »die Zähne ausbissen«, bestand ihre große Angst, in der Evangelischen Kirche in der DDR könne ebenfalls eine »unabhängige« Friedensbewegung heranwachsen. Die Kirche ist dieser Angst sehr bald geschickt mit einem semantischen Schachzug begegnet. »Eigenständig« sei das kirchliche Friedensbemühen, eigenständig, nicht unabhängig. In einer Diktatur, die sich um Gleichschaltung aller Lebensbereiche bemühte, war »eigenständig« für die Herrschenden kaum weniger beunruhigend als »unabhängig«. Aber für die SED-Oberen gab es keine Wahl. Sie mussten nun hoffen, dass das Kirchenvolk mit der Kirchenleitung darin übereinstimmte, was »eigenständig« bedeutet und dass die Folgen nicht aus dem Ruder liefen.

Welche gesellschaftspolitische, ja schicksalshafte Bedeutung diese aufkeimende Friedensbewegung hatte, lässt sich erst im Nachhinein erkennen. Damals ging es zunächst ganz existentiell darum: Wir spürten, wie sich die Kriegsgefahr vergrößerte. Unsere Angst wuchs, aber unsere Kraft und unser Mut auch. Zumal ja ringsum holländische, westdeutsche Friedensfreunde, Leute in Berlin aufstanden und sich zu Wort meldeten. Viele Losungen – egal ob aus Ost oder West – wirbelten durcheinander: »Frieden schaffen, ohne Waffen!«, »Schwerter zu Pflugscharen!«, »Die Zeit ist reif für ein Nein ohne jedes Ja zu den Massenvernichtungswaffen!« Westdeutsche Freunde brachten uns 1983 die lilafarbenen Halstücher vom Hannoverschen Kirchentag mit, auf denen diese Losung stand.

Auch in den verschiedenen Kirchen begann es zu rumoren. Holländische und reformierte Christen fragten am radikalsten. Ging es noch an, den von Luther für möglich gehaltenen Begriff des Verteidigungskrieges bei den heutigen Verhältnissen mit den ins Unermessliche angewachsenen Zerstörungsmöglichkeiten aufrechtzuerhalten? War die Friedensfrage nicht inzwischen zu einer Bekenntnisfrage geworden, in der sich die Christen eindeutig erklären mussten? Reichte es aus, die Hochrüstung, die den Frieden inzwischen eher unsicher machte als ihn zu garantieren und so viele Mittel verschlang, die den Armen und Hungernden dieser Welt zur Hilfe gereicht werden könnten, reichte es aus, sie ein Verbrechen gegen die Menschheit zu nennen, war sie nicht auch Sünde gegen Gott?

In hunderten, vielleicht tausenden Kirchengemeinden der DDR bildeten sich Friedensgruppen, die sich mit diesen Fragen beschäftigten, die im Geiste der Bergpredigt, Gandhis und Martin Luther Kings nach praktischen und politischen Alternativen suchten, der Aufrüstung und Militarisierung zu begegnen. Menschen waren dabei, sich im Gespräch der Gruppen eine eigene Meinung herauszubilden und sie zu äußern. Eine neue staatsbürgerliche Verantwortung, nun aber von unten, wuchs heran.

Für Zyniker der Macht war es ein Albtraum, dass Menschen sich nicht mehr einfach nur verwalten ließen, sondern sich für die eigenen Belange als zuständig erklärten. Von Politikern und Medienvertretern, auch im Westen, wurde – leicht beleidigt – eine um sich greifende »holländische Krankheit« konstatiert.

Kirchliche, später auch nichtkirchliche Initiativen regten sich und regten sich gegenseitig an. Es war ein Ringen, eine Bewegung, eine unkoordinierte Bewegung, soweit sie nicht einen einzigen Anführer hatte, aber sie wirkte dennoch wie ein Reigen, ein Tanz, weil Akteure voneinander hörten, sich aufeinander bezogen, alle dem gemeinsamen Geist verpflichtet: »Wir werden den Frieden nicht mehr denen überlassen, die nur auf die Macht der Waffen bauen. Wir trauen den Realpolitikern nicht mehr, die sich gern auf die deutschen Kanzler Otto von Bismarck und Helmut Schmidt berufen, die in fast wörtlicher Übereinstimmung sagten: Mit der Bergpredigt kann man keine Politik machen! Wir bitten die Politiker, zur Kenntnis zu nehmen: Ohne die Bergpredigt kann man nur eine schauerliche Politik machen!«

Die Bewegung der Gruppen war nun ins Rollen gekommen und nicht mehr aufzuhalten. Auch nicht durch den Stationierungsbeschluss des Bundestages am 22.11.1983. Jetzt wurden, da die Sowjetunion keine Anstalten machte, die stationierten SS 20 zurückzuziehen, auch im Westen amerikanische Mittelstreckenwaffen stationiert. Ich weiß noch, wie ich zur Jakobikapelle ging, um eine Andacht zu halten. Ein junger Mann gesellte sich zu mir: »Was können wir jetzt noch machen? Die Sache ist verloren.«

Ich sagte ihm, und ich sagte das auch gleich danach in der Andacht, was ich gerade im Radio als Äußerung Willi Brandts gehört hatte: »Jetzt muss das Teufelszeug wegverhandelt werden!« (Was ja 1987 mit dem INF-Vertrag gelang.) 1983 war nicht der Anfang und 1987 war nicht das Ende der Friedensbewegung.

Im ganzen letzten DDR-Jahrzehnt brachen sich Aktionen Bahn, in denen sich die Friedenssehnsucht mit einem anderen Element verband. Menschen machten ebenso selbstverständlich wie mutig Gebrauch von der Freiheit, sich des eigenen Verstandes zu bedienen, sie traten heraus aus der selbst- wie fremdverschuldeten Unmündigkeit. Die Freiheit in der DDR befreite sich selbst, leitete ihr drittes Kapitel ein: Zunächst grundsätzlich verweigert, dann immer mal wieder häppchenweise zugestanden, am Schluss nun unerlaubt und ungefragt in immer vollerem Umfang ergriffen!

Welche tragende Rolle die evangelische Kirche in diesem Befreiungsprozess spielte, mutet im Nachhinein wie ein Wunder an. Jahrhunderte lang hatte sich die Kirche auf die Seite der Obrigkeit geschlagen, ohne zu fragen, ob die bestehende Ordnung allen zum Guten gereicht. Ihr Einsatz für die Freiheit des Lebens setzte eine eigene Befreiung voraus. Ein kirchengeschichtlicher Glücksfall, kein Zufall!

Im Nachhinein reibt man sich die Augen und staunt, wie in der ersten Hälfte der achtziger Jahre Schlag auf Schlag eine Aktion die andere abgelöst hat. Hier sind es noch Initiativen, die meist durch mutige Einzelne im Raum und am Rand der Evangelischen Kirche entstanden, in der zweiten Hälfte differenziert sich dann das Bild, neben kirchlichen Initiativen treten auch solche, die ohne kirchlichen Schutz auskommen wollten. Dazu später mehr, wenn ich von meiner Zeit als Pfarrer im Prenzlauer Berg berichte.

1980: erste Friedensdekade, angeregt durch den sächsischen Landesjugendpfarrer Harald Bretschneider unter dem Motto und mit dem Symbol »Schwerter zu Pflugscharen«; Friedenserziehung; 1981: Sozialer Friedensdienst (SoFD), eine Initiative von Pfarrer Christoph Wonneberger; 1982: Januar Berliner Appell von Pfarrer Rainer Eppelmann und Reformkommunist Robert Havemann; März Neues Wehrgesetz sieht Wehrpflicht für Frauen vor, Oktober »Frauen für den Frieden«; erste Friedenswerkstatt an der Berliner Erlöserkirche; 1983: Gründung von »Frieden konkret« durch Pfarrer Hans-Jochen Tschiche, mit dann folgenden jährlichen Treffen hunderter Friedensgruppen; Bundessynode der Evangelischen Kirchen in der DDR spricht »Absage an Geist, Logik und Praxis der Abschreckung« aus; Weltfriedenstag 1.9. Lichterkette zwischen US-amerikanischer und sowjetischer Botschaft in Ost-Berlin, Zuführungen, Fernsehbilder. Bei einer Tagung des Ökumenischen Rates der Kirchen in Vancouver (Kanada) regen DDR-Vertreter (Propst Heino Falcke) ein weltweites »Konzil für den Frieden« an.

Auch viele Menschen, die ich in dieser Zeit kennenlernte, trugen in sich den Willen zur Veränderung. So hatte ich, schon in den Siebzigern, in Schöneiche bei Berlin bei einem mehrwöchigen Seelsorgekurs drei für mich wichtige Menschen kennengelernt.

Der eine war Pfarrer Horst Kasner. Als freier intellektueller Geist schien er mir als Leiter des Pastoralkollegs der Berlin-Brandenburger Landeskirche, das in Templin auf der Diakoniestätte »Waldhof« untergebracht war, die richtige Besetzung zu sein. Mit ihm, der sich sehr viel später, nach 1989, als Vater von Angela Merkel herausstellte, hatte ich einige persönliche Begegnungen. Die erste widerfuhr mir bei diesem Kurs in Schöneiche. Wir beide wurden vergattert, uns im Haus eines Gemeindegliedes – so waren wir bei der Kirche manchmal untergebracht! – ein Ehebett zu teilen! Da er der ältere war, ließ ich ihm selbstverständlich den Vortritt, den frei zugänglichen Teil des Bettes zu belegen. Ich schlief hinten an der Wand. Nachts musste ich raus. Da ich ihn nicht im Schlaf stören wollte, kletterte ich über die hintere Holzwand, mit denen Ehebetten damals vorn und hinten ausgestattet waren. Sie war mit zwei fußballgroßen Holzkugeln verziert. Prompt riss mein Fuß eine davon beim Hinübersteigen aus ihrer Halterung und sie fiel geräuschvoll kling-klang-klong auf den Holzfußboden. Spätestens seitdem konnten wir gut miteinander. Am nächsten Morgen spielte er mir auf dem Bettvorleger die Begegnung zwischen Jesus und dem reichen Jüngling vor! Da er mit einem Auge nicht gut sah, war es besonders eindrucksvoll, als er mit einer Geste des ausgestreckten Arms vormachte: »Und Jesus sah ihn an!«

Später in Templin habe ich in einem Kolleg über den evangelischen Theologen Gerhard Ebeling einmal zu ihm gesagt: »Sie haben den Ebeling jetzt aber ganz schön gegen den Strich gebürstet!« Was mit allgemeinem Lachen und seiner Zustimmung quittiert wurde. Er revanchierte sich dann in einem Gespräch zu zweit und erzählte, dass seine Kinder die Jugendweihe mitmachten und was das bei einigen kirchlichen Autoritäten auslöste.

Im Dezember 1979 intervenierten die Sowjets militärisch in Afghanistan, was mich damals stark beunruhigte. Die Älteren hatten schon Ungarn 1956 (da war ich noch ein Kind) miterlebt. Und junge und alte Kollegen den Einmarsch in Prag 1968 (für die Alten sicherlich eine Bestätigung ihrer Skepsis gegenüber dem sozialistischen Experiment, für mich damals Achtzehnjährigen nicht so niederschmetternd, dass mir alle Hoffnung ausgetrieben worden wäre). Aber der Einfall in Afghanistan machte mir, inzwischen auch Ehemann und Familienvater, richtig Angst. Was passierte hier? Ging es nur um die Unterstützung eines befreundeten Regimes? Sollte ein Bollwerk gegen den sich emporstemmenden Islam errichtet werden, um eine Ansteckung über die Grenzen in die mittelasiatischen Sowjetrepubliken hinein zu verhindern, die überwiegend muslimisch geprägt sind? Was waren die weltpolitischen Ambitionen der SU? Und was wird aus der »friedlichen Koexistenz«? Kasner hatte uns in unserer Ratlosigkeit versammelt und eine von ihm aufgezeichnete Sendung aus dem Deutschlandfunk vorgespielt. Im Gespräch danach begann sich die Sprachlosigkeit aufzulösen. Dafür war ich dankbar. Wohl deshalb bin ich fast zehn Jahre später von Berlin nach Templin gefahren, um ihm ein Exemplar der deutschsprachigen Ausgabe der »Budapester Rundschau« zu bringen, die ich mir in Berlin beim ungarischen Kulturzentrum wöchentlich holen konnte. Darin stand der Satz des polnischen Intellektuellen Adam Michnik: Es ist die Aufgabe des zwanzigsten Jahrhunderts, den Kommunismus zu überwinden! Unfassbar, dass dies gedacht, gedruckt und halboffiziell in Berlin zu erwerben war!

Die zweite eindrucksvolle Gestalt war der Nestor der Seelsorgeausbildung in der DDR-Kirche: Propst Siegfried Ringhandt. Er war im Kirchenkampf der Bekennenden Kirche gestählt. Er hatte bei den Nazis und den Kommunisten im Gefängnis gesessen. Er hatte sogar – so der Historiker Christian Halbrock – vor und nach 1945 in derselben Zelle gesessen. Noch unwahrscheinlicher, aber auf ihn irgendwie so passend, dass man es gruseliggern über ihn erzählte: Die Kreaturen der einen Diktatur hätten bei dieser Gelegenheit ihm die Zähne oben, die der anderen unten zerschlagen! Der große Mann hatte eine innere Freiheit, die sich mit einer Ausstrahlung verband, die an einen russischen Großfürsten oder besser alttestamentlichen Patriarchen erinnerte. Mit ihm standen wir jungen Leute in den Pausen vor der Tür, redeten uns Beschwerliches des DDR-Alltags von der Seele. Er empfahl: »Inseln bilden!« Und meinte natürlich Inseln des Vertrauens.

Die dritte Person war Barbe Maria Linke. Im Zusammenhang des Friedensthemas will ich jetzt von ihr berichten. Die fröhliche, ungemein lebendige ehemalige Theologiestudentin und Frau eines Pfarrers erzählte von verschiedenen Berliner Aktionen, später auch von der »Friedenswerkstatt«, von »Fasten für den Frieden« und den »Frauen für den Frieden«, von ihrer Gemeinschaft dort mit Katja Havemann, Bettina Rathenow und anderen.

Barbe und ihr Mann Dietmar waren mit Fred und Maxie Wander befreundet, einem österreichischen Schriftsteller-Ehepaar, das in der DDR lebte. Dietmar besuchte seine Frau bei unserem Kurs, so lernte ich auch ihn kennen und besuchte später beide oft in Neuenhagen bei Berlin. Einmal war auch Barbe in Cottbus unser Gast. Dietmar hat mir zweimal »einen Zahn gezogen«. Er erzählte, dass er bereits die eine oder andere Person als Referenten zu einer Gemeindeveranstaltung eingeladen hatte, jetzt wolle er an Horst Eberhard Richter, immerhin Psychologe im Feindesland, herantreten. Ich staunte, dass er sich das traute, und mir entfuhr: »Du kannst doch nicht alle Prominenten einladen!« Er gab mir die Antwort, die dann auch für mich selbst eine Weichenstellung bedeutete: »Aber dafür sind sie doch da!« Als ich ähnlich zurückhaltend auf eine von ihm geäußerte waghalsige Idee reagierte: »Und was sagt die Kirche dazu?«, konterte er: »Wer ist die Kirche? Du, ich, wir sind die Kirche!«

Als Stefan Heym in der Neuenhagener Kirche lesen sollte, sagte mir Dietmar bei meinem Eintreffen: »Heym darf nicht in der Kirche lesen. Verbot vom Rat des Kreises. Wir führen die Lesung bei uns im Pfarrhaus durch. Harro, Du musst hier an der Kirchentür stehen bleiben und alle, die kommen, darüber informieren!« Was ich dann tat.

Die anschließende Wohnzimmerlesung war beeindruckend. Stefan Heym saß auf dem Sofa nur wenige Meter entfernt. Als jemand fragte: »Wie fühlen Sie sich, so an den Rand der Gesellschaft gedrängt?«, antwortete er: »Ich fühle mich nicht am Rand, ich fühle mich mittendrin!« Als wichtigste Ermutigung des Abends habe ich seine Aufforderung gehört, die aus einem einzigen Wort bestand: »Weitermachen!«

Ein anderes Mal war Jurek Becker in der Neuenhagener Kirche. Er hatte diese besoffen machende Stimme. Er wirkte immer grundehrlich – und war es wohl auch. Ihm konnte wohl keiner richtig etwas übelnehmen. Außer vielleicht Bärbel Bohley. Die disputierte an die Lesung anschließend noch heftig mit ihm in der Pfarrscheune, die Dietmar hatte ausbauen lassen, um Gäste zu beherbergen, die zu seinen Veranstaltungen von weit angereist waren. Mein Freund »Hase« und ich machten davon Gebrauch und übernachteten in den dort bereitgestellten Betten.

Als ich am Weltfriedenstag, am 1.9.1983, in meiner Greifswalder Küche im Deutschlandfunk zufällig hörte, dass in Berlin Leute verhaftet worden seien, weil sie versucht hatten, zwischen der US-amerikanischen und der sowjetischen Botschaft eine Lichterkette zu bilden, und dass unter den Verhafteten Rainer Eppelmann und das Ehepaar Linke seien, überlegte ich, was ich tun könne. Mindestens ein Anruf in Neuenhagen war ich den beiden schuldig, die mir so oft gute Gastgeber und hilfreiche Gesprächspartner waren. Würde das Gespräch abgehört? Selbstverständlich, aber das sollte es mir wert sein! Am anderen Ende der Leitung war Barbe, die mich beruhigte, es hätte sich nur um eine kurzfristige Zuführung gehandelt. Wichtig waren die Bilder und die Nachricht in den westlichen Medien, die abends über alle Kanäle liefen!

Von einer ehemaligen Greifswalder Kommilitonin, der Theologiestudentin Renate Wüstenberg, die inzwischen in Berlin lebte und eine Art Küsterin bei Pfarrer Rainer Eppelmann war, erfuhr ich noch mehr über die »Frauen für den Frieden«, zu denen auch die Malerin Bärbel Bohley gehörte. Bald gingen wir gemeinsam zu Bärbel, die damals noch am Zionskirchplatz wohnte. Als wir eintraten, hörte sie gerade die Presseschau in einem westlichen Fernsehsender. Sie erwartete wohl einen Kommentar zu einer Aktion

Ost-Berliner »Bürgerrechtler«, wie die Friedens- und Gesellschaftsbewegten in westlichen Medien gerne genannt wurden (und bis heute genannt werden). Ich lernte in Bärbel eine Frau kennen, die kompromisslos für Freiheit und Demokratie einstand. Diese kleine Frau mit ihren unermüdlich munteren Augen und dem leisen Lächeln, mit einer fast piepsend-brüchigen Stimme überzeugte durch ihren Mut und ihr Vorangehen. Ich bot ihr an, ihre Bilder in meinem Trabbi nach Greifswald mitzunehmen und im Jakobiturm auszustellen, wozu es dann auch während der Friedensdekade 1983 bald kam. Auch konnte ich sie in derselben Dekade für ein Podiumsgespräch mit Bischof Gienke und dem kirchlichen Friedensforscher Walter Romberg gewinnen, das dann in Stralsund stattfand. Gienke sagte damals zur noch neuen Idee eines Friedenskonzils: »Konzil ja, aber ein Konzil der Kirchen, nicht der Gruppen.« Es ist dann ganz anders gekommen. Im »Konziliaren Prozess für Gerechtigkeit, Frieden und Bewahrung der Schöpfung«, der sich in der DDR über mehrere Tagungen hinzog, haben die Kirchen und die Gruppen gleichberechtigt am Tisch gesessen und gemeinsam, in monatelanger Arbeit aus tausenden Zuschriften, wie man es später nannte, die »Magna Charta der Revolution« ausgearbeitet.

Über Renate Wüstenberg lernte ich auch Rainer Eppelmann kennen. Seit 1979 veranstaltete er »Bluesmessen«. Als er wegen des Berliner Appells 1982 verhaftet worden war, musste sie als gelernte Theologin spontan für ihn einspringen und den Gottesdienst halten. Als wir ihn in seiner Wohnung besuchten, saß da ein Kreis bärtiger und struppiger junger Leute zusammen, die in der selbstbewusst-klotzigen Art echter Berliner miteinander umgingen. Den Berliner Appell, den die beiden Männer Eppelmann und Havemann gegen die Hochrüstung verfasst hatten, konnten – wozu ich in einer Gemeindeveranstaltung einlud – alle Interessierten bei mir zu Hause einsehen, was die Stasi zu einem Vermerk veranlasste. Ich lud Eppelmann ein, nach Greifswald zu kommen.

Am meisten beeindruckte mich, als Renate erzählte, wie sich die Ost-Berliner »Frauen für den Frieden« gegen das neue Wehrgesetz vom 25.3.1982 auflehnten. Darin heißt es im § 3, Absatz 5: »Während der Mobilmachung und im Verteidigungszustand können weibliche Bürger der Deutschen Demokratischen Republik vom 18. Lebensjahr an [...] in die allgemeine Wehrpflicht einbezogen werden.« Das war nun völlig neu: Frauen in Uniform! Und mit der Waffe in der Hand!

Als Antwort, erzählte Renate, reagierten die Friedensfrauen so: Alle mit schwarzen Kostümen bekleidet gingen sie auf die Post am Alexanderplatz, standen in langer Schlange am Schalter. Jede einzelne gab per Einschreiben einen Brief ab, in dem sie einer entsprechenden staatlichen Institution – war es das Verteidigungsministerium? Nein, es war der Staatsratsvorsitzende! –

GREIFSWALDER

FRIEDENS-DEKADE 83

FRIEDEN SCHAFFEN aus der Kraft der SCHWACHEN

Montag, 7.November - Mittwoch (Bußtag), 16. November 1983

täglich:	17.oo h	GEBET FÜR DEN FRIEDEN	Jakobi-Kapelle
	17.15 h	BILDER-AUSSTELLUNG	Jakobi-Turm

Mo 7.Nov.	2o.oo h	KIRCHENMUSIK Totentanz von H.Distler	Jakobi-Kirche
Di 8.Nov.	19.3o h	"KANN MAN ES WAGEN, VERTRAUEN ZU WAGEN ?" Prof.Dr.R.Schottländer	Jakobi-Kapelle
Mi 9.Nov.	23.oo h	MITTERNACHTSMEDITATION zwischen Kristallnacht und Luthers Geburtstag	Dom-Sakristei
Do 1o.Nov.	2o.oo h	Wir feiern Martin Luthers Geburtstag!	Lutherhof
So 13.Nov.		Friedens-Gottesdienste	Kirchen Greifswald
So 13. November	14 bis 18 h	FRIEDENS-FORUM der Landeskirche PODIUM-SEMINAR-GOTTES-DIENST mit Gästen aus der Ökumene und derDDR	Marienkirche in STRALSUND
Mi 16.Nov.(Bußtag)	2o.oo h	"O Herr, mache mich zum Werkzeug deines Friedens" Gemeinsamer Abschluß-GOTTESDIENST zur Friedens-Dekade	Jakobi-Kirche

Zu allen Veranstaltungen sind Sie sehr herzlich eingeladen!

Die Evangelischen Kirchengemeinden
der Stadt Greifswald

nur für innerkirchlichen Gebrauch! GedSte 2400-3.09/14-10.88.569

Programm der Greifswalder Friedensdekade 1983. Die oben erwähnte Ausstellung zeigte Bilder von Bärbel Bohley. Sie trat auch auf der Podiumsdiskussion am 13. November auf; weitere Gäste waren Bischof Horst Gienke und Walter Romberg.

mit persönlicher Unterschrift erklärten, dass sie einer Einberufung im Sinne dieses Gesetzes nicht nachkommen werden. Jede, die fertig war, eilte in ein naheliegendes Café, eine Gaststätte – es wird wohl die in mancherlei Hinsicht alternative »Tute« gewesen sein, der Name leitete sich ab vom riesengroßen Trichter, der von der Decke herabhing –, und zwar an den Tisch, an dem der neue Generalsuperintendent der Berliner Kirche Günter Krusche saß. Dort bestand die größte Chance, anschließend an diese Aktion nicht gleich verhaftet zu werden.

So machten mir Menschen wie das Ehepaar Linke, Horst Kasner, Siegfried Ringhandt, aber auch Friedensfrauen wie Renate Wüstenberg und Bärbel Bohley Mut, mich als Pfarrer und Gemeindeleiter noch mehr in diese Bewegung einzubringen. Aber der Mut war keine ständig im gleichen Maße vorhandene Größe. Mal hatte ich mehr Mut als Angst, dann habe ich etwas gewagt, ein anderes Mal war die Angst stärker als der Mut, dann habe ich es unterlassen, aktiv zu werden.

1983 war »Frieden konkret« vom Pfarrer Hans-Jochen Tschiche gegründet worden, ein jährliches Treffen an wechselnden Orten, am Schluss mit zweihundert Gruppen, immer unter der Schirmherrschaft der jeweiligen Evangelischen Landeskirche, wo die Tagung stattfand. Nach Güstrow und Schwerin sausten einige Studenten und ich in meinem Dienst-Trabbi. (Es kann aber sein, dass die Güstrower Veranstaltung eine in alleiniger Verantwortung der Mecklenburger Kirche gewesen war.) Ich erinnere mich an das eindrucksvolle Bild in Schwerin, wie sich eine riesengroße Gruppe miteinander redender Friedensfreunde von einem Gesprächsort zum anderen, von der Paulskirche zur Schelfkirche, über die Straßen am Pfaffenteich vorbei bewegte, wälzte, ergoss, wie ich im gleitenden Strom neue Leute kennenlernte oder alte Bekannte freudig begrüßte. Manchmal sind es grade solche einzelnen Blitzlichter, die sich einprägen. War es in Schwerin, als ich Markus Meckel sagen hörte, wir müssten auch bereit sein, für Gerechtigkeit und Frieden unser Leben einzusetzen? In Güstrow war es mehr eine lapidare und, wie sich herausstellen sollte, weitsichtige Bemerkung des Superintendenten, die ich nicht vergessen habe: Im Gemeindesaal neben dem Güstrower Dom, also in unmittelbarer Nachbarschaft zu Barlachs Engel, der dort schwebend, wie ich finde, immer über die deutsche Geschichte zu wachen scheint, sprach er wie nebenher von dem »feministischen Erwachen der Frauen«.

Der aufrechte und unbestechliche Theologiestudent Thomas Berg, führende Gestalt in einer unserer Friedenskreise, und seine Frau Almuth kamen zu mir mit dem Vorschlag, dass wir anlässlich einer bevorstehenden Friedenskonferenz in Stockholm einen Brief an das DDR-Außenministerium schreiben sollten. In kleiner Gruppe formulierten wir im Januar 1984:

»Wir, Glieder der Ev. Studentengemeinde Greifswald, sind mit Millionen Menschen in Europa darüber erschrocken, dass es im Herbst 1983 nicht gelungen ist, das Wettrüsten zu stoppen, sondern wir nun stattdessen gezwungen sein sollen, mit neuen, gefährlicheren Raketensystemen zu leben. Wir leiden unter dem Widerspruch, dass fast alle Menschen der Welt sich für den Frieden erklären, effektive Abrüstungsschritte aber nirgends in Sicht sind.«

In einem weiteren Schritt unterstützten wir einige Einsichten, von denen wir meinten, dass die DDR sie sich, wenigstens rhetorisch, inzwischen mehr und mehr zu eigen gemacht hatte, die aber nicht wieder aufgegeben werden durften:

»Der Frieden kann mit mehr Waffen nicht sicherer gemacht werden. [...] Der Frieden kann im Zeitalter der Massenvernichtungswaffen nicht mehr gegen, sondern nur noch mit dem Gegner gewonnen werden (Sicherheitspartnerschaft). [...] Der Frieden muss mit immer weniger militärischen Drohgebärden, aber stattdessen mit immer mehr vertrauens- und sicherheitsbildenden Maßnahmen gesucht werden (Verzicht auf atomaren Ersteinsatz, Angebot des Gewaltverzichts, Angebot einer atomwaffenfreien Zone in Mitteleuropa)«.

Und dann formulierten wir, meist Anregungen von Thomas aufnehmend, einen Katalog unserer Wünsche – wir haben Bitten ausgesprochen, keine Forderungen –, u. a. »dass die Aufrüstung in Europa gestoppt« und »die derzeitige Neurüstung zurückgenommen wird«, und dann sehr keck und eigenständig: »dass die europäischen Armeen öffentlich über ihre Tätigkeit Rechenschaft ablegen sollen [...] dass die militärische Geheimhaltung in Europa aufgehoben wird [...] dass allen Soldaten und Berufssoldaten Kontakte mit Menschen aus anderen Bündnissen empfohlen werden [...] dass die Möglichkeit zur Wehrdienstverweigerung vereinfacht wird [...] dass die Militarisierung von Kindern und Jugendlichen eingedämmt wird, einschließlich eines Verbotes von Kriegsspielzeug.«

Gerade diese letzten Punkte bereiteten einem Theologiestudenten, der nebenbei auch Nordistik studierte und den ich bis dahin kaum wahrgenommen hatte, einige Bauchschmerzen. Er bat uns, den einen oder anderen Punkt zu streichen, weil er eine Provokation darstelle und damit dem eigentlichen Anliegen schaden könnte. Wir rangen mit ihm, gaben hier und da nach. Da die Letztfassung des Briefes bei mir nicht mehr auffindbar ist, kann ich die Größe unseres Nachgebens und unseres Widerstands heute nicht mehr ermessen.

Aber als es darum ging, dass alle in der Gruppe, wie vorher ausgemacht, persönlich unterschrieben, weigerte er sich und verschwand von der Bildfläche. Ich habe ihn nie wiedergesehen.

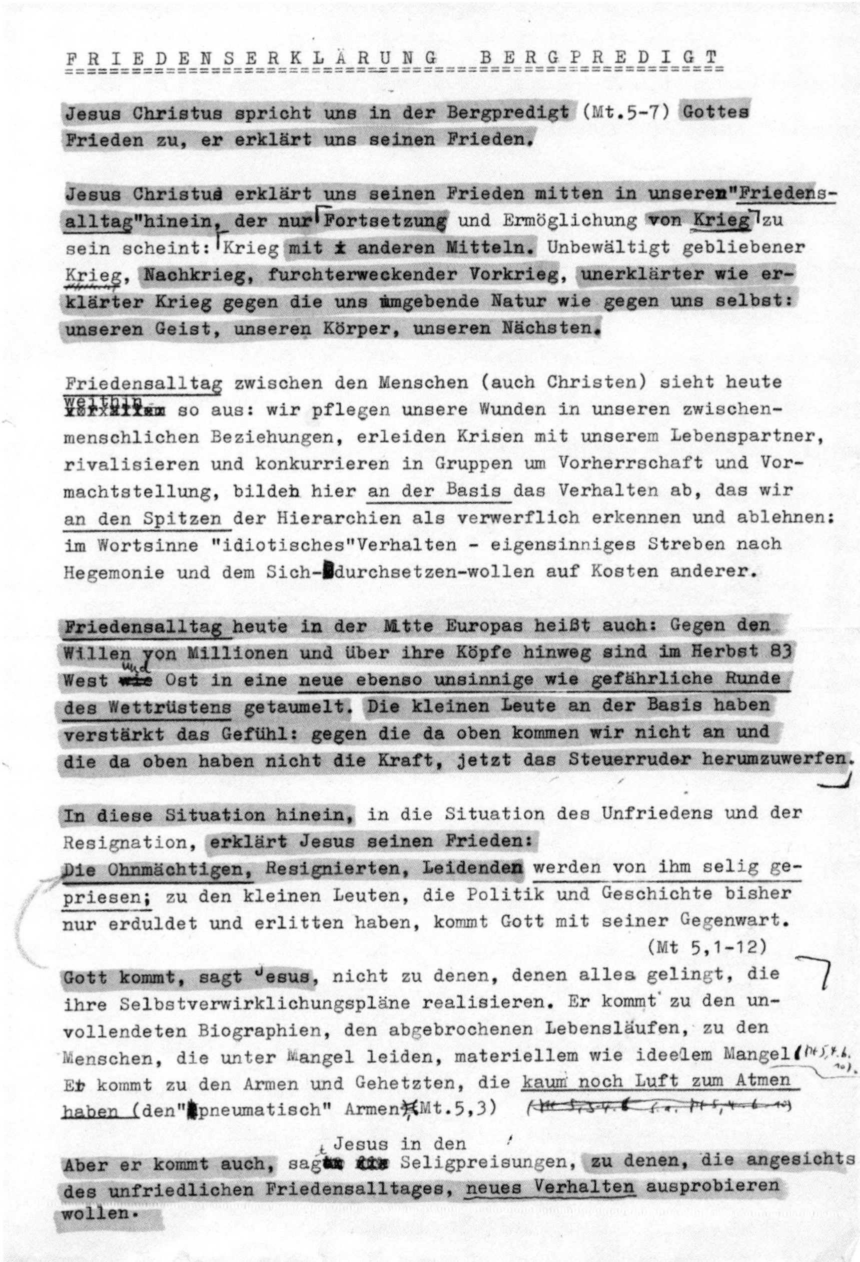

FRIEDENSERKLÄRUNG BERGPREDIGT

Jesus Christus spricht uns in der Bergpredigt (Mt.5-7) Gottes Frieden zu, er erklärt uns seinen Frieden.

Jesus Christus erklärt uns seinen Frieden mitten in unseren "Friedensalltag" hinein, der nur Fortsetzung und Ermöglichung von Krieg zu sein scheint: Krieg mit anderen Mitteln. Unbewältigt gebliebener Krieg, Nachkrieg, furchterweckender Vorkrieg, unerklärter wie erklärter Krieg gegen die uns umgebende Natur wie gegen uns selbst: unseren Geist, unseren Körper, unseren Nächsten.

Friedensalltag zwischen den Menschen (auch Christen) sieht heute weithin so aus: wir pflegen unsere Wunden in unseren zwischenmenschlichen Beziehungen, erleiden Krisen mit unserem Lebenspartner, rivalisieren und konkurrieren in Gruppen um Vorherrschaft und Vormachtstellung, bilden hier an der Basis das Verhalten ab, das wir an den Spitzen der Hierarchien als verwerflich erkennen und ablehnen: im Wortsinne "idiotisches" Verhalten - eigensinniges Streben nach Hegemonie und dem Sich-durchsetzen-wollen auf Kosten anderer.

Friedensalltag heute in der Mitte Europas heißt auch: Gegen den Willen von Millionen und über ihre Köpfe hinweg sind im Herbst 83 West und Ost in eine neue ebenso unsinnige wie gefährliche Runde des Wettrüstens getaumelt. Die kleinen Leute an der Basis haben verstärkt das Gefühl: gegen die da oben kommen wir nicht an und die da oben haben nicht die Kraft, jetzt das Steuerruder herumzuwerfen.

In diese Situation hinein, in die Situation des Unfriedens und der Resignation, erklärt Jesus seinen Frieden:
Die Ohnmächtigen, Resignierten, Leidenden werden von ihm selig gepriesen; zu den kleinen Leuten, die Politik und Geschichte bisher nur erduldet und erlitten haben, kommt Gott mit seiner Gegenwart. (Mt 5,1-12)

Gott kommt, sagt Jesus, nicht zu denen, denen alles gelingt, die ihre Selbstverwirklichungspläne realisieren. Er kommt zu den unvollendeten Biographien, den abgebrochenen Lebensläufen, zu den Menschen, die unter Mangel leiden, materiellem wie ideellem Mangel (Mt 5,4.6.10). Er kommt zu den Armen und Gehetzten, die kaum noch Luft zum Atmen haben (den "pneumatisch" Armen Mt.5,3)

Aber er kommt auch, sagt Jesus in den Seligpreisungen, zu denen, die angesichts des unfriedlichen Friedensalltages, neues Verhalten ausprobieren wollen.

Vortragsmanuskript des Autors für eine Jugendveranstaltung in der Stralsunder Jakobikirche

Gemeinsames Programm der Greifswalder KSG und ESG, 1987 (links) und 1983 (rechts)

Interessanterweise findet sich in der Stasiakte kein Hinweis auf diesen Versuch, unsere Aktion zu beeinflussen. Die Briefaktion hatte im Übrigen ihren Wert in sich. Dass eine Studentengemeinde, der Staatsvertreter oft ihr Lebensrecht streitig gemacht hatten, indem sie Kirchenvertretern gegenüber argumentierten: »Wofür braucht Ihr Gemeinden extra für Studenten? Ihr habt doch auch keine Fleischer- oder Bäckergemeinden!«, dass eine Studentengemeinde sich selbst auf Augenhöhe mit einer staatlichen Institution begab, war das Entscheidende. Die Stasiakte enthält dennoch eine Reaktion. In einer als Telegramm übermittelten Leiterinformation 1/84 des Generalleutnants Mittag, Bezirksverwaltung Rostock, wertet dieser als operativ bedeutsam die Festlegung des Studentenpfarrers Lucht »alles schriftliche material einzubehalten, nur 2 briefexemplare zu fertigen und die kirchenleitung greifswald lediglich ueber die absendung des briefes, jedoch nicht ueber den inhalt zu informieren. lucht begruendete das mit mangelndem vertrauen in der (sic!) kirchenleitung infolge ihrer ›staatlichen unterwanderung‹.«

Schon vorher hatten wir uns einmal an ein öffentliches Regierungsorgan gewandt. Als Bärbel Bohley in Begleitung einiger Friedensfrauen, u. a. der

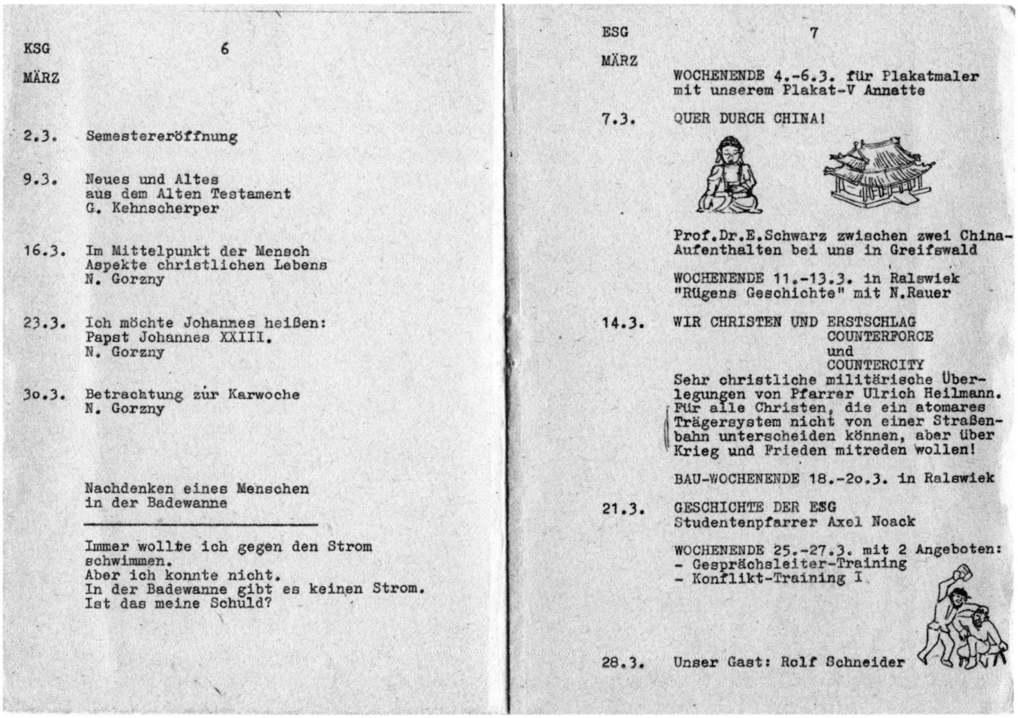

KSG 6

MÄRZ

2.3. Semestereröffnung

9.3. Neues und Altes
aus dem Alten Testament
G. Kehnscherper

16.3. Im Mittelpunkt der Mensch
Aspekte christlichen Lebens
N. Gorzny

23.3. Ich möchte Johannes heißen:
Papst Johannes XXIII.
N. Gorzny

3o.3. Betrachtung zur Karwoche
N. Gorzny

Nachdenken eines Menschen
in der Badewanne

Immer wollte ich gegen den Strom
schwimmen.
Aber ich konnte nicht.
In der Badewanne gibt es keinen Strom.
Ist das meine Schuld?

ESG 7

MÄRZ

WOCHENENDE 4.-6.3. für Plakatmaler
mit unserem Plakat-V Annette

7.3. QUER DURCH CHINA!

Prof.Dr.E.Schwarz zwischen zwei China-
Aufenthalten bei uns in Greifswald

WOCHENENDE 11.-13.3. in Ralswiek
"Rügens Geschichte" mit N.Rauer

14.3. WIR CHRISTEN UND ERSTSCHLAG
COUNTERFORCE
und
COUNTERCITY
Sehr christliche militärische Über-
legungen von Pfarrer Ulrich Heilmann.
Für alle Christen, die ein atomares
Trägersystem nicht von einer Straßen-
bahn unterscheiden können, aber über
Krieg und Frieden mitreden wollen!

BAU-WOCHENENDE 18.-2o.3. in Ralswiek

21.3. GESCHICHTE DER ESG
Studentenpfarrer Axel Noack

WOCHENENDE 25.-27.3. mit 2 Angeboten:
- Gesprächsleiter-Training
- Konflikt-Training I

28.3. Unser Gast: Rolf Schneider

Berliner Pastorin Christa Sengespeik, in Greifswald war und wir in kleiner Runde bei mir zusammensaßen, machte sie Mut, sich auch an den Bundestag in Bonn zu wenden. Es war kurz vor dem Stationierungsbeschluss des Bundestages. Ich schickte dorthin einen Brief, dem Fotos unserer Kinder beigelegt waren, und schrieb: »Bitte weiterverhandeln, nicht stationieren!« Und ich gab im selben Tenor am Telefon ein Telegramm auf. Ob es je in Bonn angekommen ist, weiß ich nicht. Aber die Stasi hat es kopiert und in meiner Akte erhalten. Die Frau, die bei der Telegrammaufnahme am Telefon alles mitschreiben musste, hat sich beim Wiederholen meiner Worte fast verschluckt. Weniger wegen des Inhalts, sondern weil ein einfacher Bürger es wagte, sich an solch ein zweifelhaftes Gremium zu wenden. Und dann noch eins in der falschen, gegnerischen Welthälfte!

Natürlich haben wir auch in den Gemeindeveranstaltungen der ESG das Friedensthema aufgegriffen. Nicht nur Eppelmann, einer der beiden Verfasser des »Berliner Appells«, war bei uns, wir luden auch einen Pfarrer ein, der viel Verständnis für die DDR aufbrachte. Er kam aus Caputh, dem Ort bei Potsdam, wo Albert Einstein einige Jahre gelebt hatte. Er schrieb mir sehr leidenschaftlich auf einer Postkarte. Fast wörtlich habe ich seine Äußerung aufgegriffen und für das Thema des Gemeindeabends (im März 83) verwendet: »Wir Christen und Erstschlag, Counterforce und Countercity. Sehr christliche militärische Überlegungen von Pfarrer Ulrich Heilmann. Für alle Christen, die ein atomares Trägersystem nicht von einer Straßenbahn unterscheiden können, aber über Krieg und Frieden mitreden wollen!«

Ein anderer unserer Gäste war der ebenso kluge wie bescheidene katholische Theologe Joachim Garstecki. Er war wohl der Einzige, der in seiner, der katholischen, Kirche eine kritische Friedensgruppe in Gang setzte. Beim Abendbrot vor dem Gemeindeabend brachte er mir gegenüber sein Erstaunen zum Ausdruck, dass sich das Friedensthema nach so vielen Jahren immer noch als aktuell erweist. Wir sprachen auch über die zunehmende Zahl der »Ausreiser«, die die DDR verlassen wollten, und die kirchliche Kritik an ihnen. Er sprach, vielleicht in weiser Voraussicht auf deren Wirkung im geschichtlichen Prozess, von der »dialektischen Einheit von Weggehen und Hierbleiben«.

Eine weitere Anregung von außen war 1981 der aus Sachsen stammende Vorschlag, in der DDR einen »Sozialen Friedensdienst« (SoFD) einzurichten. Der Initiator, den ich damals nicht kannte, war der Dresdener Pfarrer Christoph Wonneberger, der dann für die Oktoberereignisse in Leipzig, bis hin zu der alles verändernden Demonstration am 9.10.89, eine so entscheidende Rolle spielen würde. Als ich das Projekt in der Gemeinde vorstellte, antwortete der Medizinstudent Uwe Eichler mit entschiedener Stimme: »Das ist ein Schritt in die richtige Richtung!« Der Soziale Friedensdienst sollte eine weitere Möglichkeit neben den Bausoldaten schaffen, die es seit 1964 gab und die Ableistung des Wehrdienstes ohne Waffen ermöglichte. Ähnlich wie beim westdeutschen Zivildienst sollten in diesem zu schaffenden sozialen Friedensdienst junge Männer darüber hinaus die Möglichkeit erhalten, statt Wehrdienst einen Dienst in Heimen oder Krankenhäusern zu leisten.

Unsere ESG forderte die Landessynode auf, sich diesen Vorschlag zu eigen zu machen. Daraufhin kamen Vertreter der Landeskirche, darunter Oberkonsistorialrat (OKR) Hans-Martin Harder und Präses Dietrich Affeld, in meine Wohnung, um mit mir und den Studenten darüber zu diskutieren. Letztlich hat sich die Synode unseren Vorschlag, anders als andere landeskirchliche Synoden in der DDR, nicht zu eigen gemacht. Man könnte das jetzt sehr schnell auf die IM-Tätigkeit beider zurückführen wollen, wobei der OKR Harder, wie die Akten aussagen und er mir (nach1989) persönlich auf meine Anfrage hin mitteilte, erst seit meinem Weggang aus Greifswald 1987 offiziell als IM geführt wurde. Präses Affeld, wie man heute weiß, war IM in dieser Zeit Anfang der Achtziger, von 1970 an, bis er sich entschied, dieses »Amt« 1985 niederzulegen. Das wussten wir damals selbstverständlich nicht, ebenso wenig das Detail aus der Stasiakte, dass er mich als Studentenpfarrer gern durch einen anderen ersetzt hätte. Dass die Stasi dafür seinen Schwiegersohn, den IM »Nikolaus«, dafür vorgesehen hatte, wird er kaum gewusst haben. Damals habe ich den Präses, den Vater meines Freundes Ernst-Ulrich Affeld, in gewisser Weise gemocht.

Gern erinnere ich mich an eine witzige Situation mit ihm, nämlich wie der Präses, dieser die einzelnen Dinge sehr genau nehmende Sprachlehrer – er war wohl Englischlehrer an der Volkshochschule – vor der Synode einen Vortrag über die Begriffe »eigenständig« und »unabhängig« hielt. Es war eine Freude, den klugen und detaillierten Ausführungen zu folgen. Eine andere, verschmitzte Freude machten sich zwei Konsistorialräte, die mit mir am Tisch saßen. Sie nahmen die Ankündigung des Referenten, er werde »genau 30 Minuten« sprechen wörtlich. Nach einigen Blicken auf die Uhr fingen sie nach 29 Minuten und 30 Sekunden leise an zu zählen: »Noch 29...28...27...Sekunden«. Und der »Erfolg« bei Sekunde »2...1...0!« ging an beide: Der Referent und die Zeitnehmer hatten die beabsichtigte und erwartete Punktlandung hingelegt!

Es muss ungefähr im Herbst 1983 gewesen sein, als uns eine Einladung ins Rostocker Rathaus erreichte. Wieder hatte ich einige Studenten auf meinen freien Trabbi-Sitzen dabei. In meiner Erinnerung waren kirchliche und gesellschaftliche Gruppen aus dem Nordbezirk der DDR, heute Mecklenburg-Vorpommern, eingeladen. Anscheinend wollte man eine breite »nationale Front« schmieden. Das schien auch notwendig; denn es herrschte eine große gesellschaftliche Verunsicherung. In den Tagen oder Wochen zuvor wurden, jedenfalls in Greifswald, Zivilschutzübungen vorangetrieben, mit denen man nun erstmals die gesamte Bevölkerung behelligte. Es handelte sich um Übungen, die Kriegszustände simulieren sollten: An einem bestimmten Tag sollten Fenster verklebt werden, draußen wurden Autoreifen verbrannt, die dann schwarzen Rauch und bestialischen Gestank verbreiteten.

Die Redner in Rostock vor über hundert Teilnehmern im Saal brachten – trotz der beträchtlichen erneuten Verunsicherung – ihre unverbrüchliche Treue zur Friedenspolitik der DDR zum Ausdruck, ignorierten die verschärfte Gangart der DDR-Politik. Spontan meldete ich mich zu Wort und ging nach vorne. Ich habe etwa Folgendes gesagt: »US-Präsident Reagan wirft man vor, er wolle, wie er das selbst nennt, das ›Fenster der Verwundbarkeit‹ schließen, um so ungefährdet Krieg führen zu können. Genau das wird jetzt bei uns mit den verschiedenen Zivilschutz-, ja sogar Atomalarmübungen versucht. Wir haben Reagans Konzept übernommen. Aber es ist eine illusorische Konzeption, die uns einreden will, man könne so heute einen Krieg führen, sogar gewinnen! Nur durch vertrauensbildende Maßnahmen, nur durch Zugehen auf die andere Seite, nicht durch immer weitere Aufrüstung kann der Frieden erhalten und sicherer gemacht werden.«

Bei meinen Worten verwendete ich eine Information, die ich gar nicht genau belegen konnte, die mich eher wie ein Gerücht erreicht hatte. Vielleicht war es Kurt Scharf, der gerade bei uns war und etwas in der Art gesagt hatte. Jedenfalls behauptete ich, der ranghöchste Vertreter der Russisch-Orthodoxen Kirche, der Patriarch oder Metropolit von Moskau, hätte sich wenige Tage zuvor für das Recht auf Wehrdienstverweigerung eingesetzt. Das war eine Trumpfkarte. Was aus dieser Ecke kam, dem wagte niemand zu widersprechen. In der Pause scharten sich sofort einige um mich und sprachen stammelnd ihre Anerkennung aus, darunter der CDU-Kreissekretär Manfred Bertling (IMS »Heinrich Schade«) und mein Duzfreund, der Oberkonsistorialrat Hans-Martin Harder.

Die Aktion, die die ESG und mich am meisten mit Genugtuung erfüllte, gelang uns beim Landeskirchlichen Friedensforum im April 1984. Es wurde vom Synodalausschuss »Friedenserziehung« organisiert, der unter der Leitung meines alten Schulfreundes, des Konsistorialrates Christoph Ehricht, regelmäßig tagte. In diesem Ausschuss saßen neben einigen anderen auch die beiden Juristen Rechtsanwalt Wolfgang Schnur und Hans-Martin Harder. Und eine Gruppe Pfarrer: Frieder Jelen (Rügen), Fred Mahlburg (Usedom), Matthias Gürtler vom Militärstandort Eggesin, aus Greifswald Reinhard Glöckner und ich. Wir hatten es für richtig gehalten, dass die Landeskirche selbst Flagge zeigt und dieses Friedensforum in der Jakobikirche veranstaltet.

Aus einem in der DDR veröffentlichten Buch von Franz Fühmann hatte ich in einer kirchlichen Vervielfältigungsstelle – wir hatten ja noch keine eigenen Fotokopierer – seine Thesen zur Friedensfrage etwa hundert Mal kopiert, die er bei der von Stephan Hermlin initiierten deutsch-deutschen Schriftstellerbegegnung vorgetragen hatte. Diese und andere kopierten Zettel gab ich zum Verteilen einem Stand, den einer unserer Friedenskreise in der Kirche aufgebaut hatte. In Fühmanns Thesen aus dem Jahr 1981 nimmt der ernsthafte Schriftsteller mutig vorweg, was später Gorbatschow und sehr spät das SED-SPD-Papier zum Ausdruck gebracht haben: Es reicht nicht, am »Prinzip der Gleichheit und der gleichen Sicherheit« festzuhalten, es muss um Sicherheitspartnerschaft gehen. Das neue Prinzip, das den Frieden retten kann, muss heißen: »Das Prinzip der Gleichheit und der gemeinsamen Sicherheit«.

Fühmann hatte prophetisch, für ihn gefährlich früh und mit dem Mut des Landesverräters gesagt: »Es ist ein tragisches Paradox, dass die Menschheit imstande wäre, sich zu vernichten, bevor sie sich noch gebildet hat. [...] Wenn die Menschheit überleben will, muss sie beginnen, sich als Menschheit zu

Schaukasten der ESG mit Veranstaltungsankündigung

konstituieren, was zuerst einmal heißt, sich als Menschheit zu verstehn. […] Einen Ansatz zu diesem Selbstverständnis sehe ich in der Friedensbewegung, wie sie sich in den achtziger Jahren von Bürgern […] herausgebildet hat […] sie ist die Keimform einer Kraft, darin Hoffnung, die sonst zu verzweifeln droht, neue Gewalt werden kann. Sie sollte in ihrem Wachsen und Werden […] in beiden Gesellschaftsordnungen unserer lautersten Aufmerksamkeit wert sein. […] Die ernste Bereitschaft, Sicherheitsbedürfnisse der Gegenseite anzuerkennen und ihnen Rechnung zu tragen, müsste von der Erkenntnis begleitet werden, dass zwischen dem Begriff des Gegners und dem des Feindes ein Unterschied herrscht, der jenem entspricht, eine endgültige Sicherung des Friedens unter Ausschluss von Krieg im Prinzip für möglich oder letztlich für unmöglich zu halten.«

Auch eine andere künstlerische Bekundung hatte ich über unseren Friedenstisch in großer Zahl anbieten können. Es handelte sich um grüne, blaue, rote Drucke in Postkartengröße, auf denen ein Hai abgebildet war, mit der englischen Erläuterung: »The most of powerful are shortsighted«. Wer nun die Machtvollsten sein könnten, die nur kurzsichtig agieren, blieb der Fantasie des Betrachters überlassen. Aber Assoziationen stellten sich da natürlich sofort ein.

Birger Jesch, der Dresdener Mail-Art-Künstler, hatte mir eine erste Postkarte zur Ansicht auf konspirative Weise geschickt. In einem Briefumschlag mit schwarzem Trauerrand, abgesendet von einer Hilde Lucht aus Dresden. Ich stutzte! Meine Tante hieß tatsächlich Hilde, aber sie lebte in Hamburg und hatte keinen Trauerfall zu melden. Aber der Trick funktionierte. Der Brief wurde nicht weiter kontrolliert und eingezogen – anders als ein Brief des Bonner Studentenpfarrers, den ich nach Jahren in meiner Stasi-Akte wiederfand. Es war dann möglich, ausreichend viele Karten bei Birger Jesch zu bestellen.

In der letzten halben Stunde vor Beginn des Friedensforums war ich noch einmal im Konsistorium, sicherlich, um mit den Friedensausschussmitgliedern Harder oder Ehricht noch etwas zu besprechen. Auf der Treppe traf ich dann allerdings den langjährigen Konsistorialpräsidenten Siegfried Plath. Er hielt mich auf, schaute mich ernst an, legte mir seinen Zeigefinger bedeutungsschwer auf die Brust und meinte: »Aber, dass Sie mir ja nichts über die Mittelstreckenwaffen sagen!« Ich muss wohl etwas blöde gegrinst haben, jedenfalls habe ich nicht geantwortet. Wegen der erfolgten Stationierung dieser Waffen und der weiter um sich greifenden Unruhe und Angst machten wir doch dieses Friedensforum! Wenige Minuten später habe ich dann zusammen mit Fred Mahlburg die Begrüßung gehalten und natürlich davon gesprochen, dass wir die Raketen und die aus ihnen resultierende verschärfte Bedrohung weghaben wollen.

Und noch vor der Begrüßung, kurz vor Beginn der Veranstaltung, geschah das Beste. Mit Thomas von Woedtke und einigen anderen Studenten hatte ich zwei Tage zuvor ein meterlanges Spruchband angefertigt. Darauf schrieben wir: »Wir verzichten auf den Schutz durch Atomwaffen!« (Das hatte ich aus einem der Rundbriefe aufgeschnappt, die Markus Meckel auch nach Greifswald schickte.) Dann haben wir das Transparent in einem Nebengelass im Turm der Jakobikirche versteckt. In den zwei, drei Minuten vor dem offiziellen Beginn der Veranstaltung holten wir es und befestigten es, von hinten kommend, blitzschnell an der Brüstung der Orgelempore. Nun konnten es alle sehen. Auch ein Trupp Stasi-Leute, die sich als Sportlergruppe verkleidet eingefunden hatten. In ihren blauen Trainingsanzügen mit den Initialen HSG (für Hochschulsportgemeinschaft) auf dem Rücken standen sie, wie zufällig vorbeigekommene Neugierige, in der Nähe der Kirchentür, staunten, glotzten nach oben und konnten nun nichts mehr ausrichten. Die Kirche war voller Menschen. Nach dem Liebknecht-Luxemburg-Plakat in der EOS und dem Theologenballplakat mit dem Kreuz in der Fernsehturmkugel im ersten Studienjahr war dies das dritte Plakat, an dessen Aufhängung ich aktiv beteiligt war. Und dieses blieb diesmal hängen.

Kapitel 20

Wie uns andere Christen Mut machten. Kirchliche Gäste in der ESG

In unserer Sehnsucht nach wirklichem Frieden und einer freieren Gesellschaftsordnung erhielten wir Verstärkung durch Vertreter verschiedener gesellschaftlicher Gruppen in der DDR. Neben freigeistigen Künstlern, vor allem Schriftstellern – dazu mehr in den folgenden Kapiteln – luden wir auch immer wieder kirchliche Vertreter in die Gemeinde ein.

Im Nachhinein könnte man diese kirchlichen Referenten in zwei Gruppen einteilen. Die einen waren sozusagen unsere älteren Geschwister, die die DDR-Wirklichkeit mit uns teilten; die anderen vertraten unsere Eltern- oder fast Großelterngeneration, die ihre Haltung in den Kämpfen des sogenannten Kirchenkampfes gewonnen, also klar Position bezogen hatten gegen eine Vereinnahmung der evangelischen Kirche durch den nationalsozialistischen Staat und dessen innerkirchliche Helfershelfer. Sie waren glaubwürdige Autoritäten, da sie in den entscheidenden Jahren auf der richtigen Seite gestanden hatten. Anders als es heute weithin als schick gilt, kam es uns nicht in den Sinn, auf Widersprüche oder Versäumnisse der Bekennenden Kirche hinzuweisen. Falls wir die Alten für ihre aufrichtige Haltung idealisiert haben sollten, dann am ehesten aus Hochachtung. Spürten wir doch, dass unsere Zeit eine ähnliche Haltung von uns verlangte und wir unsicher waren, ob und wie wir sie zustande bringen könnten.

Unsere »älteren Geschwister« wateten gewissermaßen im selben trüben Wasser wie wir und meinten aus Überzeugung oder Erfahrung sagen zu können, wo unter der Oberfläche Steine lagen, auf denen man mehr oder weniger tastend vorangehen könnte. Die alten BK-Kämpen, die Recken und Streiter der Bekennenden Kirche, hatten keine Steine gehabt, sie hatten im Glauben, im Gottvertrauen den Versuch gewagt, trotz Sturm und Wellen über das Wasser zu gehen.

Die Vertreter der jüngeren Gruppe hatten es schwerer, unsere ungeteilte Zustimmung zu finden, da der Fächer der von ihnen repräsentierten Möglichkeiten, sich auf die gesellschaftlichen und politischen Verhältnisse so oder so einzustellen, unsere eigene schwankende Seelenlage widerspiegelte. Sollte man sich, so fragte mancher Student, auf die DDR einlassen, sich gar – das allerdings fragten ganz wenige – in Institutionen wie FDJ und CDU einbringen, sich dort engagieren? Oder sollte man doch lieber seinen eigenen Weg gehen in kritischer Distanz zu einem System, dass einem immer wieder klarmachte, ohne die konstruktiv-kritische Mitarbeit junger oder christlicher Bürger auskommen zu wollen?

So standen sie modellhaft vor uns, auf der einen Seite der mutige Pfarrer Rainer Eppelmann, der in Berlin Bluesmessen mit Riesenzulauf veranstaltete und keine Angst zeigte, mahnende Briefe an Politiker aller Himmelsrichtungen zu versenden und nun auch noch gemeinsam mit dem ebenso selbständig wie eigensinnig denkenden Marxisten Robert Havemann den »Berliner Appell« in die Welt gesetzt hatte. Und auf der anderen Seite kamen Pfarrer Ulrich Heilmann und die Pastorin Renate Schönfeld, die sich mit anderen im »Weißenseer Arbeitskreis« bemühten, die DDR zu verstehen und mit deren offiziellen Vertretern »im vertrauensvollen Verhältnis« zusammenzuarbeiten.

Im Übrigen können diese beiden Extrempositionen schwerlich mit den üblichen politischen Zuschreibungen von rechts und links versehen werden. Die Weißenseer empfanden sich natürlich als links, da sie sich mit einem Staat verbunden fühlten, den sie für links hielten. Und den Pfarrer Eppelmann hielt die Stasi so wie jeden kritischen Pfarrer nicht nur für rechts oder konservativ, nein, für »klerikal-reaktionär«, obwohl es ihm in keiner Weise darum ging, eine alte kirchliche Vorherrschaft wiederherzustellen, sondern er nur bemüht war, ein lebendiges Christsein, das sich nicht den Mund verbieten lässt, zu vertreten.

Aber nicht nur diese beiden äußerst gegensätzlichen Haltungen waren möglich. Es gab viel mehr Bürger, und darunter auch Christen, die einen Weg in der Mitte suchten. Hätte man sie gefragt, hätten sie vielleicht Bischof Schönherr zitiert: Wir suchen den Weg zwischen Opportunismus und Opposition, zwischen Anpassung und Verweigerung.

Auch solche Gäste konnten uns Mut machen. So erinnere ich mich gern an den Sprachwissenschaftler und Präses der Berlin-Brandenburger Synode Manfred Becker, der uns die »Sprache des Friedens« nahebrachte, oder an den Pfarrer Konrad Hüttel von Heidenfeld, der über Berliner Salons in der Zeit der Romantik sprach. Oder an theologische Vorträge von Pfarrern unserer Landeskirche wie Christoph Ehricht und Lutz Motikat (beide über Bonhoeffer), Reinhard Glöckner über den Theologen und religiösen Sozialisten Paul Tillich, Holm Collatz aus Wolgast und Pfarrer Rainer Berndt aus Krummin/Usedom über biblische Themen. Ein weiterer Gast von der Ostseeinsel Usedom war Fred Mahlburg, einst hatte ich ihn als Professor Bandts Assistenten und Mitspieler im Studentensport Handball erlebt, jetzt war er besonnener und kritischer Mitdenker im Synodalausschuss »Friedenserziehung« und sprach bei uns in der ESG über »Leben und Bleiben in der DDR«.

Ankündigung einer Veranstaltung mit Katharina Coblenz über den Pfarrer und Dichter Gotthard Kosegarten, 1986
»Hat den die Stasi umgebracht?«, fragte mich ein junger Mann, nachdem er das Plakat gesehen hatte. Domstraße 9 (in der Mitte rechts) ist Pfarrhaus der Jakobikirchengemeinde mit Gedenktafel über der Tür. Die Kreisdienststelle des MfS befindet sich ganz rechts im Bild.
Für das Plakat nutzte der Autor eine Zeichnung seiner Tochter.

Auch Frauen waren selbstverständlich bei uns, so sprach Dr. Charlotte Boost aus dem Kirchlichen Forschungsheim in Wittenberg über Grenzfragen zwischen Glauben und Naturwissenschaft und Brigitte Metz über die Bekennende Kirche in Pommern. Und Katharina Coblenz, die – wie ich sie ankündigte – »nördlichste Pastorin der DDR«, erzählte von ihrem Amtsvorgänger Ludwig Gotthard Kosegarten, dem dichtenden Pfarrer von Altenkirchen, dem »Künder der Schönheit Rügens«, erzählte uns also Geschichten aus ihrem Pfarrhaus, die sich dort ungefähr zweihundert Jahre zuvor ereignet hatten, als Kosegarten beispielsweise täglich bis zu neunzig Ratsuchende empfing oder wie er zum Erfinder der Freiluftgottesdienste in Vitt, nahe beim Kap Arkona, wurde. Als ich einmal bei den Pfarrersleuten in ihrer Küche saß und fragte: Was ist hinter dieser Tür?, antwortete sie: Da wohnte Ernst Moritz Arndt als Hauslehrer.

Diese unsere Gäste halfen alle mit, unseren Geist und unser Verhältnis zur biblischen und kirchlichen Tradition lebendig und wach zu halten.

Ein etwas älterer Pfarrer, den man – da er nach 1945 in Greifswald studiert hatte – noch in die Gruppe der »älteren Geschwister« zählen kann, war der Superintendent Hans-Joachim Schwerin aus Demmin. Ich saß gern neben ihm im Superintendenten-Konvent, der regelmäßig vom Bischof einberufen wurde, da er immer für einen Spaß zu haben war und zu den wenigen Kollegen gehörte, die auch eine eigene abweichende Meinung zu Gehör brachten. Kennengelernt hatte ich ihn übrigens Jahre zuvor zufällig in Kętrzyn (Rastenburg) in Masuren, im polnischen Teil des ehemaligen Ostpreußen, bei der Gedenkstätte des Hitlerbunkers »Wolfsschanze«, Ort des misslungenen Attentats vom 20. Juli 1944. Wir waren eine kleine Gruppe von Studenten, die er, obwohl wir uns nicht kannten, bei unserem Eintreffen sehr kontaktfreudig und offen ansprach.

Ich lud ihn – nun zehn Jahre später – ein, über den konservativen Widerstand gegen Hitler zu referieren. Das konnte und machte er sehr gut. Während des Vortrags passierte allerdings folgendes Malheur: Er rieb plötzlich zwischen Daumen und Zeigefinger einen krümelartigen Fremdkörper hin und her, bis er ihn beherzt wegwarf. Kurz darauf fiel ihm die Brille von der Nase, weil sich Brille und Brillenbügel voneinander gelöst hatten. Der missachtete Fremdkörper war also die Brillenbügelhalterschraube gewesen, die wir Zuhörer dann auf allen vieren kriechend suchten und glücklicherweise wiederfanden.

Mit seinem Interesse für Geschichte, auch für die Geschichte evangelischer Christen in der Nazizeit, weist Superintendent Schwerin – der darüber hinaus philosophisch sehr gebildet war und nach 1989 einige Bücher in diesem Metier veröffentlichen konnte – hinüber in die andere Gruppe unserer kirchlichen Gäste, die alten BK-Kämpfer.

In der Jungen Gemeinde hatten wir schon einiges gehört über Christen, die wegen ihrer couragierten Haltung in der Nazizeit ihr Leben lassen mussten. Vor allem wurde an Dietrich Bonhoeffer erinnert. Aber auch von Pfarrer Paul Schneider, dem »Prediger von Buchenwald« hatten wir gehört. Er war als Gefangener im KZ Buchenwald immer wieder brutal gefoltert und dann ermordet worden, weil er es als seine religiöse Pflicht ansah, durch die Gitterstäbe seiner Zelle hindurch mit einem passenden Bibelwort lautstark Anklage zu erheben, wenn tausende Gefangene auf dem Appellplatz vor den Wachhabenden antreten mussten. So rief er am Ostersonntag: »Kameraden, hört mich. Hier spricht Pfarrer Paul Schneider. Hier wird gefoltert und gemordet. So spricht der Herr: Ich bin die Auferstehung und das Leben!« Nach einer solchen Tat wurde er regelmäßig so brutal getreten, bis er ohnmächtig zusammenbrach. Und als man ihm einmal die Entlassung versprach, wenn er sich künftig unauffällig verhalten würde, lehnte er ab.

Neben Bonhoeffer und Schneider stehen ungefähr dreißig weitere Märtyrer, die mit ihrem Leben und Sterben in dieser Zeit ihren Glauben bezeugt haben. Sie sind im Buch des DDR-Pfarrers Werner Oehme »Märtyrer der evangelischen Christenheit 1933–1945« beschrieben worden.

Aber es gab – wie man manchmal unterscheidet – neben diesen Märtyrern, also den Blutzeugen im engeren Sinne, auch Konfessoren, die wegen ihres Bekenntnisses Leiden auf sich nahmen, denen aber der Tod durch Hinrichtung oder Ermordung erspart blieb. Ich bin mehr als dankbar, einigen von ihnen in meinem Leben begegnet zu sein. Von Martin Niemöller, Günter Jacob und Siegfried Ringhandt war schon die Rede. Von weiteren wird jetzt zu berichten sein.

1984 gedachten evangelische Christen der Entstehung der »Barmer Theologischen Erklärung« fünfzig Jahre zuvor. Mit dieser Erklärung, die heute in jedem evangelischen Gesangbuch abgedruckt ist, wurde aus dem Pfarrernotbund Martin Niemöllers, der sich schon 1933 gegen die Einführung des Arierparagraphen in die Evangelische Kirche gewandt hatte, 1934 die Bekennende Kirche (BK). Diese Erklärung gilt inzwischen als wichtigstes christliches Bekenntnis des 20. Jahrhunderts. Mit ihr wurde dem Ungeist der »Deutschen Christen«, die sich dem Nationalsozialismus andienten, sechsfach ein »Wir verwerfen die falsche Lehre…« entgegengesetzt. So bot es sich für uns an, einige dieser standhaften Christen einzuladen und ihnen zuzuhören.

Bei deren Einladung im Frühjahrssemester 1984 ging es eigentlich nicht nur um das Barmen-Jubiläum, also um eine historische Betrachtung. Es ging unausgesprochen, aber vor allem um die Frage, ob nach erfolgter Hochrüstung und dem Stationierungsbeschluss vom November 1983 – wie manche jungen Leute das nannten – »die Hufe hochgeklappt« werden sollten oder ob es Kraftquellen des Glaubens gab, die ein Weiterleben, ein sinnvolles Weiterleben, nicht nur ein Dahinvegetieren, erlaubten.

Und so luden wir Gäste ein, zunächst drei aus der Berlin-Brandenburger Kirche: Bischof Albrecht Schönherr, der in den Jahren 1936/37 eine Art Theologie-Studenten-Gemeinde der BK in Greifswald aufgebaut hatte; den Generalsuperintendenten Erich Schuppan aus Eberswalde; auch Bischof Gottfried Forck, der als junger Mann noch den Kirchenkampf miterlebte, in dem sein Vater eine wichtige Rolle gespielt hatte, war unser Gast.

Auch aus unserer Greifswalder Kirche konnten wir Referenten gewinnen, so die Regional-Kirchengeschichte treibende Pfarrerin Frau Metz über die BK in Pommern und Pfarrer Martin Reimer. Als ich ihn im Programmheft ankündigen wollte: »Ein ehemaliger Illegaler erzählt«, hat er feinsinnig darauf bestanden, dass es besser »Ein ehemals Illegaler erzählt« heißen sollte. Denn dass er später nicht mehr illegal war, lag ja nicht an ihm, etwa an einem Widerruf, sondern nur an den Zeitläufen, die die tausendjährige

Unheilszeit nach zwölf Jahren beendete. Ich werde nicht vergessen, wie er erzählte, dass ein Pfarrer der BK nie sicher sein konnte, ob er sein Monatsgehalt bekommen würde. Die Gemeinde, die ihrem illegalen Pfarrer in einer von Nazi-Sympathisanten beherrschten Kirche die Treue hielt, sammelte – wenn alles gut lief – Geld, und ein Gemeindeglied überbrachte es in einem Umschlag an der Hintertür des Pfarrhauses.

Die beeindruckendste Begegnung hatten wir mit Kurt Scharf. Er war im Laufe seines Lebens Pfarrer, Präses, Propst und Bischof, sogar Ratsvorsitzender der EKD gewesen, hatte also alle Posten inne, die man – falls jemand Wert darauf legt – im deutschen Protestantismus erringen kann. Aber ihm fielen diese Ämter zu. Titel, jedenfalls deren äußerer Glanz, lockten ihn nicht. Er sprengte diese Ämter. Sie schienen für ihn nur Hüllen zu sein. Er gehörte wohl einer anderen Sorte Mensch an. Eigentlich – so wage ich zu sagen – war er einer der seltenen Vertreter des Prophetenamtes in unserer Zeit. Wegen seiner Glaubenstreue, seiner Gradlinigkeit, angesichts seines überlegten und furchtlosen Auftretens.

Schon in der Jungen Gemeinde in Halle hatte uns die Gemeindehelferin Sigrid Stade von ihm erzählt, dass er 1961 kurz nach dem Mauerbau aus der DDR, in der er seit zehn Jahren lebte, ausgebürgert wurde. Man nahm ihm seinen DDR-Pass ab, erklärte ihn zur unerwünschten Person. Weil die Machthaber genug davon hatten, so die Gemeindehelferin, dass ihnen einer ohne Furcht und Zittern sagte, welche Folgen ihre Politik haben würde, z. B. ihr Umgang mit den Bauern in der Zwangskollektivierung.

Ähnlich mutig, so weiter Sigrid Stade, war Kurt Scharfs Auftreten schon im anderen, davorliegenden Diktatur-Zeitalter. 1933 hatte er zusammen mit dem Berliner Pfarrer Martin Niemöller und einigen anderen den Pfarrernotbund begründet. Sie hatten so gegen die beabsichtigte Einführung des Arierparagraphen in die Evangelische Kirche protestiert, gegen die Diskriminierung und Verfolgung der Juden, innerhalb und außerhalb der Kirche. Im selben Jahr wurde Kurt Scharf Pfarrer in Sachsenhausen bei Oranienburg, wo bald darauf damit begonnen wurde, das berühmt-berüchtigte KZ zu errichten. Die Einwohner und die Gemeindeglieder erlebten belastend die Nähe dieser Todesfabrik. Das Sachsenhausener Pfarrhaus und Häuser von Gemeindegliedern boten in jenen Jahren so verschiedenen Leuten Asyl wie Kommunisten, Sozialdemokraten, an ihrer Tätigkeit zweifelnden KZ-Wächtern, Juden und einem entflohenen KZ-Gefangenen, dem zu weiterer Flucht verholfen werden konnte. Scharf, seine Frau und die Gemeindeältesten lebten dauernd in der Gefahr, selbst ins KZ eingeliefert zu werden.

Nun, so weiter der Bericht unserer Gemeindehelferin, den ich inzwischen durch eigene Lektüre präzisieren konnte, ergab sich 1938 folgendes: Martin

Niemöller war – wegen vierzig anhängiger Verfahren – von einem Gericht zu sieben Monaten Festungshaft verurteilt worden. Da er schon acht Monate in Untersuchungshaft geschmort hatte, verfügte das Gericht seine sofortige Freilassung. In diesem Augenblick griff Hitler ein und bestimmte Niemöller zu seinem »persönlichen Gefangenen« und ließ ihn ins KZ Sachsenhausen einliefern.

Kurt Scharf konnte es sich nicht nehmen lassen, alles daran zu setzen, Niemöller im KZ zu besuchen. Schließlich gelang es ihm als Ortspfarrer, eine Genehmigung für eine Abendmahlsfeier mit Niemöller zu erreichen. Der KZ-Kommandant und zwei Gestapo-Leute waren als Zeugen dabei, als Scharf seinem Christen-Bruder und Kollegen am Karfreitag zur Sterbestunde Jesu das Abendmahl reichte. Nach der Agende war an diesem Tag und zu dieser Stunde der Psalm 69 zu lesen. Darin heißt es u.a.: »Gott hilf mir! Denn das Wasser geht mir bis an die Kehle. Die mich ohne Grund hassen, sind mehr als ich Haare auf dem Haupt habe. Die mir zu Unrecht feind sind und mich verderben wollen, sind mächtig. Tilge sie aus dem Buch des Lebens, dass sie nicht geschrieben stehen bei den Gerechten.«

Das missfiel den Gestapo-Leuten, und sie meldeten es in der Zentrale. Von dort erreichte Kurt Scharf bald die Aufforderung, in der Prinz-Albrecht-Straße zu erscheinen und sich zu rechtfertigen. Er hätte entgegen den Abmachungen eine provokative Predigt gehalten, was geahndet werden müsse. Als Scharf ihnen erklärte, dass es sich um eine festgelegte Lesung »pro tempore« gehandelt habe und er es ihnen anhand des Bibeltextes nachweisen konnte, kam er aus der Sache heraus, durfte allerdings Niemöller nicht mehr besuchen.

Soweit war ich durch den Bericht unserer Gemeindehelferin in gewissem Sinne bereits eingestimmt auf den Gast, den wir nun, dreiundzwanzig Jahre nach seiner Ausbürgerung aus der DDR, einluden. Das geschah mit Hilfe von Bischof Gienke, den ich gemeinsam mit dem Medizinstudenten Klaus-Dieter Ehmke aufsuchte und den wir von unserem Anliegen überzeugen konnten. Und Kurt Scharf kam.

Am Montag vor dem Gemeindeabend zeigte ich ihm die Stadt. Damals wusste ich nicht, was der schon erwähnte Superintendent Hans-Joachim Schwerin über Kurt Scharf und seine Beziehung zu Greifswald in dem Buch »Geistige Heimat ESG... Erinnerungen an 60 Jahre Evangelische Studentengemeinde Greifswald« (auf S. 82) dann später schreiben würde. Schwerin erinnert sich an seine Studentenzeit: »Irgendwann im Jahre 1949 kam auch der von uns eingeladene Scharf, der spätere Bischof, zu uns nach Greifswald. Eigentlich sollte er im größten Hörsaal 5 sprechen. Der war übervoll, weshalb wir in die Aula auswichen, in der uns barocke Puppen grüßten. Aber nicht nur die, denn der Raum war von roten Tüchern teilweise verhängt und Präses Scharf war bei seinen Ausführungen links und rechts umgeben von zwei Plastiken, Stalin rechts, Lenin links. [...] Er sprach sehr beeindruckend über das Geheimnis der Geschichte und der Heilsgeschichte. [...] Sein Abschied hatte noch einen besonderen Akzent: Der Vertrauensstudent der katholischen Studentengemeinde sprach mich an: Er würde vom SSD verfolgt, könne nicht mehr in seine Wohnung zurückkehren. Vielleicht könne der Präses ihn im Auto mitnehmen nach West-Berlin. Dies geschah ohne Umschweife. Anderes konnte man bei einem Mann wie Scharf nicht denken.«

Dies wissend versteht man vielleicht besser, was ich mit Scharf in Greifswald erlebte. Wie gesagt, wir schauten uns die Stadt, jetzt gerade die Marienkirche an, da entdeckte ich auf der anderen Straßenseite einen Mann – und es durchzuckte mich! Ich war mir sicher, dass es sich um einen hochrangigen Stasioffizier handelte. Er trug einen altmodischen Kamelhaarmantel. Sein Gesicht hinter der Brille verlor gerade die Fassung. Er wird wohl extra aus Berlin oder Rostock gekommen sein, dachte ich. Vielleicht hatte er Kurt Scharf, den Ungeliebten, erst am Abend erwartet. Jedenfalls meinte ich zu spüren: ein herzliches Unwillkommen!

Dieses Gefühl bekam nochmals neue Nahrung. Unser Gast hatte seinen Besuch in Greifswald bei der Polizei in der Brinkstraße in einem Vorgang an- und abzumelden. Ich begleitete ihn. Wir setzten uns dem Polizisten gegenüber an einen Tisch. Der nahm Kurt Scharfs Reisepass, schlug ihn auf, kniff Augen und Lippen zusammen und stieß hervor: »Falsches Passfoto, falsche Augenfarbe!« Das war so ein bisschen Psychoterror, sollte einen Schrecken einjagen. Aber einen Mann, der schon ins Hauptquartier der Gestapo gegangen war, schreckte das nicht. Geradezu aberwitzig mutet es an, wenn man bedenkt, dass Kurt Scharf wenige Monate zuvor als Vertreter von »Aktion Sühnezeichen« alle NGOs der Welt auf einem UNO-Forum vertreten hatte. Im Juni 1982 hatte er vor der Vollversammlung gesprochen. Und jetzt wollte ein Polizist aus einer mittelgroßen Stadt in Vorpommern ihm die Leviten lesen! Es ist wohl überflüssig zu erwähnen, dass sich Kurt Scharf nicht aus der Ruhe bringen ließ. Er hat das kleine Gewitter ganz einfach an sich vorüberziehen lassen.

Beim Gemeindeabend im Turm war es so voll wie nie. Die über das Programmheft hinausgehende Mundpropaganda in der Mensa hatte anscheinend Erfolge gezeitigt. Als nun auch noch einige Professoren von der Theologischen Sektion kamen, sah ich mich veranlasst, allerdings ein wenig forsch, die in der ersten Reihe sitzenden Studenten zu bitten, ihren Platz anzubieten. Sie setzten sich bereitwillig auf den Fußboden.

Kurt Scharf war einer der seltenen Menschen, die, sobald sie einen Raum betreten, alle in ihren Bann ziehen. Es waren wohl seine überbordenden

Augenbrauen, seine klare Stimme, sein gesammeltes und bestimmtes Auftreten.

Nach dem Gemeindeabend saß er mit einigen Studenten und mir noch in meinem Wohnzimmer zusammen. Ein zwangloses Gespräch über dies und das, wie es scheinen konnte. Aber ohne uns dessen bewusst zu sein – eigentlich suchten wir von dieser väterlich-brüderlichen Autorität Bestätigung oder Widerspruch zu einigen Fragen, die uns umtrieben. Ihm gegenüber gab es bei uns eine Bereitwilligkeit, zu hören, auf ihn zu hören. Dann sagte einer der jungen Leute: »Na ja, dass auch Pfarrer sich heute scheiden lassen, ist ja eigentlich nichts Besonderes! Damit nähern sie sich nur der normal-durchschnittlichen Scheidungsquote an.« Kurt Scharf hob eine Augenbraue. Und wir verstanden.

Dann an einer anderen Stelle des Gesprächs stach mich anscheinend der Hafer. Und ich erkühnte mich zur Bemerkung: »Einen Teufel gibt es ja wohl nicht!« Wieder suchten wir, suchte ich, im Gesicht des gutmeinenden Freundes nach einem Zeichen. Er blickte mich an, in mich hinein, schwieg. Ich verstand. Er hatte erleben müssen, dass sich ein ganzes Volk in einen Abgrund stürzt, getrieben oder gezogen von einer transpersonalen Macht, einer Macht, die bei so vielen Verstand und Gewissen auszuschalten vermochte. Kurt Scharf sagte nicht, dass er an einen persönlichen Teufel glaubte, aber sein Schweigen sagte mir alles.

Ebenso tief beeindruckt war ich, als er mir am nächsten Morgen noch von Gesprächen mit Todeskandidaten erzählte. Vor allem Zeugen Jehovas waren es, die unter Hitler den Eid und den Wehrdienst verweigerten. Einige hundert von ihnen wurden als Vaterlandsverräter hingerichtet. Kurt Scharf hat sich einigen von ihnen als Seelsorger an die Seite gestellt. Er traf auch auf einen jungen Soldaten, der zwar den Eid geleistet hatte, dann aber den Befehl verweigerte, jüdische Frauen und Kinder zu erschießen. Er wusste, dass er damit in den Tod ging. Er traf bewusst als Christ diese Entscheidung. Scharf überbrachte der Mutter dieses jungen Mannes dessen Abschiedsbrief. Und als er mir ungefähr vierzig Jahre danach davon erzählte, sah ich in seinem Gesicht die feuchten Augenwinkel.

So haben uns die älteren und die alten Geschwister im Glauben ernstgenommen und haben uns Mut gemacht, weiter voranzugehen auf dem Weg »zu einer menschlichen Gesellschaft von größerer Gerechtigkeit, von stabilerem Frieden und von mehr Freude zueinander und weniger Angst voreinander, von mehr fröhlicher Hoffnung auf die Zukunft« (Kurt Scharf).

Kapitel 21

»Großen Tieren« ganz nah! Bekannte Schriftsteller und Denker in der ESG

Die Kirchenleute und die Künstler – das waren zwei der wichtigsten Gruppen unter unseren Gästen. Die Künstler stellten, was kaum überraschen kann, ein buntes Völkchen dar: Junge und Alte, Erlebnishungrige und Lebenserfahrene, irgendwo Angekommene und immer noch Suchende. Alle, Etablierte wie Rand- und Nischenexistenzen, mit der Neigung, sich vor einem Publikum darzustellen und dem Mut, sich dessen Urteil auszusetzen.

Zugleich bildeten sie mögliche Haltungen ab, wie das Problem denn gelöst werden könnte, in und mit der DDR zu leben. Das war für die Studenten, die mit baldigem Studienabschluss in eine neue Phase des Lebens treten würden, anregend und lehrreich: Aha, so kann man es machen! So viel Freiheit gibt es, kann man sich nehmen, muss man sich manchmal herausnehmen, mit der Bereitschaft dann allerdings, den einen oder anderen Preis dafür zu bezahlen.

Neben den Männern und Frauen, die uns Musik, Malerei, Schauspiel und Puppenspiel ins Haus brachten, neben Lieder-, Radio- und Filmemachern waren es vor allem Schriftsteller und Schriftstellerinnen, die einen prägenden Eindruck hinterließen.

Aus Sicht der SED mögen die Schriftsteller im Lande wohl in drei Gruppen sortiert gewesen sein. Die Vertreter der mittleren Generation – von einigen, die uns besuchten, will ich im nächsten Kapitel erzählen – besaßen ein »Loyalitätsdefizit«. Diese Männer und Frauen, sie waren – hier kann ich an die Einteilung bei unseren kirchlichen Gästen anknüpfen – wieder so etwas wie unsere älteren Geschwister, hatten sich, schon aus Altersgründen, nicht im Klassenkampf bewähren können, waren nicht im antifaschistischen Widerstand oder Exil gewesen.

Die alten kommunistischen Schriftsteller waren für die Parteioberen wohl nochmals in zwei Gruppen geteilt: die zuverlässigen Ost- und die eher misstrauisch beäugten Westemigranten.

Wer wie Walter Ulbricht, Wilhelm Pieck und der damals noch kommunistische Herbert Wehner im Moskauer Hotel Lux untergebracht war, dem Quartier der »Kommunistischen Internationale« (der »Komintern«), der aus dem Ausland in die Sowjetunion emigrierten kommunistischen Kader, der hatte den stalinistischen Terror der dreißiger Jahre hautnah mitdurchlebt und durchlitten. In den Jahren der »großen Säuberung« 1936 bis 1938 kündeten regelmäßig mitternächtliche Stiefeltritte in den Fluren des Hotels von Verhaftungen deutscher und anderer ausländischer Genossen durch die Geheimpolizei NKWD. Da konnte, wer das überleben wollte, sich nur wegducken, das Ganze nicht wahrhaben wollen oder sich irgendwie damit einverstanden erklären.

So wurden nicht nur spätere DDR-Funktionäre, sondern auch Schriftsteller wie Johannes R. Becher, Erich Weinert und Willi Bredel verängstigt, sind seelisch entsprechend zurechtgestutzt worden. Sie lernten zu überleben im Sichanpassen an die jeweilige Parteilinie. Die schlängelte sich allerdings oft im Dunkeln, und ihr Verlauf musste dann erspürt oder vorweg erahnt werden. Solche Ostemigranten haben dann später in den ersten Jahrzehnten die Politik und Kultur der DDR entscheidend geprägt. Mit Ulbrichts Entmachtung durch Honecker 1971 verloren sie mehr und mehr ihren Einfluss.

Einige Westemigranten wie Stefan Heym, Stephan Hermlin oder Jürgen Kuczynski, die neben Prag auch Paris, London und New York kennengelernt hatten, kehrten mit einer freieren Lebensart nach Deutschland zurück, die sie auch in der DDR nicht ganz ablegten.

Gerade diese drei prominenten, über die Grenze der DDR hinaus bekannten Schriftsteller, jeweils Jude und Kommunist in einer Person, stellten partiell so etwas wie eine staatsloyale Abweichung dar, bejahten den Sozialismus der DDR prinzipiell, meinten aber, dass er dringend weiterentwickelt werden müsse, nicht nur, um für die Menschen verkraftbar zu sein, sondern um eine Ausstrahlung nach außen, ja überhaupt eine Zukunft zu haben. Sie leisteten sich selbstbewusst, mal mehr und mal weniger, eine Gegenrede zur DDR-Führung, obwohl sie – wie Stephan Hermlin und Jürgen Kuczynski – selbst der SED angehörten.

Zunächst zu Stefan Heym. Ihn kannte ich bereits von etlichen Lesungen. Über einige, zum Beispiel in meiner Greifswalder Studentenzeit oder in der Cottbuser ESG, hatte ich kurz berichtet, ebenso von der Lesung in Neuenhagen, die – weil in der Kirche verboten – kurzerhand vom Ehepaar Linke ins Pfarrhaus verlegt worden war.

Ich rief Stefan Heym an – es wird Ende 1985 gewesen sein – und fragte, ob er zu uns kommen würde. Sofort, ohne die Tatsache einer Einladung zu problematisieren, nannte er einen konkreten Termin. Ich musste entgegnen: »Geht es nicht an einem Montag? Da haben wir unseren regulären Gemeindeabend!« Lautstark reagierte er: »Junger Freund!« Ich verstand: Wenn Stefan Heym bereit war zu kommen, dann sollte man schon froh darüber sein, ohne weitere Bedingungen zu stellen.

Das nächste Problem bestand darin, ihn zu fragen, ob er ein Honorar wünsche und in welcher Höhe. Mir war nämlich zu Ohren gekommen, dass er zu Lesungen in den Westen fahren durfte, und auf diese Frage folgendermaßen antwortete: »Hotel für mich und meine Frau! Und 3000 DM für den Abend!« Als ich zaghaft nach seiner Honorarvorstellung fragte, donnerte er los: »Ich werde doch von der armen Kirche kein Geld nehmen! Besorgen Sie mir einen Aal!« Ich bin dann tatsächlich im Frühjahr, kurz vor Heyms Auftritt am 3. April 1986, ins Fischerdorf Wieck gefahren, um einen Aal zu erwerben, den ich im normalen Fischgeschäft niemals bekommen hätte. Ich klingelte bei einem Fischer, den zu fragen mir empfohlen worden war. Er stand in der Tür und lachte: »Die Aale sind jetzt so dick wie mein kleiner Finger. Im Herbst können Sie wiederkommen, dann haben die Aale Armdicke!« Ich bot Stefan Heym an, ihm die kostbare Rarität ein halbes Jahr später nach Berlin zu bringen, aber das hat er dann großherzig ausgeschlagen.

Trotz solch launenhafter Bocksprünge war Stefan Heym für mich und die meisten von uns eine fast prophetische Gestalt. Er bewies Mut, immer wieder, ging politisch an die Grenzen des Möglichen. Er repräsentierte nicht die totale kommunistische Opposition wie Biermann und Havemann. Er war geschmeidig, ohne allerdings sich und sein Anliegen zu verraten. Unvergessen bleibt mir, wie er auf die Schikanen des Staates reagierte. Im Mai 1979 bestellte er das ZDF in seine Wohnung, ohne dass er oder sein Gesprächspartner eine für Interviews notwendige Genehmigung eingeholt hätten. Und er begann – es war nach meiner Erinnerung bei dieser Gelegenheit – vor laufender Kamera: »Ich gebe kein Interview, ich gebe ein Statement ab.« Dann beschrieb er die Maßnahmen der Stasi, die ihn und seine Frau wochenlang mehr oder weniger offensichtlich verfolgt und bedrängt hatten. Er habe geschwiegen, obwohl das »tückische Devisengesetz« mit Gefängnis drohte und gerade gegen ihn in Anwendung gebracht wurde. (Wegen eines ohne Genehmigung im Westen veröffentlichten Buches hatte ihn ein Gericht zu einer Geldstrafe von 9000 Mark verurteilt.) Aber jetzt – so Heym – hat der Staatsanwalt die Sache an die Presse gegeben. Man wolle ihn offensichtlich kriminalisieren und aus dem Land graulen. »Ich möchte sagen, dass ich diese Republik nicht freiwillig verlassen werde.« Das war ein ungeheuerlicher Akt von Zivilcourage, der seine Wirkung nicht verfehlte.

Einen Monat später musste sich Heym auf einem Treffen des Berliner Schriftstellerverbands gegen Vorwürfe und Unterstellungen von Hermann Kant, er würde anderen Herren dienen, verteidigen. Er wies detailliert nach, wie er in mehreren Ländern des Exils als Kommunist geheimdienstlich beargwöhnt und beschattet worden war. Das treffendste Argument, das er hier verwendete und das ich ihn auf verschiedenen Veranstaltungen habe vortragen hören, bestand aus einem Schriftstück von 1935. Es enthielt eine Anfrage aus der tschechoslowakischen Armee an die Prager Polizei wegen neun Verdächtigen, allesamt deutschen Emigranten. »Nummer drei auf dieser Liste ist ein gewisser Stefan Heym, Schriftsteller. Nummer sieben Walter Ulbricht.«

Wegen seines internationalen Erfolgs mit einem Buch über die Landung der Alliierten in der Normandie betrachtete sich Stefan Heym als Weltschriftsteller, noch vor Gründung der DDR. Dieses Selbstbewusstsein gab ihm den Mut, dem Widersacher ins Auge zu sehen. Deshalb war er für viele DDR-Bürger eine, man wird es so sagen können, heldenhafte Figur. Dennoch war er nicht unbedingt umgänglich. Das erlebte ich bei unserer Veranstaltung. Er las zunächst einige Märchen und einen selbstironischen Text aus dem eben erschienenen Band »Immer sind die Weiber weg!«, einem Geburtstagsgeschenk für seine Frau. Als das Gespräch begann, bediente er wieder sein Tonband. Ich hielt mich zunächst zurück, um den Studenten die Möglichkeit für Fragen zu geben. Doch dann gab ich schließlich meiner Neugier nach und fragte, wie das gewesen sei bei der psychologischen Kriegsführung (»psychological warfare«) in der US-Armee. Er reagierte ausgesprochen gereizt. Vermutlich, wie ich mir später klarmachte, weil er seit den erwähnten 1979er Ereignissen (die Geldstrafe und das ZDF-Statement, die Verteidigung seiner kommunistischen Identität vor Hermann Kant, zusätzlich sein Rausschmiss aus dem Schriftstellerverband) gern polemisch als »ehemaliger US-Bürger« tituliert wurde. Und als er nach Ende unserer Veranstaltung schon die Turmtreppen hinabstieg – ich vermutete, er wollte vielleicht unten auf die Toilette gehen – und ich einige Minuten später hinterherkam, da fand ich ihn nicht mehr, nur eine Gruppe junger Leute, die erzählten, dass er beleidigt abgezogen sei, nachdem einer von ihnen zu ihm gesagt hatte: »Ich dachte, Sie sind gar nicht mehr hier, sondern auch schon in den Westen gegangen!«

Ich lief Heym hinterher, glaubte, er hätte sich zu meiner Wohnung aufgemacht, wo ein lockeres Nachgespräch mit interessierten Studenten stattfinden sollte. Als ich beim Karl-Marx-Platz, etwa hundert Meter vor meiner Wohnung um die Ecke bog, stürmte mir ein immer noch empörter Stefan Heym entgegen. Der massige Leib vornübergebeugt, die Hände auf dem Rücken verschränkt, die Stirn zornig gekräuselt, vom ungeordneten Haar umweht. Ich erschrak, dennoch frohlockte etwas in mir. In genau dieser kämpferischen Haltung hatte ich ihn im Westfernsehen gesehen, nachdem das Köpenicker Gericht ihm die Geldstrafe aufgebrummt hatte. Ich dachte an Barlach und seinen »Wanderer im Wind«. Der hält sich aufrecht und der Wind kommt von der Seite. Mensch Barlach, dies wäre doch eine Vorlage für eine zweite Skulptur gewesen, einen noch viel dramatischeren »Wanderer im Gegenwind«!

Als wir uns gegenüberstanden, konnte ich ihn nicht mehr beruhigen. Er forderte: »Bringen Sie mich in mein Hotel!«

Am nächsten Morgen fanden wir nach dem Frühstück noch einen versöhnlichen Abschluss. Auf dem Weg zum Bahnhof erzählte er mir anerkennend von Fritz J. Raddatz, den er noch – vor dessen fluchtartigem Weggang in den Westen – in Ost-Berlin als klugen Organisator halboppositioneller kultureller Zusammenkünfte erlebt hatte, sprach vom Islam als einer im Mittelalter kulturell hochstehenden Religion und befand über Günter Grass leicht respektlos: »Der hat's mit den Viechern!« Er meinte wohl, dass es in dessen Buchtiteln nur so wimmelt von Katz und Maus, Hunden, Schnecken und dem Butt; und nun auch noch ganz frisch – der »Rättin«!

Warum Stephan Hermlin eigentlich unserer Einladung gefolgt ist, weiß ich nicht genau. Möglicherweise haben Schriftstellerkollegen, die in Kirchen lasen wie Stefan Heym, sein zwei Jahre älterer Freund aus Chemnitzer Schülertagen, ihn darin bestärkt. Von Hermlin ging nämlich das Gerücht, die Germanisten der Greifswalder Uni hätten jahrelang, wenn nicht jahrzehntelang, vergeblich versucht, ihn als Gast begrüßen zu können. Einer meiner Freunde in der Gemeinde, der Irlandfan und Dudelsackbläser Frithjof Heller besaß eine im Westen erschienene Dokumentation über die »Berliner Begegnung zur Friedensförderung«, die deutsch-deutsche Schriftstellerbegegnung, die Hermlin angeregt und im Dezember 1981 in Ost-Berlin durchgeführt hatte. Nach kurzem Blick auf die Teilnehmer, von denen einige die DDR schon verlassen hatten, und auf deren eigenwillige Wortmeldungen waren wir uns sofort einig: »Den laden wir ein!« Was Frithjof dann gern übernahm.

Hermlin war bekannt durch die DDR-Medien als der Mann mit perfekt frisierten silbergrauem Haar, immer gut gekleidet, immer um gepflegte Manieren bemüht; die Pfeife und ein feines Cordsamt-Jackett gehörten meist zu seiner Ausstattung. Er war, wie Günter Kunert über ihn befand, ein »sozialistischer Grandseigneur«.

Und Gerüchte umgaben ihn. Er sei ein Honecker-Vertrauter, der seinen Einfluss geltend machte, um anderen Kollegen aus manchen Schwierigkeiten zu helfen. Darüber hinaus waren mir Worte von ihm geläufig, die auf schlichtere Parteigenossen wie Provokationen wirken mussten, etwa: »Ich bin zum Humanisten erzogen worden, deshalb konnte ich Kommunist werden.« Oder, auf dem Schriftstellerkongress 1978: »Ich bin ein spätbürgerlicher Schriftsteller – was könnte ich als Schriftsteller auch anderes sein. Ich hörte nicht auf, einer zu sein, während ich Jahrzehnte hindurch Kommunist war und blieb.«

Und einige alte Hasen konnten sich noch an den aufsehenerregenden Knall erinnern, den er im Jahr nach dem Mauerbau (am 11.12.1962) mit einer Veranstaltung der Akademie der Künste erzeugt hatte. Er stellte als der in der Akademie für Lyrik Verantwortliche dreißig junge, noch unbekannte Dichter vor, darunter Sarah und Rainer Kirsch, Volker Braun und Bernd Jentzsch, Karl Mickel und – nicht zu vergessen – Wolf Biermann. Das führte während der Veranstaltung zu sehr viel Beifall, bis sich stalinistische Bedenkenträger lautstark vernehmen ließen: »Das ist eine gelenkte Diskussion, hier entsteht...« Und es schwirrten Worte durch die Luft wie »Petöfi-Klub« und »Plattform«. Das muss alle Anwesenden blitzartig ins Mark getroffen haben, es waren Signalworte, gleichbedeutend mit »Konterrevolution«! Dem intellektuellen Petöfi-Klub warf man vor, die antistalinistische ungarische Rebellion 1956 angestiftet zu haben, was mit der Niederschlagung des Aufstands, hunderten Hinrichtungen und tausenden Einkerkerungen endete. Und eine »Plattform« hätten – ebenfalls 1956 – Harich und Janka in der DDR begründet, was im folgenden Schauprozess gegen sie als »Verbrechen gegen den Staat« ausgelegt wurde.

Hermlin ist auf jener Lyrik-Veranstaltung diesen Einschüchterungen entgegengetreten, indem er – wie Biermann beschreibt – mit »halbhoch gestrecktem Leninarm« zu den Saboteuren hin rief: »Ich warne Sie! Hier findet keine gelenkte Diskussion statt! Hier findet eine ganz sachliche! ruhige! lebendige! und parteiliche! Aussprache statt!«

Also wenn es darum ging, junge Nachwuchsautoren zu fördern, ließ es sich Hermlin etwas kosten. Er verlor nach der Veranstaltung und der geforderten Selbstkritik mehrere Posten, so den des Sekretärs der Sektion »Dichtung und Sprachpflege« in der Akademie und die Vizepräsidentschaft im Schriftstellerverband.

Viel später musste ich einiges Ernüchterndes über den Dichter Hermlin zur Kenntnis nehmen, erfuhr von den Enthüllungen des westdeutschen Literaturkritikers Karl Corino, las dessen 1996 erschienenes Buch »Außen Marmor, innen Gips« (so hatte Brecht einmal über Hermlin geurteilt). Corino geht es darum nachzuweisen, wie sehr Hermlin seine Biografie geschönt, wenn nicht gefälscht hat: hin zum Widerstandskämpfer gegen die Nazi-Diktatur, hin zum Résistance-Mitglied in Frankreich, hin zum Kämpfer bei den Internationalen Brigaden im Spanischen Bürgerkrieg. Eine noch schärfere Verurteilung Hermlins fand ich bei Alfred Kantorowicz (in seinem »Deutschen Tagebuch«), der vom jungen Hermann Kant (im Oktober 1955) gebeten worden war, sich dem vereinsamten Hermlin wieder zuzuwenden: »Es scheint, dass mir die Rolle eines Seelentrösters des von seinem schlechten Gewissen bedrängten, ordenklirrenden, mit Preisen, Ehren, Würden, Präsidentschaften überhäuften jungen Mannes zugedacht ist. Das ist ein wenig zuviel verlangt. Karrieren hier und heute müssen bezahlt werden – mit Substanzverlust (wenn Substanz vorhanden war) und mit schlechtem Gewissen (wenn man noch Gewissen hat). So will ich ihm zugute halten, dass er sich zuweilen schämt. Aber er hat gewählt: die Gunst Ulbrichts.«

Solche Enthüllungen und Urteile über Hermlin haben mich enttäuscht. Dennoch gab es vor und nach 1989 immer auch Signale, die in die andere Richtung zeigten, die Hermlin als einen ebenso sensiblen wie kämpferischen Anwalt des freien Denkens und Künstlertums auswiesen.

Da gab es die Anekdote, die Erich Fried (in einem vom Alexander-Verlag 1987 veröffentlichten Gespräch mit Heiner Müller) erzählt. Hermlin habe, als der Leiter von »Sinn und Form« Peter Huchel in Ungnade gefallen war, sich bei der geforderten Selbstkritik etwa folgendermaßen verhalten: »Jawohl, ich habe einen Fehler gemacht. Und da ich mich kenne, enthebt mich bitte aller Ämter! Denn ich würde den Fehler wieder und wieder und wieder [...] machen!« Fried hatte nachgezählt und mindestens dreizehn Mal das Wörtchen »wieder« entdeckt!

Und – vor allem – ohne Hermlin hätte es nicht den gemeinsamen Protest führender Künstler gegen die Biermann-Ausbürgerung 1976 gegeben. Jedenfalls nicht in dieser Form. Hermlin lud führende Schriftsteller der DDR in seine Wohnung ein: seinen Freund Stefan Heym, das Ehepaar Christa und Gerhard Wolf, Günter Kunert, Heiner Müller, Sarah Kirsch und Volker Braun. Rolf Schneider stieß zufällig zur Runde, Jurek Becker, Erich Arendt und Franz Fühmann sagten ihre Unterstützung in Abwesenheit zu, Fritz Cremer, der berühmteste Bildhauer im Lande, der nur einige Häuser weiter wohnte, wurde aufgesucht und einbezogen.

Stefan Heym, der an einer schnellen Reaktion auf die Ausbürgerung interessiert war, hatte einen bewusst kurz gehaltenen Entwurf in der Tasche. Aber als Hermlin sein vorbereitetes Statement vorliest, lässt sich Heym sofort von der literarischen Qualität der Zeilen überzeugen. Hermlins Entwurf bringt lässig ein Marx-Zitat aus einer weithin unbekannten Schrift unter, »demzufolge die proletarische Revolution sich unablässig selbst kritisiert«. Biermann, so heißt es weiter, sei zugegebenermaßen »ein unbequemer Dichter«, wie »viele Dichter der Vergangenheit«. Und ein sozialistischer Staat müsste »eine solche Unbequemlichkeit gelassen nachdenkend ertragen können.«

Heym und Hermlin waren im äußeren Verhalten sehr unterschiedlich, der eine geradeaus polternd und der andere vornehm zurückhaltend. Dennoch verband die beiden Chemnitzer eine Lebensfreundschaft, die durch die Zeitläufte des 20. Jahrhunderts gehalten und in ihnen standgehalten hatte. Ich denke, dass vor allem diese beiden den harten Kern dieser Gruppe bildeten, deren Mitglieder sich, nur ihrem eigenen Gewissen folgend, zusammenfanden. Eine Gruppe, die zwar bald durch Teilrückzieher einzelner Risse bekam, deren Aktion dennoch historisch genannt werden kann, da sie als mutiger Einspruch eines Häufleins Aufrechter kolossale Auswirkungen hatte.

Und nun sollte der »Grandseigneur« zu uns kommen. Und er kam. Allerdings mit ungefähr zweistündiger Verspätung. Er war leichtgläubig erstmal auf der Autobahn nach Rostock gefahren, ohne zu bedenken, dass Greifswald etwa hundert Kilometer weiter östlich liegt. Und ich wartete – wie vereinbart – im »Boddenhus«, dem von mir für ihn bereitgestellten Quartier, bis er seinen Volvo endlich einparkte.

Nachdem wir Platz genommen hatten, erzählte er mir detailliert, wie er die »Berliner Begegnung zur Friedensförderung« im Dezember 1981 eingefädelt hatte. Er hatte sich mit Honecker getroffen und ihm eine Stunde lang dargelegt, welche große Bedeutung ein solches Treffen in dieser Zeit haben könnte. In einer Zeit, in der trotz aller gegenseitigen militärischen Abschreckung der Frieden immer unsicherer geworden war. Honecker habe eine Stunde lang nichts gesagt. Und dann Hermlin zugestimmt: »So machen wir das!«

Hermlin soll Gerüchten zufolge sich wegen solch unkonventionellen Vorgehens nicht nur den Zorn der Apparatschiks, die sich übergangen fühlten, zugezogen haben. Er provozierte auch den Neid vieler angepasster Kollegen, die ihre Gangart, mit der sie am besten durchs Leben zu kommen meinten, ihren vorwegeilenden Gehorsam und den Verzicht auf eigene Anstöße, infrage- und bloßgestellt gesehen haben.

Nach dieser ersten Kontaktaufnahme konnte ich Hermlin noch den Koffer aufs Zimmer tragen. Plötzlich platzte seine Unzufriedenheit aus ihm heraus, und er verlor die ihm so oft nachgerühmte Contenance: »Sie haben mir ja noch gar kein Honorar angeboten!« Ich zeigte mich gesprächsoffen – aber er wollte dann nicht mehr darauf zurückkommen.

Der Abend in der Jakobikapelle bescherte uns einen begnadeten Vorleser. Ich weiß noch, er las zwei Stücke, und aus jedem ist mir ein Satz in Erinnerung geblieben. In »Ein Mord in Salzburg«, einer Kriminalerzählung jenseits der üblichen antifaschistischen Klischees, bringt er ein Wort Alfred Polgars unter, der gesagt hätte, in Salzburg gebe es mehr Antisemiten als Einwohner.

Und in »Hölderlin 1944« schildert er, wie er als Flüchtling in Frankreich, nicht im von deutschen Truppen besetzten Teil, sondern im Süden, der einer Besetzung zuvorkommend sich unterwarf, sich verstecken musste. Ein Bauer verbarg und versorgte ihn auf einem Heuboden, warnte ihn allerdings vor seiner Mutter, einer Anhängerin des Marschalls Petain. Ausgerechnet sie, auf der Suche nach irgendetwas, wahrscheinlich nach einigen abgelegten Eiern, erklomm den oberen Teil der Scheune. Bevor sie sich auf wenige Meter näherte, konnte er sich noch schnell und geräuschlos unter dem Heu verstecken. Der Satz, der sich mir einbrannte: »Ich lag über Hölderlins Versen und hatte kein Mörder werden müssen.«

Nach der Lesung habe ich ihm aus meinem persönlichen Bestand einen großen schönen Bildband über Martin Luther als Geschenk übergeben. Deshalb hat es mich berührt, als er nach dem revolutionären Umbruch von 1989 – aber das mag nach Tagen schon wieder anders gewesen sein – meinte, die protestantische Kirche könne (auch ihm?) eine geistige Heimat bieten.

Mit Hermlin hatten wir dann – was nicht mit jedem Gast gelang – ein Nachtreffen. Es ergab sich in einer illegal von mehreren Pädagogikstudentinnen bezogenen Wohnung. Auf der Treppe warnten wir ihn lachend: »Wir gehen jetzt in eine schwarz bezogene Wohnung!« Er hatte keine Ahnung, was das sein könnte. Ursel de Boor, Sola Haas, Katrin Kleinschmidt und Christina Vetter waren ein lustiges Völkchen, die uns oft mit Musik und guter Laune erfreuten. Im Radio lief eine klassische Musik. Der Dichter saß in einem abgeschabten Sessel, neigte den Kopf: »Wissen Sie, was das ist?« Und gab selbst die Antwort: Die soundsovielte von Chopins Etüden.

Danach saßen wir in meinem Trabbi. Ich war im Begriff, ihn in sein Hotel zu fahren. Aber er wollte mir noch etwas zeigen. Er hielt das eben im Aufbau-Verlag erschienene Buch »Stephan Hermlin. Äußerungen 1944–1982« auf den Knien, aus dem er »Hölderlin 1944« gelesen hatte. Und es war ihm wichtig, mich auf mehrere Stellen aufmerksam zu machen, wo im Abdruck Auslassungspunkte (…) gesetzt waren. Es ging um Interviews, die er westdeutschen Kollegen, Ulla Hahn und Klaus Wagenbach, gegeben hatte.

Er konnte die Streichung durch die Zensur nicht verhindern, hatte aber darauf bestanden, ähnlich wie Christa Wolf in einigen Büchern, die Stellen kenntlich zu machen. Eine Lücke im Gespräch mit Klaus Wagenbach fällt mir im Nachhinein besonders ins Auge, eine Stelle, wo Hermlin auf Marx und Luther Bezug nimmt: »Die Kunst ist in Deutschland eine Kompensation für bessere materielle Verhältnisse, die sich andere Länder errungen haben. Marx hat ja auch an irgendeiner Stelle gesagt, Revolutionen, die andere Völker durchkämpft hätten, spielten sich in Deutschland im Gehirn eines Mönchs ab. Damit meint er übrigens Martin Luther.« Und dann folgen die drei Punkte. Worüber mag sich Hermlin an der fehlenden Stelle geäußert, worüber mag er da nachgedacht haben? Über die Bedeutung von Religion für das gesellschaftliche Leben oder die Macht der Sehnsüchte und Träume, die ungerechte und überholte Strukturen hinwegzufegen vermögen?

Der dritte Gast in dieser Riege, Jürgen Kuczynski, hatte mit Stephan Hermlin mindestens drei Gemeinsamkeiten. Auch er war ein Honecker-Vertrauter. Er schrieb ihm – so hieß es – die Wirtschaftspassagen in dessen Reden. Und zweitens dachte auch er gar nicht daran zu verhehlen, aus dem Bürgertum zu stammen.

Die dritte Gemeinsamkeit war für uns die vielleicht auffälligste. Er war wie Hermlin ein Genosse, der es fertigbrachte, beides nebeneinander oder im Wechsel zu leben, auf der einen Seite ein treuer Parteisoldat zu sein und andererseits ein Abweichler. Kuczynski war, nach dem Titel des zweiten Teils seiner Memoiren (1945–1989), ein »linientreuer Dissident«. (Ein Potsdamer Historiker, Mario Kessler, hat dieser elegant-verführerischen contradictio in adiecto widersprochen, soweit sie Kuczynskis Haltung gegenüber dem Realsozialismus beschreiben soll. Hier wäre der Begriff eines »kritischen Gläubigen« angemessener. Ich gebe ihm recht; denn ein Dissident, jemand, der »sich abseits setzt, sich absetzt«, kann ja nicht linientreu sein, er kann nur die Linie, also die von der Parteiführung vorgegebene Mehrheitsmeinung, verlassen. Kuczynski hat aber nie einen Hehl daraus gemacht, dass er, bei aller abweichenden Meinung, im Schoß der Partei bleiben wollte.)

Kuczynskis Familie gehörte seit mindestens sechs Generationen zu einem linken Bürgertum. Es gab Kontakte zu Albert Einstein und Käthe Kollwitz, zu Walter Rathenau und Karl Kautsky; die Schrift des Vaters, René Kuczynski, über Arbeitslöhne in einigen kapitalistischen Ländern, wurde von Lenin geschätzt. So gehörte der Sohn Jürgen schon vor seinem Eintritt in die KPD 1930, gewissermaßen von Geburt an, zum »revolutionären Hochadel«. Er übernahm später die Bibliothek des Vaters und ließ sie auf siebzigtausend Bände anwachsen. Jürgen Kuczynski schrieb ungefähr einhundert Bücher, darunter – sozusagen Friedrich Engels Konkurrenz machend – achtunddreißig Bände über die Lage der Arbeiter im Kapitalismus. Wie er selbst erzählt, übergab Ulbricht ihm und seiner Frau Marguerite das Haus in der Parkstraße in Weißensee mit den Worten: »Für die Bücher, aber Ihr könnt auch darin wohnen.«

Was mich immer bewegt hat: In derselben Straße, schräg gegenüber, wohnte Bischof Gottfried Forck. Das wäre eine Szene für ein Theaterstück, ein Treffen der beiden, irgendwann zu nächtlicher Stunde, in den achtziger Jahren, als die DDR noch nicht wusste, dass es sich um ihr Schicksalsjahrzehnt handelte.

Jürgen Kuczynskis Buch »Dialog mit meinem Urenkel«, das sechs Jahre, vor allem wegen des Widerstands von Kurt Hager, auf Eis lag, ehe es 1983 endlich veröffentlicht werden konnte, nahmen wir zum Anlass, ihn einzuladen. Für unser Programmheft übernahmen wir das Titelfoto des Buches mit dem greisen Meister. In einer Sprechblase variierte ich den »Dialog mit meinem Urenkel« zu »Wie sag ich es nur meinen Urenkeln?«

Für solche Scherze hatte er Verständnis. Er machte gern selbst welche. Zum Beispiel, wenn er, der Zweiundachtzigjährige, erwähnte, dass er täglich kurz nach 20.15 Uhr mit der Genossin Marguerite die Treppe zum Schlafgemach emporstieg. Dann wussten spätestens eine Sekunde später alle: Er hat noch die Tagesschau geguckt! Es war auch sein vorgerücktes Alter, das nicht zuließ, ihn abends auftreten zu lassen, was ja erst eine mit-

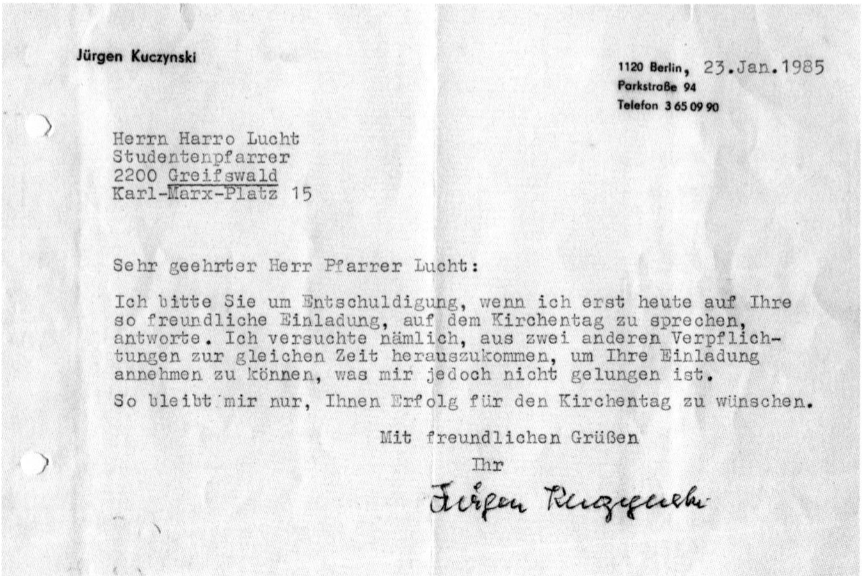

Jürgen Kuczynski

1120 Berlin, 23.Jan.1985
Parkstraße 94
Telefon 3 65 09 90

Herrn Harro Lucht
Studentenpfarrer
2200 Greifswald
Karl-Marx-Platz 15

Sehr geehrter Herr Pfarrer Lucht:

Ich bitte Sie um Entschuldigung, wenn ich erst heute auf Ihre so freundliche Einladung, auf dem Kirchentag zu sprechen, antworte. Ich versuchte nämlich, aus zwei anderen Verpflichtungen zur gleichen Zeit herauszukommen, um Ihre Einladung annehmen zu können, was mir jedoch nicht gelungen ist.

So bleibt mir nur, Ihnen Erfolg für den Kirchentag zu wünschen.

Mit freundlichen Grüßen

Ihr

Jürgen Kuczynski

Schreiben Jürgen Kuczynskis an den Autor, 1985

ternächtliche Rückkehr nach Berlin bedeutet hätte. So kam er am Nachmittag. Plötzlich betrat er, groß, stattlich, weißhaarig unsere Wohnung in Begleitung seines Chauffeurs; denn sie waren mit dem Dienstwagen seines Instituts gekommen.

Was ich überhaupt nicht erwartet hatte: Von Kuczynski ging ganz viel herzliche Liebenswürdigkeit aus. Er setzte sich, entzündete eine Pfeife und lächelte. Plötzlich erhob er sich: »Herr Graf«, so hieß sein Begleiter, »muss essen gehen!« Und er gab ihm aus seiner Schatulle zwanzig Mark. Das war viel Geld, davon hätte Herr Graf mehrere Hamburger Schnitzel mit Leipziger Allerlei verputzen können.

Ich sagte dann zu ihm: »Es ist doch etwas Besonderes, dass Sie als Marxist zu uns in die christliche Gemeinde kommen!« Er hielt schelmisch den Kopf schräg, sein Lächeln verstärkte sich: »Ich bin eingesegnet!« Womit er wohl darauf hinweisen wollte, auch konfirmiert zu sein. Plötzlich beschlich mich Unruhe, ob im Turm schon alles gut vorbereitet sein würde, und ich sagte: »Ich würde gern in den Turm zu den Studenten gehen und nach dem Rechten sehen!« Und er antwortete: »Lassen Sie uns in den Turm zu den Studenten gehen und nach dem Rechten sehen!« Ich war sehr berührt. Er hatte meine Worte aufgegriffen und wiederholt.

Als wir dort angekommen waren und ich mich um einiges zu kümmern hatte, saß er schon vorne, entfaltete ein englischsprachiges Wirtschaftsmagazin und las, ganz für sich. Ihn umgab die Aura einer sanften Autorität. Dies war wohl der Grund, dass weder ich noch einige der schon eingetrudelten Studenten die Chance ergriffen, die noch verbleibende Zeit zu nutzen und ihn in ein persönliches Gespräch zu verwickeln.

Der Abend, der jetzt begann, war ja überschrieben: »Ein Marxist erzählt aus seinem Leben«. Er sprach von Lenin und Stalin, die er aber beide ungewohnt auf der zweiten Silbe betonte und diese dazu noch dehnte: Leniiin und Staliiin. Er sprach von Karl Radek und Karl Kautsky. Letzteren hatte er als Fünfzehnjähriger bei einer »Tante« besucht, wo sich Kautsky im März 1920 wegen der Kapp-Putsch-Unruhen versteckt hielt. Da Kautsky und Lenin seit einigen Jahren in Fehde lagen und Lenin seinen marxistischen Kritiker als »Renegaten« abgemeiert hatte (mit dem Buch »Die Diktatur des Proletariats und der Renegat Kautsky«, so die deutsche Erstveröffentlichung 1919, später unter dem Titel »Die proletarische Revolution und der Renegat Kautsky«) kostete es den jungen Kuczynski Überwindung, diesen Revisionisten unter den marxistischen Theoretikern aufzusuchen. Aber die Neugier setzte sich durch. Kautsky erzählte dem Fünfzehnjährigen von Gesprächen, die er noch mit Marx und Engels geführt hatte. Und Radek, mit dem Kuczynski auch mehrere Begegnungen hatte, über die er berichten konnte, Radek war so etwas wie der Deutschlandexperte der frühen Sowjetunion, war von Stalin beauftragt worden, für die russische Übersetzung des ersten Kuczynski-Buches ein »sehr kritisches« Vorwort zu schreiben, bevor er später selbst ein Opfer des Stalinschen Terrors wurde.

Nun mussten wir bei Referenten mit bekannten Namen damit rechnen, dass auch Nichtstudenten zu unseren Veranstaltungen erschienen. Unsere Gemeindeabende waren frei zugänglich für jedermann, wurden auch in drei Schaukästen in der Stadt offen beworben. (Was böse Buben veranlasste, manchmal das Glas zu zerschlagen, wenn darin auf unliebsame Themen oder Referenten hingewiesen wurde.) So kamen – wie schon erzählt – bei Kurt Scharf einige Professoren der Uni, diesmal war es wohl eine interessierte Lehrerin, die sich dann auch zu Wort meldete: »Stimmt es, Herr Professor Kuczynski, dass Stalin siebzehn Millionen Menschen umgebracht hat?« Wir waren betroffen. Trotz formaler Entstalinisierung nach 1956 war das ein Tabuthema. Für die offizielle DDR war Stalin ja kein verbrecherischer Massenmörder, der die »Leninsche Garde« in Schauprozessen zum Tode verurteilt, der die Offiziere der Roten Armee vor Kriegsbeginn ausgeschaltet und Millionen Bauern hat verhungern lassen. Nein, für die DDR hatte er nur gegen die »Leninschen Normen des Parteilebens« verstoßen. Kuczynski lächelte. Er trat auf die vermutliche Lehrerin zu, nahm sie ernst, duzte sie wie eine erwachsene Tochter und sprach einige Worte, die damit endeten: »Ist es nicht schrecklich?« Er wird wohl auch an seine eigene Stalingläubigkeit gedacht haben, an seine zwei Freunde David und Emel, mit denen er im Hotel Lux intensive Gespräche geführt hatte und die ein Jahr später vor ihrer Erschießung 1936 noch riefen: »Es lebe Stalin!« Oder an Hermann Duncker, den er nach der Verhaftung seines Sohnes Wolfgang davon überzeugen sollte (und wollte), dass die sowjetische Justiz keine Fehler mache.

Im Nachhinein erscheint mir die Reaktion Kuczynskis unzureichend. Indem er menschlich reagierte, auf die Fragestellerin persönlich einging, hat er uns damals emotional beeindruckt. Aber er hat vermieden, auf die grundsätzliche Frage einzugehen, ob die »stalinistische Mordfabrik« zu vermeiden gewesen wäre, ob sie ein Betriebsunfall oder ein Wesensmerkmal des sozialistischen Gesellschaftsexperiments darstellt.

Der Gedanke, der mir am nachhaltigsten in Erinnerung blieb: Kuczynski konnte sagen, dass jeder Mensch glaubt, auch der unreligiöse Mensch. Er machte das an dem Gespräch mit Kautsky deutlich. Der erinnerte sich, dass Marx zu ihm gesagt hatte: Die Menschheit steht vor der Alternative, Sozialismus oder Barbarei. Das, so Kautsky, hätte Marx als Wissenschaftler gesagt, und dann den Satz nachgeschoben, er glaube aber, dass sich die Menschheit für den Sozialismus entscheiden werde. Dies sei eine Glaubensaussage gewesen.

In »Sinn und Form« hatte Kuczynski eine ähnliche Aussage getroffen. Eine Aussage, die für den durchschnittlichen Anhänger der einzigen »wissenschaftlichen Weltanschauung«, als die sich der Marxismus gern verstand, kaum zu verdauen sein konnte. Er sagte, Religion und Kunst sind älter als jede Wissenschaft und werden neben ihr ihre bleibende Bedeutung behalten.

Ein weiterer Gast aus der alten Riege war ebenso wie die drei eben Besprochenen auch Jude und damit ein Verfolgter des Naziregimes, aber dieser war kein Kommunist und auch nicht im Exil gewesen: Der Philosoph und Philologe Professor Dr. Rudolf Schottlaender. Sein Name war uns erstmals aufgefallen, entweder im »Neuen Deutschland« oder in den im Westen vollständig veröffentlichten Protokollen der deutsch-deutschen Schriftstellerbegegnung. Da fragte jemand: Warum sind die Professoren Havemann und Schottlaender nicht eingeladen worden? Der Name Havemann sagte uns etwas. Aber Schottlaender? Wir versuchten uns zu erkundigen.

Prof. Schottlaender war in beiden deutschen Staaten eher ungeliebt wegen seiner philosophischen Grundhaltung, einer fast naiv anmutenden Vorurteilslosigkeit. Er kämpfte gegen »Gedankenunterschlagung«, stellte überall Fragen, die dem Partei- und Blockgeist widersprachen. Er prangerte den in Zeiten des Kalten Krieges in Ost wie West neu aufkeimenden »Großgruppenhass« ebenso an wie den »urteilstrübenden Gegenhass«.

Die Nazizeit hatte er in einer »Mischehe«, in Verstecken und am Schluss im Evangelischen Pfarrhaus Berlin-Heiligensee überstanden. Nach 1945 unterrichtete er als Studienrat Latein und Griechisch an einer West-Berliner Schule. Dann berief man ihn als Philosophieprofessor an die TU Dresden. Seine »drei glücklichsten Jahre« (1947–1949) gingen allerdings schnell zu Ende. Weil er sich weigerte, an der Maidemonstration teilzunehmen, verlor er seine Anstellung. So kehrte er nach West-Berlin in seinen Lehrerberuf zurück. Auch hier stieß er auf große Schwierigkeiten. Wegen seines dem Zeitgeist widersprechenden Eintretens für Verständigung zwischen Ost und West erhielt er 1959 Berufsverbot. »Auch ohne jede Zuneigung zur östlichen Seite«, wie er immer wieder betonte, sei es besser, das Gespräch zu suchen als immer weiter das gegenseitige Misstrauen anwachsen zu lassen. Zu allem Überfluss wurde Schottlaender im selben Jahr 1959 die Anerkennung als Politisch-rassisch Verfolgter (PrV) aberkannt, mit der widersinnigen Begründung, »er sei Anhänger eines totalitären Regimes«. Es waren also Zeiten, in denen nicht nur ein Unangepasster im Osten sehr schnell als »Agent des Imperialismus« klassifiziert wurde, auch im Westen war der sich für Frieden und blockübergreifende Völkerverständigung einsetzende Professor sehr schnell als »Kommunist« eingeordnet. (1962 wurde diese Aberkennung übrigens zurückgenommen.)

Nun rettete ihn ausgerechnet ein Angebot aus Ost-Berlin, er könne an der Humboldt-Uni als Philologie-Professor für alte Sprachen arbeiten. Eine reine Philosophie-Professur kam für den Nichtmarxisten und nach den Dresdener Erfahrungen natürlich nicht mehr infrage.

Ich wusste jetzt, dass er 1957 ein Buch »Theorie des Vertrauens« geschrieben hatte. Das passte zur Losung der DDR-weiten Kirchentage von 1983 »Vertrauen wagen!« So lud ich den Professor zur Friedensdekade 1983 nach Greifswald ein, formulierte als Thema: »Kann man es wagen, Vertrauen zu wagen?«

Er kündigte mir auf einer fröhlichen Postkarte an, gemeinsam mit seiner Frau Edith zu kommen. Und zwar mit der Deutschen Reichsbahn, wie die Eisenbahn in der DDR immer noch hieß. Ich möge ihn auf dem Bahnhof abholen. »Ich werde meine schwarze Baskenmütze schwenken, damit Sie mich auf dem Bahnsteig erkennen können!« Ein ähnliches Angebot hatte mir übrigens ein Nachwuchskünstler vom Prenzlauer Berg gemacht, er werde auf dem Bahnsteig »kleine Schritte machen«. Als ob ich nicht einen Philosophen oder einen Szene-Autor erkennen könnte!

Die Eheleute Schottlaender waren ganz natürlich und freundlich, sie waren offen und im guten Sinne neugierig auf die Lebenswirklichkeit des anderen. Sie wollten auch nicht im Hotel untergebracht sein. So würden sie im Ehebett der gastgebenden Familie schlafen.

Auf dem von mir gefertigten A4-Plakat für die Greifswalder Friedensdekade 1983 hatte ich die Bilderausstellung von Bärbel Bohley – allerdings ohne Namensnennung – und den Auftritt unseres Professors angekündigt, was den vor mir stehenden Konsistorialpräsidenten zu einem spontanen, unwilligen Ausbruch veranlasste: »Wer ist dieser Professor Schottlaender?« Er wird wohl davon gehört haben müssen, dass sich wieder einmal ein Freigeist in die Greifswalder ESG verirrt hatte.

Als Schottlaender seinen Vortrag in der Jakobikapelle begann, saßen zufällig auch einige Konfirmanden in der ersten Bankreihe. Der kleine rundliche Mann schaute sie durch seine dicke Brille genauso ehrerbietig an wie die zuhörenden Studenten. »Kann man es wagen, Vertrauen zu wagen?«, hob er an, um fortzufahren: »Das ist eine Zweifelsfrage.« Das Kernstück seiner Ausführungen bestand meiner Erinnerung nach in der Aufforderung, die Bergpredigt Jesu aus der individualethischen Verengung herauszuführen und in die gesellschaftliche und politische Dimension zu transformieren. Muss dann aus »Liebe Deinen Nächsten wie Dich selbst!« die Aufforderung an das ganze Volk ergehen: »Liebe Dein Nachbarvolk wie Dich selbst!«? Seine Antwort: Nein, Völker können einander nicht lieben, aber sie können einander vertrauen.

Das Zusammensein mit den beiden Gästen im Anschluss an die Veranstaltung war sehr freundlich und warmherzig. Die Gespräche wurden einfach fortgesetzt. Ich staunte über den Optimismus des Mannes, der immerhin zwölf Jahre seines Lebens in großer Gefahr gewesen war: »Die Menschheit hat immer eine Lösung für ihre Probleme gefunden«, sagte er wörtlich.

Um das angeregte Gespräch vom Frühstückstisch fortzusetzen, bot ich beiden an, sie im Trabbi nach Berlin zu fahren. Auf halber Strecke fiel Frau Schottlaender ein, ihren Schmuck auf dem Nachttischchen liegengelassen zu haben. Also retour, dann nochmal die volle Strecke Greifswald–Berlin, Berlin–Greifswald. Abends sollte ich eine Andacht im Greifswalder Dom halten. Die Zeit zur Vorbereitung war nun sehr knapp geworden. Mir blieb nichts anderes übrig, als meine Andachtsansprache während der Autofahrt »im Kopf aufzuschreiben«. Zwanzig Jahre später, also in ganz anderen Zeiten, traf ich Edith Schottländer wieder, zufällig bei einer Lesung in Berlin. Sie erinnerte sich fröhlich, was wir damals in Greifswald zum Frühstück gegessen haben. Ihr Mann war gut vier Jahre nach dem Besuch in Greifswald gestorben. Mein Freund Rainer Graupner, der als Pfarrer in der Evangelischen Akademie gearbeitet und Schottlaender dorthin eingeladen hatte, hat ihn in Friedrichshagen beerdigt. Der Beobachtungsbericht der Stasi vermerkt ca. achtzig Personen aller Altersgruppen, die an der Beerdigung teilnahmen. Zeit der Beobachtung: »04.02.88 13.00 Uhr bis 04.02.88 15.30 Uhr«.

Während die drei staatsloyalen Opponenten und der systemübergreifend kritische Denker immer relativ klar ihre Ansichten vertreten haben, ist Heiner Müller eigentlich eine Sphinx, ein weithin undurchschaubarer, dennoch – oder deshalb – über die Grenzen der DDR hinaus bekannter eigenwilliger Denker gewesen. So wie Brecht und Franz Xaver Kroetz konnte auch dieser dritte marxistisch-schillernde Stückeschreiber in Anspruch nehmen, für einige Zeit der meistgespielte Autor auf den Bühnen Westdeutschlands zu sein.

Seine Popularität in den späten Achtzigern und frühen Neunzigern stieg immer mehr an. »Müller Deutschland« wurde er genannt, da er mit je einem Bein östlich und westlich der Mauer lebte. »Es gibt zwei Deutschlands«, konnte er sarkastisch sagen, um überraschend fortzufahren »eins oben und eins unten. Ich bin in beiden zu Hause.« War Müller, der in den Aufbaujahren Schwierigkeiten mit seinen Stücken hatte, sie umschreiben musste, um sie aufführen zu können, war Müller überhaupt noch Marxist, oder war er ein zynischer Apokalyptiker? Auf jeden Fall ein Denker, der unorthodoxe und unbequeme Wahrheiten von sich gab. »Er kokettiert mit dem Teufel«, sagte Jürgen Verdofsky, mein Freund und Müllers Regieassistent, zu mir.

Ich erinnere mich an die Aufführung eines Müller-Stücks in der Ost-Berliner Volksbühne. Das erste Bild: Die zwölf Jünger mit Jesus in der Abendmahlsgemeinschaft. Die Schauspieler saßen an der weißgedeckten Tafel in knallig leuchtenden roten und gelben Gewändern, wie in einem italienischen Renaissance-Gemälde. Plötzlich erschien über ihnen eine Leuchtschrift. Zunächst die Zeile:

»Der Terror, von dem ich schreibe, kommt nicht aus Deutschland, er kommt aus der Seele.« Dann darunter »Edgar Alan Poe«. Nach kurzer Verzögerung eine weitere Zeile: »Der Terror, von dem ich schreibe, kommt aus Deutschland. Heiner Müller«.

Eindrücklich war mir auch immer sein Wort: »Damit etwas kommt, muss etwas gehen. Die erste Gestalt der Hoffnung ist die Furcht. Die erste Erscheinung des Neuen der Schrecken.«

Was bedeutete diese Dialektik? Im Erschrecken und in der Furcht, landläufig Boten des Bösen, stecken Hoffnung und Zukunft? Es erinnert mich an das verstörende Wort des Anarchisten Michael Bakunin: »Die Lust der Zerstörung ist eine schaffende Lust.« Aber das trifft es noch nicht. Müller meint nicht das unbeherrschte Sich-Ausleben. Ihm geht es wohl mehr um die Erkenntnis objektiver Vorgänge. Sein Wort erinnert damit eher an den biblischen Prediger Salomo, der lebensklug oder resigniert festhält: »Alles hat seine Zeit. Geboren werden hat seine Zeit, sterben hat seine Zeit. Lieben hat seine Zeit, hassen hat seine Zeit…« Aber auch das scheint nicht gemeint. Es ging Müller kaum um die letzte Ausgewogenheit, die Einebnung aller

Widersprüche des Lebens, schon gar nicht um deren Erträglichkeit, soweit beide Elemente, die lebensschaffenden wie die lebensverneinenden, aus Gottes Hand entgegengenommen werden.

Es ging ihm um eine nicht umkehrbare Bewegung von A nach B. »Per aspera ad astra«, wie das lateinische Sprichwort sagt, also durch Mühsal zu den Sternen, durch Nacht zum Licht. Ist diese Richtung von Müllers Wort nicht die christliche: durchs Kreuz zur Auferstehung? Und damit die marxistische: durch Elend und Unterdrückung hin zur Befreiung in der klassenlosen Gesellschaft?

Das Problem, das ich mit Müller hatte: Ich suchte die Befreiung vergeblich. Der Autor, so schien mir, hakte sich im Schrecken und in der Furcht fest, es kommt nicht mehr zu den erlösenden Momenten. Ein Bühnenarbeiter der Volksbühne klagte mir gegenüber: »Warum muss er immer der Blutspur folgen, die Hitler und Stalin durchs Jahrhundert gezogen haben?« Müller trug gern Schwarz, schwarzes Jackett, schwarzes T-Shirt, schwarze Brille. Und was andere als notwendigen Bestandteil des Marxismus ansehen, den »historischen Optimismus« – da ist bei ihm eine Leerstelle. »Eine Idealform für mich wäre: Ohne Hoffnung und Verzweiflung leben. Und das muss man lernen. Ich glaube, ich kann es. Die Menschen fragen immer nach Hoffnung. Das ist eine christliche Frage. [...] Das Tragische ist etwas sehr Vitales: Ich sehe einen Menschen untergehen, und das gibt mir Kraft.«

Diesen Text, noch vollständiger, nahm ich in die Ankündigung unserer Müllerveranstaltung (am 16.3.1987) in unser Programmheft auf. Er sollte gerade in seiner widerspenstigen Fremdheit neugierig machen.

Wie konnte ich den bekannten Mann ansprechen? Mein Schulfreund Jürgen Verdofsky war Dramaturg und Regieassistent bei ihm. Da er die Veranstaltung organisierte, in der die Verleihung des Nationalpreises an Heiner Müller gefeiert werden sollte, konnte er mir eine Einladung zukommen lassen. Ich erinnere mich an eine vielköpfige Schar, viele Schauspieler, darunter Corinna Harfouch, Michael Gwisdek und Peter Brasch. Müller stand vorne neben dem Buffet, und er stand plötzlich auf einem Bein, und er sagte: »Bertolt Brecht hat einmal gesagt, Wilhelm Pieck hat einmal gesagt: Nun fangen wir an...«

Später trat ich auf ihn zu, stellte mich vor, lud ihn in die Greifswalder ESG ein. Er sagte sofort. »Das müssen wir machen!« Durch Jürgen wusste ich: »Müller fährt nicht mit dem Zug. Da musst Du im Auto vorfahren!« Da ich vor der Veranstaltung schon im Turm sein wollte, bat ich einen unserer »jungen Wilden«, den Studenten Robert Conrad, das Geleit zu übernehmen. Nun war noch ein Auto zu besorgen. Ich fragte den Konsistorialpräsidenten und bat um ein Konsistorialfahrzeug mit Fahrer. Sigfried Plath war in solchen Dingen erfahren. Er wusste, das macht viermal ungefähr zweihundertdreißig Kilometer: Der Fahrer muss nach Berlin, Müller nach Greifswald bringen, nach Berlin zurückbringen und dann selbst nach Hause fahren. Und schlug sofort vor: »Ich werde das Berliner Konsistorium bitten!« Und so kam es. Robert Conrad klingelte an Müllers Neubauwohnung in Berlin Friedrichsfelde. Mit von der Partie war Lothar Trolle, auf den Müller nicht verzichten wollte. Und Robert konnte die beiden zum Auto geleiten. Als ich ihn später fragte, wie die Fahrt war, antwortete er: »Die haben die ganze Zeit politische Witze erzählt!« Und es fällt nicht schwer, sich vorzustellen, welcher Couleur diese Witze waren.

Nun dauerte die Fahrt etwas länger. Ich ließ ein Paul-Gerhardt-Lied singen, wahrscheinlich »Geh aus, mein Herz und suche Freud...« Meist hört man mit der schönen achten Strophe auf: »Ich selber kann und mag nicht ruhn...« Aber diesmal lief es wohl auf alle fünfzehn Strophen hinaus. Bei der vielleicht vierzehnten Strophe regte sich etwas. Ich ging den Ankommenden einige Treppenstufen nach unten entgegen.

Und nun passierte etwas Entscheidendes: Mein Herz rutschte mir in die Hose. Vor mir stand der allseits bewunderte, gerüchtemäßig für den Literaturnobelpreis vorgesehene, grell glänzende Star am Himmel der ost-westdeutschen Literatenszene. Und mir entfuhr der beschämende Satz: »Entschuldigen Sie, dass wir das singen!« – »Wieso?« – »Na ja, christliche Lieder. Ich meine, Sie als Marxisten!« – »Marxisten? Sind wir Marxisten?« – »Na, ich meine, Sie als Schriftsteller.« – »Schriftsteller? Sind wir Schriftsteller?«

Also mein Kindheits-Ich mit seinem übergroßen Respekt hatte mir da einen Streich gespielt. Zum Glück für mich hatten die beiden Gäste keine Lust, komplementär in die Transaktion einzusteigen. Durch ihre Witzelei stellten sie alles wieder auf Null. Sie haben ganz einfach meinen Blödsinn mit ihrem Blödsinn beantwortet.

Trolle las dann ein Stück über eine Schulklasse, die sich aus dem Fenster des Klassenzimmers hinausträumt. Müller stellte zunächst dar, was es heißt, Heiner Müller zu sein. Er trug eine grüne Che-Guevara-Jacke, zeigte sich im Profil, zog an seiner Zigarre. Dafür hat er dann im Gespräch mit den Studenten seine Schlagfertigkeit gezeigt. Auf die Frage, wie er es finde, den Nationalpreis der DDR erhalten zu haben, antwortete er lakonisch: »Dem entgeht keiner.« Und als er nach Gorbatschows Perestroika gefragt wurde, meinte er: »Der Zug ist in Moskau losgefahren, aber noch nicht in Novosibirsk angekommen.«

Müller erzählte auch von einem zufälligen Treffen mit Nina Hagen in den USA, die ja spektakulär nach der Biermann-Ausbürgerung in den Westen gegangen war. Inzwischen war sie auf einer religiösen Suche, irgendwo zwischen indischen Gottheiten und UFOs. In diesem Zusammenhang sagte Müller: »Die USA haben anders als die europäischen Länder keine weitreichende Geschichte. Deshalb glauben sie an die Zukunft. Und die kommt in Form eines UFOs, eines Burgers«, womit er natürlich die McDonald's-Bulette meinte.

Trotz solcher Floskeln und lapidar erscheinenden Geschichten war der Abend sicherlich ein Gewinn – und zwar für beide Seiten. Die Schriftsteller, in der Gefahr, im Elfenbeinturm zu leben, hatten Kontakt mit realen jungen Menschen. Und beide, die Meister des geschriebenen Wortes und die Zuhörer, lebten in diesem Staat. Und die jungen Menschen sahen, wie man mit dieser für sie unausweichlichen Tatsache umgehen konnte, wie Spielräume eröffnet werden können, um nicht zu verzagen oder zu resignieren.

Kapitel 22

»Ja! Sichdenberghinunterrollenlassen!« Künstler ohne den Schutz grenzüberschreitender Bekanntheit

Stefan Heym, Stephan Hermlin und Jürgen Kuczynski umgab – anders als die im jetzt folgenden Kapitel zu besprechenden Künstler – eine Aura der Unantastbarkeit. Diese war unbeabsichtigt durch ein differenziertes ost-westliches Zusammenspiel entstanden. Sie genossen Ansehen, im Osten wegen ihrer Treue zur sozialistischen Idee, im Westen wegen ihrer partiellen Kritik an deren Umsetzung.

Gerade diese drei Männer hatten sich schon lange vor Gründung der DDR für den Kommunismus entschieden. Sie waren im antifaschistischen Widerstand und im Exil gewesen, hatten den jungen Staat DDR begrüßt und in seiner Entwicklung unterstützt. Also haben sie sicherlich bei der Staatsführung besonderen Kredit genossen. Ihr Renommee nützte den Mächtigen, die hoffen konnten, von ihrem Glanz ein wenig zu profitieren. Aber auch die im Klassenkampf erfahrenen Intellektuellen hatten Vorteile. Man kann davon ausgehen, beide Seiten brauchten sich gegenseitig. Dieser selbstverständlich nie schriftlich fixierte Vertrag, manchmal nur Stillhalteabkommen, von beiden Seiten ebenso aufrechterhalten wie strapaziert, ist dann schrittweise, vor allem durch die Ereignisse von 1965 (11. Plenum), (wieweit 1968?), dann 1976 (Biermann-Ausbürgerung) und 1979 (Rauswurf kritischer Schriftsteller aus dem Verband), zerrieben und aufgegeben worden.

Ich wusste und weiß wenig darüber, wie vermutlich angepasst einerseits und aufbegehrend andererseits sich diese marxistischen Intellektuellen in der ersten Hälfte dieses teildeutschen Gesellschaftsexperiments verhalten haben mögen, und es steht mir als Nachgeborener fern, hier einen Verdacht oder gar Vorwurf (etwa: »Habt Ihr die stalinistische DNA des Ulbricht-Regimes nicht von Anfang an erkannt?«) formulieren zu wollen gegenüber drei Männern, die während der Hitlerjahre als Juden und Kommunisten doppelt mit dem Tode bedroht waren und meinten, in der kommunistischen Bewegung ihren Schutz gefunden zu haben.

Aber ich merke jetzt erst, bei der Niederschrift dieser Zeilen, wie in mir ein Gedanke herumkrabbelt, dass ich es unschön fände, wenn ihre Anerkennung bei den Mächtigen einer Anpassungsleistung ihrerseits zu verdanken wäre, und ich bemerke, dass es bei mir ein Bedürfnis gibt, sie in eine Reihe von mutigen – vielleicht idealisierten – Vatergestalten zu stellen. Da mir mein Vater, neben meiner Mutter, in einem entscheidenden Teilabschnitt der Kindheit gefehlt hat und die Großeltern das nicht im vollen Umfang ersetzen konnten, habe ich wohl noch lange als Erwachsener eine Kompensation gesucht, bin weiterhin auf der Spur geblieben, einen guten und starken Vater zu suchen. Das machte mich wohl anfällig, diesen Gästen vorauseilend einen zu großen Respekt entgegenzubringen. Ich habe sie wohl idealisiert. Ich sah, was sie waren – und noch nicht, was sie möglicherweise auch waren.

Denn wie habe ich sie als junger Mensch erlebt? Als kritische Marxisten, die die Zustände im Lande nicht einfach unkommentiert hinnehmen wollten! So konnte ich sie nach und nach wahrnehmen, nachdem ich 1963 in die DDR zurückgekehrt war. 1965 las ich auf schlechtem Papier der Liberal-Demokratischen Zeitung (LDZ), also einer Repräsentantin der Block-Presse, die Attacke beim 11. Plenum des ZK der SED auf Biermann und Havemann, aber auch auf Stefan Heym, hervorgerufen durch seine Rede »Stalin verlässt den Raum« und seinen Text »Die Langeweile von Minsk«. Vom stillen, internen Protest Stephan Hermlins gegen den Einmarsch in die Tschechoslowakei 1968 hörte ich selbstverständlich nichts, von dem der Havemann-Söhne schon. Und 1976, im gemeinsamen Protest gegen die Biermann-Ausbürgerung, sind dann auf einmal die Künstler und Intellektuellen hundertfach aus der Deckung gekommen. Dabei haben Stefan Heym und Stephan Hermlin (neben Christa Wolf, Günter Kunert, Heiner Müller, Jurek Becker...) eine wichtige Rolle gespielt. Dies, wie ihr weiter oben angesprochenes couragiertes Verhalten, hat ihnen über die bisherige Lebensleistung hinaus nochmals bei den Menschen in Ost und West Respekt verschafft, der ihre – jedenfalls gefühlte – weitgehende Unantastbarkeit weiterhin festigte.

Zugutegekommen ist ihnen sicherlich auch, dass sich die Zeiten, nach der Machtübernahme durch Honecker 1971 und den dann folgenden deutsch-deutschen Entspannungsbemühungen, so gewandelt hatten, dass man Kritiker nicht mehr einfach so ausschalten, etwa ohne großes Nachdenken ins Gefängnis werfen konnte. Die DDR-Oberen sahen es nun wahrscheinlich als Vorteil an, mit ihnen, den »Parade-Dissidenten«, wie mein Freund Kralle sie nannte, eine nicht vorhandene Liberalität vorzuspiegeln. Für sie, im Osten geduldet, im Westen bewundert, war es auch möglich, Bücher und Interviews jenseits der Grenzen zu veröffentlichen. Die üblichen Schikanen der DDR-Kulturfunktionäre (»Wir können Ihr Buch unmöglich in diesem oder im nächsten Jahr veröffentlichen. Es ist kein Papier da!«) konnten – jedenfalls bis 1979 entsprechende Gesetze fabriziert wurden – nicht mehr ohne weiteres zur Einschüchterung dienen.

Plakat einer Veranstaltung mit Klaus Werner, 1985

Umso bewundernswerter – und auf diesen Kontrast will ich zu Beginn dieses Kapitels eigentlich hinaus – erscheint mir, dass auch nicht so bekannte, viel ungeschützter lebende Künstler den Mut fanden, mit ihren unkonventionellen Darbietungen und Schriften im Land aufzutreten. Für manche von ihnen waren zu Beginn der achtziger Jahre die Kulturhäuser im Land schon verschlossen. Und so waren es neben den »großen Tieren« (Heym, Hermlin, Kuczynski und die im vorigen Kapitel auch besprochenen Heiner Müller und Rudolf Schottlaender) auch nicht ganz so bekannte Künstler, Vertreter der mittleren Schriftstellergeneration und Künstler verschiedener Generationen und Genres einschließlich der »Jungen Wilden« vom Prenzlauer Berg, die frischen Wind in unsere Studentengemeinde brachten.

All diese Künstler lebten mehr oder weniger von der Hand in den Mund, also von Auftritt zu Auftritt, von »Mucke« zu »Mucke«, wie sie gern sagten. Sie waren oft froh, überhaupt auftreten zu können, kamen gern fürs Fahrgeld plus der am Abend sich ergebenden Kollekte. Auch wer etwas mehr brauchte, konnte es bei uns bekommen. Ich erinnere mich, wie wir mit sichtlichem Vergnügen einem Gast die Kollekte (sie fiel diesmal besonders hoch aus, es waren wohl mehr als 150 Mark), also all unser Kleingeld in die Jackentasche schütteten! Und ein Schriftsteller der mittleren Generation bat vor seinem Kommen um ein bescheidenes Honorar, ansonsten müsse er – so schrieb er – »im Nachdichterjoch verharren«. Oder ein junger Nachwuchsschriftsteller aus Berlin, der allerdings schon im Westen veröffentlicht hatte und davon anscheinend leben konnte, bat überraschenderweise nicht um ein Honorar, sondern stattdessen um eine Honorarquittung, damit er sich dem zu erwartenden Vorwurf eines »asozialen Lebenswandels« würde erwehren können. Dieses Argument habe man, so erklärte er mir, zur Disziplinierung von Szenekollegen schon das ein oder andere Mal in Anwendung gebracht.

Aber solche Geld- und Honorarfragen waren fast nebensächlich. Begierig waren wir auf die Impulse, die unsere Gäste uns geben konnten. Wir erwarteten ein freies und freches Künstlertum – und wurden auch nicht enttäuscht.

Da die »Prenzlauer-Berg-Connection« (wie sie der etwas ältere, im Herzen jung gebliebene »Bergbewohner« Adolf Endler getauft hat) vor allem im Rückblick seit 1989 aus mancherlei Munde Lob wie Kritik erfuhr, beginne ich mit diesen »jungen Wilden«, die wir spaßeshalber so nannten, nachdem der Kulturwissenschaftler Dr. Klaus Werner zu uns gekommen war. Er hatte, wie wir erfuhren, im Kulturministerium freiwillig seinen Abschied genommen, um freier arbeiten zu können. Auf Vorschlag des Studenten Lutz Wohlrab besuchte er uns nun, um uns Joseph Beuys und den im sächsischen Erzgebirge fast im Verborgenen lebenden, Schriftbilder malende Künstler Carlfriedrich Claus, aber auch die »Jungen Wilden«, eine Künstler- und Malerszene aus West-Berlin, vorzustellen. Diese Gruppenbezeichnung fanden wir nun genauso treffend anwendbar für von uns erreichbare Künstler, diesmal nicht aus West- sondern aus Ost-Berlin, eben dem »Prenzlauer Berg«. Ich schreibe »Prenzlauer Berg« wenigstens einmal in Anführungszeichen; denn der Ausdruck beschreibt eher eine Haltung denn einen Ort, weil die damit benannten jungen Künstler aus Halle, Dresden, Erfurt und allen übrigen Richtungen stammten und noch nicht einmal alle im »Prenzl-Berg«, sondern teilweise in anderen Berliner Bezirken lebten. Auf die Haltung kommt es an, auch wenn sie nicht ganz leicht zu bestimmen ist. Zeigte sie sich eher in frechen und schrillen, das Politische oft nur andeutenden Texten oder in unpolitischen Sprachspielereien? Die DDR wurde – falls überhaupt – kritisiert, indem man ihr Pathos nachtäuschte oder sie ignorierte, sich zu ihr natürlich nie pro und meist noch nicht einmal contra verhielt.

Welche Schlüsselstellung der Liedermacher Ekke Maaß mit seinem (von ihm später so genannten) »literarischen Salon« in der Schönfließer Straße 21 damals hatte, sowohl für die Prenzlauer-Berg-Künstler selbst als auch für die

Einladungsgrafik (Ausschnitt) für den ESG-Abend »Die Erotik / Der Geier« von Cornelia Schleime mit Gedicht von Sascha Anderson, 1984

Weiterempfehlung dieser jungen Kollegen an »unsere jungen Wilden« Martin Bernhardt und Lutz Wohlrab, habe ich in vollem Umfang erst später erkannt.

Der aus Naumburg stammende Pastorensohn Ekke Maaß ließ jahrelang in seiner Wohnküche junge Künstler – manche das erste Mal – auftreten. Die Stimmung des Unerhörten und Unerlaubten hat dreißig bis vierzig Leute, manchmal doppelt so viel, den Zigarettenqualm ertragen lassen, in dem stundenlang über vorgelesene Texte diskutiert wurde, immer wieder auch im Beisein von älteren Kollegen (Christa und Gerhard Wolf, Heiner Müller, Volker Braun, Elke Erb und Adolf Endler...), deren Anwesenheit einen gewissen Schutz darstellte.

Ekke war auch bei uns zu Gast, sang zur Gitarre Lieder, eigene und solche aus dem europäischen Osten, vor allem die Lieder des »sowjetischen Biermanns« Bulat Okudschawa. Als ich ihn in Berlin besuchte, bewunderte ich ein – von einem Freund gemaltes – großes Bild in seiner Küche. Es war ein Jahr nach der Biermann-Ausbürgerung entstanden. Für mich lag da in der Mitte des Bildes ein aufgebahrter Stalin mit dem großen Schnauzbart, und darum etwas ratlos herumstehend einige Leute, für mich erkennbar Gorki und Lenin, Stephan Hermlin und Rainer Maria Rilke. Der Schnauzer des Aufgebahrten – wie ich dann erfuhr – gehörte allerdings Wolf Biermann, dem ausgebürgerten Sänger, der die offensichtliche Ratlosigkeit der abgebildeten Kollegen, vielleicht weniger des Politikers Lenin, auslöste.

Bei einem anderen Besuch in derselben Wohnung war ich bei Sascha Anderson, der aus Dresden kommend, von seinem Freund Ekke Maaß aufgenommen worden war. Er bewohnte ein großes Zimmer, trug das Hemd mit den Tintenklecksen, das ihn als Dichter auszeichnete. Die Ausbeute des Tages, eine Reihe von Blättern mit Gedichten, hingen an einer Wäscheleine quer durch den Raum. Von Sascha ging das Gerücht, wenn er nötig Geld brauchte, würde er sich vor die Kaufhalle stellen und seine maschinengeschriebenen Gedichte anbieten.

Als ich ihn bei dieser Begegnung fragte: »Von Stefan Heym oder Christa Wolf ist bekannt, dass, wenn sie ein kritisches Wort sagen, sie das immer mit einem Bekenntnis zum Sozialismus verbinden. Das höre ich so bei Dir nicht«, da kam – so schien mir – von ganz tief unten die Antwort: »Unerträglich – ist das!«

Auch Sascha kam zu uns, um zu lesen. Am Telefon nannte er das Thema des Abends: »Die Erotik der Geier«. Etwas ungewöhnlich für eine Studentengemeinde, dachte ich zunächst. Aber es kam ja einer der bekanntesten Jung-Künstler des Prenzlauer Bergs zu uns! Und falls mit den Geiern bestimmte Geheimdienstleute gemeint sein sollten, wäre das ganz schön frech und mutig! Als Martin Bernhardt und ich ihn auf dem Greifswalder Bahnhof in Empfang genommen hatten, schlenderten wir zu dritt noch an der Jakobikirche vorbei, sahen in den Schaukasten. Ich staunte, als er die Worte auf dem Plakat kritisierte: »Es muss heißen: Die Erotik. Schrägstrich! Der Geier.« Auf dem von ihm (zu spät, es war ja schon der Veranstaltungstag) mitgebrachten Plakat, von der heute sehr bekannten Künstlerin Cornelia Schleime gestaltet, war der Schrägstrich zu sehen. Ich glaube nicht, dass dieser Bedeutungsunterschied unsere jungen Leute sehr gekümmert hat. Sascha war für viele ein faszinierender, großer Selbstdarsteller. Er wirkte weniger durch das, was er sagte, als durch die Art, wie er es tat. Und er zitierte Hölderlin: »Im Winde klirren die Fahnen«, und sprach von »Menschen mit schwarzem Herzen und roten Handschuhen«.

Das Bild Sascha Andersons ist heute geprägt von seiner Stasi-Spitzeltätigkeit, seinem Verrat an Freunden und Generationsgenossen. Besonders belastend empfinde ich da seinen Brief, in dem er »der Firma« nahelegt, wie wichtig seine Tätigkeit künftig in West-Berlin sein könnte, wohin verschiedene Dissidenten wie Jürgen Fuchs ausgewichen waren. Dennoch möchte ich festhalten, dass ich für genial hielt, wie er eine Headline in einem westlichen Boulevardblatt »Jeder Satellit hat seinen Killersatelliten« zu einem kurzen Gedicht erweiterte, und für ebenfalls genial halte ich die Zeile, die meines Wissens von ihm stammt und die ich vor 1987 in einem von ihm auf einer alternativen Veranstaltung in der Immanuel-Kirchgemeinde verteilten Plakat entdeckte: »Die Funktionäre stehen im Widerstand!« Ein Perspektivwechsel, der prophetisch die Lebenskraft der Zivilgesellschaft und deren Bedeutung für die Endphase der DDR vorwegnimmt.

Auch andere, die in Ekke Maaß´ Wohnküche debütiert hatten, waren in Greifswald unsere Gäste.

Uwe Kolbe, von Franz Fühmann gelobt und gefördert, las im Turm seine Gedichte. In einem hatte er die Worte »Harro Lucht, der schöne Sprayer von Ost-Berlin« untergebracht. Das war gedruckt später nicht wiederzufinden, und da ich keinen schönen Sprayer mit diesem Namen kenne, war es wohl ein kleiner, nach Aufmerksamkeit haschender Gag für die Gemeinde gewesen.

Detlef Opitz war dabei, im Lutherjahr 1983 ein frech-bizarres Buch über den Reformator zu schreiben. Es machte ihm Spaß, dem offiziell von Staat und Kirche geehrten Kirchenmann einen Luther mit angeblich »pathologischer Aufsässigkeit« entgegenzusetzen.

Lutz Rathenow las aus seinen schon im Westen (z. B. unter dem Titel: »Mit dem Schlimmsten wurde schon gerechnet«) veröffentlichten Texten. Einer bestand nur aus einer Wortverwandlung: Emanzynation.

Wir hörten auch von der jungen Autorin Gabriele Eckart, die nicht im engeren Sinn zu dieser Berliner Gruppe gehörte. Wir luden sie ein, sie las aus ihren Protokollen aus den Obstplantagen rund um den zwischen Potsdam und Brandenburg gelegenen Ort Werder. Das Buch wurde wegen der freimütigen Äußerungen, die jüngere und ältere dort Arbeitende der Autorin ins Mikrofon sprachen, im Osten verhindert, aber im Westen gedruckt. Ihr Wunschtitel war »Mein Werder-Buch«. Das wiederum war nun hier – im Westen – nicht möglich, da es ein Buch mit diesem Titel schon über den Fußballverein in Bremen gab. Also erschien es 1984 in Köln unter dem Titel: »So sehe ick die Sache. Protokolle aus der DDR. Leben im Havelländischen Obstanbaugebiet«. Die in diesem Buch – neben anderen bemerkenswerten Auffälligkeiten – beschriebene Tatsache, dass einzelne Obstreihen nicht immer bis zum Ende abgeerntet wurden, die Früchte also am Ast vergammelten, empfanden wir, in der »heilen Welt der Diktatur« (Stefan Wolle) lebend, derart empörend, dass man sich fragen kann, ja muss, wohin unsere Empörung bei heutiger täglicher Nachrichtenlage mit viel schwerwiegenderen Vorfällen eigentlich verrutscht und verschwunden ist.

Dann war noch das Ehepaar Häfner – direkt aus dem Prenzlauer Berg – bei uns. Sie, Magdalena Häfner, malte riesengroße Bilder, die wir an die Wände im Turm hängten. Eberhard, ein freundlicher Kerl mit langen Haaren, äußerte – für mich überraschend – radikale politische Ansichten und las seine handgeschriebenen Gedichte aus grünen Schulheften vor. Da stand er, groß und schlank, mit Cowboyhut und Cowboystiefeln, griff nach einem neuen Schulheft mit den Worten: »Ich lese jetzt aus einem anderen Buch.« Damit hatte er die ungewisse Zukunft, die Utopie einer Buchwerdung, in eine gewisse Gegenwart verwandelt (und damit später rechtbehalten). Er war genau wie seine Frau sehr freundlich und warmherzig. Sie kam aus einer Pastorenfamilie. Das merkte ich spätestens, als sie mir ihre Hausnummer in Berlin – wahrscheinlich zum Abholen der Bilder – nannte, da ergänzte sie das mit dem Hinweis auf das Lied, das dieselbe Nummer im Evangelischen Kirchengesangbuch trägt.

Neben diesen »Jungen Wilden« hatten wir Besuch von der bunten Wolke musischer Künstler, die Musik, Malerei, Puppenspiel, Schauspiel zu uns brachten, darunter auch Lieder-, Radio-, und Filmemacher.

Sehr gern erinnere ich mich an zwei sehr unterschiedliche Gruppen, die sehr ernsthaft ihre Musik vortrugen. Einige Male fuhr ein (in der DDR sehr selten im Privatbesitz befindlicher) VW-Käfer vor, mit Uli Thiem am Steuer. Er und seine Kollegen spielten »Bach und Blues«, Oldtime Jazz und klassische Musik. Ihr feinfühliger Vortrag kam mir sehr alternativ vor. Wie er und seine musikalischen Freunde, darunter auch einmal seine Frau und ein Kind und all die Instrumente, darunter ein Kontrabass, in dieses Auto passten, nötigte mir immer ein Staunen ab.

Jalda Rebling dagegen kam in einem etwas größeren Fahrzeug mit einigen Musikerkollegen. Sie sang jiddische Lieder, so wie schon ihre Mutter Lin Jaldati, die bekannt dafür war, dass sie als Häftling in den Konzentrationslagern Westerbork und Bergen-Belsen auf Anne Frank gestoßen war. Auch Jalda Reblings Vater, der Musikwissenschaftler Eberhard Rebling, machte Musik. Er hatte als nach Holland emigrierter Antifaschist in seinem Haus Juden versteckt und dadurch einigen Menschen, darunter seiner späteren Frau, das Leben retten können.

Neben solchen halbwegs anerkannten Musikgruppen kamen auch einzelne aufmüpfige Liedermacher zu uns, neben Ekke Maaß der Arzt Karl-Heinz Bomberg und ein Greifswalder Liedermacher. Mit ihm verbindet sich ein halb ernstes, halb lustiges Erlebnis. Bevor er bei uns auftrat, kam seine Freundin zu mir, die ich zuvor nie gesehen hatte. Sie fragte: »Wann kommen die Holländer? Wie viele sind es? Wo werden sie schlafen? Was bringen sie mit?« Durch solchen Wust der W-Worte elektrisiert leuchtete sofort eine innere Alarmlampe bei mir auf. Andererseits hatten wir uns angewöhnt, gefühlten dunklen Machenschaften mit Aufrichtigkeit zu begegnen. Wir gingen immer davon aus, dass unser Verhalten rechtmäßig ist, hatten nichts zu verbergen. Also gab ich – zurückhaltend – Auskunft. Dennoch sagte ich zu unserem jungen Freund, als ich ihn kurz danach traf: »Du, Deine Frau stellt verdächtige Fragen!« Als er dann im Turm auftrat – und damit hatte ich nicht gerechnet – eröffnete er den Abend mit einem Lied, das er

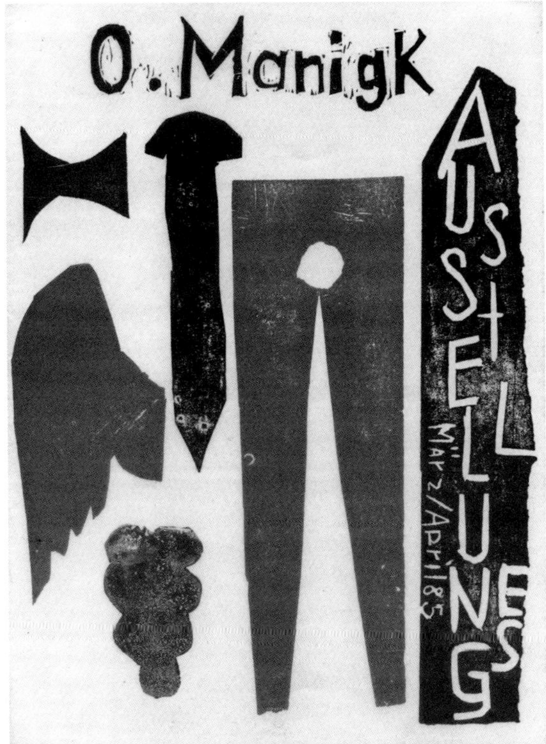

Ausstellungsankündigung, 1985. Das Plakat gestalteten Oskar Manigk und Dietrich Buhrow gemeinsam.

wortgewaltig einleitete: »Mein Pfarrer sagt, meine Frau sei bei der Stasi!« Was mit allgemeinem Gelächter beantwortet wurde und dem Abend den richtigen Schwung verpasste.

Auch Maler, die ihren Pinsel nicht im Sinne des Sozialistischen Realismus führten, wie der auf Usedom lebende Oskar Manigk, stellten ihre Bilder bei uns im Turm aus, wobei der Medizinstudent Lutz Wohlrab hier meist vermittelt und sich für die »Hängung« verantwortlich gefühlt hat.

Neben den Bildern von Magdalena Häfner zeigten wir im Jakobiturm auch Bilder einer anderen Berliner Malerin, die vor allem durch ihr politisches Engagement mehr und mehr bekannt geworden war: Bärbel Bohley. Bei dem schon geschilderten Besuch in ihrer Wohnung am Zionskirchplatz hatte ich spontan die Idee, die wir bald darauf im November '83 verwirklichten. Das kleine A4-grosse Plakat für die »Greifswalder Friedensdekade 1983«, das ich erstellte, führt neben Professor Schottlaenders Auftritt bei uns zwei Veranstaltungen mit Bärbel Bohley auf, das Friedensforum in Stralsund und die Ausstellung. Um keine schlafenden Hunde zu wecken, verzichteten wir auf die Nennung ihres Namens und beschränkten uns auf

Mundpropaganda. Für die Ausstellung hatten wir extra Öffnungszeiten mit einem Wachdienst eingerichtet. Den im Friedenskapitel schon erwähnten Brief der »Frauen für den Frieden« an Erich Honecker hängten wir in einem weiteren Rahmen dazu. Ich weiß noch, wie ein Universitätsprofessor, mal den Kopf schief nach links, mal nach rechts gewendet, ihn sehr ausführlich – intensiver als die Bilder – zur Kenntnis nahm. Ein politisches Bild unter Bärbel Bohleys Bildern ist mir in besonderer Erinnerung. Eine Gruppe alter, erblindet wirkender Männer führt »das Volk« – ohne dass weder die Männer noch das Volk es zu bemerken scheinen – auf einen Abgrund zu.

Dies könnte wohl Bärbel Bohleys letzte Ausstellung in der DDR gewesen sein. Als ich ihre Bilder zurückbrachte, war sie inzwischen einige hundert Meter weiter in die Fehrbelliner Straße gezogen. Dort habe ich sie dann nochmals ohne eigentlichen Anlass besucht. Wahrscheinlich wollte ich Klarheit über die Energie ihres kämpferischen Geistes, über das Wieweit und Wohin erlangen. Bärbel hatte ich kurz zuvor als voranpreschende Kämpferin, in Begleitung anderer Amazonen, in meiner Greifswalder Wohnung erlebt. Jetzt war sie eher nachdenklich. Es war ein stilles Gespräch bei einer Tasse Kaffee, eine Mensch-zu-Mensch-Begegnung. Als sie mich an der Tür verabschiedete, sagte sie: »Komm mal wieder vorbei!« Wenig später, am 12. Dezember 1983, wurde sie zusammen mit Ulrike Poppe verhaftet und das sich schon jetzt schnell drehende Karussell ihres Lebens nahm dramatische Fahrt auf. Ihre Unerschrockenheit und ihre Willenskraft haben uns schon in den frühen Achtzigern beeindruckt, in den folgenden Ereignissen hat sie viele ermutigt, was ihr den Titel »Mutter der Revolution« einbrachte.

Viel Freude brachten uns zwei Puppenspielergruppen. Einmal die Gruppe »Zinnober« vom Berliner Kollwitzplatz, angeführt von Hans Krüger, der wegen seiner Körpergröße allgemein Hänschen gerufen wurde und den ich schon von Hiddensee her kannte. Da saßen einige Studenten vor der Edellokalität in Kloster, dem »Wieseneck«, zusammen. Ein großer Medizinstudent und der kleine Berliner führten eine Auseinandersetzung. Hänschen gelang die Lösung des Problems, und ebenso selbstbewusst wie ironisch beendete er das Scharmützel: »Da muss eben erst ein Großer kommen!« Nach Greifswald kamen sie mit einer silbern glänzenden, würfelförmigen Metallkiste, aus der heraus knallbunt »die Jäger des verlorenen Verstandes« herausschossen, um ihr Spektakel abzuliefern.

Die andere Puppenspielgruppe um Peter Waschinsky entschied sich dann vor Ort für Schauspiel statt Puppenspiel. Einer der Künstler war der Geiger Dietrich Petzold, der auch bei Klaus Lenz, in der Big-Band des berühmtesten Jazzmusikers der DDR, mal empfindsam, mal aufrührerisch die Saiten strich. Die Künstler inspizierten vor der Veranstaltung unsere Raummöglichkeiten, entschieden sich dann für die Jakobikapelle. Dort entfernten sie vorübergehend das Symbol »Schwerter zu Pflugscharen« vom Lesepult, das da wegen der Friedensdekade noch hing, und lästerten in diesem Zusammenhang über bestimmte Berliner Künstler. Ich hörte, wie sie über einen von ihnen befanden: »Er dissidentelt!«

Das war überraschend für mich und erfolgte vor Sascha Andersons »Unerträglich ist das!«-Bemerkung. Bisher hatte ich die Künstler des Landes einzuteilen versucht in die, die den Staat unterstützten, und die, die unter ihm litten und ihn verändert sehen wollten. Hier waren nun Leute, die sich selbstbewusst solcher Einteilung verweigerten. Die nur Kunst machen wollten, ohne das Beiwerk einer politischen Standortansage (»Sag mir, wo du stehst!«). Und hatten sie nicht recht? Kunst muss vor allem frisch und lebendig sein, soll Fantasie befördern und der Wahrheit dienen, auch der, die sich gegen den Künstler selbst richtet, dann hat sie auch ohne politisches Bekenntnis eine befreiende Bedeutung.

Der Abend kam. Die Kapelle war voll besetzt. Peter Waschinsky begann die oben in der Empore sitzenden Studenten zu animieren, gemeinsam laut »Ha!« zu rufen. Und dann die unten in den Kirchenbänken »Be!« Immer wieder, nacheinander und lauter: »Ha-Be!« Dann ging er raus, »rumms!«, die Kirchentür fiel zu. Irgendwann stand er wieder vor der Gemeinde, initiierte erneut das »Ha-Be!« Und fiel dann unerwartet ein in das bekannte »Habe nun, ach! Philosophie, Juristerei und Medizin, und leider auch Theologie! durchaus studiert, mit heißem Bemühn...«

Und dann lief die Sache. Spannend mitzuerleben, wie überraschend anders und die Zuschauer mit einbeziehend Theater zum Leben erweckt werden konnte.

Auch zwei Leute, die ein Luther-Müntzer-Radiohörspiel »Das klare Wort der Schrift« verantwortet hatten, luden wir ein. Einmal den ehemaligen Greifswalder Theologiestudenten Frieder Kratochwil; er war der ebenso kluge wie bescheidene Autor des Hörspiels. Er hatte nach seinem Studium das Glück, als »Meisterschüler« am Deutschen Theater in Berlin bei dem bekannten deutsch-österreichischem Schauspieler und Regisseur Wolfgang Heinz anfangen zu können, weil er ihm die verschiedenen Himmelsvorstellungen in Goethes Faust darzulegen wusste.

Der zweite Mann war Hans-Joachim Staritz, der bei der Radioumsetzung dieses Hörspiels als Regisseur fungierte. Seine Fassung ist jedoch – man staune! – wegen zu kritischer Lutherdarstellung nicht mehr gesendet worden. 1983 hatte sich die offizielle Beurteilung des Reformators wieder einmal gewandelt. Bisher lag die Betonung auf Luther, dem »Fürstenknecht« und Verräter am Bauernkrieg. Müntzer stand in der Wertschätzung weit über Luther. Jetzt sollten aber die zu erwartenden ausländischen Besucherströme befriedigt und die Beliebtheit Luthers im Volk für eine Identifizierung mit der ostdeutschen Heimat, in der sich fast alle Lutherstätten befanden, genutzt werden. Luther war wieder verstärkt ein Verbündeter, ein Mann des Fortschritts, wichtigster Initiator der »frühbürgerlichen Revolution«.

Joachim Staritz war 1958, also ein Jahr nach meinem Vater, wegen desselben Delikts (Staatsverrat) zu acht Jahren Zuchthaus verurteilt worden. Das wusste man gerüchteweise. Ob ich damals auch davon gehört hatte, dass er sich im Gefängnis hat umdrehen lassen und leicht vorzeitig entlassen wurde, weiß ich heute nicht mehr. Er selbst hat bei seiner Selbstvorstellung am Anfang unserer Veranstaltung gesagt: »Über die Einbuchtungen und Ausbuchtungen meines Lebens will ich mich nicht länger verbreiten...« Heute kann man nachlesen, dass er nach seiner Entlassung in der Schweiz lebte und mit vielen einflussreichen Leuten im Kontakt stand. Und dass er nach einigen Jahren als »Gesellschaftlicher Mitarbeiter« (GM; so die Bezeichnung für einen IM bis 1968) von der Stasi fallengelassen wurde (der Historiker Jochen Staadt vom Forschungsverband SED-Staat gibt – laut Karl Corino, Die Akte Kant – dafür das Jahr 1971 an).

In Vorbereitung unseres Abends besuchte ich das freundliche Ehepaar in Schwerin. Die Frau war hier – als Schweizerin überraschenderweise – als Ärztin tätig. Sie lieh oder schenkte mir eine in westlichem Soziologie-Deutsch verfasste Arbeit über das Mann-Frau-Verhältnis in der modernen Gesellschaft. Darin kamen Begriffsbildungen vor wie »Männlicher Akademiker mit Universitätsabschluss« (MAMU) und »Weiblicher Akademiker mit Universitätsabschluss« (WAMU). Diese für DDR-Verhältnisse völlig fremde, distanzierte, kristallin anmutende Sprache animierte mich, als ich einen Abend über den Feminismus und die ESG (als EhepartnerSuchGemeinschaft) halten wollte, ins Programmheft zu schreiben:

»MAMU sucht WAMU zur Eröffnung einer gemeinsamen Normalbiografie mit geschlechtstypischer Rollenverteilung«. Und daneben platzierte ich eine comicartige Figur, die einen schrecklich strapazierten Eindruck machte und von der nicht ganz klar war, ob es sich um eine Frau oder einen Mann handelte. Mit dem Seufzer: »Emanzipation der Frau, wie konnte es nur so weit kommen!?«

Und dann lernte ich mit meiner Freundin – die Verbindung mit ihr gab mir, nachdem meine Ehe zerbrochen war, Freiheit, Halt und Geborgenheit – auf dem Hiddensee-Dampfer zufällig die in West-Berlin lebende Sabine Reichwein kennen. Die Tochter des von den Nazis hingerichteten Widerstandskämpfers Adolf Reichwein wurde eine gute Freundin und Patin eines meiner Kinder. Sie vermittelte den Kontakt zu zwei ostdeutschen Filmschöpfern, dem Dramaturgen Eberhard Görner und dem Regisseur Peter Vogel. Zusammen hatten die beiden bis zu vierzig »Polizeiruf 110«-Filme gemacht. Sie kamen sehr weltoffen in das leicht provinzielle Greifswald. Ihr

Interesse am kalifornischen Exil deutscher Künstler (zum Beispiel Heinrich Manns), am antifaschistischen Widerstand generell, an Stephan Hermlins Erzählungen zu diesem Thema animierte sie zu Dokumentar- und Spielfilmen, zu einer Interviewreihe mit den überlebenden Frauen der hingerichteten Männer des 20. Juli (darunter Rosemarie Reichwein und Freya von Moltke), ermöglichte ihnen Reisen u.a. nach Holland und den USA.

Nach meiner Erinnerung kamen sie zweimal – einmal in Begleitung einer bekannten Schauspielerin –, und brachten ihre Hermlin-Verfilmungen mit. Zunächst zeigten wir »Der Leutnant York von Wartenburg«, beim zweiten Mal: »Zeit der Gemeinsamkeit« und (das in den Filmographien heute unterschlagene) »Zeit der Einsamkeit«. In der Teeküche des Jakobiturms und auf einem Spaziergang in Wampen erhielten wir Einblicke in die DDR-Kulturszene. So hörten wir, dass es verschiedene Spielräume gab, je nachdem, in welchem Medium man sein Anliegen vortragen konnte. In Zeitung und Buch war weniger eigene Meinung erlaubt als in Radio, Schallplatte und Film. (An die Einordnung des Fernsehens erinnere ich mich nicht, es mag eine Mittelstellung eingenommen haben, mit starker Tendenz zu Zeitung und Buch.) Die beiden Filmleute führten untereinander einen lebendigen kontroversen Dialog, an dem ich – mehr zuhörend – regen Anteil nahm. Peter Vogel sagte einmal mitten in seiner Argumentation »... und Eberhard wird mir darin nicht widersprechen...« Oder Eberhard Görner: »Wir müssen in Doppelpunkten sprechen...« Hier war eine Freiheit nun auch in der mittleren Generation des Kulturbetriebs zu spüren, die sich für mich an einem anderen Tag zufällig nochmals bestätigte. Unerwartet sah ich Eberhard Görner bei einer Podiumsdiskussion im DDR-Fernsehen. Am meisten faszinierte mich sein locker geknoteter Schlips. Das war damals ein Statement, eine Frechheit, ein Bekenntnis zum freien Denken. Sein Schlips zwängte seine Kehle und damit sein Wort – anders als erwartet – nicht mehr übermäßig ein.

Neben den »Jungen Wilden« und den musischen Künstlern gab es noch eine dritte Gruppe, die ohne den Schutz internationaler Bekanntheit auskommen mussten. Welche Schriftsteller besuchten uns? Außer der Jungautorin Gabriele Eckart kamen auch zwei weitere Schriftstellerinnen der mittleren Generation zu uns, nämlich die vom offiziellen Literaturbetrieb eher vernachlässigten Rosemarie Zeplin und Helga Schubert (Die mangelnde Wertschätzung dieser Autorin scheint sich mir in dem Aufbau-Verlags-Taschenbuch »Schöne Reise« von 1988 zu bestätigen – nie sah ich so enge Zeilen und so kleine Buchstaben in dem schmalen Bändchen, in dem sich wunderbare Geschichten verbergen wie der Versuch, zu einer Primaballerina des Bolschoi-Theaters vorzudringen, oder die Beschreibung mütterlicher Gefühle, wenn der Sohn zur Armee eingezogen wird.) Das Leben und Werk

Maxie Wanders wurde uns von ihrer Freundin und meiner guten Bekannten Barbe Maria Linke vorgestellt.

Natürlich kam unser Freund Jürgen Rennert. Und Fritz Rudolf Fries, von dem man wusste, dass er zu den frühen Unterzeichnern der Protestresolution gegen die Biermann-Ausbürgerung gehörte, wobei das nicht der entscheidende Grund für seine Einladung war, sondern das Geraune um sein Buch »Der Weg nach Oobliadooh«.

Und als uns – außerhalb der Reihe der DDR-Autoren – der immer noch christlich-jugendbewegte, in »gesegneter Unruhe« durch die Welt reisende bundesdeutsche Autor Hans A. de Boer anbot, zu kommen, sagten wir (zweimal) nicht Nein. Hatte ich doch schon als Schüler seinen Bestseller »Unterwegs notiert« verschlungen, in dem er unter anderem von einer Begegnung mit Martin Niemöller erzählte, der bei einer Tagung des Weltkirchenrates in Indien in einer ökumenischen Gesprächsgruppe hinter einer Sonnenbrille in einen Sitzschlaf gefallen schien, aus dem heraus er geistesgegenwärtig reagierte. Und jetzt kam de Boer mit den neuesten »Notizen aus drei Kontinenten«, dem Buch »Unterwegs erfahren«, das mit einem Vorwort von Helmut Gollwitzer geziert war. Als ich ihm eine Hotelunterkunft anbot, hat er nachträglich lautstark vor der Gemeinde protestiert, ich hätte die Absicht gehabt, ihn in so ein »Loch« oder so eine »Höhle« zu werfen. So schlief er bei uns.

Einen ganz besonderen Eindruck hinterließ der Lyriker Richard Pietraß. Er hatte – bis man es ihm wieder verwehrte – die Herausgabe des ebenso schwer erhältlichen wie beliebten »Poesiealbums« übernommen, nachdem Bernd Jentzsch, der Initiator der Reihe, aus einem Studienaufenthalt in der Schweiz heraus einen gepfefferten Brief anlässlich der Biermann-Ausbürgerung an Honecker geschrieben hatte. Dieser Brief war öffentlich gemacht worden, hatte Strafandrohungen nach sich gezogen, sodass Bernd Jentzsch es vorzog, im Westen zu bleiben.

Richard Pietraß las bei uns einen betäubend einfühlsamen Essay »Vom Vergehen der Arten«, der für eine Veröffentlichung in Sinn und Form vorgesehen war, wozu es aber leider nicht kam. Entstanden war dieser Text nach einer wissenschaftlichen Tagung in Kühlungsborn zum 100. Todestag Darwins (1981), an der auch dessen Urenkel, der Cambridger Zellphysiologe Richard Darwin Keynes teilgenommen hatte. Neben Wissenschaftlern waren auch einige Philosophen und Schriftsteller eingeladen, darunter Pietraß. Aufgefordert über die Tagung zu schreiben, sträubte es sich ihm, »gebetsmühlenhaft ›Darwin hatte doch recht!‹ zu posaunen«, und er stellte sich die Frage, womit sich Darwin heute beschäftigen würde. Wenn es damals wichtig war, sich dem Entstehen der Arten zu widmen, so sei es heute an der Zeit, sich deren Verschwinden, ihrem Vergehen zuzuwenden.

Er zählte Zeile um Zeile, Seite um Seite die Namen der bereits ausgestorbenen Arten auf, wobei er deren oft poetische Namen fast zärtlich vortrug. (Ich lese jetzt, bei der Niederschrift, dass von 1970 bis 2018 bereits 60% der Arten vernichtet wurden!) Der Auftritt von Richard Pietraß war ein mutiger, sanfter und aufwühlender Protest gegen das mörderische, letztlich selbstmörderische Verhalten von Menschen, vor allem von uns, die wir möglichst viel Vorteile mitnehmend in den Industriegesellschaften leben.

Auch Rolf Schneider war bei uns, von dem ich den Bildband über »Polens Hauptstädte« besaß und das dokumentarische Theaterstück über den Nürnberger Prozess gelesen hatte. Er war neben Heym, Hermlin, Müller ein weiterer unserer Gäste, die als allererste in Hermlins Wohnung die Biermann-Resolution unterschrieben hatten. Die Stasi bezeichnete ihn im Bericht über seinen Besuch bei uns als »rhetorisch begabten arroganten Systemkritiker«, womit sie ohne Absicht eine westliche Terminologie übernahm. Schneider war in der Tat sehr selbstbewusst, so hatte ich ihn hin und wieder auch in kurzen Statements im Westfernsehen erlebt. Er las einen Artikel über deutsche Identität und die ungelöste deutsche Frage, den er im Westen (beim »Rheinischen Merkur«) untergebracht hatte. Ich merkte mir: Man solle den schlafenden Löwen (die deutsche Frage) besser nicht am Schwanz ziehen. Bei dieser Veranstaltung war auch mein Freund Berni anwesend, der Jahre zuvor nach West-Berlin übergesiedelt war. Dort hatte er die Nähe alternativer Kreise gesucht. Entsprechend fiel sein Diskussionsbeitrag aus. Er kritisierte die etablierte Kultur in beiden deutschen Staaten und benutzte dabei die Formulierung »der ganze bildungsbürgerliche Quatsch von Günter Grass bis Rolf Schneider«. Im Nachgespräch in meiner Wohnung ordnete Rolf Schneider dann die Position des inzwischen abwesenden Freundes routiniert als nahe bei den Grünen bzw. der »Alternativen Liste für Demokratie und Umweltschutz (AL)« ein.

Aus der Riege der Autoren der mittleren Generation muss ich zwei unserer Gäste noch besonders hervorheben: Reimar Gilsenbach und Adolf Endler.

Als wir Reimar Gilsenbach einmal zu einer Öko-Wanderung einluden, hat das die Stasi sofort registriert und aufmerken lassen. Ähnlich wird es – auch wenn es sich in der Akte »OV Apostel« nicht findet – bei dem Gemeindeabend gewesen sein, den wir mit ihm durchführten. Gilsenbach war ein, wenn nicht *der* – jedenfalls in der Szene bekannteste und beliebteste – Umweltaktivist, allerdings einer ohne staatlichen Schutz und Auftrag. Wolf Biermann hat später in seiner Autobiographie »Warte nicht auf bessre Zeiten!« dem dickbebrillten Freund Gilsenbach einige Ehrentitel verliehen. Er sei nicht nur »ein Sonderling und ein herzensguter Naturschrat, ein stiller Menschenfreund mit Bierflaschenböden vor den kurzsichtigen Augen«, sondern auch ein »beredter Schwärmer und hochgebildeter Fachmann« gewesen.

So haben wir ihn damals erlebt. Obwohl er der Urvater der ökologischen Bewegung in der DDR war, obwohl er sich um das Ansehen der Zigeuner hierzulande kümmerte (der Begriff »Zigeuner« wurde damals noch nicht allgemein als Schmähwort aufgefasst, er wurde sogar von den Angehörigen dieses Volkes – wie ich es in Rumänien erlebte – als stolze Selbstbezeichnung verwendet), obwohl er in einer Ausnahmesituation aufwuchs (nämlich in einer anarcho-syndikalistischen Kommune), trat er ganz bescheiden auf. Er lebte im Dorf Brodowin nördlich von Berlin, das keine zehn Kilometer entfernt von Kloster Chorin liegt. Das Dorf, an dessen Rand er auf einer Anhöhe sein kleines Anwesen hatte, gilt heute vor allem dank seiner Initiative als Öko-Dorf. Der schriftstellernde Naturfreund hatte sich damals mit einigen Mitkämpfern intensiv bemüht, das Verhältnis von Gesellschaft und Natur ins allgemeine Bewusstsein zu heben, hat früh gemahnt, nicht zuzulassen, dass unsere Lebensgrundlagen durch kurzfristigen wirtschaftlichen Egoismus zerstört werden.

Was ich damals nicht wusste: Biermann beschreibt in dem genannten Buch, wie ihm Freund Gilsenbach zweimal aus der Patsche geholfen hat. 1968 fürchtete Biermann seine Verhaftung, und Gilsenbach brachte ihn bei Freunden am Ostrand Berlins unter, wo er sich in wechselnden Quartieren (bei zwei Sintifrauen, einer exaltierten Lorca-Übersetzerin und einer christlichen Bäckerfamilie) versteckt halten konnte. Und 1976 – wieder die Verhaftungsangst! – übernahm Gilsenbach zwei Koffer mit den Tagebüchern Biermanns und versteckte sie auf seinem Grundstück, vergrub sie in einer Metallkiste in seinem Schuppen, darüber errichtete er einen Holzstapel. Biermann beschreibt auch seine Überraschung und sein Erschrecken, als er bei der Aktenlektüre nach 1989 lesen musste, dass der Freund als Gesprächspartner der Stasi diente. Allerdings klärt sich dann auf, dass sich Gilsenbach, um einen Freund nicht zu gefährden, zur IM-Tätigkeit zwingen ließ, aus der er sich bald wieder befreite, indem er seine Unfähigkeit, über andere zu berichten, beteuerte und die Gesprächspartner mit seinen ständigen Fragen nervte, wie sie denn die ökologische Problematik von Wasser und Bodenbeschaffenheit zu lösen gedenken.

Manche unsere Gäste, eigentlich die meisten, zogen es vor – nein, manche wie Hans de Boer forderten es geradezu –, statt im Hotel bei uns in der Pfarrwohnung zu schlafen. So auch Reimar Gilsenbach.

Meine Tochter, sie war damals im April 1984 keine zehn Jahre alt, hat manchmal eine Katze von der Straße mit nach Hause gebracht, obwohl wir einen Hund namens »Charly« in der Wohnung hatten. Als der Schriftsteller nun nachts einmal raus wollte, musste er von seiner Schlafstätte im Wohnzimmer durch die Küche, um ins Bad zu gelangen. Da fand er in der Küche eine Katze vor und einen erklärenden Zettel auf dem Tisch:

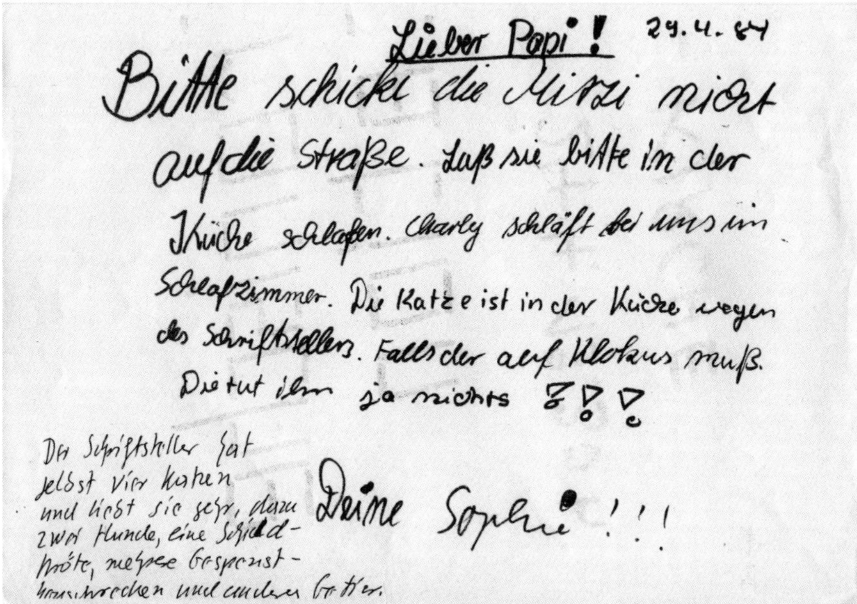

Lieber Papi! 29.4.84
Bitte schicke die Mitzi nicht auf die Straße. Laß sie bitte in der Küche schlafen. Charly schläft bei uns im Schlafzimmer. Die Katze ist in der Küche wegen des Schriftstellers. Falls der auf Klokus muß. Die tut ihm ja nichts !!!

Der Schriftsteller hat selbst vier Katzen und liebt sie sehr, dazu zwei Hunde, eine Schildkröte, mehrere Gespenstheuschrecken und anderes Getier.

Deine Sophie!!!

»Briefwechsel« zwischen Harro Luchts Tochter Sophie und Reimar Gilsenbach, 1984

»Lieber Papi! Bitte schicke die Mitzi nicht auf die Straße. Lass sie bitte in der Küche schlafen. Charly schläft bei uns im Schlafzimmer, Die Katze ist in der Küche wegen des Schriftstellers. Falls der auf Klokus muss. Die tut ihm ja nichts!!! Deine Sophie!!!« Und das hat unseren Gast so amüsiert, dass er unten links auf den Zettel schrieb: »Der Schriftsteller hat selbst vier Katzen und liebt sie sehr, dazu zwei Hunde, eine Schildkröte, mehrere Gespenstheuschrecken und anderes Getier.«

Der vielleicht aufregendste Schriftsteller der mittleren Generation war für mich Adolf Endler, ein energiegeladener Anarcho-Kopf, vollbärtig mit wirren Haaren. Er war 1955 – ähnlich wie Hacks, mit dem ihn sonst wenig verband – aus dem Westen in den Osten Deutschlands gekommen, offen für das sich dort entwickelnde Gesellschaftsexperiment. Im Gedicht »Aufgefordert ein Lied zu schreiben« erinnert er sich: »Ich will will singen / Nicht nur dieses Wegmurmeln der Worte«, um dann, ohne Nennung von Gründen, in einem zweiten Anlauf zu resignieren »Wirklich / Ich wollte singen«. Dieses Gedicht entstand 1968.

Und es steht in einem Band, der erstaunlicherweise 1981 bei Reclam/Leipzig erschien, also zwei Jahre, nachdem Adolf Endler gemeinsam mit Stefan Heym, Joachim Seyppel, Klaus Schlesinger, Rolf Schneider und weiteren vier Schriftstellern in einem schmählichen Verfahren aus dem

Berliner Schriftstellerverband geworfen worden war (bei der Abstimmung soll es ungefähr 60 bis 80 Gegenstimmen unter den etwa 400, teilweise »zusammengekarrten« Anwesenden gegeben haben). Auch andere der etwa 120 Gedichte des Bändchens lassen Unerhörtes anklingen, sprechen vom Verfall der Utopie. Aber nicht nur Trauer und Bedrängnis spiegeln sich in seinen Texten. Viel stärker ausgeprägt ist seine Begabung, im Zweifel schrill und grell für das Leben einzustehen. Eine übliche Rücksicht auf erwartetes angepasstes Verhalten ist ihm fremd. Statt nach »oben« zu streben, bekennt er sich zu seinem Leben im »unten«. In dem Gedicht »Akte Endler«, das dem Reclam-Bändchen den Titel gab, entwirft er ein groteskes Portrait von sich selbst, allerdings wie aus dem Kontrollblick der Blockwarte oder der Firma »Horch und Guck« entstanden.

Noch ungezügelter schlägt seine Lebenslust durch, wenn er das Zwecklose und Unvernünftige, das für Ordnungsfanatiker Überflüssige feiert. Unübertroffen ist für mich die »Ode an eine vernachlässigte Sportart«. Als Vierzigjähriger besinnt er sich des Kinderspaßes, sich den Berg hinunterrollen zu lassen. Und erlebt neu die befreiende Wirkung. Da wir als Studenten dieselbe Sportart auf den grasbewachsenen Dornbuschhängen Hiddensees betrieben, kamen wir auf meinem Greifswalder Sofa sofort darüber ins Gespräch, wobei sich herausstellte: Seine Erfahrung war andernorts gewonnen. Ich muss dieses Gedicht später noch sehr oft vor Schülern und Studenten vorgelesen haben; denn das Büchlein ist an dieser Stelle zerbrochen. Und als mir kürzlich ein ehemaliger Student mit leuchtenden Augen erzählte, dass er sich nach weit über dreißig zurückliegenden Jahren noch gern und immer wieder mal an meinen Vortrag »Ja, Sichdenberghinunterrollenlassen!« erinnert, machte mich das – wie sollte es anders sein – froh.

Wie Adolf Endler im Prenzlauer Berg existierte, konnte ich erahnen, als ich ihn einmal in der Dunckerstraße 18 besuchte. Als ich in einem oberen Stockwerk angekommen war und klingeln wollte, entdeckte ich an der Tür eine mit Kugelschreiber oder Bleistift angebrachte Mitteilung: »Adolf Endler, Mitglied des International P.E.N., a World Association of Writers, P.E.N.-Zentrum der DDR, 1080 Berlin, Friedrichstrasse 194–199«. Das war eine Art Gaunerzinke, im umgekehrten Sinne. Sie sollte Unbefugte diesmal nicht darauf hinweisen, dass hier etwas zu holen sei. Es war im Gegenteil die Empfehlung für dunkle Gestalten, lieber die Finger von der Wohnung zu lassen. Ein Schutz vor Hausdurchsuchung und möglicher Verhaftung – auch wenn die auch in den siebziger und achtziger Jahren ein wenig aus der Mode gekommen war.

In der Wohnung standen wir dann am geöffneten Fenster zum Hof, und er berichtete von den tags wie nachts erklingenden Geräuschen, von heftigsten Mann-Frau-Auseinandersetzungen, von dissidentischen

Gesprächen, von Rufen nach der Polizei, von den Geigenklängen Dietrich Petzolds, den wir beide ja kannten. Er hat diese kakophone Klangsinfonie später unnachahmlich in seinem Erfahrungsbericht »Tarzan am Prenzlauer Berg« beschrieben.

In dem 1985 im West-Berliner Rotbuch-Verlag erschienenen Buch »Ohne Nennung von Gründen«, das er mir schenkte, stehen unverwechselbare Texte wie »Wir Jungs von Ypsilon-Acht oder der Lagebesprechungswimpel« (eine Verhöhnung der Stasi- und Blockwartmentalität, die er bei uns in der Gemeinde vortrug) oder als »Klappen- oder Beitext« ein Antwortbrief an eine junge Schriftstellerin, die ihm als Dank für seine Gedichte zwei Kaffeetassen zuschicken wollte. Lese ich sie heute erneut, muss ich sie mit einem Lob verbinden, das ich nur Adolf Endler machen kann. Er ist der Einzige, der es geschafft hat, dass ich beim Lesen einer seiner Texte vor Lachen vom Stuhl gefallen bin.

Kapitel 23

Die Greifswalder »Jungen Wilden« und die Stasi

Die ersten Kontakte zu unangepassten Künstlern oder den »Jungen Wilden« vom Prenzlauer Berg stellten oft Martin Bernhardt und Lutz Wohlrab her, zwei Medizinstudenten unserer Gemeinde, die mit einem Dritten im Bunde, dem Krankenpfleger Dietrich Buhrow, eine Freundesgruppe bildeten. Diese begabten und risikofreudigen jungen Männer druckten gerne Texte, auch ungenehmigte. So etwa ein Flugblatt, um gegen die Errichtung eines Brunnens auf dem Greifswalder Marktplatz zu protestieren. Und später sogar ein Buch in zwanzig Exemplaren mit frechen Gedichten eines Schulfreundes von Lutz Wohlrab. (Was bei der Premierenfeier des Buches schiefging, werde ich weiter unten erzählen). Martin schrieb darüber hinaus sehr sensible Gedichte, die er auch in der ESG vortrug und die nach 1989 in einigen von Lutz Wohlrab herausgegeben Büchern veröffentlicht wurden.

Neben dieser Dreiergruppe gab es noch zwei Freunde, die sich auf ebenso eigenständige Weise künstlerisch zu verwirklichen suchten: Robert Conrad und Thomas Frick. Beide machten Fotos, sogar mehrere Super-8-Filme; Thomas Frick auch Gedichte, Zeichnungen, Lieder. Robert Conrad, heute Architekturfotograf, ist u.a. bekannt geworden mit seinen Schwarzweißfotos, auf denen man den schrecklichen Verfall Greifswalder Häuser sieht, Häuser, die bei Kriegsende 1945 durch die kampflose Übergabe der Stadt an die Rote Armee zunächst vor der Zerstörung bewahrt wurden und die durch die für die Stadt Verantwortlichen und deren (selbstverantwortetes oder erzwungenes) Nichtstun nun in der zweiten Hälfte der Achtziger nicht mehr gerettet werden konnten (»Ruinen schaffen ohne Waffen!«, so tönte der Volksmund). Die Lückenbebauung in der Altstadt, die daraufhin etwas schematisch mit Neubauelementen erfolgte, hielt sich zwar ungefähr an die Höhen- und Breitenmaße der verloren gegangenen Häuser, sodass sie verkraftbar erschien, jedenfalls da, wo sie nur Lücken schloss. Wo allerdings, wie in der Loefflerstraße, ganze Straßenzüge in dieser Weise neu entstanden, konnte man das schon als Zumutung empfinden.

Von manchen riskanten Aktionen dieser beiden hörte ich oft nur zufällig. So hat mir Robert Conrad einmal erzählt, dass er in Berlin am Fernsehturm nach Einbruch der Dunkelheit die Absperrung, die um den Turmfuß herum aufgestellt ist, überwunden hat und so zu den riesigen Scheinwerfern gelangt ist, die den Schaft von unten her anstrahlen. Dann hat er für Sekunden

Lutz Wohlrab, 1985

Martin Bernhardt, 1985

Anne Jeschke und Robert Conrad, 1985

Harro Lucht und Thomas Frick im Wohnzimmer des Autors, um 1986

Thomas Frick und Uta Minnich, 1985

seinen Mantel darüber geworfen, sodass es hunderte Meter hohe Licht- und Schatteneffekte gab, die ins nächtliche Berlin, auch in den Westen der Stadt, hineinleuchteten. (Ich weiß aber gar nicht, ob er das bedacht oder beabsichtigt hatte.) Ich sagte nur zu ihm: »Du hättest per Morsezeichen ganze Botschaften an das Volk senden können!« Wir grinsten. Uns war natürlich klar, dass spätestens solch eine Aktion strafrechtliche Konsequenzen gehabt hätte. War doch das DDR-Strafrecht so abgefasst, dass selbst ein aus dem »Neuen Deutschland« ausgeschnittener Artikel, den man in einem Briefumschlag an eine Adresse in den Westen Deutschlands schickte, als illegale Nachrichtenübermittlung an den Feind ausgelegt werden konnte.

Roberts Freund Thomas Frick machte nach Anfangsversuchen richtige Farbfilme, die wir im Turm und auch in meiner Wohnung zeigten. Einer hieß nach einer Erzählung von Franz Kafka »Ausflug ins Gebirge«. Er zeigte einen jungen Greifswalder bei einem Ausflug an die Ostseeküste mit immer wieder am Strand auflaufenden Wellen. Als Thomas den zweiten größeren Film machen wollte, klingelte es unerwartet bei mir. Und da stand er mit einigen Freunden vor der Tür, und sie hatten ein Klavier die Treppen bis in den ersten Stock hochgeschleppt! Und wollten in die Wohnung hinein, um zu drehen! Das konnte ich – mit Rücksicht auf die Familie – abwimmeln.

Sie drehten dann auf meinen Vorschlag hin im Studienhaus, in unserem geliebten Refektorium. Da hatte man auch einen wunderschönen alten Kachelofen, der für ein entsprechendes Ambiente sorgte. Im »Massaker«, wie der Film dann hieß, und das ist meine eindrücklichste Erinnerung, zog einer der Darsteller einen großen Fisch aus der Innentasche seines Jacketts. Nach 1989 habe ich dann sogar einen abendfüllenden Film von Thomas Frick in einem Hamburger Kino gesehen.

Der auffälligste dieser jungen Künstler war der stille, etwas geheimnisvolle Martin Bernhardt. Seine blonden gelockten Haare quollen aus der dunklen Baskenmütze hervor. Die Aktentasche trug er wie der von ihm verehrte Josef Beuys mit dem Trageriemen schräg über der Brust. Er schrieb Gedichte. War ein Vogelliebhaber. Und im Hafen von Greifswald-Wieck oder in Stahlbrode am Strelasund lag seine Segeljolle. Bei dem einen oder anderen Segeltörn, auf dem ich ihn begleiten konnte, lernte ich etwas über die »kurze«, aber nicht ungefährliche Welle im Strelasund, über die Orientierungsmarken der Greifswalder Segler an der Südküste Rügens wie das »Gelbe Ufer« oder den »Palmer Ort«, einen Küstenvorsprung, der mit seinem alleinstehenden Baum in der Fantasie der Seeleute an eine Palme erinnern sollte.

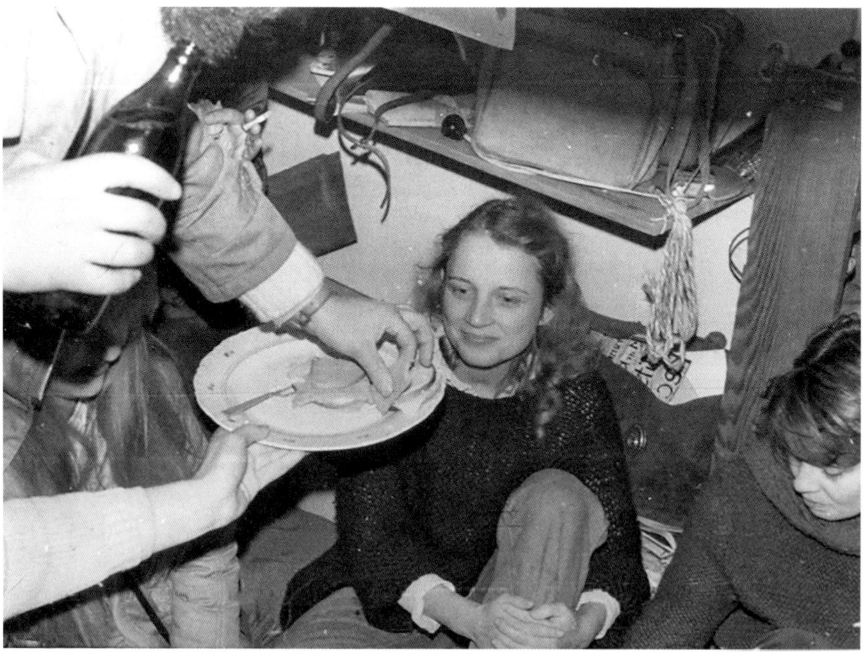

Heike Bernhardt, 1985

Als wir uns einmal zu dritt – Martin, Wölfi und ich – aufmachten, um von Greifswald nach Stahlbrode zu segeln – wir hatten gerade die Dänische Wieck verlassen, um in den Greifswalder Bodden einzumünden –, da tauchte von einem Moment zum anderen ein graues Militärschiff auf. Steil wie ein Hochhaus stand es mit dem Bug auf uns gerichtet vor uns, wie um zu sagen: »Jungs, denkt ja nicht daran, irgendwelchen Unsinn zu machen! Wir kriegen Euch sowieso!«

Martin nahm auch oft an den Gemeindeabenden teil. Wenn es da gerade locker zuging, konnte es passieren, dass er plötzlich auf einen Stuhl sprang und zu deklamieren begann: »Ich stand am Strand im kalten Sand vom Wunderland cornflakeion ... Seht wie sie fliegen, wie Schweine am Himmel, die nichts zu fressen kriegen!« Oder Martin erhob seinen Klagegesang »Der Wurm ist tot!« Ich habe ihn aber auch »offiziell« erlebt, etwa wenn er einen Gemeindeabend mit dem Vortragen seiner Gedichte bestritt.

Martin Bernhardt, 1985

Bevor er loslegte, befestigte er eine Stalllaterne an einem zeltartigen Gerüst, schob dann seinen Cowboyhut in den Nacken und versetzte uns damit blitzartig in ein fernes Traumland und in eine bestimmte Stimmung. Unser Finanzvertrauensstudent Gottfried Schubert begleitete ihn am Schlagzeug. Und dann setzte sich Martin selbst an das Gerät und knüppelte los. »Ich blase!«, rief er. »Ich blase!«, immer lauter. »Ich blaase!... Ich blaaase die Revolution!« Der ganze Raum schien inzwischen wie angefüllt zu sein mit diesem Gedanken. Und dann nahm das Geklapper der Schlagstöcke wieder ab, und Martins Stimme wurde wieder leiser: »Ich blaaase!... Ich blaase!... Ich blase!... Ich blase ab!« Martin war eben ein Künstler, der Gefühle erzeugte, denen man sich nicht entziehen konnte. In diesem Fall zog er uns in ein Wechselbad von Aufruhr und Resignation, bildete ab, was wir ersehnten und befürchteten. Unser Selbstbild war eher kühn und heldenhaft, aber die Wahrheit war, dass wir dem oft nicht entsprechen konnten. Ja, so war es: Oft hatten wir 80 % Angst und 20 % Mut, dann haben wir uns mit Aktionen zurückgehalten, aber manchmal hatten wir 80 % Mut und 20 % Angst, dann haben wir etwas gewagt.

Die jungen Leute hatten immer wieder Ideen, mit denen sie andere in Erstaunen versetzten. So feierten Lutz Wohlrab und Martin Bernhard, selbstverständlich unangemeldet, Hoffeste in dem Anwesen in der Gützkower Straße, in dem sie mit ihren kleinen Familien lebten. Viele junge Leute (die Stasi zählte einhundert) waren gekommen, um sich zu unterhalten, Bier zu trinken oder einer spontan zusammengesetzten Band zuzuhören. Plötzlich tauchten zwei Polizisten auf. Alles wurde ruhig. Martin lud die beiden Uniformierten freundlich einige Treppenstufen hoch in seine Wohnung ein. Als sie nach wenigen Minuten wieder herauskamen, verschwanden die beiden Ordnungshüter in Richtung Vorderhaus, wo es zur Straße ging. Und Martin verkündete vom oberen Treppenabsatz herab: »Das waren zwei Schauspieler vom Theater!« Allgemeines Gelächter. Ich fragte Martin: »Was hast Du mit ihnen gemacht?« – »Ein Schnäpschen angeboten.« – »Und?« – »Nein, haben sie natürlich abgelehnt.« So hat er beide Parteien zu entspannen und zu beruhigen gewusst und in einer bedrohlichen Situation den Überblick behalten.

Ein anderes Ereignis, das ziemlich ins Auge ging, war die sogenannte Buchpremiere (die Stasi hat das Datum notiert, es war am 18.1.1985). Sie fand auf dem Dachboden des elterlichen Hauses von Dietrich Buhrow statt. Meine Freundin und ich waren auch eingeladen. Als wir die hölzerne Treppe nach ganz oben stiegen, lag da eine Kartoffel, daneben war ein Hinweisschild aufgestellt: »Das ist eine Kartoffel!« Anscheinend eine Beuys-Reminiszenz. Ebenso unvorhergesehen: Im Dachsparren steckte eine kleine DDR-Fahne. »Ja, ist denn das nötig?«, dachte ich.

Hoffest in der Gützkower Straße, 1983

Hoffest in der Gützkower Straße, 1984

Hoffest in der Gützkower Straße, 1984

Hoffest in der Gützkower Straße, 1984

Hoffest in der Gützkower Straße, 1983

Hoffest in der Gützkower Straße, 1984

Sommerfest der ESG in Neuenkirchen, um 1986

Sommerfest der ESG in Neuenkirchen, um 1986

ESG-Gemeindeversammlung in einem Landpfarrhaus bei Greifswald, v. l. n. r: Andreas Uecker, Arndt Noack, Harro Lucht und Thomas von Woedtke, um 1986

Veranstaltung im Jakobiturm

Oben im Raum des Dachbodens angekommen, vielleicht ein Dutzend junger Leute. Es wurde nicht begrüßt, nicht gesagt: »Danke, dass Ihr zur Buchpremiere gekommen seid!«, oder: »Jetzt fangen wir an!« Irgendwie hatte es schon angefangen. Irgendwann wurden die zwanzig gedruckten Exemplare des Buches verteilt. Ich bin bis heute der stolze Besitzer eines solchen Exemplars. Und irgendwann gerieten Farben und Leinwände in den Mittelpunkt des Geschehens, es wurde gedruckt. Und plötzlich standen da zwei aus dem einladenden Freundeskreis der drei mir bekannten jungen Männer. Ich sah sie, und sah, wie einer die DDR-Fahne hielt, die anscheinend schon mit Farbe zum Drucken vorbereitet war, und er sagte wohl: »Gib mal Feuer!« Oder sagte der andere: »Brauchst Du Feuer?« Es war, als ob einer dem anderen beim Zigarette anzünden aushelfen wollte. Und die Fahne brannte. Ich weiß noch, wie einer der studentischen Freunde, der mit seiner Freundin auf dem Fußboden saß, hervorstieß: »Jetzt ist der Moment gekommen, wo man lieber nicht hier gewesen wäre!« Auch mir war sofort klar: Die Verbrennung einer DDR-Fahne ist eine Straftat, das zieht Folgen nach sich. Aber eine – von Angst bestimmte – Kontrollinstanz in mir löschte die Identität der beiden Beteiligten aus. Ich wusste, ich könnte bei einem Verhör danach gefragt werden. Wieder einmal, wie schon bei dem Versuch des IMB »Ikarus«, mich zur Exkommunikation des Gemeindeglieds Martin Bernhardt zu nötigen, sprang spontan ein seelischer Abwehrmechanismus an. Das Verhör blieb dann mir und meiner Freundin erspart, weil – wie Stasiakten ausführen – der Kirchentag im Bugenhagen-Jahr 1985 nahte und »das gute Staat-Kirche-Verhältnis« davon nicht belastet werden sollte. Nach diesem Ereignis wurde – auch zum Leidwesen der Veranstalter – kaum noch von der »Buchpremiere«, stattdessen immer wieder von der »Fahnenverbrennung« geredet. Die drei, die eingeladen hatten, mussten verschiedene Konsequenzen tragen: Haft, Bewährung in der Produktion, drei Jahre Ausschluss vom Studium.

Die Fahnenverbrennung und meine unfreiwillige Anwesenheit dabei ließ mich erkennen, dass ich nicht verpflichtet war, jede unabgesprochene Dummheit – oder was ich dafür hielt – gutzuheißen. Dennoch habe ich mich selbstverständlich für die jungen Leute eingesetzt. Ich suchte den Bischof in seinem Haus auf. Er: »Das haben wir auf dem Schirm.« Und Hans Martin Harder habe ich gebeten, in die ESG zu kommen und die Studenten zu beruhigen. Schon sein Erscheinen hat uns geholfen. Er sicherte seine Unterstützung zu. Aber er machte auch den Ernst der Lage deutlich. Mir imponierte, wie er begann: »Was ich jetzt sagen werde, wird Ihnen nicht unbedingt gefallen. Aber dafür bin ich auch nicht da.« Damit hat er an die Verantwortung jedes Einzelnen erinnert. Dennoch hat die Stasi klar verstanden, auf wessen Seite der Oberkonsistorialrat stand. »Am 22.4.1985 organisierte L. ein Gesprächsforum«, so die Akte, um »die im Ergebnis der Inhaftierungen der zwei Straftäter entstandene Situation zu analysieren und entstandene Verunsicherungen der ESG-Mitglieder abzubauen. Im Ergebnis des Auftretens von H. fühlten sich die Anwesenden bezüglich der Ansichten über Praktiken des MfS und der empfundenen ›Unrechtmäßigkeit‹ der strafprozessualen Maßnahmen bestärkt und wurden von H. regelrecht aufgefordert, ihre Existenz als ESG zu demonstrieren.«

Als ich Martin ein halbes Jahr nach seiner Verhaftung wiedertraf, fragte ich ihn natürlich, wie es den beiden Verhafteten ergangen war. Er gab zwei knappe Antworten. Einmal: Dietrich und er hätten im Stralsunder Strafvollzug in der nahegelegenen Volkswerft Schiffsklos mit der Drahthandbürste entrostet und gesäubert. (Von Dietrich hörte ich später, das sei eine für Martin nicht untypische Übertreibung, die man lächelnd so stehen lassen kann. Tatsächlich hatten die Gefangenen in Marschordnung zur Werft zu marschieren und dort im »Altrost« und im »Neurost« zu arbeiten. Einmal musste ein im Suezkanal gesunkenes Schiff wieder flott gemacht, die verschiedenen Tanks gesäubert, im andern Fall ein neugebautes Schiff für den Anstrich vorbereitet werden. Ich empfehle im Übrigen Dietrichs psychologisch und soziologisch anspruchsvollen Text über die Haftzeit zu lesen, von Dietrich Schneider »Die kleine DDR«, in Robert Conrads Buch »Zerfall und Abriss. Greifswald in den 1980er Jahren«, herausgegeben im Lutz Wohlrab Verlag, Neuausgabe, 4. Auflage 2012, S. 79.) Die zweite Aussage Martins damals setzte mich in großes Erstaunen, als er sagte: »Wir machen jetzt ein anderes, ein politisches Buch!«

Meine Haltung zu den jungen Rebellen war bis dahin von der Maxime des neomarxistischen Philosophen Herbert Marcuse geprägt, der zu Hochschullehrern im Westen und über die Studenten dort gesagt hatte: »Da man sie schlagen wird, kennen sie das Risiko, und wenn sie gewillt sind, es auf sich zu nehmen, hat kein Dritter, und am allerwenigstens der Erzieher und Intellektuelle, das Recht, ihnen Enthaltung zu predigen.« Ich vermittelte ab dann deutlicher, dass jeder bei seinen Aktionen bedenken sollte, ob er auch bereit sei, die möglichen Konsequenzen zu tragen.

Etwas anderes war es natürlich, wenn ein Gemeindeglied für den Verständigungsfrieden Jesu unter den Menschen eintrat, der ja nie ohne selbstkritischen Blick auf die eigene Seite auskommt, wenn dieses Gemeindeglied sich dem dumpfen Trott der militärischen Abschreckung und immer weiterer Aufrüstung entgegenstellte und dieses Wagnis von staatlicher Seite als strafwürdige Untat eingestuft wurde. Mit solch einem Beispiel hatte ich gleich zu Beginn meiner Studentenpfarrerzeit zu tun. Wieder ging es um eine Aktion von Martin Bernhardt, die behördlichen Unwillen hervorgerufen hatte.

Bei einem Treffen mit der holländischen Partnergemeinde – vor der Zeit meines Studentenpfarramtes – hatte Martin referiert, wie schon Kinder und Jugendliche sehr früh im Sinne militärischer Ertüchtigung herangezogen wurden. In der DDR verbreitete Schriften und durchgeführte Kampagnen (ABC-Zeitung, »Manöver Schneeflocke«) konnten als Beleg dafür dienen. Die Holländer hatten dann zu Hause einen Bericht darüber verfasst, der mit »Militärische Beeinflussung von Jugendlichen« überschrieben war.

Dieses kleine Heft fiel der Stasi in die Hände. Sie bestellten Martin am 9.3.1982 in ein sogenanntes »Wehrpolitisches Kabinett« in der Arndtstraße 2. Im Gespräch offenbarten sich die Herren nicht als Vertreter des Militärs, sondern als solche des MfS. Dabei lag eine Kopie des kleinen roten holländischen Hefts vor ihnen auf dem Tisch. Nach einigem Hin und Her verpflichtete man Martin, erstens niemandem von dem Treffen zu erzählen und zweitens zum nächsten Treffen aufzuschreiben, was er denn genau damals gesagt habe. Entgegen dieser Order erzählte mir Martin davon. Zunächst ging ich sehr früh zu Hans Martin Harder, von dem ich wusste, dass er an diesem Tag nach Berlin fahren wollte. Der Oberkonsistorialrat hat mich damals eindeutig gewarnt: »Gebt denen ja nichts Schriftliches!«

Als Martin dann zum vereinbarten zweiten Treff ins »Militärpolitische Kabinett« ging, hielt ich es draußen nicht lange aus. Ich dachte: »Ich guck mir das Mal an!« Und wollte die Treppe hoch, mindestens bis zum Schild »Militärpolitisches Kabinett« vorstoßen. Als ich das große Ackerbürgertor des Hauses geöffnet hatte, stand da – völlig überraschend für mich – in der ebenerdigen Vorhalle ein halbes Dutzend Stasileute im Kreis, unter ihnen Martin Bernhardt. Was sollte ich tun? Ich habe laut »Guten Tag« gesagt und bin um die Gruppe herumgegangen. Später konnte ich das sogar als eine Art Ritual verstehen. Ich hatte »das Gefängnis gefangen geführt«. Dann ließ ich die Tür von außen ins Schloss fallen. Darauf Martin zu seinen Gesprächspartnern: »Das ist mein Studentenpfarrer, der im Auto draußen auf mich wartet.« In meinem Trabbi fuhren wir zu mir, fanden die Nummer der Kreisdienststelle des MfS im Telefonbuch und riefen dort an. Martin sagte: »Ich bin hier bei meinem Studentenpfarrer. Er steht neben mir. Ich teile Ihnen hiermit mit, dass ich zu keinem weiteren Treffen kommen werde.« Damit hatten wir die Zwangslage aufgehebelt, durch »Dekonspiration«. Die Stasi – das war bekannt – fürchtete die Öffentlichkeit wie der Teufel das Weihwasser. Sie ließen Martin fallen. In einem mehrseitigen Protokoll informierten wir Bischof Gienke, Rechtsanwalt Schnur und OKR Harder – die alle drei, wie wir nach 1989 lesen mussten, früher oder später als IM geführt wurden.

Einmal habe ich in der Freundschaft zu Martin versagt. Aus Angst vor einer Hausdurchsuchung vertraute er mir einige Notizbücher mit handgeschriebenen Gedichten von ihm an. Ich sollte sie für ihn bei mir verstecken. Und habe sie an einer bestimmten Stelle im Regal hinter die erste Buchreihe getan. In einer Nacht besuchte mich die Angst. Feuerwogen schlugen mir entgegen, aus denen ein sich auf und nieder bewegender flammenspeiender Drache ragte, der es auf mich abgesehen zu haben schien. Ich habe damals – noch halb im Albtraum befangen – die Notizhefte in den Heizungskessel in der Küche geworfen. Die kleinen Flammen dort sollten mir die große Flamme löschen. Damit habe ich Martin – zu Recht – enttäuscht.

Später konnte ich erleben, wie er seine Texte auf andere Art vor der Stasi in Sicherheit brachte. Ich kam zufällig abends in der Dämmerung in seinen Hof, und es wunderte mich, dass er ein Paket in einer Plastiktüte verschnürt hatte und dieses Paket in eine alte Aktentasche senkte. Nun hängte er diese Tasche im Plumpsklo im Hof oberhalb des Fäkalienspiegels an einen dem menschlichen Auge verborgenen Haken, der sich innen im Aufnahmebehälter befand. Er erklärte mir, auf diese Weise nun sicher zu sein, dass die Stasi nicht an seine (erneut aufgeschriebenen) Gedichte gelangte.

Martin vereinte in sich den Abenteurer und den sensiblen Dichter. Viele verstanden ihn nicht, betrachteten ihn aber mit Respekt. Er hat mir in seiner einsamen stillen Art, die manchmal unangekündigt in offene Rebellion umschlug, immer imponiert. Einmal sagte er – mit nach oben gereckten Armen – zu mir: »Man kann so nicht leben! Immer nur die erhobenen Hände gegen die Decke strecken, weil die Decke irgendwann auf einen herabfallen könnte!« Das war die frühe Erkenntnis eines jungen Mannes, der durch die Angst hindurchgegangen war. Und feststellte: Wer in der Angst steckenbleibt und ihr durch bloßes Ausweichen entkommen will, kommt in ihr um. Das hat er erkannt und das hat er gelebt.

So deutlich wie in diesen mit Martin im Zusammenhang stehenden Ereignissen (Hoffest, Buchpremiere, »Wehrpolitisches Kabinett«) konnte man selten den Eingriff staatlicher Stellen beobachten. Die Stasi war meist unsichtbar, aber wir wussten, sie ist »immer und überall« oder wie wir in schnoddriger Verkehrung des Jesuswortes manchmal sagten: »Wo zwei oder drei versammelt sind, da sind sie mitten unter uns!«

Allerdings war man sich nicht immer sicher: Verhält sich hier jemand auffällig, weil er vielleicht seelisch eine kleine oder größere Störung hat – oder ist er bei der »Firma«? So kam einige Male Sonntag mittags pünktlich zur selben Zeit ein nicht unsympathischer Student zu mir, und wir setzten uns in die Sessel. Meine Frage, wie es ihm gehe, blieb jedes Mal unbeantwortet. Und so saßen wir ohne Wortwechsel eine Stunde miteinander, wofür – gemeint ist das miteinander Ausharren – mich später eine Psychologin lobte, da sie annahm, es könnte ein depressiver Student gewesen sein, der mich da aufsuchte. Meine – durch nichts belegte – Vermutung damals:

Fahrt zum Gemeindetag in Hanshagen, 1982

Nach einem Gottesdienstbesuch in einer der drei Stadtkirchen hatte er den Auftrag, der Stasi von der Predigt des Pfarrers zu berichten, und er entging dieser unangenehmen Pflicht, indem er die Wohnung des Studentenpfarrers aufsuchte.

Oder: Ein anderes Gemeindeglied schrieb beim Gemeindeabend auffällig mit. Aber nicht nur, was der prominente Referent oder die beliebte Schriftstellerin zu sagen wusste, auch was die studentischen Gesprächspartner erwiderten. Wollte der junge Mann vielleicht den Eindruck erwecken, ein Mitarbeiter der Firma »Horch und Guck« zu sein? Um damit einzuschüchtern und die freie Rede zu dämpfen? Oder wollte er sich nur wichtigmachen?

Ich erinnere mich auch an einen unglücklichen jungen Mann, der allein in einer dunklen Kellerwohnung hauste und von dem es hieß, dass er einmal die Biermann-Tonbänder von Joachim Klehmet aus dem Studienhaus entwendet hätte. Er hat nun versucht, in einen unserer Gemeindeabende Angst und Schrecken zu tragen, nicht ganz ohne Erfolg. In einer Bibelstunde, wo wir an verschiedenen Tischen arbeiteten, hat er völlig zusammenhanglos aggressiv DDR-Propaganda vorgetragen. Ich holte mir Rat beim befreundeten Oberkonsistorialrat Harder. Er sagte: »Harro, Du hast wie jeder Kneipenbesitzer das Hausrecht. Du kannst ihm Hausverbot erteilen!« Was ich dann tat. Am Telefon. Allerdings in der abgemilderten christlichen oder der meinem eher konfliktscheuen Naturell entsprechenden Form. Da ich ihn kannte und nicht nur als Werkzeug der Stasi, sondern auch als seelisch Gepeinigten einordnete, beendete ich das Gespräch mit dem Satz »Wir können ja mal einen Kaffee trinken!«

Ein anderes Mal klingelte dieser gejagte und Unruhe ausstrahlende Mensch an der Tür zu meiner Studentenpfarrerwohnung. Ich muss mich – obwohl ich das gern verborgen hätte – beim Türöffnen wohl erschrocken haben. Die beiden Kinder spielten hinter mir im Flur. Sofort begannen sie zu weinen, und Charly, der Hund, stimmte sein lautes Gebell an. Damit fühlte der Besucher sich auch nicht mehr wohl und verzichtete darauf, sein Anliegen vorzutragen.

Nun fallen mir noch einige Begegnungen ein, bei denen ich die Stasi bei ihrer Arbeit beobachten konnte. Einmal stand eine kleine Gruppe von ihnen an unserem ESG-Schaukasten an der Jakobikirche. Einen von ihnen erkannte ich wieder. Er hatte in dem Martin Bernhardt einengenden Kreis in der Vorhalle des Hauses in der Arndtstraße gestanden. Beim Vorbeigehen an dieser Gruppe guckte ich ihn unverwandt an und grüßte ihn. Das war ihm mehr als peinlich. Er lief puterrot an, war doch das Verborgene seiner Tätigkeit aufgeflogen.

Wenige Meter von dieser Stelle entfernt erlebte ich zufällig eine filmreife Begebenheit. Schräg gegenüber auf der anderen Seite der Domstraße öffnete sich das am nächsten liegende Portal des Uni-Hauptgebäudes. Heraus traten Erich Honecker und der schwedische Ministerpräsident Olof Palme, von dem durch die Presse bekannt war, dass er in der Stadt sein würde. Und auf meiner Straßenseite, wenige Meter vor mir, steht eine winkende Jubelgruppe von »unauffälligen« Männern (ihre Unauffälligkeit symbolisierte sich in mitgeführten leeren Einkaufsbeuteln). Diese Männergruppe nahm eine Breite von vielleicht zehn, höchstens fünfzehn Metern ein, links und rechts davon war nichts, absolut nichts. Und hinter dieser Reihe, also direkt in meiner Nähe – das entdeckte ich erst jetzt – filmte das DDR-Fernsehen. Man würde also abends in der Aktuellen Kamera sehen können, welchen freundlichen Empfang die Bevölkerung Greifswalds den beiden Politikern bereitet hatte.

Im Sommer 1989 war ich auf Hiddensee der »Kurpfarrer«, der außer Gottesdiensten besondere thematische Angebote für die Urlauber bereithalten sollte. Ich erinnere mich, dass die Änderung der politischen Großwetterlage selbst auf diesem abgelegenen Eiland zu spüren war. So stürzte nach dem Gottesdienst, als ich mich an der Kirchentür von allen verabschiedete, ein vermutlicher Arzt (oder war er ein Angehöriger der »technischen Intelligenz«?) auf mich zu und stieß zwei unvergessene Sätze hervor: »Herr Pfarrer, die Perestroika kommt für uns zu spät!« und »Wie lange währt die Halbwertzeit einer Diktatur?«

Einen meiner Gesprächsabende in der Hiddenseer Kirche hatte ich mit »Das neue Denken und die Bergpredigt« plakatiert. Jedermann wusste, hier geht es um Gorbatschow und den inneren Zusammenhang zu Kraft und Freiheit der Bergpredigt Jesu, die dazu auffordert, eingeschliffene Verhaltensmuster zu überwinden. Drei Männer (oder waren es zwei Männer und eine Frau?) fingen nach einiger Zeit an zu stören. Zunächst, indem sie ihr eigenes Gespräch führten. So lange war ich geduldig. Vielleicht hatten sie eine Alltagsangelegenheit zu klären (so nach der Art: Wer hat denn jetzt eigentlich den Schlüssel vergessen?). Aber dann wurde deutlicher, was sie wollten. Sie wollten das Thema angreifen, scharrten mit den Füßen, bewegten ihre Oberkörper hin und her, äußerten Unwillen. Mir blieb nichts anderes übrig, als sie offen anzusprechen: »Das scheint Ihnen nicht zu gefallen, was ich hier vortrage. Könnten Sie Ihren Protest bitte etwas genauer formulieren!« Aber dazu waren sie nicht in der Lage. Sie entwanden sich der Kirchenbank und suchten – weiterhin zeternd – das Weite.

Ein letztes Beispiel, wo es mir gelang, ohne Angst auf einen staatlichen Einschüchterungsversuch zu reagieren (wobei es nicht mit Absicht gelang, es passierte einfach): Weil man mich zu einer jährlich stattfindenden europäischen Studentenpfarrerkonferenz nicht nach Helsinki fahren ließ, obwohl ich von der ESG-Geschäftsstelle vorgeschlagen war, bin ich dann im Jahr darauf (ohne Delegierung) auf eigene Kosten und in eigener Verantwortung zum gesamteuropäischen Pfarrertreffen nach Budapest gefahren. Es war das Tschernobyl-Jahr. Ich konnte im vergleichsweise liberalen Ungarn die Illustrierte »Stern« erwerben. Darin waren die Becquerel- Werte aufgezeichnet, die die sich über Europa hinziehende atomare Wolke den einzelnen Ländern und Regionen aufgeprägt hatte. Solche Informationen gab es in der DDR nicht. Für die Gemeindearbeit fand ich sie mehr als nützlich. Bei der Wiedereinreise in die DDR hatte man den Grenzern regelmäßig einen Zettel zu überreichen, auf dem man vorher alle einzuführenden Gegenstände verzeichnen musste. Ich schrieb neben einigen anderen Kleinigkeiten das Wort Stern hin, ohne weitere Erläuterungen, und hoffte, sie würden glauben, es handele sich um einen kunstgewerblichen Artikel. Aber sie entdeckten die Illustrierte und zogen sie selbstverständlich ein. Ich hatte diesen Vorgang fast schon vergessen, als mich der Chef der Abteilung Inneres, also gewissermaßen der Innenminister der Stadt Greifswald, zu einem Gespräch vorlud. Dort eröffnete er mir: »Sie wollten konterrevolutionäre Literatur in die DDR einschmuggeln!« Ich konnte nicht anders und reagierte mit einem Lachanfall.

Interessanterweise sind nicht alle aus dem persönlichen Umkreis, die man für Stasi hielt, dann in der Akte »OV Apostel« aufgetaucht. Natürlich gab es immer wieder auch den umgekehrten Fall. Einige, denen man vertraute und die ich sogar zu privaten Film- oder Dia-Abenden in unser

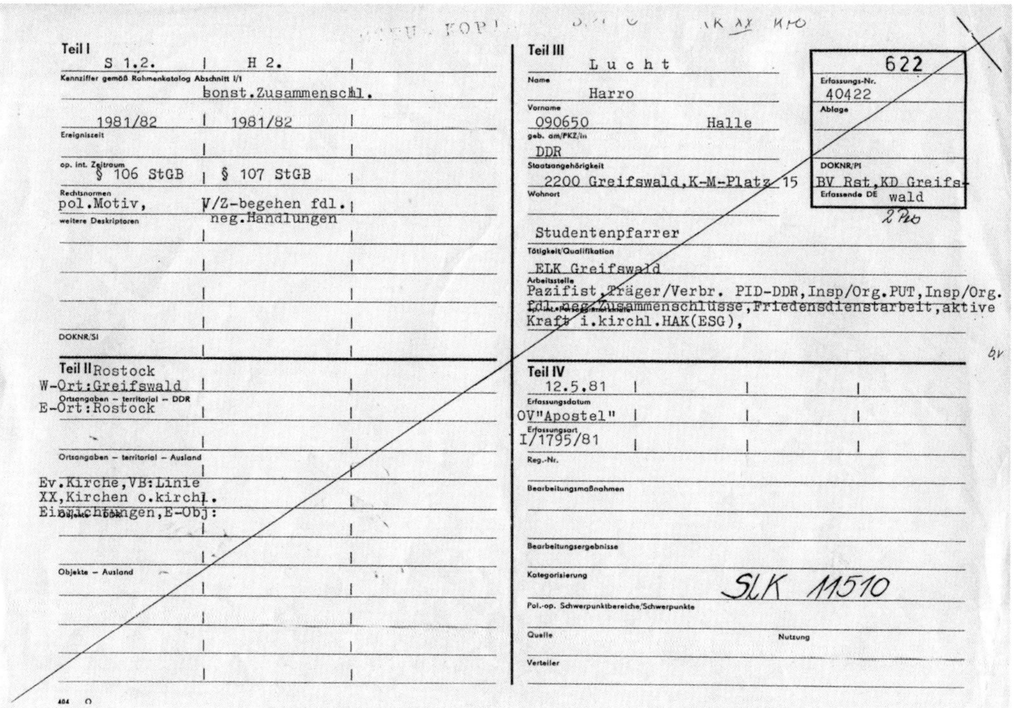
Teil I
S 1.2. | H 2.
Kennziffer gemäß Rahmenkatalog Abschnitt I/1
konst.Zusammenschl.
1981/82 | 1981/82
Ereigniszeit
op. int. Zeitraum
§ 106 StGB | § 107 StGB
Rechtsnormen
pol.Motiv, | V/Z-begehen fdl. neg.Handlungen
weitere Deskriptoren
DOKNR/SI

Teil II Rostock
W-Ort:Greifswald
Ortsangaben – territorial – DDR
E-Ort:Rostock
Ortsangaben – territorial – Ausland
Ev.Kirche,VB:Linie XX,Kirchen o.kirchl. Einrichtungen,E-Obj:
Objekte – DDR
Objekte – Ausland

Teil III
Lucht
Name
Harro
Vorname
090650 Halle
geb. am/PKZ/in
DDR
Staatsangehörigkeit
2200 Greifswald,K-M-Platz 15
Wohnort
Studentenpfarrer
Tätigkeit/Qualifikation
ELK Greifswald
Arbeitsstelle
Pazifist,Träger/Verbr. PID-DDR,Insp/Org.PUT,Insp/Org. fdl.neg.Zusammenschlüsse,Friedensdienstarbeit,aktive Kraft i.kirchl.HAK(ESG),

622
Erfassungs-Nr.
40422
Ablage
DOKNR/PI
BV Rst.KD Greifswald
Erfassende DE

Teil IV
12.5.81
Erfassungsdatum
OV"Apostel"
Erfassungsart
I/1795/81
Reg.-Nr.
Bearbeitungsmaßnahmen
Bearbeitungsergebnisse
Kategorisierung
SLK 11510
Pol.-op. Schwerpunktbereiche/Schwerpunkte
Quelle
Nutzung
Verteiler

Stasi-Kennkarte OV »Apostel«

Wohnzimmer eingeladen hatte, haben darüber berichtet. So zum Beispiel ein hochgewachsener Naturwissenschaftler mit Günter-Grass-Bart, der allerdings später in die Verdachtszone geriet, als er anders als alle andern, die 1982 ein Vierteljahr unter Maul-und-Klauen-Seuchen-Quarantäne in Vorpommern ausharren mussten, in die Antarktis fuhr.

Als ich bald nach 1989 meine Stasi-Akte »OV Apostel« zur Kenntnis nahm, stellten sich gemischte Gefühle ein. Einerseits begegnete ich meinen Schwächen, zum Beispiel Zaudern und Phlegmatismus, und sah, wie sie, zum Teil erfolgreich, ausgenutzt wurden, um bei mir wohlgesonnenen Studenten gegen mich Stimmung zu machen, andererseits konnte ich meine Freude nicht ganz verhehlen, als ich las, Lucht sei ein »guter Rhetoriker« und hält »ansprechende Vorträge«, sei »äußerst intelligent und fachlich versiert, enorm kontaktfreudig und aufgeschlossen« (so am 9.3.1983). Darf ich meine klammheimliche Befriedigung über diese Aussage zulassen, wenn sie von der »Firma« kommt? Da es meiner Meinung nach gar nicht genug anerkennende Worte gibt, die ermutigen und aufrichten, gestatte ich mir, mich daran zu erfreuen.

Der Wert der Lektüre der Stasiakten übersteigt aber die Möglichkeit einer einzelnen Person, sich im Spiegel einer fremden Wahrnehmung zu erleben und sich damit kritisch-selbstkritisch auseinanderzusetzen. Hier konnte man nach 1989 insgesamt besser erkennen, wie die Stasi gegenüber einer ganzen Gemeinde im Einzelnen vorging. Zu Honeckers Zeiten verzichteten die Sicherheitsorgane auf offenen Terror, versuchten den Scheinfrieden im Lande unterhalb der Verhaftungsschwelle durch »operative Maßnahmen« aufrechtzuerhalten. Dazu gehörte zunächst die allgemeine Aufklärung, wie sie das möglicherweise genannt haben, man wollte über alle wesentlichen Vorgänge Bescheid wissen. So geriet ich nach Antritt des Studentenpfarramts sehr bald in eine Operative Personenkontrolle (OPK). Und es dauerte nicht lange, da wurde sie in einen Operativen Vorgang (OV) umgewandelt. Jetzt sollten Inoffizielle Mitarbeiter (IM) in mein berufliches und persönliches Leben eingreifen, und zwar »zersetzend«. Insgesamt sind mir in meinem Fall (durch das Aktenstudium) folgende Methoden bekannt geworden, die mit eigenen Erfahrungen übereinstimmen:

Erstens allgemeine Aufklärung, zweitens Differenzierung = Spaltung der Gemeinde und Isolierung des Pfarrers, drittens Verleumdung, viertens Kriminalisierung, fünftens politische Kriminalisierung durch die Unterstellung von Politisch-Ideologischer Diversion (PID) und Politischer Untergrundtätigkeit (PUT), sechstens Disziplinierung durch kirchenleitende IM.

Um diese Maschine am Laufen zu halten, wuselten – laut Akte – ungefähr fünfundzwanzig IM durch mein Leben, in meiner engeren Umgebung vor allem männliche und weibliche Spitzel mit den Decknamen »Ikarus«, »Sven-Ake«, »Michael Burkhardt«, »Burkhart« (später, wahrscheinlich wegen Verwechselungsmöglichkeit in »Lukas« umbenannt), »Friese«, »Nikolaus«, »Heinrich Schade«, »Tulpe«, »Claudia« und nicht zu vergessen »Anne Becker«... (IMB, so konnte man nach 1989 lernen, war MfS-intern die Abkürzung für »Inoffizielle Mitarbeiter der Abwehr mit Feindverbindung oder zur unmittelbaren Bearbeitung im Verdacht der Feindtätigkeit stehender Personen«; IMS waren »Inoffizielle Mitarbeiter zur politisch-operativen Durchdringung und Sicherung des Verantwortungsbereichs«.)

Was hieß das für die Beschattungs- und Zersetzungsmethoden im Einzelnen? Wieweit konnte man sie im täglichen Leben wahrnehmen, wieweit sind sie erst durch die Aktenlektüre klar ins Bewusstsein getreten?

Für die allgemeine Aufklärung – das haben wir immer vorausgesetzt – waren die Überprüfung des familiären und befreundeten Umfelds genauso selbstverständlich wie die Post- und Telefonüberwachung. Die Akte macht Einzelheiten deutlich: Die Postüberwachung »M« wurde ebenso wie die »PZF« (= Postzollfahndung = Überwachung dienstlicher und privater Post aus dem Westen) am 15.12.1981 durch »Oltn. Hille« eingeleitet;

ebenso wurde eingeleitet ein »Auftrag 26 -A- über Greifswald 3293«, das war meine Telefonnummer. 26-A- hieß im Stasi-Jargon »akustische und optische Überwachung«. In der Stasi-Akte finden sich beispielsweise auch eine Kopie meines Telegramms an den Bundestag (dessen offizielle Form könnte für dessen Absendung sprechen) und ein Brief des vorherigen Bonner Studentenpfarrers Jörn-Erik Gutheil, der mich auf normalem postalischem Weg nie erreichte.

Zur Telefonüberwachung, die schon in meiner Cottbuser Zeit zu funktionieren schien (wobei aber sicher ist, dass sie hier dem Angerufenen galt), gibt es ein »nettes« Beispiel: »Inoffiziell wurde bekannt, dass sich am 18.2.77 ein NUCHT (o. ä. lautend) mit Jurek BECKER in Verbindung setzte. NUCHT gab an, als Pastor in Cottbus tätig zu sein. Auf Drängen des NUCHT kamen beide überein, sich am 19.2.77, 16.30 Uhr, am Eingang des ›Linden-Corso‹ zu treffen.« Sechs verschiedene Stasi-Einheiten (meist XX/07, XX/08 usw.) haben ihren (oft unleserlichen) Prüfungsvermerk dazu geschrieben.

Zur zweiten angewandten Methode, der Differenzierung: Ein gutes Beispiel dafür ist das oben beschriebene Kesseltreiben zu Beginn meiner Studentenpfarrertätigkeit. Die Absicht bestand darin, mich von der Gemeinde zu entfremden und zu isolieren und (später) einen Keil zu treiben zwischen (so gar nicht zu unterscheidenden) Gruppen in der Gemeinde, etwa zwischen den »Frommen« und den »Politischen«. Es ging darum, mir die Leitung in der Gemeinde zu erschweren, »schleichende Unzufriedenheit« und eine »instabile Situation aufrecht zu erhalten«, den »Zersetzungs- und Differenzierungsprozess am Laufen zu halten« (so formuliert am 9.3.1983).

Die dritte angewandte Methode hieß Verleumdung. Beim »bösen Leumund schaffen« wurden falsche mit wahren Behauptungen verknüpft, um ihnen so eine höhere Glaubwürdigkeit zu verleihen. Die IM sollten »Hinweise kompromittierenden Charakters« sammeln. Bei mir wurde zum Beispiel versucht, das Gerücht zu streuen, ich sei Alkoholiker. Die Wahrheit ist, ich trank nach dem Gemeindeabend mit anderen noch gern eine Flasche Bier, um den Abend ausklingen zu lassen. Oder es hieß, ich betriebe einen bürgerlichen Lebenswandel. Als Beweis dafür galt eine bunte, Palmen im Sonnenuntergang zeigende Fototapete an der Wohnzimmerwand oder ein kleiner Teppich, der entfernt an ein Eisbärfell erinnern konnte. Er war aus der Familie über uns gekommen. Meine Frau und ich mochten ihn nicht besonders. Aber nun war er mal da und lag halt im Wohnzimmer. Das kann man alles ein wenig lächerlich finden. Etwas heftiger kommt mir da vor, was im Original-Stasi-Deutsch heißt: »Diskreditierung auf L. einflußstarker Personen […] unter Ausnutzung derer charakterlicher Schwächen«.

Viertens zur Kriminalisierung. Hier ging es darum, »strafrechtliche Beweise« beziehungsweise »Hinweise und Beweise kompromittierender Art bzw. für kriminelle Handlungen« herbeizuschaffen. Einmal schreibt IM »Friese«, das war eine Theologiestudentin, die gern eine gelbe Friesenjacke trug, mit eigener Hand: »Am 23.11.83 hatte ich Gelegenheit, während ich bei Harro Lucht auf der Schreibmaschine an meiner Dipl.-Arbeit schrieb, ein Gespräch mit H. Lucht + U. Tetzlaff zur aktuellen Lage zu führen...« Schon als sie mich um die Benutzung meiner »Erika« bat, kam mir das ein wenig komisch vor. Im Nachhinein ist klar, dass die Stasi den »Fingerabdruck« meines Schreibgeräts ermitteln wollte; denn jede Schreibmaschine hatte eine kleine Macke, zum Beispiel einen Buchstaben, der etwas zu weit rechts oder links anschlug. So wollten sie bei auftauchenden illegalen Schriften (oder gar Flugblättern!) den Urheber schnell ermitteln können.

Noch schlimmer erschien mir beim Aktenlesen dieser Eintrag (14.4.82): »Unter Ausnutzung der engen Kontakte des IM ›Michael Burkhardt‹ zum Finanz-V Gottfried Schubert sind durch den IM Möglichkeiten zu schaffen und zu nutzen, Einblick in Finanzunterlagen der ESG zu nehmen, Manipulationen an Konten durch L. festzustellen und beweiskräftig bzw. legalisierbar zu dokumentieren.« Also Kontenmanipulationen feststellen, um sie dann mir, wären sie vorhanden gewesen, anzulasten, oder um mich damit erpressen zu können.

Der nächste Schritt, so wie ich es verstehe, ist die politische Kriminalisierung. Im Sommer '82 wurde die ESG zunächst als Hort der »Politisch-Ideologischen Diversion« (PID) angesehen. Hier unterstellte man uns, wie es das »Wörterbuch der Staatssicherheit« unter PID nennt, die »Zersetzung des sozialistischen Bewusstseins bzw. die Störung und Verhinderung seiner Herausbildung, [...] in der Inspirierung antisozialistischer Verhaltensweise bis hin zur Begehung von Staatsverbrechen«. Es galt, »Drahtzieher« und »Hintermänner« zu ermitteln. Die wurden einfach vorausgesetzt. So wurde eine belanglose Äußerung von mir als »operativ bedeutsam« eingestuft, da sie meine langfristige Konzeption offenbare und Rückschlüsse auf meine angeblichen Auftraggeber zuließe.

Wenig später – sicherlich, wie Rahel Frank in ihrem Buch »Einsam oder gemeinsam? Der ›Greifswalder Weg‹ und die DDR-Kirchenpolitik. 1980–1989« herausarbeitete, aus Angst vor der entstehenden kirchlichen Friedensbewegung –, schaltete die Stasi in den nächsthöheren Gang. Nun waren wir »Basis des politischen Untergrunds unter reaktionär-klerikalen Kreisen«. Nach der Stasi-eigenen Definition ging es bei der »Politischen Untergrund-Tätigkeit« (PUT) um »konterrevolutionäre Veränderungen zur letztlichen Beseitigung der Arbeiter- und Bauernmacht«. Mir konkret, so die Akte, warfen sie »politischen« oder »verfassungsfeindlichen Pazifismus«

vor. Ich hätte vorgehabt, »zielgerichtet die ESG als Stützpunkt der PUT« auszubauen.

Aber als ob das alles nicht genug ist, wurden nun auch kirchenleitende IM auf meine Spur gesetzt. Sie, so das Ansinnen der Stasisten, sollten »L. disziplinieren«. Um das Ergebnis vorwegzunehmen: Solche Disziplinierungsversuche hat es in geringem Umfang gegeben, aber man kann sie als vergeblich betrachten, da sie entweder nur sehr unentschlossen vorgetragen wurden oder an meiner dickköpfigen Unbelehrbarkeit scheiterten.

An dieser Stelle, wo von IM in der Kirchenleitung gesprochen wird, also nicht nur von Gemeindegliedern, die sich als Spitzel anwerben ließen, entsteht die grundsätzliche Frage, was es bedeutete, dass Christen – egal ob Gemeindeglieder oder Kirchenleitende – sich anboten oder gedrängt sahen, ohne einen Auftrag der Kirche erhalten zu haben als »vertrauensvolle Gesprächspartner« der Stasi zu fungieren. Diese Frage ist in der DDR-Kirche nach 1989 aufs heftigste kontrovers diskutiert worden. Das überwiegende – von mir geteilte – Entsetzen fragte: Wie kann man sich mit einem (legalistisch getarnten) kriminellen Verein gemein machen, der im Zweifelsfall nicht zurückschreckte, Menschen willkürlich ins Gefängnis zu bringen oder deren Leben zu zerstören?

Um sich vor solchen Kontakten zu schützen, galten in der Kirche zwei ungeschriebene Regeln. Für Gemeindeglieder: Offenbare dich deinem Pfarrer oder deinem Superintendenten und teile das der Stasi mit! Dann bist du raus! Für Kirchenleitende galt: Geh als Superintendent, als Konsistorialrat usw. nie allein zu staatlichen Vertretern, nimm einen Kollegen, einen Stellvertreter, einen (kirchlichen) Bruder, eine Schwester mit zu solch einem Treffen, schon um dem Verdacht keine Nahrung zu geben, du betriebest eine eigene Kirchenpolitik oder versuchst gar persönliche Vorteile einzuheimsen! Wo jemand entgegen dieser Regeln konspirativ mit der Stasi verkehrte, hat er das Vertrauen zu den Brüdern und Schwestern verletzt. Und kann es meines Erachtens nur durch volle Ehrlichkeit wiederherstellen, die mit der Ehrlichkeit sich selbst gegenüber beginnt: Was hat mich getrieben? Natürlich, so sagt sich der ehemalige IM, habe ich der Kirche dienen wollen und mir einen reibungsloseren Ablauf der Geschäfte versprochen. Habe ich nicht auch die Chance gesehen, hier und da anderen helfen zu können? Aber welche erhofften Vorteile für mich selbst hatte ich möglicherweise auch im Blick – oder eben nicht im Blick! Wie wirkten sie mehr oder weniger bewusst oder unbewusst im Hintergrund? Und warum habe ich die Gemeinschaft der Brüder und Schwestern verlassen und geglaubt, auf sie verzichten zu können?

Was nun erwartete die Stasi von den kirchenleitenden IM? Die Selbstauskunft der Akte (am 9.3.83): »Zielgerichteter, dosierter Einfluss von kompetenten Kirchenvertretern, die der Linie Bischof Gienkes nahestehen, insbesondere auf Lucht und Berg, sollte das Ziel verfolgen, die konzeptionelle Arbeit beider mehr auf religiöse Aspekte des christlichen (Friedens-)Engagements auszurichten, um eine zunehmende Politisierung der Gemeindearbeit (Problem Anspruch der Kirche, Kirche als gesellschaftspolitisch zu betrachtende Größe oder gesellschaftliche Macht; offene Gemeinde; mehr Christen einbeziehen; Semesterprogramm) Einladung exklusiver Referenten auf Wunsch der ESG-Teilnehmer zu verhindern. An L. sollte die Forderung erhoben werden, den inhaltlichen Diskussionen seiner Veranstaltungen ein höheres religiöses, evangelisches Profil zu geben. [...] Dadurch könnte sich das personelle Profil (Teilnehmerzahl; Interesse) reduzieren und aus operativer Sicht mehr Übersicht und Kontrollfähigkeit entstehen. Gleichzeitig sollte bei der Einflussnahme auf L. dessen Absichten und Pläne zur Bildung diverser Arbeitskreise lobend herausgestellt werden, jedoch mit der Orientierung verbunden werden, begrenzte Teilnehmerzahlen anzustreben sowie eine religiösere Thematik festzulegen.«

Also die Zielrichtung war klar: Teilnehmerzahl reduzieren, Übersicht und Kontrollfähigkeit verstärken, Zurückdrängung der offenen Ausstrahlung auf Nichtkirchliche, Entpolitisierung der kirchlichen Friedensarbeit, Verhinderung exklusiver Referenten und kleinere und harmlosere Arbeitskreise.

Genau zu diesen Punkten erlebte ich Versuche der Einflussnahme von Seiten kirchenleitender Mitarbeiter. Wie ich schon erzählte, hat einer von ihnen bei der Feststellung, dass Professor Schottlaender Gast in der ESG sein würde, empört aufgestöhnt: »Wer ist dieser Professor Schottlaender?« Derselbe hat völlig realitätsfremd, als hätte es nicht gerade einen gesamteuropäischen Aufruhr gegen die Stationierung von Marschflugkörpern gegeben, zu mir, der ich gerade zusammen mit dem Kollegen Mahlburg das Friedensforum der Landeskirche eröffnen sollte, gesagt: »Aber, dass Sie mir ja nicht von Mittelstreckenwaffen sprechen!«

Ein weiterer Versuch kam von einem anderen Oberkonsistorialrat. Mitten in einem Gespräch errötete er leicht und seine Stimme wurde brüchiger: »Harro, Du hast jetzt siebzehn Arbeitskreise in der ESG. Das ist zu viel.« Ich stutzte: Woher wusste er das? Und war die Zahl nicht ein bisschen hoch gegriffen? Er fuhr fort: »Das kannst Du nicht mehr kontrollieren. Die Zahl der Arbeitskreise muss reduziert werden.« Ich hörte, da redete eine fremde Stimme aus ihm. Er wollte, das meinte ich sofort zu begreifen, irgendeiner staatlicherseits geäußerten Befürchtung entsprechen. Also habe ich, wie bei den beiden oben genannten Beispielen auch, nicht reagiert, nicht geantwortet und nichts verändert. Ich habe die ungewöhnlichen Anliegen einfach ignoriert.

Ein letztes, vielleicht das schönste Beispiel für einen innerkirchlichen Versuch, in einem Akt sowohl »exklusive Referenten« als auch die »zunehmende

Politisierung der Gemeindearbeit« zu unterbinden: Zur Friedensdekade 1986 hatte ich das Künstlerpaar Krawczyk-Klier nach Greifswald eingeladen. Sie sollten in der Christuskirche im Ostseeviertel auftreten. Kurz vorher rief mich Freya Klier aus Berlin an: »Harro, wir können nicht kommen!« Sie nannte dies und das, was ihnen dazwischenkam. Ich habe sie dringend gebeten zu kommen, da die Veranstaltung mit ihrem politisch-kritischen Stück »Steinschlag« bereits angekündigt worden war. Immerhin hatte ich schon bei der Einladung meine eigenen Bedenken überwinden müssen, da ich wusste, wer die beiden lautesten Oppositionskünstler des Landes einlädt, bekommt sowieso Schwierigkeiten.

Also zweifachen Widerstand gegen ihren Auftritt hatte ich schon überwinden können. Nun kam aber überraschend noch mehr Gegenwind. Bei einer Tagung der Landessynode nahm mich ein Konsistorialrat beiseite und forderte mich auf, die beiden wieder auszuladen. Ich zog den Greifswalder Superintendenten Wackwitz, der in der Nähe stand, spontan mit ins Gespräch und lehnte das Ansinnen ab. Der Konsistorialrat bohrte weiter, es sei nicht nur sein Wunsch, sondern auch der des langjährigen ehemaligen Konsistorialpräsidenten. Jedes Mal schüttelte ich mit dem Kopf. Wenn ich gedacht haben sollte, nun bin ich durch, hatte ich mich getäuscht. Jetzt kam das Sahnehäubchen. »Nicht nur wir beiden Konsistorialräte sind dieser Meinung, auch Herr Macht hat sich so geäußert!« Herr Macht, das war der für Religionsfragen zuständige Mann im Bezirk Rostock. Wieder hörte ich mich sagen: »Die beiden Künstler treten auf, sie stehen auf dem Plakatzettel für die Friedensdekade.« Und nun wurde die letzte Patrone verfeuert: »Nicht nur Macht, auch Haß will das nicht!« Haß, das war mir vom Hörensagen bekannt, das war der für »Inneres« zuständige Mann, also eine Art Innenminister des Bezirks. Da ich schon fünfmal den Auftritt der beiden Künstler verteidigt hatte, war es nicht schwer, auch diesmal bei einem klaren »Nein!« zu bleiben.

Ende gut, alles gut, könnte man sagen. Die Künstler traten auf. Aber es gibt noch einen krönenden Abschluss. Am nächsten Morgen kommt ein dritter Konsistorialrat zu mir und freut sich, wie gut wir beide das hinbekommen hätten, dass die beiden Künstler in Greifswald auftreten konnten. Von seinem Anteil am Gelingen der Veranstaltung hatte ich noch nichts gehört und ließ mir erzählen. Macht hätte versucht, auch ihn zu beeinflussen. Er habe geantwortet: »Was die machen, kommt doch auf jeder zweiten Berliner Bühne vor!« – »Aber nicht im Ostseebezirk, nicht bei uns!«, habe die verzweifelte Antwort gelautet. So hatten wir die angemaßte Macht und den Hass der Oberen gegenüber kritischen Meinungen bloßgestellt und konnten begreifen, dass sie nur so viel Macht hatten, wie man ihnen ängstlich bewilligte.

Kapitel 24

Kirchentage. 1983. 1985

1983 war nicht nur friedenspolitisch, sondern auch unter kirchlichem Gesichtspunkt ein besonderes Jahr. Fünfhundert Jahre zuvor war Martin Luther in Eisleben zur Welt gekommen. Die DDR gestattete der Evangelischen Kirche sogenannte Kirchentage. Nicht den einen zentralen (das schien wohl zu gefährlich), sondern einzelne Kirchentage, verteilt über das Land. In meiner Erinnerung waren es sieben.

In Erfurt, Magdeburg und Wittenberg habe ich einfach so teilgenommen, manchmal fuhren wir in meinem Trabbi zu zweit, zu dritt einfach drauflos, ohne ein Quartier gesichert zu haben, hefteten unzensierte, eigene Thesen zur Friedensfrage an die Pfosten der Kirchentagsstände.

In der Stadtkirche in Wittenberg hörten wir gebannt zu, wie Richard von Weizsäcker, damals noch Regierender Bürgermeister von West-Berlin, über die Bergpredigt sprach. Sein Bruder, der Naturwissenschaftler und Philosoph Carl Friedrich von Weizsäcker, war ja in unseren kirchlichen Kreisen bekannt dafür, dass er gesagt hatte: »Das Neue Testament ist das revolutionärste Buch, das wir besitzen.« Sicherlich hatte auch er dabei an die Bergpredigt Jesu gedacht, in der es um entgegenkommendes Verhalten im Konfliktfall geht, was ja in der Friedensbewegung der frühen achtziger Jahre seine – wie ich meinte – richtige Übersetzung fand: »Achte die Wahrheit des anderen, ohne Deine eigene aufzugeben!«

Im Eingang des Toilettenzeltes, das behelfsmäßig auf dem Markt aufgestellt war, begegneten wir zufällig dem bundesdeutschen, auch im Osten sehr geschätzten Fernsehkommentator Peter Merseburger. Seitdem war das für uns – wir sagten es im typischen Kirchentagsjargon – »der Ort der Begegnung«.

Einmal, es war im ehemaligen Augustinerkloster, Luthers späterem Wohnhaus, lagen wir abends erschöpft in irgendeinem für die kommende Nacht eroberten Bett, als wir metallene Klänge hörten. Kling – Klang! Immer wieder! Im Hof wurde also irgendeine Veranstaltungsidee verwirklicht, die uns jetzt aber nicht hochriss. So verpassten wir den – wie man später meinte – historischen Augenblick, den Höhepunkt aller '83er Kirchentage, als ein Schmied, unterstützt durch Friedrich Schorlemmer, ein riesengroßes Schwert zu einer Pflugschar umschmiedete.

Diese symbolische Tat ging auf die alttestamentlichen Propheten Jesaja (2,4) und Micha (4,3) zurück, die den Tag vorhersagten, da die Völker sich auf dem Berg Gottes versammeln werden. »Sie werden ihre Schwerter zu Pflugscharen und ihre Spieße zu Sicheln machen. Es wird kein Volk wider das andere das Schwert erheben, und sie werden hinfort nicht mehr lernen, Krieg zu führen.« Und in diesem Jahr 1983, dem Jahr zugespitzter, fast hysterischer Aufrüstungsrechtfertigung in West wie Ost, gab es plötzlich aus der evangelischen Jugendarbeit Sachsens stammende Aufnäher, die das Symbol eines ein Schwert zur Pflugschar umschmiedenden Mannes trugen, dieses Symbol, das die Sowjetunion zuerst in Moskau als Denkmal realisierte, dann auch eine Kopie der Skulptur als Geschenk vor dem UNO-Hauptgebäude in New York aufstellte. Aber jetzt, im Hochrüstungsjahr 1983, wollte die DDR – die dem pazifistischen Slogan »Frieden schaffen ohne Waffen!« ihr »Frieden schaffen gegen NATO-Waffen!« und »Der Friede muss bewaffnet sein!« entgegensetzte – nicht daran erinnert werden, schon gar nicht durch kirchliche Abzeichen, die sich Jugendliche freimütig auf ihre Jackenärmel nähten, ausgerechnet an Stellen übrigens, wo die Pionier- und FDJ-Hemden, die ja weitgehend ungeliebt-gezwungen getragen wurden, ihre Insignien besaßen. Damals hielt die Volkspolizei solche Jugendliche auf der Straße an, befahl ihnen, das Zeichen abzutrennen, und hatte praktischerweise auch immer die dafür nötige Schere dabei. Einer der Pädagogikstudenten aus unserer ESG weigerte sich und konnte – wie viele andere – deshalb sein Studium nicht fortsetzen, schlug dann eine kirchliche Laufbahn ein. Bischof Gottfried Forck solidarisierte sich mit den Jugendlichen, klebte das öffentlich geschmähte Symbol auf seine Kollegmappe und ging damit zu den staatlichen Behörden, zum Beispiel zum Staatssekretär für Kirchenfragen Klaus Gysi.

Dieses Kirchentagsjahr hatte ein Motto: »Vertrauen wagen!« Und zur großen Überraschung gab es erstmals in der DDR, vielleicht auch letztmalig, offiziell erlaubt einen gelb-grünen Aufkleber, rund und gelb, auf dem die Kirchentagslosung prangte. Den klebten sich viele auf die Windschutzscheibe ihres Trabbis, zur eigenen Freude und zur Überraschung – wie man vermuten kann – mancher Genossen.

In Rostock nahm ich am Kirchentag regulär teil. Zum einen hatte ich die Verpflichtung übernommen, einen Schriftsteller oder eine Schriftstellerin für eine Lesung zu gewinnen. Ich weiß noch, wie ich in der Vorbereitungsgruppe einige Namen wie Helga Schubert und Jürgen Rennert nannte und Joachim Gauck, damals noch ganz einfacher »Pastor«, sagte: »Egal, welche Person auch immer, Hauptsache sensibel«.

Eine zweite Aufgabe hatte mich auch sehr gereizt. Von einem anderen – wie man im Norden immer gern sagt – »Pastor«, Dr. Jens Langer, wurde die Arbeitsgruppe geleitet, die eine größere Veranstaltung in der »Sport- und Kongresshalle«, auch »Stadthalle« genannt, moderieren sollte. Wir, eine Handvoll Männer und Frauen, schauten uns in der Vorbereitungsphase die Örtlichkeit etwas genauer an. Plötzlich, so plötzlich wie ein Platzregen, tauchte da eine zweite Gruppe in uns vergleichbarer Personenstärke auf, rollte auf uns zu – in karnevalistisch übertriebener, bunter Tirolertracht, mit Edelweiß und Hütchen – und sprudelte, nein schwallte in bajuwarisch-österreichischem Dialekt auf uns ein. »Stasi!«, durchschoss es mich und sicherlich auch die anderen. Was sollte man von diesem Überfall halten? Und wie mit ihm umgehen? Jens Langer, der im Jahrzehnt zuvor einige Jahre lang die Geschäftsstelle der ESG in der DDR angeführt hatte, behielt den Überblick und sagte freundlich zu den sich uns Aufdrängenden: »Ich glaube, mit Euch kann man gut zusammenarbeiten!« Woraufhin sie sich trollten.

Was sollte dieser Angriff? Wollten sie uns daran erinnern, dass wir auch bei der Veranstaltung beobachtet sein würden? Hatten sie Fotos von uns gemacht? Das, so konnte man nach 1989 im Stasi-Museum erfahren, machten sie durch die Kleidung, zur Not auch aus einem »scheinschwangeren Bauch« heraus. Oder wollten sie unsere Belastungsfähigkeit testen, wie leicht oder schwer wir einzuschüchtern waren?

Während des Kirchentages hatte ich nun die Aufgabe, auf der Bühne zu stehen und Ansagen zu machen. Im Saal waren wohl dreitausend Leute. Das Programm kam gut an. Eine Spielschar, das war so ein Name für kirchliche Theatergruppen, hatte schon einige Erregung erzeugt. Ein Spieler sagte im langgezogenen Ton: »ARD und BRD…« Das reichte, um ein befreiendes Gelächter zu erzeugen! Das normalerweise in der Öffentlichkeit vermiedene oder nur hinter vorgehaltener Hand ausgesprochene Wort – in diesem Fall: Westfernsehen – konnte bei seinem öffentlichen Hervortreten erlösende Wirkung zeitigen. Am Schluss hatte ich noch einige Veranstaltungen anzusagen. Irgendwo sollte auch ein Gesprächskreis stattfinden. Ich nannte Ort und Thema, und da mir das zu nüchtern vorkam, wickelte ich spontan noch eine Girlande drumherum und meinte: »Da können Sie sagen, was Sie denken!« Ich hatte mir nichts weiter dabei gedacht, aber die dreitausend Anwesenden nahmen es für einen politisch gemeinten Witz und reagierten explosionsartig. Innerhalb einer Sekunde ereignete sich ein kollektives, lautstarkes, fast krachend an- und dann abschwellendes, befreites Aufatmen. Ich spürte in diesem Moment, welche Macht Worte in bestimmten Situationen entfalten können und wie befriedigend und verführerisch das war, und begriff, dass Künstler oder in dieser besonderen Hinsicht veranlagte Politiker gern bemüht sind, diese Situation zu wiederholen.

Zwei Jahre später, 1985, bereiteten wir mit dem Greifswalder Synodalausschuss »Friedenserziehung« ein sogenanntes Forum C mit dem Thema »Hunger nach Recht und Frieden« vor, das innerhalb eines Kirchentags der Greifswalder Landeskirche stattfinden würde. Der Kirchentag im Juni sollte Luthers Beichtvater Johannes Bugenhagen, dem pommerschen Reformator, dem Reformator überhaupt des deutschen und europäischen Nordens, gewidmet sein. In dem Vorbereitungsgremium dieser Veranstaltung, dem Friedensausschuss der Landeskirche, der sich regelmäßig traf, saßen neben einigen Konsistorialräten, kirchlichen Mitarbeitern und Pfarrern auch der Anwalt Wolfgang Schnur, den wir damals noch für den »tapferen Verteidiger« aller Wehrdienstverweigerer hielten. Pfarrer Glöckner, nach der '89er Revolution dann Oberbürgermeister in Greifswald, hatte Wert daraufgelegt, dass wir nicht das allgemeinere und unverbindlichere Wort Gerechtigkeit (wie beim »Konziliaren Prozess für Gerechtigkeit, Frieden und Bewahrung der Schöpfung«) verwenden, sondern das viel konkretere und herausfordernde Wort Recht.

Wir planten gemeinsam, wir luden das Berliner Anti-Kriegsmuseum, die bundesdeutschen Theologen Jörg Zink und Wolfgang Huber ein, eine Sängerin mit jiddischen Liedern und eine ungeheuer locker aufspielende Musikgruppe aus Halle mit dem Namen »Freilauf«. Mir fiel bald die formale Leitung der Veranstaltung, die ich zunächst mit Fred Mahlburg teilte, allein zu. Im Vorfeld beschlich mich eine Angst: In der als Veranstaltungsort vorgesehenen Marienkirche würden wohl einige hundert Menschen Platz finden (kirchlich-offiziell, las ich später, waren es 950 Teilnehmer). Was aber, wenn das für mehrere Stunden geplante Forum wenig Anklang finden sollte und viele die Kirche verlassen würden? Es fanden schließlich zeitgleich weitere attraktive Veranstaltungen auf dem Markt und in den beiden anderen großen Kirchen statt. Ein Diakon mit Kirchentagserfahrung, dem ich meine Bedenken mitteilte, erwiderte: »Wenn die Leute rausgehen sollten, dann ist das gut. Dann wissen sie, was sie wollen.« Dieser weise Ratschlag, ganz im Sinne der Aufklärung und Mündigkeit, hat mich ungemein beruhigt. Die Geschichte war dann ein großer Erfolg, ich lief anschließend noch eine Stunde lang stolz durch die Gegend, und ein Zusammenschnitt wurde sogar im ZDF gezeigt.

Am Rande oder kurz nach der Veranstaltung traf ich Ulrich Klehmet, meinen Freund aus Studententagen, er hatte Mathe studiert, wir waren zusammen bei Pfarrer Sehmsdorf Vs gewesen. Er erzählte, dass er aus Dresden gekommen war, von einer Öko-Initiative, die mit dem Superintendenten Christoph Ziemer zusammenarbeitete, und hier bei der Veranstaltung einen Stand betreute. Da sei unerwartet der bundesdeutsche Fernsehjournalist Peter Merseburger vorbeigekommen und hätte ihn gefragt, ob er bereit sei, ein Interview zu geben. Merseburger wusste selbst, dass das heikel war und unangenehme Folgen nach sich ziehen konnte. Deshalb sagte er. »Ich komme in einer Stunde nochmal vorbei. Sie können es sich bis dahin ja überlegen.« Dann näherte sich Frau Plath. Sie war nicht nur die Frau des Konsistorialpräsidenten, sondern auch eine der Hauptverantwortlichen für den Kirchentag. Zu Uli sagte sie: »Ich habe das hier eben mitgekriegt. Ich rate Ihnen ab, ein solches Interview zu geben.« Worauf er, so kannte ich ihn, erwiderte: »Das lassen Sie mal meine Sorge sein!« Und er gab das Interview. Unter anderem wurde er dann gefragt, ob die DDR genug für den Umweltschutz tue. Seine clevere Antwort: Die DDR tut sehr viel, aber hier und dort könnte sie noch mehr tun. Falls es gesendet worden sein sollte: Welcher Westmensch hat geahnt, welchen Mut es erforderte, eine solche Entscheidung für das freie, selbstverantwortete Wort zu treffen?

Im Buch von Rahel Frank »Einsam oder gemeinsam?« wird (in der 2. Auflage von 2016, auf S. 146f) anhand von Stasiakten gezeigt, wieweit sich kirchliche Mitarbeiter gemeingemacht haben, z. B. den »reaktionär« eingeschätzten Studentenpfarrer Lucht, aber überhaupt die ganze Veranstaltung »Hunger nach Recht und Frieden« zu entschärfen. Die Stasi schreibt am 22.7.1985 einen »Bericht über (das) Kontaktgespräch mit IM-Kandidat ›Grimm‹«. Danach hätte der Superintendent Bohl aus Grimmen, der sich hinter diesem Kürzel verbarg, seine Ablehnung u. a. gegenüber dem Forum C erklärt. Und »er könne es verstehen, wenn der Staat mit Sanktionen reagieren würde.«

Eine weitere skurrile Begebenheit in diesem Zusammenhang muss noch erzählt werden. Kurz vor der Veranstaltung kam die eben erwähnte kirchliche Verantwortliche für den Kirchentag auch zu mir, etwas aufgeregt mit zwei unauffällig gekleideten, nicht einmal unfreundlichen Herren. Sie wurden mir als »vom ZK« – also angeblich vom Zentralkomitee der SED – vorgestellt. Auch wenn sie diesmal nicht wie Tiroler kostümiert waren, sondern wie Zivilisten, wusste ich gleich, worum es geht. »Sollen hier in der Kirche Kleidungsstücke verkauft werden?« Jetzt war ich ertappt. Ich hatte einer Bekannten, die im Prenzlauer Berg davon lebte, aus abgetragenen Stoffresten neue Kleidungsstücke herzustellen, erlaubt, ihren Szene-Trödel hier anzubieten. Sie hatte sicherlich nicht nur keine Gewerbegenehmigung und bezahlte also keine Steuern, nein, schlimmer: das war alternativer Lebensstil, der sich der staatlichen Allgewalt entzog und somit gefährlich. »Was sind das für Kleidungsstücke?« Das sind die seltenen Situationen im Leben, auf die man nicht vorbereitet ist, in denen man aber erleben kann, was die Bibel für schwierige Situationen verheißt: »Der Geist Gottes wird Euch eingeben, was dann zu sagen ist«. Nun stand neben den beiden Männern diese Frau vor mir in einem schicken Pullover mit einer damals supermodernen, goldglänzend-blitzförmigen Applikation. Genau solches Gezack hatte ich auf den alternativen Pullundern im Vorbeischlendern gesehen. Und meine rechte Hand holte zu großer Geste aus: »Genauso wie Sie es tragen!« Und vollzog den Blitz vor ihrem Blitz. Und lachte erleichtert. Da waren sie baff und wussten nichts mehr zu sagen.

Kapitel 25

Wer war Immanuel Kirch? Und wie ich die Chance verpasste, zum harten Kern der Opposition zu gehören

Der in Prag lebende Schriftsteller Franz Kafka, dessen ersehnte ferne Geliebte (und spätere Verlobte) Felice Bauer in der Immanuelkirchstraße im Prenzlauer Berg wohnte, fragte in seinem zweiten Brief nach Berlin (1912): »Wer war Immanuel Kirch?« Am Haus der Felice bin ich dann in den Jahren 1987 bis 1989 fast täglich vorbeigegangen, um zu meiner neuen Arbeitsstätte zu gelangen, der Immanuelkirche und dem dazugehörigen Gemeindehaus.

Von dort aus, über die Prenzlauer Allee hinweg, sieht man den ehemaligen Wasserturm aus preußisch-gelbem Backstein, in dem unter dem Wasserbehälter von Anfang an Wohnungen (in Form eines Tortenstücks!) eingebaut waren. Nach Norden hin ist es von dort nur einen Steinwurf weit zur Synagoge in der Rykestraße, die – wie oft betont wird – in der »Kristallnacht« wahrscheinlich nur deshalb nicht angezündet wurde, weil das Feuer dann womöglich auf die rechts und links anschließenden Häuser übergegriffen hätte. Und einen weiteren Schritt vom Wasserturm aus nach Westen liegt der Kollwitzplatz. Hier, am damaligen Wörther Platz, lebte gleich an der Ecke die berühmte Bildhauerin Käthe Kollwitz mit ihrem Mann, dem »Armenarzt« Karl Kollwitz, nach dem im Prenzlauer Berg zu DDR-Zeiten eine Poliklinik benannt wurde.

Soweit war mir das Gebiet rund um die Immanuelkirche in groben Zügen vertraut. Auch das Immanuelkirch-Gemeindehaus kannte ich schon vor meiner Berliner Zeit. Hier hatte ich hin und wieder Veranstaltungen besucht. Einmal war die Psychologin und Therapeutin Fanita English da, mit deren Schriften ich mich erst Jahrzehnte später beschäftigen konnte. Natürlich sprach sie über die Transaktionsanalyse, die sie in den USA gemeinsam mit Eric Berne vertrat. Zum ersten Mal hörte ich: »Übersicher« kann jemand sein. Oder »untersicher« – und das musste überhaupt nichts mit seiner sozialen Rolle zu tun haben, konnte sogar zu ihr im Widerspruch stehen! Und wie wichtig es sein kann zu wissen: Was werde ich morgen machen?

Bei einem anderen Besuch in dieser Gemeinde ging es um eine alternative Aktion von Prenzlauer-Berg-Leuten. Es war nicht ganz klar: Ging es um Kunst, um Politik, um ein Coming-out der Schwulenszene? Als ich mit Freunden dazukam, war alles in hektischer Auflösung. Man erwartete das Eintreffen der Polizei, wahrscheinlich auch der politischen Polizei. Werner Fischer, den ich aus dem Westfernsehen als Freund Bärbel Bohleys kannte, stand mit dem Rücken an einer Säule, wie angeschmiedet, vielleicht schwankend zwischen Flüchten oder Standhalten. Sascha Anderson verteilte letzte Druckwerke (darunter das erwähnte »Die Funktionäre stehn im Widerstand!«). Ich erkannte Reinhard Schult, den schlanken jungen Mann im ewigen Pullover – später bekannt als Vertreter der »Gegenstimmen« – und sprach ihn an. Er: »Der Generalsuperintendent Günter Krusche ist schon benachrichtigt, er kann jeden Moment eintreffen!« Es kam mir vor wie ein in revolutionäre Romantik getauchtes Indianerspiel, aber es war auch ernst. Blitzlicht einer anderen Wirklichkeit, die am nächsten Tag wieder von der üblichen Normalität überdeckt sein würde.

Aber nun, ab Mai 1987, war ich im Prenzlauer Berg angekommen. Ich hoffte, dass eine Kirchgemeinde hier weniger traditionell als üblich geprägt ist. Immerhin lag die Gemeinde in einem Stadtbezirk der gärenden Experimente, in einem Spielfeld, von dem man künftige Veränderungen erhoffen konnte. Zunächst war ich mit den üblichen Erwartungen an einen Gemeindepfarrer konfrontiert, hatte Gottesdienste, Konfirmandenunterricht und Beerdigungen zu halten. Besondere Freude bereitete mir die Junge Gemeinde und der Friedensarbeitskreis.

In der Jungen Gemeinde gab es einen jungen Mann, der stand immer zur selben Zeit auf und verließ vor Beendigung der Zusammenkunft die Gruppe der Jugendlichen. Ich habe ihn nie gefragt, wer oder was ihn so dringend erwartete. Aber sicherlich war ich nicht der Einzige, der eine Vermutung dazu gehegt hat.

Die Jungen und Mädchen dieser Gruppe (die zahlenmäßig immer mehr anwuchs), hielten es erstaunlicherweise aus, dass ich seitenweise einen Text von Günter Kunert vorlas, ohne dass sie die Lust am Zuhören verloren. Es ging um Preußen und dessen »Tugenden« und »Verdienste«, die – im Gegensatz zur bisherigen Betrachtungsweise – gerade von der DDR entdeckt wurden, was sich in der Wiederaufstellung des Denkmals mit dem reitenden König Friedrich II. am alten Ort »Unter den Linden« unübersehbar dokumentierte. (Kommentar des Volksmunds: »Lieber Friedrich, steig hernieder und regier die Deutschen wieder! Lass in diesen schweren Zeiten lieber unsern Erich reiten!«) Im Gegenzug zu solcher Geschichtsverklärung weist Kunert darauf hin, dass der Kitt dieses Staatswesens die Angst war. »Der Soldat muss seine Offiziere mehr fürchten als den Tod!«, hatte der Alte Fritz in sein Testament hineingeschrieben. Und diese Angst, ergänzt durch Misstrauen und die gegenseitige Überwachung, so weist Kunert im Einzelnen nach, galt auch für den Alltag aller Bürger. Die jungen Menschen und ich begriffen, dass manches, unter dem wir litten, nicht immer eine Erfindung der Gegenwart war, sondern, wenn auch unter veränderter Gestalt, von weither in der Geschichte auf uns gekommen war.

Der Friedenskreis der Immanuelkirch-Gemeinde bestand aus engagierten Frauen und Männern und hatte mit dem Physiker Sebastian Pflugbeil einen Atomexperten in ihrer Runde, der später (1990) als Minister in der Modrow-Regierung maßgeblich die Stilllegung der DDR-Kernkraftwerke betrieb. Sebastian bat mich einmal darzustellen, welche Friedensinitiativen es im Westen und Osten Deutschlands gibt. Ich kam auf eine (jedenfalls damals) erstaunliche Anzahl, weit über dreißig.

Unser Friedenskreis, der sich bei seiner einige Jahre zurückliegenden Gründung offiziell »Friedensseminar« nannte, hat auch den Kontakt zu anderen Initiativen gesucht. So luden wir einmal den Physiker Hans-Jürgen Fischbeck aus der Bartholomäus-, unserer Nachbargemeinde ein und hörten von den dort angestellten Überlegungen. Die sind wenig später (1988) in ein Papier namens »Absage an Praxis und Prinzip der Abgrenzung« (also eine Kritik der unerträglichen »Mauer«) gegossen worden. Dieses Papier lehnte sich im Titel offensichtlich an eine andere Absage an, diese wiederum trug die Überschrift »Absage an Geist, Logik und Praxis der Abschreckung«. Diese zuerst formulierte, viel beachtete »Absage« war von der Bundessynode, also dem Leitungsorgan aller evangelischen Kirchen in der DDR, schon 1983 angenommen worden und schärfte das friedenspolitische Nachdenken: Es reicht nicht, konkrete Abrüstungsschritte zu vereinbaren, es geht auch darum, den die Aufrüstung erzeugenden Geist zu durchbrechen.

Als sich Ende des Jahres 1989 die politische Entwicklung nochmals zuspitzte, murmelte Sebastian Pflugbeil einen Imperativ vor sich hin: »Parteien gründen!« Von engagierten Frauen des Friedenskreises (es waren wohl Dörthe Beyer und Christine Kölbel) erhielt ich im September gleich nach seinem Erscheinen den Aufruf des »Neuen Forums«, den ich sofort unterschrieb. Der Aufruf unterstrich die Notwendigkeit, über die jahrzehntelang verdrängten Probleme endlich in einen wirklichen Dialog einzutreten, an dem alle Bürger, ohne Rücksicht auf irgendeine Parteizugehörigkeit, beteiligt werden sollten. Da ich inzwischen ein Ausreiseantragsteller war (dazu später mehr!), blitzte es auch durch meinen Hinterkopf: Fördert oder verhindert meine Unterschrift unsere Ausreise? Ich konnte die Frage nicht beantworten. Das Anliegen war wichtig, und es war mir immer wichtig gewesen. Also unterschrieb ich.

Einmal tagten wir in einer höhergelegenen Mietwohnung in der Prenzlauer Allee. Einer der berufstätigen Männer hatte gerade von einer absonderlichen Begegnung in der Husemannstraße erzählt. Diese für den Prenzlauer Berg typische Straße war überraschenderweise vor einiger Zeit auffällig renoviert, schick auf ihre Entstehungszeit hin getrimmt worden, wovon an der Ecke zum Kollwitzplatz der Name einer Restauration »1900« zusätzlich hinwies. Unser junger Mann, so erzählte er, hatte dort kürzlich vor einer frisch geweißten Hauswand eine eigenwillig sprießende Unkrautpflanze entdeckt. Er war nun gerade dabei, sie zu fotografieren, als sich hinter ihm ein Volkspolizist räuspernd bemerkbar machte und seinen Ausweis (»Der Personalausweis ist immer bei sich zu führen!«) zu sehen verlangte. Der Abschnittsbevollmächtigte (ABV) hatte im Fotografen offensichtlich einen Widerständler gewittert. Dessen besondere Beachtung dieser Naturerscheinung schloss ja wohl eine Missachtung des staatlichen Aufbauwillens ein!

Kurz nach dieser traurigen, aber uns dennoch erheiternden Erzählung rumpelten unten auf der Prenzlauer Allee Panzer vorbei. Was ist das? Wahrscheinlich – so beruhigten wir uns – wird die Parade, die wohl morgen (am »Republikgeburtstag«, dem 7. Oktober) in der Karl-Marx-Allee stattfinden wird, vorbereitet! Und es war jetzt sehr spannend mitzuerleben, wie verschieden einige Friedenskreismitglieder reagierten. Wir traten auf den Balkon, schauten in der Abenddämmerung nach unten. Die Wohnungsinhaberin rief laut ihren Protest heraus und ballte kämpferisch die Faust gegen die krachenden Ungeheuer da unten. (Damit hatte sie sicherlich gegen mehrere Paragrafen des Strafgesetzbuches verstoßen und hätte sich bei einer Anzeige einige Gefängnisjahre einhandeln können.) Und der erwähnte sympathische junge Mann machte bestürzend schnell eine Persönlichkeitsveränderung durch, wandelte sich vom fotografierenden Naturliebhaber zum Freund des Militärs und begeisterte sich inbrünstig und laut für die Panzerfahrer: »Die können exakt auf dem Strich fahren! Exakt, auf den Zentimeter genau!«

In der normalen Gemeindearbeit war es möglich, hin und wieder einige Konfirmanden und Jugendliche im Gottesdienst mit einzubeziehen, um den Predigttext in einem Anspiel zu vergegenwärtigen. Ich erinnere mich sehr gern an einige Abendgottesdienste mit einer vollen Kirche, zum Beispiel an einen Bußtags-Gottesdienst oder einen Gottesdienst für Ausreisewillige. Als wir (wie mir die Stasiakte in Erinnerung bringt: zusammen mit dem Friedenskreis und einer »Projektgruppe Luft« des Arche-Netzwerks) einen Umweltgottesdienst vorbereiteten, habe ich mich bei der thematischen Überschrift auf diejenige der Seligpreisungen Jesu aus der Bergpredigt gestützt, die üblicherweise so übersetzt wird: »Selig sind, die geistlich arm sind!« Da heute viele Normalverbraucher oft nicht mehr zwischen geistlich und geistig unterscheiden können, liegt immer das Missverständnis nahe, Jesus hätte sich hier für die geistig Minderbemittelten einsetzen wollen. Im griechischen Urtext steht: Selig sind, die pneumatisch arm sind. Jesus meint also die, die ohne oder mit wenig heiligem Geist auskommen müssen, die nicht spirituell unterwegs sind. Da Pneuma aber im Griechischen nicht nur Geist, sondern auch Luft, Wind, Atem heißt, überschrieb ich den Gottesdienst: »Selig sind, die kaum noch Luft zum Atmen haben!« Und ich vermute, es war die Junge Gemeinde, die – ohne, dass ich etwas gesagt hatte – ein großes weißes Transparent mit dieser in schwarzen Buchstaben geschriebenen Losung anfertigte und es über das Kirchenportal hängte, sodass es von Fußgängern und aus Autos und der Straßenbahn heraus gesehen werden konnte.

Ankündigung eines Gottesdienstes, 1988

Einen Gemeindeabend gestaltete ich zusammen mit einigen Freiwilligen im großen unteren Gemeindesaal. Die Apartheid in Südafrika, das Schicksal Nelson Mandelas, des Gefangenen von Robben Island, waren nach und nach an unsere Ohren gedrungen. Die Kirche beschäftigte sich schon lange mit dem Antirassismus-Programm des Weltkirchenrates, neuerdings auch mit einem Kairos-Papier südafrikanischer Christen (Kairos ist – anders als das Wort chronos für Zeit – das griechisch-neutestamentliche Wort für den besonderen, entscheidenden Zeitpunkt!). Die Teilnehmer des Gemeindeabends wurden mit einem durch den Raum gespannten Seil in zwei Gruppen aufgeteilt. Wir spürten, dass es uns etwas anging, wenn Christen der Südhalbkugel sagten: »Es geht nicht um die Verbesserung unserer Lebensverhältnisse, es geht um deren Veränderung!«

In diesen Saal habe ich auch zu verschiedenen Filmveranstaltungen eingeladen. Der Filmemacher Ulrich Teschner, den ich zusammen mit Sabine Reichwein in Potsdam besuchte, um ihn bei dieser Gelegenheit einzuladen, kam zu uns mit Filmen über Käthe Kollwitz. Vom Stadtbezirk hörte man läuten, die Veranstaltung müsse angemeldet werden. Ich hielt mich aber an das, was ich als Regel in der Kirche kannte: Gemeindeveranstaltungen werden nicht angemeldet. Denn wer heute etwas anmeldet, muss es morgen wahrscheinlich genehmigen lassen. Es hat mich sehr beeindruckt, wie Käthe Kollwitz in einer Dokumentarszene, die Ulrich Teschner in einen seiner Filme eingebaut hatte, vor Publikum eine Rede hält, wie sie plötzlich gewahr wird,

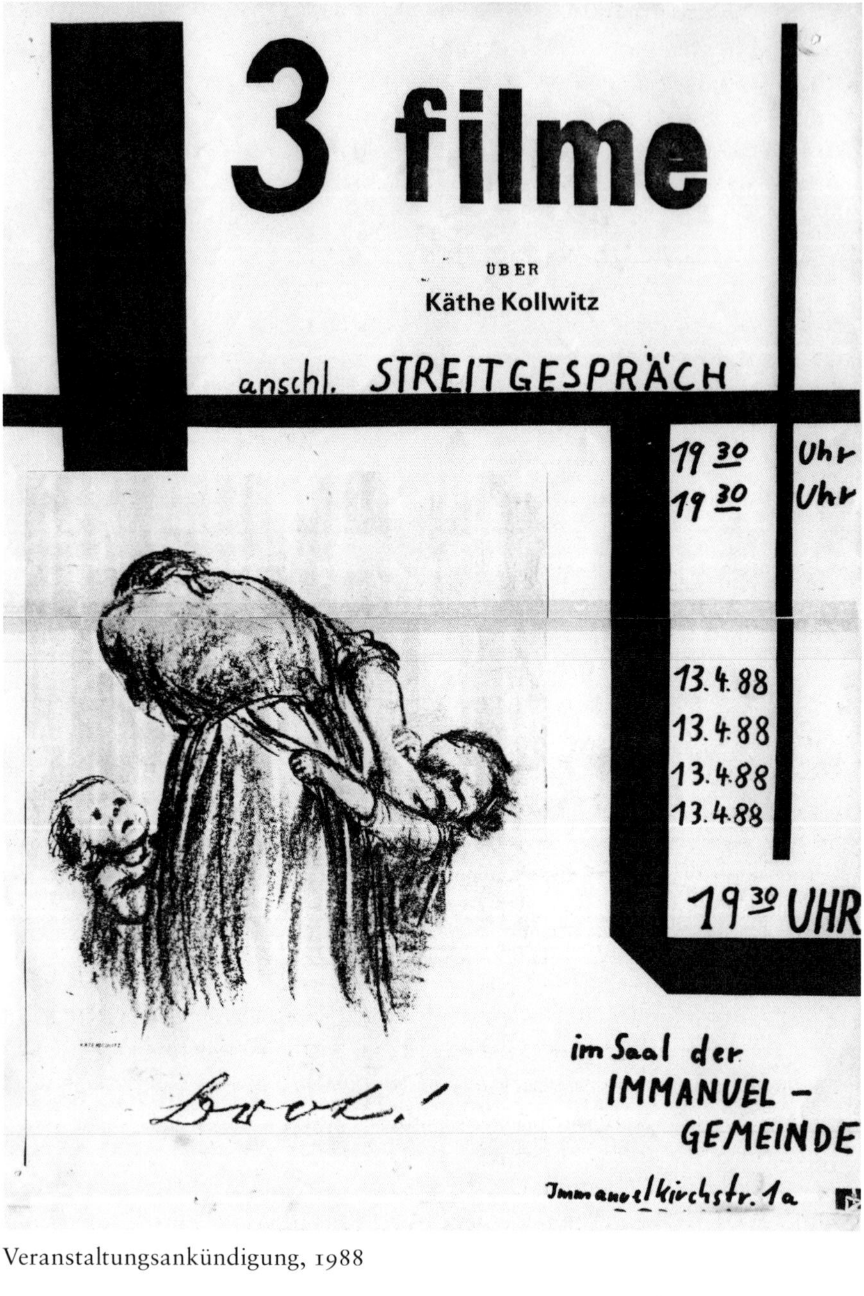

Veranstaltungsankündigung, 1988

dass sie dabei gefilmt wird. Und wie sie nur kurz stutzt, um dann weiter zu ihren Zuhörern zu sprechen. Sie entschied in einem Augenblick, nicht für die Geschichtsbücher zu agieren, sondern nahe bei den Menschen zu bleiben.

Käthe Kollwitz war nicht nur durch ihren nahen Wohnsitz am Wörther Platz mit unserer Gemeinde verbunden. Sie kannte den Immanuel-Pfarrer Johannes Schwarzkopf. Spätestens, als sie 1938 zum verstorbenen und aufgebahrten, in der Nazizeit geächteten Bildhauerkollegen Ernst Barlach nach Güstrow fuhr und einer kleinen Trauerfeier beiwohnte, die der (seit seiner Güstrower Pfarramtszeit) mit Barlach befreundete Pfarrer Schwarzkopf hielt. Schwarzkopf, als Pfarrer der Bekennenden Kirche mehrfach in der Nazizeit verhaftet, lud nun, nach Barlachs Tod, mehrere Berliner Gemeindeglieder, darunter Käthe Kollwitz, in seine Wohnung ein, um gemeinsam ein Theaterstück des Bildhauers zu lesen. Eine der Teilnehmerinnen, unser Gemeindeglied Irmgard Hertrich, hat mir ein halbes Jahrhundert später von dieser Begegnung erzählt.

Sie und ihre Freundin, Frau Dr. Gertrud Freyss, haben mir oft nach dem Gottesdienst noch hilfreiche Rückmeldung gegeben. Frau Dr. Freyss konnte auch beeindruckend aus der Zeit der Bekennenden Kirche erzählen. Sie gehörte zur Gemeinde Niemöllers in Berlin-Dahlem. Hier war der Pfarrernotbund, die Keimzelle der Bekennenden Kirche, gegründet worden. Mehrfach sei folgendes passiert: Niemöller will die Kirche betreten, um gleich den Gottesdienst zu halten. Gestapoleute empfangen ihn an der Pforte und beschlagnahmen seine Predigtunterlagen. Im Moment des Gottesdienstes, als Niemöller aufsteht, um die Kanzel zu besteigen, steckt das neben ihm sitzende Gemeindeglied, steckt Gertrud Freyss ihrem Pfarrer eine Kopie des Predigtmanuskripts zu. Und als Niemöller oben angekommen ist, sagt er laut und deutlich mit seiner klaren und vollen Stimme: »Sind die Herren von der Gestapo schon da? Na, dann kann ich ja anfangen!« »Geestapo« habe er gesagt, so Frau Dr. Freyss.

Diese souveräne Frau war nun auch zugegen, als ich eine weitere Filmveranstaltung im Gemeindesaal anbot. Unserem Gemeindebezirk gegenüber liegt im Osten des Prenzlauer Bergs das Bötzow-Viertel. Hier hatten einige Straßen die Namen von kommunistischen Widerstandskämpfern wie Käthe Niederkirchner, Hans Otto, Lieselotte Herrmann (aber auch von Christen, die im Widerstand waren, wie Bernhard Lichtenberg und Dietrich Bonhoeffer). 1987 kam (nach einem Buch Hermlins) ein Film in die Kinos »Die erste Reihe. Bilder vom Berliner Widerstand«, der das Wirken und Schicksal dieser jungen Kommunisten behandelte. Und die Filmschöpfer waren mir vertraut, da sie mit anderen Hermlin-Verfilmungen schon in Greifswald unsere Gäste waren. Peter Vogel und Eberhard Görner kamen zur Filmvorführung, brachten noch einen Herrn vom Fernsehen mit. Wenn mich meine Erinnerung nicht täuscht, war es Heinz Adameck (der mir mit Namen und als ein »Herr vom Fernsehen« vorgestellt wurde), von dem ich damals nicht wusste, dass er 35 Jahre lang der Chef des DDR-Fernsehens war.

Der Film war, trotz beliebter Schauspieler wie Ulrich Mühe, Walter Plathe und Johanna Schall, man kann es nicht anders sagen: misslungen. Die schauspielerische Darstellung der antifaschistischen Widerstandkämpfer wirkte fad und matt, das Menschliche schien den jungen Idealisten meist fremd, sie sprachen ständig, als zitierten sie Flugblätter oder wiederholten – und wiederholten – Taktikanweisungen wie »Sehen, aber nicht gesehen werden!« Deshalb entfuhr mir, als wir nach der Filmvorführung zur Aussprache übergehen wollten, ziemlich respektlos: »Hier vorn sitzen die Herren, die das verbrochen haben!« (Der Ton dieser Kritik tat mir anschließend leid. Aber vielleicht haben die Filmschöpfer ja aus der Veranstaltung lernen können. Vermutlich, wenn der Film vor Genossen gezeigt wurde, haben sie nicht so ehrlich Rückmeldung bekommen.) In der Diskussion wurde sehr lebendig argumentiert, und es war wieder ein Gewinn, dass Frau Dr. Freyss aus ihrem eigenen Erleben aus dieser Zeit berichten konnte.

Eigentlich wäre zu wünschen gewesen, dass bei solcher Gelegenheit ein freies und verständiges Gespräch entstand zwischen Vertretern der DDR-Kultur und deren gemeinten Adressaten. Aber – im Nachhinein kann man das sagen – es war wohl zu spät. Der Zug war bereits in eine andere Richtung abgefahren. In diesen letzten DDR-Jahren äußerte sich ungeduldig eine Bereitschaft, den erstarrten Verhältnissen ein Nein entgegenzusetzen.

Im Raum der Berliner Kirche entstanden neue Gruppen wie die »Solidarische Kirche« oder die »Kirche von unten«. Mit der Unzufriedenheit wuchs der Mut. Neben den kirchlichen gab es nun einige Gruppen, die auf den kirchlichen Schutz verzichten wollten. (So hat die »Initiative Frieden und Menschenrechte« IFM zunächst in Räumen des Stadtjugendpfarramts getagt, um sich später in eigenen Wohnungen zu treffen.) Und einige der ungenehmigten Druckerzeugnisse, die mehr und mehr erschienen, verzichteten auf die bis dahin übliche Schutzbehauptung »Nur für innerkirchlichen Gebrauch!« (So der »Grenzfall« der IFM, der in wechselnden Wohnungen, allerdings auch im Keller der Umweltbibliothek, also in Räumen der Zionskirch-Gemeinde, gedruckt wurde.) Es kam auch vor, dass kirchliche Gruppen dieses Schutzsiegel übermütig variierten: »Nur aus innerkirchlichem Erfolg!« Eine weitere Variante: In meinem Besitz befindet sich ein großer Nachdruck von Otto Pankoks 1950 entstandenem Holzschnitt »Christus zerbricht das Gewehr«. Der – wahrscheinlich Ost-Berliner – Künstler, der dieses bekannte Bild neu aufgelegt hatte, hat nun in den Achtzigern daruntergesetzt: »Nur für innerkirchlichen Gebrauch?« Auf das letzte der einunddreißig Zeichen kam es ihm an. Der Frieden des Jesus von Nazareth sprengt die Mauern eines kirchlichen Reservats! Und diejenigen in der Geschichte, die diesen Jesus dahinter verbannen wollten, mussten erfahren: Jesus hat längst die Herzen und Gewissen der Menschen erreicht. »Jesus, der Athlet der Autonomie, der Forscher der inneren Wahrheit, hat die rohe Gewalt vergiftet, hat ihr das reine Gewissen genommen« (György Konrad).

Nur für den innerkirchlichen Gebrauch? – Plakat nach Otto Pankoks Holzschnitt »Christus zerbricht das Gewehr«

Eine besondere Ausstrahlung gewann die Umweltbibliothek der Zionskirch-Gemeinde, die in Pfarrer Hans Simon ihren Schutzpatron hatte. Ich besuchte dort Vortrags- und Gesprächsveranstaltungen mit Carlo Jordan und Wolfgang Rüddenklau. (Carlo war neben Adolf Endler der zweite lockige Bakuninkopf im Prenzlauer Berg, die jüngere Version.) Ich erinnere mich an eine Zusammenkunft, in der über die Stalinsche Verschleppung und Vertreibung ganzer mittelasiatischer Völkerschaften in der Sowjetunion referiert wurde. Das war mehr als außergewöhnlich! Vom Druck der Umweltblätter hatte ich wohl nur am Rande vernommen. Kein Wunder, dass die Stasi (es war die mitternächtliche Stunde zum 25.11.1987) zum großen Schlag gegen die jungen Leute ausholte. Zwanzig Stasileute verhafteten sieben Mitarbeiter der Umweltbibliothek, dann weitere, beschlagnahmten Druckmaschinen. Die Reaktion war ein ungeahnt starker und vielschichtiger – die Westmedien einbeziehender – Protest, der nach einigen Tagen zur Freilassung der Inhaftierten führte. Die Verhaftungen wurden mit einer Mahnwache, bis dahin ein Kampfinstrument der Arbeiterbewegung, beantwortet. Allabendlich fanden Protestveranstaltungen in der Zionskirche statt. Auf die erste Protestversammlung wurde ich von Uli Bandt, dem Sohn meines ehemaligen Theologieprofessors, am Telefon hingewiesen. Als ich ankam, war das Kirchenportal schon mit zerlaufenen Kerzenstümpfen übersät (später las ich das passende Wort bei Werner Schulz: »Eine Revolution, in der Kerzenwachs, kein Blut vergossen wurde«).

Ich erinnere mich an die Statements, die von den Altarstufen verkündet wurden. Das Warten auf deutliche Worte der Kirchenleitung. Nach vier, fünf Tagen endlich die Erklärung des aus dem Urlaub zurückgekehrten Konsistorialpräsidenten Stolpe: Das Eintreten für die Bewahrung der Schöpfung ist eine »genuin kirchliche Angelegenheit«. Ich erinnere mich besonders gern an die Lastwagenfahrer (Vertreter der Arbeiterklasse!), die um die Kirche herumfuhren und durch lautes Hupen ihre Unterstützung zum Ausdruck brachten. Ich erinnere mich, wie ich mit Bischof Forck die Kirche verließ und er mir vom Sterben seiner (ersten) Frau erzählte. Ich erinnere mich an den selbstbewussten Auftritt eines jungen Mannes. Er stand, die langen roten Haare zum Zopf gebunden, auf einem Tisch rechts im Vorraum der Kirche und sprach mit ungebrochenem Mut zu den Anwesenden. Es war Siegbert Schefke, der knapp zwei Jahre später zusammen mit Aram Radomski Geschichte schreiben wird, als die beiden jungen Männer am 9.10.1989 die friedliche, alles entscheidende, nicht mehr aufzuhaltende Demonstration der vielleicht Siebzigtausend um den Leipziger Innenstadtring vom Kirchturm der Reformierten Kirche aus filmten. Und die Bilder, die der Spiegel-Korrespondent Ulli Schwarz in den Westen schmuggelte, wurden am nächsten Abend in der ARD gezeigt und bewirkten so die wahrscheinlich für die Revolution alles entscheidende Ermutigung großer Teile der DDR-Bevölkerung.

Weitere Zusammenkünfte in den Kirchen Ost-Berlins, die die Unzufriedenheit auf den Punkt brachten, sind mir in guter Erinnerung. In der Eliaskirche hörte ich Marianne Birthler zu und bestaunte ihre Souveränität und ihr politisches Talent, gegenwärtige Kräfteverhältnisse, etwa zwischen Staat und Kirche, einzuschätzen und zu benennen. (Sie hatte ich einmal zu Hause besucht, da ich immer wieder von Kinderhand – die Hand ihrer Tochter? – geschriebene Einladungen für Zusammenkünfte, vielleicht der »Solidarischen Kirche«, erhielt.)

In der Sophienkirche gab es ein Treffen der (kirchlichen und freien) »Ärzte für den Frieden«, die sich den staatsoffiziellen »Ärzten für die Verhinderung des Atomkriegs« (deutsche Sektion der IPPNW) angeschlossen hatten, um halbwegs geschützt zu sein. Da saß doch tatsächlich der Bundespräsident Richard von Weizsäcker mit anderen im Podium auf den Altarstufen! Ich kann mich gar nicht erinnern, ob er sich geäußert hat. Aber dass er dort saß, war allein schon eine unüberhörbare Botschaft.

Und in der Gethsemanekirche hatten sich Tausende, doppelt so viel wie erlaubt, im Kirchraum und auf den Emporen zusammengedrängt. Uwe Kolbe sprach und Günter Krusche, und ich erinnere mich, wie ich in der U-Bahn mit Hans-Jochen Tschiche darüber rätselte, was Krusches Ankündigung »Wir eröffnen ein Beratungsbüro für Ausreiseantragsteller!« zu bedeuten haben mochte.

Also Kirche und kirchliche Initiativen waren präsent bis zum Schluss. Aber neben sie traten wie gesagt auch andere wie die »Initiative Frieden und Menschenrechte«. Deren meistens genannte Vertreter wie Wolfgang Templin, Werner Fischer, Ralf Hirsch oder Gerd und Ulrike Poppe kannte ich nicht persönlich, wurden mir aber durch Berichte der Westmedien nach und nach geläufig. Im Übrigen war es wie schon in der ESG so, dass in Gruppen, die in kirchlichen Zusammenhängen tagten, immer auch engagierte Nichtchristen dabei waren, ohne dass das je ein Problem bedeutet hätte. Genauso waren in Gruppen, die auf den ausdrücklichen Schutz der Kirche verzichten wollten, immer auch Christen involviert. (Solche Gruppen, wie auch immer orientiert, suchten auch hin und wieder den Dialog mit Kirchenvertretern. Es war Bischof Forck, der einmal erzählte, dass es zwischen ihm und den »Frauen für den Frieden« eine Begegnung gegeben hätte, bei der übrigens eine der Frauen den biblischen Ehrentitel für Jesus als »Friedefürst« etwas sehr »operettenhaft« fand.)

Soll man es nun als symptomatisch ansehen, dass das »Neue Forum« (am 10.9.89) in einem Garten in Grünheide (im Garten von Katja Havemann) gegründet wurde und die DDR-SPD, damals noch SDP (am »Republik-Geburtstag«, am 7.10.89) im Landpfarrhaus von Schwante, und deren bekannteste Gründungsmitglieder junge evangelische Pfarrer waren (Markus Meckel, Martin Gutzeit, mein Studentenpfarrerkollege aus Berlin Konrad Elmer, mein Nachfolger im Greifswalder Studentenpfarramt Arndt Noack...)? Oder ist diese Parallelläufigkeit, diese leichte Auseinanderentwicklung zu vernachlässigen gegenüber dem gemeinsamen Streben, die Verhältnisse umzugestalten, um wahre Demokratie zu ermöglichen?

Ich erinnere mich an einen diese leicht zwiespältige Situation bezeichnenden Konflikt, der sich in Freya Kliers »deutsch-deutschem Tagebuch« (1988 im Westen veröffentlicht unter dem Namen »Abreißkalender«) widerspiegelt. Unter dem 24.11.87 – Stunden später wird die Stasi die Umweltbibliothek überfallen – steht da: »Wir haben befreundete Pfarrer um ein Gespräch gebeten. Erst kommen wir zu spät, was völlig ungewöhnlich ist, dann sitzen wir voreinander und finden keine gemeinsame Sprache. Die Lebensstimmungen gehen momentan weit auseinander.«

Mit diesen Worten bezieht sie sich auf ein Treffen in meiner Wohnung. Mein Pfarrkollege Volkmar Gartenschläger und ich erwarteten das oppositionelle Künstlerpaar. Kurz zuvor hatte es eine Begegnung zwischen Freya und mir auf den Treppenstufen unseres Gemeindehauses gegeben. Sie zeigte mir einen Brief der beiden Künstler, den sie mich bat (mit meiner Unterschrift?) zu unterstützen. Adressat des Briefes war Kurt Hager, der Chefideologe der DDR und Kulturverantwortliche im Politbüro. Hager, so eine Forderung der Briefschreiber, möge dafür sorgen, dass unbequemen

Künstlern eine leere Fabrikhalle im Prenzlauer Berg oder Mitte für ihre Auftritte zur Verfügung gestellt wird.

Hintergrund dieser Bitte war, dass es immer schwieriger für die beiden wurde, in Kirchengemeinden aufzutreten. Für solche Auftritte hatten sich bis vor kurzem viele Pfarrer und ihre Gemeinden, darunter sowohl mein Pfarrkollege Volkmar Gartenschläger in Berlin als auch ich – zuletzt ein Jahr zuvor bei der Friedensdekade, gegen die beschriebenen sechsfachen Hinderungsgründe – in Greifswald eingesetzt. Aber ein Ersuchen der beiden, erneut in Immanuel aufzutreten, stieß auf den Widerstand des Gemeindekirchenrates, der für die Vergabe von Räumen verantwortlich war. Die allgemeine Situation hatte sich mehr und mehr zugespitzt. Gruppen und Staatsvertreter standen sich unversöhnlich gegenüber. Die Gemeindeältesten (zu denen auch immer zwei kraftvolle jugendliche Vertreter zählten) bekamen in ihrer Gesamtheit Bauchschmerzen. Es ging nicht nur um die Androhung von Geldstrafen (mindestens 500 Mark für jeden ungenehmigtem Auftritt), es ging auch um die Frage, wie man in der DDR leben wollte, ohne sich einerseits zu verleugnen, aber andererseits nicht in die totale Konfrontation zu geraten. Der Brief an Hager schien mir eine klar kalkulierte Provokation gegenüber den Mächtigen zu sein, ein Kamikaze-Unternehmen. Und ich hatte Freya schon auf den Treppenstufen unseres Gemeindehauses gesagt: »Die Folge ist: Sie werden Euch einsperren und nach dem Westen abschieben!«

Genau diese Folge ist dann ja auch sehr bald eingetreten. Zwei Monate später, im Januar 1988 (wie in jedem Januar) zog die SED feierlich demonstrierend, man könnte fast sagen in einer Art »heiligen Prozession«, auf den Zentralfriedhof Friedrichsfelde, um der im Januar 1919 ermordeten Karl Liebknecht und Rosa Luxemburg zu gedenken. Aber 1988 wurden die Genossen empfindlich gestört durch ungebetene Gegendemonstranten (neben vielen anderen auch Stephan Krawczyk), die am deutlichsten mit einem Transparent mit dem Rosa-Luxemburg-Zitat »Freiheit ist immer die Freiheit der Andersdenkenden!« protestierten. Das Ergebnis war eine riesige Verhaftungswelle. Mehr als hundert Personen, auch solche, die gar nicht teilgenommen hatten, wurden »zugeführt«. Zu den bekanntesten Festgenommenen gehörten die Ehepaare Templin, Poppe und Wollenberger, weiter Ralf Hirsch, Bärbel Bohley, Stephan Krawczyk und Freya Klier, denen man mit einer langjährigen Gefängnisstrafe (bis zu zehn Jahren wegen »Landesverrats«) drohte oder – das alternative Angebot – der Ausreise in den Westen.

Waren wir, war ich nun feige? Oder waren wir nur vernünftig, als wir uns nicht bereitfanden, im Kirchenrat für den Auftritt der beiden zu kämpfen? Im Nachhinein würde ich sagen: Es gibt verschiedene Geschwindigkeiten, mit denen im Prinzip Gleichgesinnte vorandrängen. Das hängt auch mit der

Lebenssituation zusammen, die dem einen als Zwangssituation und Sackgasse erscheint, einem anderen immer noch als Spielraum mit Möglichkeiten. Diejenigen, die bei der Liebknecht-Luxemburg-Gegen-Demo Vollgas gaben, diese Gegendemonstranten, das war Insidern wie Freya Klier bekannt – sie beschreibt es in ihrem Tagebuch –, waren in ihrer Mehrzahl Ausreisewillige, weshalb sie selbst sich mit der »Solidarischen Kirche« nicht an dieser Aktion beteiligte, diejenigen also, die Vollgas gaben, die waren bereit, alles auf eine Karte zu setzen. Entweder weil sie nun endlich rauswollten, raus aus dem Land (und sei es über das Gefängnis), oder weil sie glaubten, nur mit einer spektakulären Aktion etwas zu erreichen. Andere, wie Volkmar und ich, konnten sich zwar vorstellen, die belastenden Verhältnisse zu kritisieren (und wir taten es auch), aber nicht (jedenfalls damals nicht), dass man dieses Machtsystem mit einer (einzigen, wenn auch gemeinsamen) Kraftanstrengung wegpusten kann – oder sich als Märtyrer in ihr aufopfern sollte.

Meine Zurückhaltung war auch durch meine eigene Biografie bestimmt. Ich hatte immer die Warnung meines Vaters im Ohr, der mir nach seiner Gefängniszeit erklärte: Was die Machthaber am meisten fürchten, und worauf sie mit unerbittlicher Härte reagieren, ist eine (wie es in den fünfziger Jahren wechselweise hieß: trotzkistische, titoistische, zionistische) »Plattform« und die Bildung einer Gruppe. Das wäre ohne Gefängnis nicht durchgegangen – und ins Gefängnis wollte ich nicht. Bei allem, was ich tat (und in Greifswald getan hatte: die Einladung von Heym-Eppelmann-Scharf-Bohley-Krawczyk-Klier, meine Überraschungsplakatidee: »Wir verzichten auf den Schutz durch Atomwaffen!«, mein Zwischenruf im Rostocker Rathaus...), immer hatte ich gehofft, ohne allerdings viel darüber nachzudenken, dass es unterhalb der Schwelle einer Verhaftung abgehen könnte. Dennoch – Erkenntnis im Nachhinein – hatte die Stasi für mich (schon im Beschluss des Anlegens eines OVs am 13.4.1982) die Ermittlung nach den Strafgesetzbuch-Paragrafen 106 (»staatsfeindliche Hetze«, bis zu zehn Jahren Gefängnis) und 107 (verfassungsfeindlicher Zusammenschluss, bis zu zwölf Jahren Gefängnis) veranlasst und hin und wieder auch mit dem Paragrafen 214 (Missachtung der Gesetze, allein bis drei Jahre, gemeinsam mit anderen bis zu fünf Jahren Gefängnis) gespielt.

In diesen Tagen besuchte mich in meiner Berliner Wohnung ein sympathischer junger Mann, der sich mit vollem und richtigem Namen vorstellte, den ich aber nicht kannte. Er hatte, wie es schien, Kenntnisse eines Insiders. Die »Frauen für den Frieden«, so erzählte er, hätten sich zuerst zusammengefunden und trafen sich regelmäßig. Währenddessen saßen deren Männer allein zuhause herum und begannen sich zu langweilen. So taten auch sie sich zusammen und gründeten die »Initiative Frieden und Menschenrechte«. Inzwischen hätte es sogar ein »Elefantentreffen« der beiden Gruppen gegeben, wohl um gegenseitig abzuklären, was man jeweils vorhätte und wie man vermeiden könnte, sich gegenseitig ins Gehege zu kommen. Es klang alles so, als sei dieser junge Mann dabei gewesen. Dennoch wollte er etwas von mir. Er schlug vor, dass wir beide gemeinsam eine ähnliche Gruppe gründen sollten, der er den Namen »Kirche im Sozialismus« geben wollte. Ich gab ihm freundlich Bescheid, dass ich daran kein Interesse hätte. Einmal – was ich nicht sagte –, weil ich ihn bisher gar nicht kannte, zum andern empfand ich diese Formel von Anfang an irgendwie anbiedernd an den Staat. Der junge Mann hatte sicherlich das genaue Gegenteil von Anbiederung im Sinn. Er wollte wahrscheinlich eine gängige Formel aufgreifen, um sie mit eigenem Inhalt zu füllen, ähnlich wie die Gruppe »Staatsbürgerrecht«, von der ich gerüchteweise gehört hatte. Diese Gruppe wollte für die (vom Westen immer noch verweigerte) Anerkennung der DDR eintreten, dann allerdings im Gegenzug staatsbürgerliche Rechte garantiert erhalten wie Reise- (auch Ausreise-), Presse- und Versammlungsfreiheit.

Nachdem ich in meinem Vorleben selbst schon zweimal einen Korb erhalten hatte (einmal von einem älteren Kommilitonen, ein anderes Mal von einem befreundeten Superintendenten), als ich blauäugig vorschlug, gemeinsam eine Oppositionsgruppe zu gründen, war diesmal ich es, der einen anderen enttäuschte. Also wieder hatte ich, wie schon beim Brief an Kurt Hager, die Chance verpasst, zum »harten Kern der Opposition« zu gehören.

Mir waren ehrlich gesagt die Behinderungen ausreichend, die sich durch den Gemeindealltag ergaben. So gehörte zu meinem Gemeindegebiet auch der neugeschaffene »Thälmann-Park«, in dem seit kurzem schicke Hochhäuser zwischen Grünanlagen standen. Obwohl man vermuten konnte, dass hier vor allem Genossen und ihre Familien ein schönes Zuhause gefunden hatten, wollte ich alle Bewohner auf unsere Gemeindearbeit hinweisen und sie einladen. Ich begann, in alle Briefkästen eine entsprechende Einladung zu stecken. Aber schon nach einiger Zeit hinderten mich Polizisten daran, nahmen mich mit auf ihr Revier auf der anderen Seite der Dimitroff- (heute wieder Danziger) Straße. Mein mitgeführtes blaues Notizheft nahmen sie mir ab, durchschnüffelten es aufs Genaueste, erklärten mir die Unerwünschtheit und angebliche Illegalität meines Vorgehens, bis sie mich nach ungefähr einer dreiviertel Stunde wieder entließen.

Eine weitere Schikane, die einen gar nicht besonders verwunderte: Es klingelte, und mehrere Vertreter des staatlichen Telefonunternehmens (sie trugen mit dem entsprechenden Signet versehene Overalls) standen vor der Tür und meinten: »An Ihrem Telefon ist etwas nicht in Ordnung, wir müssen das reparieren!« Mir war es schon immer eine Gewissheit, dass das Telefon auf irgendeine Art abgehört würde, aber spätestens jetzt war mir klar, dass

war, um deutsch-deutsche Kirchenkontakte auszuspionieren und dass er als Schmuggler tätig war, Schmuggler für Musikanlagen, gebrauchte Westautos und pornografisches Material –, dieser William Flyckt saß nun mit Karl-Heinz Baum auf meinem Sofa und beide unterhielten sich angeregt zum Beispiel darüber, ob der gebürtige Saarländer Erich Honecker wohl Französisch könne. Endlich einigten sie sich auf Karl-Heinzens Vorschlag, er verstehe es wohl, könne auch französische Texte lesen, aber diese Sprache wahrscheinlich nicht sprechen.

Karl-Heinz tauchte dann später immer mal wieder überraschend auf. Einmal stand er vor meiner Tür: »Mein Zug fährt in zwanzig Minuten. Aber wenn wir jetzt zusammen einen Kaffee trinken, dann kann ich den nächsten in zwei Stunden nehmen!« Wir saßen bei Greifswalder Studenten zusammen, trafen uns manchmal zufällig in Berlin. Einmal aßen wir eine Tüte Eis am Bahnhof Lichtenberg und werteten die Übersiedlung einer gemeinsamen Bekannten aus, die es im Ostteil der Stadt nicht mehr ausgehalten hatte. In diesen Begegnungen lernte ich diesen Journalisten als pfiffigen, selbständig denkenden Altachtundsechziger kennen. Er ließ sich nicht vor fremde Karren spannen. Wenn die DDR von »Mindestumtausch« sprach, den die Westler bei Ostbesuchen zu entrichten hatten und gewisse Zeitungen im Westen das »Zwangsumtausch« nannten, erfand er ein neues Wort, mit dem er den üblichen Grabenkämpfen entrinnen konnte: »Pflichtumtausch«. (Dieses Prinzip, erst zu beschreiben und gegebenenfalls dann zu werten, und nicht umgekehrt, hat er auch in anderen Zusammenhängen angewandt. Zum Beispiel bei der noch nach Jahrzehnten nach der Zeitenwende erregt geführten Debatte, ob die DDR nun ein »Rechtsstaat« oder ein »Unrechtsstaat« gewesen wäre. Karl-Heinz entschied souverän: ein »Willkürstaat«. Und er konnte diese Bewertung aus eigener Anschauung, nicht aus einem ideologisch gefärbten Interesse, abgeben.)

1987 feierte Berlin sein 750. Jubiläum, und die Kirche feierte mit. Karl-Heinz saß in Immanuel in der Kirchenbank, um Bischof Hempel zuzuhören. Als ich ihn entdeckte, wollte ich mich zu ihm setzen. Er saß direkt am Mittelgang. Als ich neben ihm stand, dachte ich, er würde ein Stück weiter rutschen. Stattdessen stand er blitzschnell auf, ließ mich in die Kirchenbank eintreten. Ich dachte: Aha, ein Journalist muss immer in der Lage sein, sofort seinen Standort zu wechseln, wenn die Fackel der Ereignisse ihn woandershin rufen sollten.

Ein oder zwei Mal sah ich zufällig in der Stadt seinen blauen Golf stehen. Sein polizeiliches Kennzeichen begann mit QA. »Querulantenarmee« deutete er das spöttisch. Er erzählte, dass die Stasi manchmal hinter ihm herfuhr. Will man wissen, ob man verfolgt wird, muss man – so erklärte er mir – mal schneller, mal langsamer fahren. Spätestens wenn man beim langsam fahren nicht überholt wird, ist die Sache klar. Dann hatte er eine Lieblingsabzweigung, wo er die Beobachter abschüttelte. Eine Linksabbiegespur musste in der passenden Geschwindigkeit angefahren werden. Und wenn drei, vier, fünf Autos sich entgegenkommend näherten, hat er blitzschnell vor ihnen den Schwenk nach links vollzogen. Als dann die Stasi abbiegen konnte, war Karl-Heinz verschwunden.

Diesen seinen – zwischen den heimischen, meist grauen PKW – auffällig blinkenden Golf parkte er so, dass nicht klar war, welchen Ost-Berliner Gesprächspartner er am Abend aufsuchte. Er stellte ihn immer einige hundert Meter entfernt ab. Einmal stand sein Auto in der Immanuelkirchstraße, und er besuchte mich in unserer Wohnung, die sich in einem höheren Stockwerk in der Greifswalder Straße befand. Bei seinem Eintritt überreichte er mir einen Stapel Westbücher. Die hatte eine West-Berliner Freundin besorgt. Ich legte sie schnell auf einem Bord im Flur ab. Wir hatten keine Zeit. Es war kurz vor 20 Uhr. Er musste – wie immer – unbedingt die Tagesschau sehen, um nicht von unvorhergesehenen Entwicklungen im deutsch-deutschen Verhältnis überrascht zu werden. Ich rumpelte einige schwere Sessel zurecht. Kurz darauf – ich weiß nicht mehr, ob es klingelte oder jemand mit aller Kraft an die Tür pochte – ertönte polternd eine Männerstimme: »Was – ist – hier – los?« Ich war völlig überrascht. Das roch nach Stasi. War Karl-Heinz auf dem Weg hierher beobachtet und verfolgt worden? Solch eine Situation tritt völlig unvorhergesehen ein, man kann nur spontan reagieren. Ich dachte, was soll daran verboten sein, einen Gast in seiner Wohnung zu empfangen? Und ich öffnete die Tür. Der Mann, der unter uns wohnte, stand da und begehrte Einlass. Ich: »Hier ist gar nichts los! Bitte kommen Sie herein und überzeugen sie sich!« Er trat ein, die Westbücher übersah er glücklicherweise. Ich führte ihn vom Flur ins Arbeitszimmer, von dort ins Wohnzimmer und dann wieder auf den Flur zurück. Und entließ ihn, ohne dass zwischen uns ein Wort gewechselt wurde, wieder aus der Wohnung. Puh! Und wo ist Karl-Heinz? Der war wie vom Erdboden verschluckt. Ich öffnete die Tür zum Schlafzimmer. Da stand der große Kerl, die Hände oben am Türsturz und lächelte. Er war geistesgegenwärtig in der richtigen Sekunde durch die richtige Tür entwischt.

Der andere Mensch, den ich ebenfalls bereits kannte und dem ich in Berlin wiederbegegnete, war der ehemalige Propst (der Ostregion) der Berlin-Brandenburger Kirche Siegfried Ringhandt. Von der ersten Begegnung im Seelsorgekurs Ende der Siebziger, vom Mythos, der ihn umgab, weil er bei den Nazis und den Kommunisten im Gefängnis gesessen hatte, habe ich bereits erzählt. Damals setzte sich der Ruheständler dafür ein, die Erkenntnisse der Seelsorgebewegung, die aus den USA, über Holland nach Westdeutschland gekommen waren, nun auch uns zuteilwerden zu lassen.

Neben der Seelsorge galt Ringhandts besondere Liebe der Psychologie, und ich muss mich an eine Veranstaltung in der Cottbuser ESG erinnern. Damals sagte er: »Ich habe mein Leben lang den Schnittpunkt gesucht, den Schnittpunkt zwischen Theologie und Psychologie. Ich habe ihn nicht gefunden. Aber eine Analogie. In beiden Betrachtungsweisen ist der Mensch ein Beziehungswesen.« Und er ergänzte – und wurde nun theologisch: »Auch Gott ist ein Gemeinschaftsmensch, sucht den Dialog, das Bündnis, ist Beziehungswesen. Und bleibt immer der erste in diesem Bündnis.« Dieser Vorzug, diese Präferenz Gottes ist in der modernen Aufklärung als theokratische Bevormundung des Menschen verstanden worden und Feuerbach, Freud und andere wollten die Heteronomie Gottes durch die Autonomie des Menschen ersetzen. Ringhandt setzte dagegen das biblische Menschenbild, in dem Gott (der Vater) immer Vater bleibt, ohne ein Polizeigott sein zu wollen (und in dieser Zurückhaltung dem menschlichen Grundbedürfnis nach Geborgenheit entspricht). Gott lädt den Menschen ein zur Teilhaberschaft und Haushalterschaft. Die Menschen, Mann und Frau als sein Ebenbild, sollen diese Erde bewahren und bebauen (Genesis 2,15). Das gefiel mir. Auch ich hatte immer gemeint, dass wir als erwachsene Töchter und Söhne Gottes aufrecht durchs Leben gehen sollten.

In Schöneiche hatte er seinen VW Käfer dabei, in dem er uns manchmal mitnahm. Das Gerücht (wieder nur ein Gerücht! Wir lebten ja von Gedichten und Gerüchten!) besagte, dieses Gefährt sei ein Geschenk von Martin Niemöller oder Kurt Scharf gewesen. Auf jeden Fall sei die Einfuhr nur auf den Einspruch Martin Niemöllers hin, der in der DDR hohes Ansehen besaß, durchzusetzen gewesen. Die DDR gönnte ja Ringhandt, diesem mutigen und deshalb für sie gefährlichen Kirchenmann, nichts. Sie verhinderte sogar, und zwar bis zum Schluss, dass er ein Telefon besaß! Und seine geplante (wiederholte) Verhaftung, auf die sie dann letztlich verzichteten, haben sie in einem mehr als zwanzigseitigem Dossier vorbereitet.

Dass auch Ringhandt und Kurt Scharf eine Gemeinsamkeit besaßen, war mir zum ersten Mal aufgefallen durch die Widmung, die der evangelische Theologe Eberhard Jüngel einem seiner Bücher voranstellte: »Den Pastoren der Pastoren«, hieß es da auf lateinisch, und wer gemeint war, stand auch da: Kurt Scharf und Siegfried Ringhandt. Die beiden stellten ja viele Jahre so etwas wie die lebendige Klammer dar zwischen den beiden Regionen der Evangelischen Kirche Berlin-Brandenburg, der Region West und der Region Ost. Formal blieb die Berliner Kirche in den Mauerjahren eine Kirche, aber pragmatisch mussten in Ost oder West manche Dinge anders entschieden werden. Dabei legte man Wert darauf, die Einheit nicht zu gefährden. Wenn also größere Veränderungen (hier mal als Beispiel in der Westregion) wünschenswert schienen, dann erhob sich bald eine Stimme:

»Was sagt Ringhandt dazu?« Er war eben eine Autorität, noch über die Mauer hinweg.

Ich empfinde es als großes Glück, diesen beiden mutmachenden Christenmenschen begegnet zu sein. Die evangelische Kirche hat beide geehrt, indem es Häuser nach ihnen benannte, eins im Berliner Johannesstift, eins der Diakonie in Frankfurt an der Oder. Meines Erachtens würde es Berlin gut zu Gesicht stehen, wenn eines Tages auch Straßen oder Plätze nach diesen beiden mutigen Protestanten benannt werden.

Zweimal bin ich Ringhandt unerwartet in Berlin begegnet. Das erste Mal gegenüber der Ackerhalle auf der Straße. Wir kamen ins Gespräch. Er erzählte von Jürgen Fuchs, dem jungen Schriftsteller, der sich überdurchschnittlich viel Widerspruch zutraute und entsprechend von den Sicherheitsorganen beschattet und drangsaliert wurde. (Da Fuchs am 19.11.1976 wegen »staatsfeindlicher Hetze« verhaftet worden ist, was im Jahr darauf mit einer Abschiebung nach West-Berlin endete, muss diese meine Begegnung mit Ringhandt zeitlich davor gelegen haben.) Ringhandt, so erzählte er mir, wollte Jürgen Fuchs helfen und vermittelte einen Kontakt zu Bischof Schönherr. Für einen sich derartig exponierenden Mann wie Jürgen Fuchs konnte die Bekanntschaft zu einem Bischof schon einen gewissen Schutz darstellen. Darüber hinaus – so das Kalkül von Ringhandt und Schönherr – könnte ja Fuchs auf der Fahrt zum Bischof wieder beschattet werden. Das hätte dem Bischof die Möglichkeit gegeben, beim nächsten offiziellen Gespräch, zum Beispiel mit dem Staatssekretär für Kirchenfragen, seine Verwunderung, seinen Protest zum Ausdruck zu bringen, dass seine Gäste derartig behandelt werden. Leider, so Ringhandt, fiel die Beschattung, die Verfolgung bei der Hinfahrt dann aus.

Der letzte Kontakt zu diesem väterlichen Freund stellte sich (ungefähr 1988/89) wieder ganz überraschend ein. Ich hatte in Immanuel Gottesdienst gehalten und verabschiedete wie immer die Gemeindeglieder an der Kirchentür. Plötzlich, als Letzter in der Schlange, stand der damals etwa Zweiundachtzigjährige vor mir, schmunzelte, machte einige kritische Bemerkungen zur Predigt. Obwohl inzwischen leicht gebeugt, war er immer noch groß und schlank, stützte sich auf einen Gehstock, der wie aus Naturholz geschlagen wirkte. Dann sagte er: »Besuchen Sie mich! Ich bin jetzt auf meinem kleinen Wassergrundstück in Müggelort. Ich habe kein Telefon, schreiben Sie mir eine Postkarte, wann Sie kommen!«

Ich schrieb und kam. Und so saßen wir zwischen lauter Zeitungshaufen, die sich wie Inseln auf dem Boden verteilten. Und er erzählte. Über die Anfänge des »Weißenseer Arbeitskreises«, eines Kreises von wachen und kritischen Theologen und Laien, in dem er in den fünfziger und sechziger Jahren zusammen mit Albrecht Schönherr dafür kämpfte, dass die Kirche weniger autoritär, stattdessen demokratischer organisiert werden sollte. Ihr Anliegen war, sich auf die Verhältnisse in der DDR einzulassen, nicht nur »überwintern« zu wollen, sich in die Gesellschaft einzubringen, ohne sich zu verbiegen und anzupassen. Da ich den »Weißenseer Arbeitskreis« in den siebziger Jahren selbst zweimal besucht hatte, einmal als Student zusammen mit Professor Bandt und seinem Assistenten Fred Mahlburg, und staunend dessen Staatsnähe zur Kenntnis nehmen musste, wunderte es mich nicht zu hören, dass Ringhandt und Schönherr das Gremium Ende der sechziger Jahre verlassen hatten. Immer mehr Mitglieder hielten es für »links«, die DDR zu verstehen und zu verteidigen (bis hin zur Zusammenarbeit mit dem MfS), während vor allem Ringhandt das Erbe der Bekennenden Kirche für unverhandelbar hielt, wozu für ihn gehörte, die Kritik an den Mächtigen und den Verhältnissen, wo sie notwendig war, nicht zu scheuen.

Ringhandt hatte aber immer auch ein kritisches Verhältnis zu seiner eigenen Kirche und war mit ihrer Entwicklung nicht zufrieden, da die Kirchenvertreter seiner Meinung nach zu große Rücksicht auf die Befindlichkeit der Staatsvertreter nahmen, zu sehr im vorauseilenden Gehorsam agierten. Und so hörte ich ihn in Müggelort sagen: »Die Kirche hat Barmen verraten!«

In der Barmer Theologischen Erklärung – so legte er mir dar – heißt es: »Die christliche Kirche ist die Gemeinde von Brüdern…« Das schloss für ihn selbstverständlich die »Schwestern« mit ein, auch wenn sie zeitbedingt 1934 nicht genannt, aber mitgemeint waren. (Übrigens, auch das dem Zeitgeist geschuldet, waren in Barmen auf der Bekenntnissynode 137 Männer und eine Frau vertreten: Frau Stephanie Mackensen von Astfeld, die Bonhoeffer in seiner Arbeit im Predigerseminar in Finkenwalde unterstützte.) Aber die in den Thesen angesprochene Brüderlichkeit/Geschwisterlichkeit war Ringhandt inzwischen schmerzlich abhandengekommen. Dieser Makel äußerte sich für ihn auch in einem neuen Stil der Verhandlungen mit dem Staat, die immer mehr hinter verschlossenen Türen stattfanden. Wo war die Klarheit und Unterscheidbarkeit der Meinungen und Auffassungen?

Ein Nachklang fand diese Äußerung Ringhandts noch in einem Brief, den er mir im Dezember 1990, also nach der deutschen Zeitenwende, schrieb. Ich hatte ihn angefragt, ob ich mit einer Fernsehjournalistin zu ihm kommen könnte, um einen Interviewfilm zu machen. In seiner Antwort lehnte er das ab. Ein halbes Jahr vor seinem Tod zog der ehemalige Pfarrer der Bekennenden Kirche, der nach 1945 als Superintendent, Studentenpfarrer und Propst viele zu lebendigen Glauben ermutigt hatte, der Kirchenkritiker in der Kirchenleitung, eine ehrliche, wenn auch leicht pessimistische Bilanz seines Lebens: »Meine Rolle zur Nazizeit und nach dem Krieg ist zwar für mich nicht ohne Belang, aber historisch gesehen bedeutungslos. Sie blieb ohne jede Auswirkung. Was mir im Blick auf die Kirche und ihren möglichen Modellcharakter für die orientierungslos gewordene Gesellschaft vorschwebte, befand sich wohl außerhalb des Generaltrends der Politik und Geschichte. Es wurde nicht gebraucht. Und das ist nach der sogenannten Wende nur noch deutlicher: Barmen ist nicht nur vergessen, sondern ehe es zur Auswirkung gekommen ist, bestritten. Und die Restauration ist – auch in der Kirche – in vollem Gange. Und die im Schatten sitzen, die sieht man nicht. Ich habe keine Kraft mehr, mich nach einer vierten Wende in meinem Leben noch einmal ins Getümmel zu werfen und zu kämpfen.« Aber auch ohne diesen letzten Kampf hat der »Bekenner in zwei Diktaturen« (wie sein Nachfolger im Propstamt Friedrich Winter die von ihm verfasste Biografie Siegfried Ringhandts überschrieb) unübersehbare Spuren hinterlassen, Spuren von Eindeutigkeit und Mut. Sein Zeugnis hat andere, und zwar nicht wenige, ermutigt, trotz mancher Verzagtheit ihren Weg in der Nachfolge Jesu weiter aufrecht fortzusetzen.

Kapitel 26

Zur Vernehmung ins Gefängnis

Der Mann, der aus der Eckkneipe in der Immanuelkirchstraße die Treppe herunter gestolpert kam, wirkte eigentlich zu gut angezogen für dieses leicht schmuddelig anmutende »Sportlereck«. Obwohl er sich bemühte, sich schlingernd fortzubewegen, steuerte er zielgerichtet auf mich zu, sprach mich lallend, ich fand auffällig lallend, an: »Psalm 139,14... Du bist doch Pfaffe!« Er ergriff meine Hand und drückte sie fest, für mein Empfinden einige Sekunden zu lange. Und, ganz merkwürdig, die Fingerkuppe seines Zeigefingers drückte dabei ein, zwei Sekunden lang wenige Zentimeter oberhalb der Hand auf meinen Unterarm.

Ich ging weiter nach diesem leicht befremdlichen Vorfall, fragte mich, ob dieser Mensch seelisch krank oder wirklich ein bisschen betrunken war. Das Wort »Pfaffe« in seiner Anrede störte mich. Schließlich war ich Pfarrer der naheliegenden Immanuelkirchgemeinde, und das war selbst 1989 in der DDR immer noch ein ehrenwerter Beruf, ein Beruf, dessen Ansehen einen in der Regel selbst bei Genossen weitgehend schützte. Ich vergaß das Ganze sehr schnell – bis es in leicht variierter Form am nächsten Tag wieder passierte.

Diesmal war es eine Frau, die mich an derselben Ecke abpasste, dasselbe Gebaren, Alkoholisierung vortäuschend, vielleicht ein anderer Psalm oder kein Bibelwort, aber wieder, wie ein Blitz schlug es ein: »Pfaffe«!

Sie haben dich auf dem Kieker, dachte ich. Damit hast du zwar immer gerechnet, aber jetzt zeigen sie es dir auch.

Ob ich gehört hatte, dass jemand in unserem Mietshaus die Treppe hochkam, weiß ich nicht. Aber das Geräusch, als die Briefkastenklappe angehoben wurde, daran erinnere ich mich. Und die Pause, in der nichts passierte, und dann sah ich so etwas wie eine weiße Postkarte hereinsegeln. Und vor der Tür stand jemand, wahrscheinlich ein Mann, und seine Füße bewegten sich, machten knarrende Geräusche. Und dann irgendwann ging diese Person, fast polternd, die Treppe hinunter.

Vorsichtig näherte ich mich der Karte. Ein vorgedruckter Text. Eine Einladung zu einem Gespräch: »Zur Klärung eines Sachverhalts«. Das schien ja nicht weiter schlimm, aber dann der Absender, das Gefängnis in Lichtenberg, genauer Rummelsburg. Ist das nicht das sogenannte Stasi-Gefängnis?

Am Vormittag des Tages, an dem ich dort erscheinen sollte, rief ich meinen Superintendenten an, erklärte ihm die Situation und bat ihn, sich um mich zu kümmern, falls ich mich bis abends 19 Uhr nicht bei ihm gemeldet hätte.

Als ich das Gefängnistor, die erwartete graue Stahltür in lieblos verputzter Mauer, durchschritt, sagte ich mir: Alles normal, alles ganz easy. Dann sollte ich im Warteraum Platz nehmen, irgendwann saßen da noch ein, zwei Personen. Ich nahm sie kaum wahr. Stattdessen zog ein großes Schild an der Wand meine Aufmerksamkeit auf sich. Es musste einmal – vermutlich vor Jahrzehnten – weiß gewesen sein, nun war es verwittert, die schwarzen Buchstaben wölbten sich, waren teilweise herausgeplatzt. Ich las, wie viele Unterhosen man seinem gefangenen Angehörigen in welchem Zeitabstand mitbringen durfte. Aha, also hier gibt es ein richtiges Gefängnis mit Gefangenen, dämmerte mir langsam, und die bleiben dann auch für eine Weile hier.

Irgendwann kam ein Mann im mittleren Alter, etwas kleiner als ich, seine schwarze Lederjacke fiel mir auf, vielleicht sollte sie seine vergehende Jugendlichkeit überdecken. Er war nicht unhöflich, noch nicht einmal unsympathisch, und forderte mich auf, ihm zu folgen. An eine Begrüßung, einen Handschlag konnte ich mich später nicht erinnern, noch nicht einmal an einen nennenswerten Augenkontakt. Also gingen wir. Ein langer Gang. Ein Gitter, das den Gang in seiner ganzen Breite und Höhe ausfüllte, mit Gitterstäben so dick wie im Zoo bei den Raubtieren. Ein Riesenschlüsselbund, so ein großes mit so vielen Schlüsseln hatte ich noch nie gesehen. Aufschließen, hinter uns zuschließen. Weiter. Wieder ein Gitter, rums zack, dieselbe Prozedur, wieder und wieder.

Endlich verharrten wir vor einer Tür, daran stand deutlich sichtbar »Vernehmung«. Da er mit mir anscheinend da hineinwollte, sagte ich: »Was heißt hier Vernehmung?« Zur »Klärung eines Sachverhalts« sei ich geladen. Er ließ sich von mir die Vorladung, die ich in meiner Hand hielt, zeigen. Und jetzt erst musste ich erkennen, dass ich mich ganz auf das mit Schreibmaschine eingefügte »Zur Klärung eines Sachverhalts« orientiert hatte und das Vorgedruckte nicht so genau gelesen, besser gesagt, verdrängt hatte. Da stand: Vernehmung.

Ich hatte keine Ahnung, worin sozusagen kriminaltechnisch oder juristisch der Unterschied bestand. Aber das leichte Unbehagen, das sich schon durch die ständige Auf- und Zuschließerei eingestellt hatte – wie eine sich mehr und mehr verdunkelnde und vergrößernde graue Wolke nahm es Platz in mir.

Plötzlich klopfte mein Begleiter, also inzwischen mein baldiger Vernehmer, an der danebenliegenden Tür. Heraus schaute ein junger Mann, unverbindlich lächelnd, ein blonder Wuschelkopf mit dazugehörigem roten Holzfällerhemd. Mein Vernehmer: »Wir sind jetzt da.« Der Wuschelkopf nickte und verschwand in seinem Zimmer.

Eingetreten wies der Lederjackenmann mich auf einen Stuhl vorn rechts in der Ecke. Er selbst nahm weit gegenüber der Tür an einem großen Schreibtisch Platz, direkt unter zwei vergitterten Fenstern.

Nun begann die Vernehmung: »Waren Sie dann und dann im thüringischen Schmalkalden und haben an einer Briefmarkenauktion teilgenommen?« Meine Antwort: »Ich war in meinem ganzen Leben nur einmal in diesem Ort, aber in einem anderen Jahr, im Winterurlaub, nur für wenige Stunden. An solch einer Veranstaltung habe ich in meinem ganzen Leben nicht teilgenommen.«

Was damit hätte beendet sein können, dauerte nun einige Stunden. Er fragte, ich antwortete, er tippte in seine vor ihm stehende Schreibmaschine, ein Protokoll von vielleicht drei Seiten.

Plötzlich stand er auf, verließ das Zimmer und befahl noch sehr deutlich: »Sie bleiben da sitzen!«

Ich saß auf meinem Holzstuhl, auf dem, so glaube ich mich zu erinnern, ein sehr dünnes Kissen lag, und hatte Zeit nachzudenken. Irgendwann einmal gab es ein leise klackendes Geräusch hinter mir. Ich drehte mich, ohne mich vom Stuhl zu erheben, vorsichtig um. Das dürfte ja wohl nicht verboten sein. Ich sah einen Vorhang, der wie ein Vorhang von einem Küchenfenster aussah und die Ecke des Zimmers verdeckte. Auf die Idee, hinter den Vorhang zu gucken, kam ich nicht. Oder hatte ich nicht den Mut, dem Befehl »Sie bleiben sitzen!« entgegenzuhandeln?

Vielleicht waren es zwanzig Minuten, ich saß auf meinem Stuhl und konnte darüber nachdenken, in welcher einigermaßen absurden Situation ich mich befand, da kam mein neuer Bekannter, der Vernehmer in der Lederjacke, herein, öffnete schnell das Fenster, zündete sich eine Zigarette an und nahm auffällig vergnügt hinter seinem Schreibtisch Platz.

Jetzt forderte er mich noch einmal auf zu bestätigen, dass ich nicht der Harro Lucht sei, der damals in Schmalkalden eine bestimmte Briefmarke ersteigert hätte, dass ich diese Person nicht kenne und nicht mit ihr verwandt sei.

Dies alles sollte ich nun mit meiner Unterschrift unter seinem Protokoll bestätigen. Ich überlegte, ob ich mich, ob ich überhaupt jemanden mit meiner Unterschrift belasten könnte, sah die Gitter hinter den Fenstern, meinte, dass es nun gereicht hätte weit über zwei Stunden hier gewesen zu sein – und unterschrieb.

Auf dem Nachhauseweg überlegte ich, was sie wohl mit dieser Aktion beabsichtigt haben mochten. Wollten sie mich aus der Wohnung fernhalten, um die genauer zu inspizieren? Irgendwann traf ich Manfred Stolpe, den Chefjuristen unserer Kirche, und schilderte ihm den Vorfall. Er hatte Erfahrung, war mit allen Wassern gewaschen. »Was wollten die?« Er zögerte nur leicht mit der Antwort: »Vermutlich Ihnen mal so richtig Angst machen.«

Bei anderer Gelegenheit konnte ich einen weiteren Juristen unserer Kirche fragen. »Wie hat der denn das Protokoll aus der Schreibmaschine gezogen, wie hat er es gehalten?« Da fiel es mir blitzartig ein: Es war schon merkwürdig, wie vorsichtig er es an der Seite mit zwei Fingern gehalten hatte und wie er es mir über den Tisch segeln ließ, um es mir zur Unterschrift zu reichen. Er trat nicht um den Tisch herum, er trat nicht neben mich, um mir das Papier noch einmal hinzuschieben, wie es die meisten Menschen in dieser Situation gemacht hätten. So vermied er anscheinend, dass seine Fingerkuppen Abdrücke auf dem Papier hinterließen. Aha, also darum ging es: meine Fingerabdrücke zu gewinnen!

Okay, freie Bahn in der Wohnung, mal ein bisschen Angst einjagen, meine Fingerabdrücke abnehmen, damit, so schien es mir, konnte ich leben.

Damals wusste ich noch nichts über die Verhörpraxis bei hochkarätigen Dissidenten wie Jürgen Fuchs, Rudolf Bahro und Bärbel Bohley, die anscheinend mit verborgenen Röntgenkanonen beschossen wurden. Von Jürgen Fuchs gibt es die Äußerung, dass er sich anschließend an seine Verhöre merkwürdig schlapp fühlte. Alle bekamen später einen seltenen Blutkrebs und sind viel zu jung an Jahren, womöglich an den Folgen, gestorben.

Und ich hatte noch nicht gelesen, was ich dann nach 1989 im »Spiegel« fand. Da berichtete ein junger Mann, der in vergleichbarer Situation gewesen war, er habe, als er das – auch von mir wahrgenommene – klackende Geräusch hinter sich hörte, hinter den Vorhang geguckt und solch eine höllische Röntgenvorrichtung entdeckt. Er hat sich dann, solange er allein im Raum war, ohne sich vom Sitz zu erheben, weggeduckt.

Damals wusste ich ebenso wenig von den Spekulationen, dass die Stasi Röntgenstrahlen (stand das im Zusammenhang mit dem auf meinem Handgelenk abgedrückten Zeigefinger, bei den merkwürdigen Begegnungen vor dem Sportlereck?) zur Markierung von Personen einsetzte, um sie – ja was? – in einem Menschengewühl identifizieren zu können. Und ich wusste noch nicht, dass Stasileute ein solch dünnes Kissen, auf dem ich wohl saß, in bestimmten Fällen anschließend in ein großes Weckglas füllten, um es zu anderer Gelegenheit den Spürhunden vor die Nase zu halten.

In einem Gedicht von Gustav Schwab hofft der Reiter über Schnee und Eis endlich den Bodensee zu erreichen, um ihn – mit einem Gefährt – überqueren zu können. Als er auf seine Nachfrage hin überraschend erfährt, dass der Bodensee bereits hinter ihm liegt, er ihn unwissend auf dem Rücken seines Pferdes auf unerkannter Eisdecke überquert hatte, da fällt er tot vom Pferd. So ritten auch wir – ohne tot vom Pferd zu fallen, von Gott vor Schlimmerem bewahrt – oft über eine bizarre Landschaft von Schnee und Eis und wussten nicht, dass es ein Ritt über den Bodensee war.

Kapitel 27

Wahlbeobachtung und Wahlbetrug

Die Wahlen in der DDR, ob nun Kommunalwahlen oder solche zur Volkskammer, waren eine Farce, das wussten alle, schon immer, nur wurde es nie so richtig als Stein des Anstoßes wahrgenommen. Die meisten gingen hin, mit geballter Faust in der Tasche oder einigen nicht zu laut geäußerten Witzchen auf den Lippen.

Einige Leute aus unserer Gemeinde und ich, wir hatten den Stadtbezirksmenschen für Inneres, also so etwas wie den Innenminister im Prenzlauer Berg, eingeladen, um ihm einige Fragen zu stellen, um mit ihm über die Sorgen und Bedenken zu reden, die sich in Bezug auf unsere Gesellschaft immer mehr zuspitzten. Er kam mit einer Dame, die, wie es nach 1989 hieß, seine für solche Gelegenheiten unverzichtbare Stasi-Begleiterin war. Und als die Anschauungen immer weniger miteinander vereinbar schienen, nahm er das Argument in Anspruch, er und seine Leute seien schließlich vom Volk gewählt, mit überwiegender Mehrheit. »Was wollen Sie schon!?«

Das war einige Monate vor der berühmten letzten Wahl am 7. Mai 1989, mit der sich die maßgebende, regierende Partei in der DDR wieder einmal in gewohnter Weise legitimieren wollte. Mir war bei den Worten des SED-Politikers, die er uns gegenüber gemacht hatte, klar: Wenn sie ihre Herrschaft wenigstens dem Schein nach rechtlich absichern wollen, dann darf man diese Wahl nicht mehr mitmachen, vielleicht nicht mal mehr in die Kabine gehen und durchstreichen, was ich meistens gemacht hatte, dann muss man diese Wahl und den Anschein, der dadurch erzeugt werden sollte, genau anschauen. Interessanterweise dachten auf einmal sehr viele so, es hieß plötzlich in vielen Berliner Kreisen, vor allem in evangelischen Gemeinden: »Diesmal Wahlbeobachtung und Aufdeckung des Wahlbetrugs! Niemals geben 97–99% Prozent der Bevölkerung der offiziellen Politik ihre Zustimmung!« So nämlich lauteten regelmäßig die am Tag nach der Wahl veröffentlichten Zahlen. Auf Seite eins aller Zeitungen, von »Neues Deutschland« bis »Lausitzer Rundschau«.

Ich ging am Wahltag ohne zu wählen in mein zuständiges Wahlbüro, in einen Raum für die Stimmenauszählung, fünf Minuten vor sechs. Um 18 Uhr, das wusste ich aus den Veröffentlichungen, ging die Zeit, wählen zu können, zu Ende.

Ein Mann im Anzug, anscheinend der Wahlleiter, schnarrte pünktlich um 18 Uhr plötzlich los: »Bitte die Türen schließen.« Nun waren die anwesenden Personen im Raum, vielleicht zwanzig Männer und Frauen, zu Zeugen, zu Wahlbeobachtern der bevorstehenden Auszählung der Stimmen geworden. »Es ist alles gesagt«, behauptete der Wahlleiter, obwohl er kein Wort zu den Regeln der Auszählung hatte fallen lassen.

Als die Urnen mit den Stimmen nach und nach auf einem Tisch ausgekippt und die einzelnen Stimmzettel bewertet wurden, gelang es mir, mich so nahe zu stellen, dass ich mitlesen konnte, was Wähler geschrieben hatten. Da stand doch tatsächlich, nachdem die Kandidaten der Nationalen Front durchgestrichen waren, der Name Michael Gorbatschow. Oder Stefan Heym. Das waren die Favoriten unter den nicht vorgesehenen, alternativ bevorzugten Kandidaten. Immer wieder. Doch diese Namen wurden nicht vorgelesen. Es hieß dann entweder »ungültig« oder »eine Stimme für den Wahlaufruf der Nationalen Front«, denn der Wähler war ja immerhin wählen gegangen. Dass er nicht die vorgeschriebenen Kandidaten wählen mochte, wurde verschwiegen. Kandidaten, nur durchgestrichen, wurden ähnlich oder hin und wieder als Nein-Stimme behandelt.

Mein subjektiver Eindruck machte klar: Die Wahl-Renitenz war größer als die von den Zeitungen des nächsten Morgens zugestandenen ein bis drei Prozent. Mich erfasste, ich weiß heute noch nicht einmal so genau warum, eine große Traurigkeit, ich fuhr in die Samaritergemeinde, wo junge Männer am Computer auf viel höherem, technischem Niveau den Wahlbetrug feststellten und dokumentierten. Am nächsten Morgen fuhr ich ins Büro des zuständigen, offiziell für die Wahl Verantwortlichen meines Stadtbezirks, teilte ihm meinen am Abend zuvor gewonnenen Eindruck mit. Ich wusste, dass das nichts ändern würde, meinte aber es meinem Gewissen schuldig zu sein. Ich merkte, dass ich ihm nichts Neues erzählte. Eigentlich saßen sich da schon zwei Resignierende am Tisch gegenüber. Oder hatten wir schon resigniert?

Die Situation hellte sich für mich sehr schnell auf, als ich über West-Radio erfuhr, dass junge Menschen am 7. Juni, genau einen Monat nach dieser Wahl, und an jedem 7. jeden kommenden Monats mit Trillerpfeifen auf dem Alexanderplatz auf den Wahlbetrug aufmerksam machen wollten. Wenn man das weiterdachte: es lief auf den 7. Oktober, den sogenannten »Republikgeburtstag« zu.

Kapitel 28

Was bleibt!

»Es war die beste aller Zeiten, es war die schlechteste aller Zeiten. Es war eine Epoche des Glaubens und des Unglaubens, eine Periode des Lichts und der Finsternis, es war der Frühling der Hoffnung und der Winter unserer Verzagtheit.« Diese frei übersetzten Worte, mit denen Charles Dickens eines seiner Bücher eröffnet, erscheinen mir einigermaßen geeignet, die Zeit zu erfassen, die ich mit und in der DDR erlebt habe.

Es war die beste aller Zeiten, weil sie uns immer wieder herausgefordert hat, sich aufzurichten und Position für ein Leben in Freiheit zu beziehen. Es war die schlechteste, weil man Menschen in ihrer Entfaltung behindert hat und sie leicht der Versuchung nachgeben konnten, alle Fünfe geradesein zu lassen, sich nicht zu zeigen, zu meinen, alles gehe auch ohne sie sowieso »seinen sozialistischen Gang«.

Es war eine Epoche des Glaubens, weil viele junge Leute den Mut hatten, sich ihre Grundentscheidung nicht abkaufen zu lassen. Sie waren bereit, einschneidende Nachteile in Kauf zu nehmen und die Konsequenzen zu tragen, wie die Studentin, die nicht bereit war, im Wehrlager auf andere mit dem Gummimesser einzustechen, oder der Schüler, der sich entschloss, den Zustimmungsbeschluss zum Einmarsch in der Tschechoslowakei nicht zu unterschreiben. Es war eine Epoche des Unglaubens, soweit einzelne Christen meinten, es sei angemessen, mit den Wölfen zu heulen, das Wohl und Heil der Kirche in verborgener »vertrauensvollen Zusammenarbeit« mit der staatlichen Macht zu suchen und nicht allein auf Gottes versprochenen Schutz zu vertrauen.

Es war eine Periode des Lichts, weil immer deutlicher und klarer die Erkenntnis heranwuchs, dass das Versprechen einer menschlichen und demokratischen Gesellschaft nicht erfüllt werden konnte unter den Bedingungen von Zwang, Einschüchterung und Entmündigung, wie sie der »reale Sozialismus« bereithielt, und immer mehr Menschen den Mut fanden, diesen Widerspruch zu artikulieren. Und es war eine Periode der Finsternis, weil sich die Mächtigen beharrlich weigerten dazuzulernen und umzukehren, sondern mit allen Mitteln, mit Drohung und Gewalt bis zum Schluss, versuchten, ein lebensfremdes und lebensfeindliches System aufrechtzuerhalten.

Wir erlebten einen Frühling der Hoffnung, wenn wir aufbegehrten, wenn wir unkonventionelle Wege beschritten, wenn wir etwas wagten und, ohne es auszusprechen, uns in der Gemeinschaft gegenseitig trösteten. Wir erlebten immer wieder auch den Winter unserer Verzagtheit, wenn wir uns in uns selbst zurückzogen, wenn sich der Zweifel meldete, ob alles ein gutes Ende nehmen würde.

Wie konnten wir, Junge und Alte, Christen und aufrechte Freunde, in diesen Widersprüchen leben? Ich weiß nicht, was für die jeweiligen Einzelnen die Quellen des Lebensmutes waren. Für uns in der Studentengemeinde habe ich einmal etwa folgende Worte gefunden:

»Das gesellschaftliche und politische Engagement von Christen ist nicht ohne die geistliche Dimension der Gemeindearbeit zu verstehen. Wir haben bei vielen Gelegenheiten Andachten und Gottesdienste gefeiert. Wir haben Menschen in unserer Mitte den Segen für ihre Ehe gegeben. Wir haben Kinder und Erwachsene getauft. Wir haben Seelsorge empfangen und gespendet. Wir haben in der Bibel gelesen, miteinander gesungen und gebetet. Wir haben uns gegenseitig getröstet und Mut gemacht. Sind hin und wieder bedrückt und ungetröstet geblieben. Aber wir haben nie die Verbindung zu Jesus Christus, unserem Herrn und Bruder und die Verbindung untereinander aufgegeben. Deshalb konnten wir durchhalten und immer wieder neue Kraft gewinnen.

Wir haben versucht in der Nachfolge zu leben. Wir haben gelebt und gefehlt, geliebt und gelitten, ermutigt und enttäuscht. Wir haben zwei Wege gemieden, hielten es nicht für möglich, Duckmäuser oder Dunkelmänner zu sein. Wir wollten uns nicht darauf beschränken, hinter vorgehaltener Hand im stillen Kämmerlein zu klagen und zu jammern. Und wir hielten es für ausgeschlossen, mit dem Stasi-Drachen konspirativ zu verhandeln, ihn nachts im Wald mit Informationen zu füttern, um ihn gnädig zu stimmen oder einen Vorteil herauszuschlagen. Was wir ihm zu sagen hatten, haben wir in aller Öffentlichkeit kundgetan, wo es möglich und nötig war, von Angesicht zu Angesicht.

Es war eine Zeit der Bewährung und eine der noch größeren Bewahrung. Gott hat schützend seine Hand über uns gehalten.

Ein System, das sich selbst anpries, der Lebensbejahung zu dienen, war von immer mehr Menschen als lebenszerstörend erfahren und durchschaut worden. Ausgerechnet die verfemten Christen, denen man allzu gerne hinterweltlerische Lebensfremdheit zuschrieb, haben das wirkliche Leben mit seinen Widersprüchen ernstgenommen und abgebildet, ihm gelassen Lebensfreude und Lebensmut entgegengesetzt.

Unser Maßstab war nicht der Erfolg. Christliche Ethik fragt nicht utilitaristisch nach dem ›was hinten rauskommt‹. Sie fragt vor allem danach, wie das, was uns als Herausforderung begegnet ohne Beschädigung der beteiligten Seelen bewältigt werden kann. Deshalb hatten wir auch kaum

Opfer an Ehrlichkeit oder Solidarität zu erbringen. Wir hatten als Christen das Glück, Gottes großem Menschenlehrer Jesus Christus ebenso fröhlich wie ernsthaft zu folgen. Wie Paulus haben wir Kreuz und Auferstehung Jesu Christi am eigenen Leibe getragen. Oft waren wir niedergeschlagen, aber nicht besiegt, bedrückt, aber nicht gebrochen. Alles in allem durften wir in der Nachfolge Jesu, in seiner Nähe und in der Gemeinschaft aufrechter Menschenkinder – und jetzt klingt es pathetischer als es ist – einen Vorgeschmack auf Gottes kommendes Reich erhalten.«

Blick von der Greifswalder Wallanlage über die Reste der mittelalterlichen Stadtmauer hinweg auf das Gelände der aufgelösten Kreisdienststelle des MfS in der Domstraße, um 1991. Im Vordergrund die verbliebene Brandwand des unlängst abgerissenen Gebäudetraktes. Im Hintergrund die Jakobikirche.

Bildnachweis

Martin Bernhardt: S. 217 (o., u.), 219 (o.)
Robert Conrad: S. 2, 139, 161, 212 (u.), 221 (o.), 272
Thomas Frick: S. 96, 136, 226 (o., u.)
Alexander Rutscher: S. 211 (o., u.), 212 (o.), 213, 214, 215
Lutz Wohlrab: Titelfoto, S. 218 (o., u.), 219 (u.)

Alle übrigen Abbildungen stammen aus dem Archiv des Autors.

Personenregister

Roswitha Schieb

Risse

Dreißig deutsche Lebensläufe

Festeinband,
303 Seiten
ISBN 978-3-86732-324-6
€ 24,90

Roswitha Schieb beschreibt und befragt die Lebensläufe von dreißig Schriftstellern, Künstlern, Schauspielern, Wissenschaftlern oder Politikern aus den letzten zweihundert Jahren, in deren Biografie und Werk sich die Verwerfungen der deutschen Geschichte wie in einem Brennspiegel offenbaren. Dreh- und Angelpunkt all ihrer Studien ist die Zeit des Nationalsozialismus einschließlich seiner Vorgeschichte und seiner langen Nachwirkungen. Dabei beleuchtet sie besonders solche Persönlichkeiten, deren Wege abseits des Mainstreams verliefen oder verlaufen. Bei den Porträtierten handelt es sich oft um Menschen, die nicht auf der Siegerseite standen und daher mit zwiespältigen Gefühlen und wacherem Blick wahrnehmen konnten, was mit ihnen und um sie herum geschah. Verstricktheit und Aufbegehren, Widersprüchlichkeit und Widerstand, Scheitern und Aufbruch werden in ihren vielfältigen Ausprägungen gezeigt. Dabei stehen stets die Auswirkungen der »großen Geschichte« auf die Einzelschicksale im Fokus.

Die Essays folgen einer chronologischen Ordnung von der Mitte des 19. Jahrhunderts über den Ersten Weltkrieg, die NS-Zeit und den Zweiten Weltkrieg über die Nachkriegszeit in beiden deutschen Staaten bis ins Heute.

Mit Beiträgen über Fanny Lewald, Agnes Wabnitz, Clara Immerwahr und Fritz Haber, Else Ury, Walter Benjamin, Selma Meerbaum-Eisinger und Anita Lasker-Wallfisch, Billy Wilder, Marlene Dietrich, Hans Sahl, Günther Anders, Bernward Vesper, Gisela Elsner und Oskar Roehler, Herbert und Thomas Hupka, Günther Schabowski, Inge Müller, Brigitte Reimann, Christa Reinig, Horst Strempel, Helga Schütz, Roger Loewig, Helga M. Novak, Amon Göths Tochter Monika Hertwig und seine Enkelin Jennifer Teege, Carolin Emcke, Ursula Krechel, Hans Pleschinski.